上海文化发展基金会图书出版专项基金资助项目
“十三五”上海重点出版物出版规划项目
社会工作流派译库·军队社会工作系列
军队社会工作丛书

军队社会工作手册：家庭照顾服务

Handbook of Military Social Work

［美］艾伦·鲁宾　尤金尼娅·L.维丝　乔斯·E.科尔　著
王宇红　主译　　张　曙　审校

華東理工大學出版社
EAST CHINA UNIVERSITY OF SCIENCE AND TECHNOLOGY PRESS
·上海·

图书在版编目(CIP)数据

军队社会工作手册：家庭照顾服务 /（美）艾伦·鲁宾(Allen Rubin),(美) 尤金尼娅·L.维丝(Eugenia L.Weiss),(美) 乔斯·E.科尔(Jose E. Coll)著;王宇红主译. —上海：华东理工大学出版社，2021.1

（军队社会工作丛书）

书名原文：Handbook of Military Social Work

ISBN 978-7-5628-5741-9

Ⅰ.①军… Ⅱ.①艾… ②尤… ③乔… ④王… Ⅲ.①军队—社会工作—美国—手册 Ⅳ.①D771.27-62

中国版本图书馆 CIP 数据核字(2018)第 302270 号

HANDBOOK OF MILITARY SOCIAL WORK — Allen Rubin，Eugenia L. Weiss and Jose E. Coll

原著 ISBN：9781118067833

著作权合同登记号：图字 09-2015-869 号

策划编辑 / 刘　军
责任编辑 / 章斯纯
装帧设计 / 徐　蓉
出版发行 / 华东理工大学出版社有限公司
地址：上海市梅陇路 130 号，200237
电话：021-64250306
网址：www.ecustpress.cn
邮箱：zongbianban@ecustpress.cn
印　　刷 / 江苏凤凰数码印务有限公司
开　　本 / 710 mm×1 000 mm　1/16
印　　张 / 19.75
字　　数 / 328 千字
版　　次 / 2021 年 1 月第 1 版
印　　次 / 2021 年 1 月第 1 次
定　　价 / 198.00 元

丛书总序

军民融合发展是新形势下我党指导国家建设、国防建设和军队建设的重大战略方针。推进军民融合式发展，涉及政治、经济、社会、军事、科技等诸多因素，是一个复杂的系统工程，也是当前我国亟须开展的政策研究及实践创新的新课题。

在理论研究层面，我国理论界对军民融合发展的研究，大多侧重讨论经济建设与国防建设的关系，军民技术的双向转移等问题，很少从国防建设与社会建设关系的角度，研究社会福利制度、社会服务体系对促进军民融合、军队政治工作的科学发展、提升军队战斗力所具有的作用。该领域的学术团队一般都隶属于军队政治学院或各高等院校中的思想政治工作学科点，大多数研究都只是侧重从传统的军队思想政治工作的角度出发，没有将军队建设、军人支持与服务还原至军人或退伍军人应有的社会生态系统中去。同时，对我国优抚安置工作中积累的许多土生土长的“拥军优属、拥政爱民”的工作经验，因研究力量有限，难以获取相关研究资料，导致从理论上加以科学总结的研究成果比较少，且研究的广度、深度有限。

在实际工作层面，传统的以政府为主导、主要依靠行政计划手段为退役军人安排工作，以实现对其优待和保障的管理方式日显局限。地方政府在拥军、优抚、安置制度和服务方面，大多只针对在籍军人或退伍军人本人，通过金钱补偿、工作岗位开发、就业培训等方式提供支持，社会支持系统不健全，服务手段较为单一，专业服务严重缺乏。为了解决上述问题，政府虽投入大量资金，但许多问题需要社会福利政策修订、社会服务体系健全与军队内部结构改革的密切配合才能得以化解。

社会工作是现代社会应对纷繁复杂的社会问题而形成的职业活动，即由受过社会工作专业训练的人针对困难人群的各类需求，综合运用专业知识和方法，整合社会资源，提供职业性的社会服务，协调社会关系，解决社会问题。2006 年 10 月，中共十六届六中全会做出《中共中央关于构建社会主义和谐社会若干重大问题的决定》，要推动我国社会工作职业化和专业化，以满足社会大众日益提升的各类社会发展需求。

随着社会工作在中国的快速发展，军队社会工作逐渐引起人们的关注。军队社会工作是军事学与社会工作学的交叉学科。我国社会各界对军队社会工作（Military Social Work）这个术语相对陌生，但在一些发达国家和地区，军队社会工作已经逐渐发展成为职业化、专业化的社会服务事业。美国在第二次世界大战期间首次运用社会工作理念和方法处理军队中的各类问题，取得了良好成效，之后逐渐形成了"军队社会工作"的名称。军队社会工作者所提供的各项福利服务渗透到军人及退伍军人事务的方方面面。例如，对退伍士兵、伤残军人的医疗卫生状况以及社会服务需求做出评估，帮助他们治疗战争中留下的心理创伤（创伤后应激障碍），解决退伍后的社会适应、接受教育、就业、组建家庭、子女教育、家庭支持等方面的实际问题。

目前我国军队社会工作的研究尚未起步，从理论研究到实务研究，都存在研究对象不明确、研究范畴和概念界定不清的问题，对军队社会工作与军队政治工作的一致性与差异性，也缺乏深入细致的对比分析。研究理论的系统性、研究方法的科学性、研究成果的可应用性都有较多不足。

为推动军民融合发展，有效应对我国军队改革过程中呈现的一系列问题，提高我国社会工作者将国际先进科学知识和专业服务方法与我国传统的、群众性的拥军优属服务、优抚安置工作相结合的能力，我们组织相关领域的学者和政府相关管理与服务部门的工作者，编撰了《军队社会工作理论与方法》系列丛书。

本丛书针对我国军队社会工作在理论和实务的发展中亟须解决的问题，引进并翻译国外军队社会工作著作——《军队社会工作手册：行为健康干预》《军队社会工作手册：家庭照顾服务》《创伤后应激障碍治疗指南（上册）》《创伤后应激障碍治疗指南（下册）》，以帮助我国军队社会工作领域的研究及从业人员及时了解发达国家军队社会工作发展的现状，掌握军队社会工作发展所需的专业知识。同时，针对我国军队社会工作的本土经验进行提炼研究，我们试图进行系统化、理论化的梳理与总结，编撰三本军队社会工作知识和方法的普及读本——《军队社会工作：理论与实务》《军队社会工作：政策与实务》《军队社会工作案例评析》，以增进我国相关领域研究人员和实务工作者在军队社会工作中理论与实际的整合能力。

本套丛书由中国社会工作学会会长、北京大学社会学系王思斌教授担任学术顾问，南京理工大学公共事务学院社会学系张曙教授担任总主编。各分册分别由南京理工大学的相关研究团队成员负责，负责情况如下：《军队社会工作手册：行为健康干预》《军队社会工作手册：家庭照顾服务》由王宇红任主译；《创伤后应激障碍治疗指南（上册）》《创伤后应激障碍治疗指南（下册）》由沈黎任主译；《军队社会工作：理论与实务》由张曙任主编，王永益任副主编；《军队社会工作：政策与实务》由吴炜任主编，王宇红任副主编；《军队社会工作案例评析》由王永益任主编，王宇红任副主编。

本丛书出版之际，我们要感谢提供相关研究成果的海内外社会工作学者：美国南加州大学社会工作学院玛丽莲·弗林（Marilyn Flynn）院长、卡尔·卡斯特罗（Carl Castro）教授、安东尼·哈桑（Anthony Hassan）教授，中国社会工作教育协会副会长、北京大学社会学系马凤芝教授，广州市社会工作协会副会长关冬生，郑州轻工业学院政法学院副院长闻英教授，云南大学社会工作系李艳华博士。是他们的知识和经验给我们以启发，丰富了本丛书的内容。感谢积极参与各分册翻译工作的南京理工大学社会工作专业的海内外毕业生以及在校研究生。感谢参与各分册撰写的作者，特别是在军队相关研究和管理部门工作的同行。感谢江苏省扬州市民政局为我校社会工作专业研究生提供的专业实习安排。他们的大力支持和辛勤劳动保证了本丛书的按时出版。

南京理工大学公共事务学院教授　张　曙

中文版序言

军队社会工作是社会工作的一个重要分支。人们普遍认识到，军人、退伍军人和他们的家庭没有得到充分的服务。军人经常在离开军队时带着明显的未解决的心理和生理健康问题。还有些军人很难找到并长期从事一份具有良好收入的工作。此外，军人的家属在军人服役期间和之后也面临着很多挑战，这一点也已经广为人知了。

军队服务现在被视为一种独特的而且要求较高的职业，需要专门为军队提供具体的预防、干预和治疗方案。为了回应这个观点，我和我的同事们发展了一个军人心理健康职业模型，用以指导临床医生、研究人员和政策制定者识别军人对与军队相关的特殊健康照顾之需求，以及提供服务以确保服务对象获得最大健康和服务成效的最佳时机。军人心理健康职业模型包括一些重要的概念，如复原力、单位凝聚力、领导力、行为健康、心理健康治疗和重返岗位等。事实上，这一框架已经被许多国家采用，作为一个统一的模型来支持军人及其家庭。

与社会工作专业一样，军队社会工作目前缺乏普遍的理论框架。理论之所以重要，是因为它不仅解释了为什么变量之间是相互关联的以及哪些变量之间会相互关联，它也会对重要结果做出预测，并识别出为防止负面结果产生的最佳干预点。虽然已经有很多理论模型被提出，但这些理论往往倾向于把焦点放在与军队服役相关的工作需求上，如军事调派和战斗。处理这些重要军事活动的理论很重要，但军队面临的其他挑战也很重要。

为了解决这个理论上的不足，我和我的同事们发展了军队转型理论。军队转型理论相对于其他理论而言是一个重大的进步，它通过军队生命历程的视角，把军队视为社会中一种独特的文化，并提出了一个多层次的观点，包括军人、家庭、领导、政策及项目和社区，并定义幸福是由健康（身心和行为）、家庭、就业、住房、生活满意度组成。我和我的同事们最近的研究成果表明军队转型理论非常有效。

随着社会工作不断地成长为一门独立科学，军队社会工作也将在建构军队社会工作理论以及应对未被充分服务的军人群体的需要方面做出贡献。通过将军队社会工作建构在像军队转型理论这样一种坚固的理论框架上，军队社会工作的子领域将能持续地引导旨在减少军人、退伍军人及其家庭之不必要痛苦的科学创新及其应用。

卡尔・卡斯特罗

编者介绍

艾伦·鲁宾(Allen Rubin),PhD,得克萨斯大学奥斯汀分校社会工作学院的伯特·克鲁格·史密斯百年纪念教授(Bert Kruger Smith Centennial Professor),他从1979年开始就在那儿工作。他发表的很多关于研究和证据为本的实践的论文著述享誉国际。1997年,他成为社会工作和研究学会(Society for Social Work and Research)的"发表研究杰出榜样"荣誉的获得者之一。他是七本专业杂志的顾问编辑。他是社会工作和研究学会的创始成员之一,并在1998年至2000年担任杂志的主编。1993年,他获得匹茨堡大学社会工作学院的杰出男校友奖。2007年,他获得美国社会工作教育协会授予的社会工作教育奖卓越终身成就奖。2010年,他正式成为美国社会工作和社会福利学会的成员。

尤金妮娅·L. 韦斯(Eugenia L. Weiss),PsyD,LCSW,目前是美国南加州大学社会工作学院的助理教授。她在"军队家庭的社会工作实务"课程中担任指导教师,是南加州大学精神健康方向(Virtual Academic Center, VAC)的协调员,也是VAC军队社会工作子方向上的共同协调员。韦斯博士有18年的私人实践经验,主要治疗军队人员和他们的家庭。她因一篇合著的名为《军人文化和退伍军人世界观对心理健康治疗的影响:对退伍军人寻求帮助和健康的实践意义》("The Influence of Military Culture and Veteran Worldviews on Mental Health Treatment: Practice Implications for Combat Veteran Help-Seeking and Wellness")的论文与同事共同获得国际卫生、健康和社会协会的论文奖。韦斯博士是多本同行评审期刊论文的作者和合著者,也是专业书籍《平民顾问的初级咨询老兵》(*A Civilian Counselor's Primer to Counseling Veterans*, 2nd ed., 2011)的合著者之一。韦斯博士现在是《军事行为健康杂志》(*Military Behavioral Health Journal*)编辑委员会的成员。

乔斯·E. 科尔(Jose E. Coll),PhD,现任得克萨斯州立大学社会工作学院院长。曾任圣里奥大学社会工作系的副教授、退伍军人学生服务部主任。2011年之前，科尔博士是南加州大学社会工作学院的一名临床副教授，也是圣地亚哥学术中心的主任和军队社会工作的主席。2012年，他因合著的名为《军人文化和退伍军人世界观对心理健康治疗的影响：对退伍军人寻求帮助和健康的实践意义》（"The Influence of Military Culture and Veteran Worldviews on Mental Health Treatment: Practice Implications for Combat Veteran Help-Seeking and Wellness"）的论文与同事共同获得国际卫生、健康和社会协会的论文奖。科尔博士是多本同行评审期刊中有关军队社会工作方面的论文作者和合著者，也是专业书籍《平民顾问的初级咨询老兵》（*A Civilian Counselor's Primer to Counseling Veterans*, 2nd ed., 2011）的合著者之一。他是哈佛管理发展项目（MDP）的毕业生。科尔博士还是一名海军陆战队的退伍军人。

作者介绍

戴维·L. 奥尔布莱特(David L. Albright),PhD,MS,MSW,社会工作助理教授,军队社会工作研究生认证协调员,密苏里大学哥伦比亚分校退伍军人和军人家庭教育研究中心主任。他是前陆军步兵军官。他专研军队和退伍军人健康照顾服务,以及治疗与战斗有关的多发伤。奥尔布莱特博士是《社会工作实务研究》(*Research on Social Work Practice*)的执行主编,也是《社会工作与研究协会杂志》(*Journal of the Society for Social Work*)和坎贝尔协作网社会福利组(Campbell Collaboration's Social Welfare Group)的编辑委员会成员。

萨拉·阿斯穆森(Sarah Asmussen),PhD,彭德尔顿营国防和退伍军人脑损伤中心的联合高级科学主任/神经心理学家,服现役于海军陆战队,也是南加州大学的兼职讲师。她在帕洛阿尔托大学与斯坦福心理学博士联盟计划下完成正式的专业训练,后在帕洛阿尔托退伍军人管理局和詹姆斯·A. 哈利退伍军人管理局专门从事各种神经疾病的治疗/评估。她还拿到两年的奖学金,在巴罗神经学研究所专门从事神经心理学研究,研究焦点是癫痫、康复和急性损伤。她参加过很多全国性的专业会议,并发表演讲,在加州地区广泛授课,在各地区培训服务提供者。

威利·G. 巴恩斯(Willie G. Barnes)拥有婚姻和家庭系统的博士学位。巴恩斯上校在陆军国民警卫队担任牧师长达 23 年,他在国民警卫队联合牧师战略目标咨询委员会任职。他在全国范围内发表了关于精神康复、军队文化、部署动态、自杀预防和与战争相关的伤害等主题的演讲。巴恩斯博士曾担任应用神学副教授,并在秘鲁和牙买加的大学担任客座讲师。他是美国婚姻和家庭治疗协会的临床研究员和督导成员,拥有 25 年的临床、学术和军队经验。

凯瑟琳·巴沙姆(Kathryn Basham),PhD,LICSW,教授,博士项目的联合主

任和《史密斯学院社会工作研究》(*Smith College Studies in Social Work*)杂志的编辑，从事与现役军人、退役军人和他们的家庭再适应相关的研究、写作、实务和教育。她拥有 MSW 和临床社会工作博士学位。她已被任命为三个国会授权委员会和美国医学会的成员，负责评估增进军人家庭精神健康的方法。她还被授予美国医学会杰出临床医师的荣誉，并与他人合作撰写了多篇论文在国内外发表。

辛西娅·博伊德(Cynthia Boyd),PhD,是圣地亚哥海军医疗中心国防和退伍军人脑损伤研究中心的神经心理学家和高级科学主任。在这个岗位上，她评估从战场上归来的军人是否患有创伤性脑损伤和创伤后应激障碍。博伊德博士在全美范围内介绍与外伤性脑损伤、创伤后应激障碍以及认知和心理症状的伪装相关的各种神经心理学问题。她还在法医神经心理学方面有独立实践的经验，擅长对脑损伤、创伤后应激障碍、暴力犯罪者和跟踪行为进行刑事和民事评估。

布鲁斯·凯普哈特(Bruce Capehart),MD,MBA,达勒姆退伍军人管理局医学中心 OEF/OIF 项目医学主任，杜克大学医学院精神病学助理教授。他的临床兴趣是对退伍军人进行精神病学评估和管理，尤其关注外伤性脑损伤等神经疾病。他的研究兴趣包括创伤后应激障碍和爆炸伤的生物力学和病理生理学。他曾担任美国陆军战斗创伤咨询师和民事爆炸伤害诉讼专家证人。他是美国陆军预备役的一名老兵。2003 年，他完成了阿富汗之行。

蕾切尔·布尔达-赫梅莱夫斯基(Rachel Burda-Chmielewski),MSW,LISW,是加州圣地亚哥退伍军人管理局医疗中心的一名注册临床社会工作者。她参与了酒精和药物治疗项目，擅长评估和治疗同时患有物质使用障碍和创伤后应激障碍的退伍军人。她还通过在空军和海军陆战队家庭服务中心的实习，与现役军人及其家人一起工作。

爱德华·V.卡里略(Edward V. Carrillo),MSW,LCSW,是圣地亚哥医疗系统退伍军人事务部的临床社会工作者。他的专长是治疗战斗和犯罪受害者创伤后应激障碍(PTSD)患者，并在退伍军人管理局(VA)“退伍军人无家可归者健康护理计划”(Health Care for homeless veterans Program)中向无家可归的退伍军人伸出援手。他是南加州大学社会工作学院的兼职网络讲师和社区网络浸入式讲师。他是一名越战老兵，最近加入了一个佛教禅宗团体“the Order of Interbeing”，成为其中的一员。

科兰达・凯托(Colanda Cato),PhD,MA，是一名注册临床心理学家与创伤后应激障碍和暴力问题预防的专家，任职于卓越防御中心，复原力和预防理事会。她为军队高级领导人设计和制作有关 PTSD、自杀和军队暴力的风险与预防因素的简报，并在全国各地的许多会议上发表演讲。她目前负责复原力、预防因素和项目评估方面的研究。她在各种军队工作团体中担任主席、联合主席和主要成员，并担任心理学助理教授。凯托博士有超过 11 年的军队经验，是一位杰出的空军资深心理学家。

艾莉森・N.克拉克(Allison N. Clark),PhD，贝勒医学院物理医学与康复系助理教授。她也是 TIRR 赫尔曼纪念医院脑损伤研究中心的一名研究专家。她感兴趣的领域包括后天脑损伤后的情绪功能、知识转化、团体干预和认知康复。克拉克博士曾在很多国家和地区会议上发言，并与人合作发表了 30 多篇文章和摘要，其中包括 16 篇同行评议的出版物。

约瑟夫・J.科斯特洛(Joseph J. Costello),MSW，是加州圣马科斯退伍军人中心的团队领导。自 1994 年以来，他一直在退伍军人事务部工作，主要负责退伍军人和他们的家庭再适应问题。他的专长是治疗与战争相关的 PTSD 和药物使用障碍。科斯特洛在全国各地就伊拉克和阿富汗退伍军人的适应和过渡问题发表了演讲。他还在南加州大学创新与研究中心教授军队文化继续教育课程。科斯特洛是阿富汗战争的老兵，2010 年从陆军预备役退休。

托德・克里杰(Todd Creager),MSW，是南加州大学社会工作学院的兼职讲师。他是一名注册临床社会工作者和注册婚姻家庭治疗师。他以对夫妻和性问题的研究而闻名，并著有《漫长而热烈的婚姻》(*The Long, Hot Marriage*)一书，该书帮助夫妻重新燃起激情和活力。他还发表了许多关于夫妻、沟通和性的文章。他在加州奥兰治县有一间私人诊所，并作为一名关系专家出现在各种电视和广播节目中。

朱迪丝・丘克(Judith Cukor),PhD，是威尔康奈尔医学院精神病学心理学助理教授。她在各种人群中广泛从事创伤后应激障碍的治疗工作，包括军人、灾难工作者和烧伤幸存者。丘克博士为创伤后应激障碍的专门治疗提供培训和督导，并撰写了有关创伤相关疾病的学术论文和书籍章节。她是纽约长老会医院赫斯特烧伤中心的顾问，也是几项研究的联合研究员，这些研究涉及在不同创伤人群中开发 PTSD 治疗方法。

詹姆斯·G.戴利(James G. Daley),PhD,MSW,LCSW，印第安纳大学社会工作学院副教授。他发表和报告了一系列国际军队社会工作方面的论文，并担任《社会工作前沿》(*Advances in Social Work*)杂志 2012 年军队社会工作春季特刊的联合主编，是 2010 年军队社会工作年会的主讲嘉宾，并作为指导委员会成员参与开发 CSWE 的《军队社会工作能力要求指南》(*Competencies in Military Social Work Guidelines*)。他还担任过多所大学的军队社会工作课程顾问。他是《军队社会工作实务》(*Social Work Practice in the Military*)杂志的编辑。

朱莉·达米科(Julie D'Amico),MA，是加州大学洛杉矶分校塞梅尔神经科学与人类行为研究所(UCLA Semel Institute for Neuroscience and Human Behavior)FOCUS 项目干预服务输送和支持专家。她是一位经验丰富的治疗师和家长教育者，她的专长是帮助有发育障碍和行为障碍的儿童。达米科女士获得了心理咨询硕士学位。在与 FOCUS 合作之前，她还在加州大学洛杉矶分校美泰儿童医院(Mattel Children's Hospital UCLA)担任志愿者，帮助患有严重疾病的儿童及其家人。

塔拉·德布拉伯(Tara DeBraber),MEd,MSW，一名圣地亚哥退伍军人无家可归预防示范项目的社会工作者。她受美国金融业监管局(FINRA)金融顾问项目资助，成为 2012 年的一名军嫂研究生。她也是美国海军陆战队救援协会(Navy Marine Corps Relief Society)的一名个案工作者。

乔安·迪菲德(JoAnn Difede),PhD，精神病学心理学教授，威尔康奈尔医学院焦虑和创伤压力研究项目主任。迪菲德博士专门治疗焦虑、情绪和创伤相关的疾病，并与“9·11”世贸中心幸存者、烧伤患者、灾难工作者和军事人员广泛合作。她是创伤后虚拟现实疗法应用的先驱，也是多项创伤后应激障碍创新治疗研究的首席研究员。她是美国焦虑症协会(Anxiety

Disorders Association of America)科学顾问委员会成员，也是杰里科项目(Jericho Project)的顾问委员会成员，她还在美国各地的军事医疗中心督导VR治疗。

凯塔·富兰克林(Keita Franklin),PhD,LCSW,美国海军陆战队总部行为健康分部负责人。她管理着性侵预防和处理、家庭倡导、自杀预防、作战压力控制和药物滥用等项目。她负责该处的政策规划、培训、技术援助、资源管理和宣传工作。她的专长集中在军队部署和创伤后应激障碍(PTSD)对军人家庭成员的影响上。她就影响军人及其家庭的议题，包括服役压力、二次创伤、女性服役问题、军人父母以及当今军人的行为健康需求等发表过多篇论文和演讲。

埃迪扎·加西亚(Ediza Garcia),PsyD,是加州大学洛杉矶分校塞梅尔神经科学与人类行为研究所内特森家庭复原中心的模型导师。她接受了预防和治疗儿童和家庭创伤性压力方面的专门培训。她是《FOCUS军人夫妇复原力训练手册》(*FOCUS for Military Couples Resilience Training Manual*)的联合作者，也是全美军人家庭协会"紫色家庭撤退行动"的顾问，她还是加州大学洛杉矶分校儿童与家庭创伤精神病学服务(UCLA Child and Family Trauma Psychiatry Service)的临床协调员，她在那里培训儿童精神病学研究员，帮助他们进行优势为本、创伤知情治疗的评估。

玛丽罗丝·杰拉迪(Maryrose Gerardi),PhD,是埃默里大学医学院精神病学和行为科学系的助理教授。她通过创伤和焦虑康复项目提供认知行为治疗服务和督导，并在进行中的研究中担任治疗师和督导角色，研究虚拟现实暴露疗法和长期暴露疗法，以治疗与军队有关的PTSD。她还训练专业人员使用虚拟现实暴露疗法。

弗兰·戈德法布(Fran Goldfarb),MA,MCHES,是洛杉矶儿童医院南加州大学发展障碍者卓越教育计划(USC UCEDD)的家庭支持主任。她是一名拥有硕士学位的健康教育专家，但她在UCEDD的角色是因为她曾经是一名自闭症儿童——现在已经基本成年的家长的生活经历。她有丰富的经验，协助机构提供家长培训和支持，以及培训专业人士与家长合作。她是洛杉矶阿斯伯格综合征父母支持小组的创始人。

克里斯蒂娜·哈尼特(Christina Harnett),PhD,MBA,是约翰·霍普金斯大学教育学院的注册心理学家和助理教授。她一直积极参与马里兰州国民警卫队的部署周期支持项目,包括培训和课程开发,并发表了关于预备役文化对军人和家庭的影响以及退伍军人重新融入社会的挑战的论文。她参加了多个与军队行为健康问题有关的州立委员会和国家委员会,并通过外展培训积极参与马里兰州行为健康服务提供者的能力建设。她是马里兰国防军/第十医疗团的一名少校,也是《国际紧急心理健康杂志》(*International Journal of Emergency Mental Health*)编辑委员会的成员。

杰西·J.哈里斯(Jesse J. Harris),PhD,教授,巴尔的摩马里兰大学社会工作学院荣誉退休院长,美国陆军上校。他主要工作于沃尔特里德陆军研究所,在那里,他隶属于第82空降师。他的很多著作都涉及他在西奈沙漠与维和人员打交道的经历,以及他被国务院派往莫桑比克评估被俘儿童士兵状况的经历。哈里斯博士还撰写了大量关于军队社会工作历史的著作。他在国际上做过演讲,并在民间机构和退伍军人机构的董事会任职。

海伦娜·哈维(Helena Harvie),MSSW,完成了在得克萨斯州中部退伍军人医疗保健系统和在德国兰德斯图尔地区医疗中心的实习,其间她与患有严重创伤后应激障碍的现役军人一起工作。她在得克萨斯大学奥斯汀分校(University of Texas at Austin)开展服务军人的研究,并帮助开发了一门服务军人及其家庭的社会工作课程。

安东尼·M.哈桑(Anthony M. Hassan),EdD,LCSW,南加州大学退伍军人和军人家庭创新研究中心(CIR)主任。他是一名退役的空军官员,拥有25年的军队社会工作和领导经验。哈桑博士在2004年的伊拉克自由行动中服役,他是第一个加入陆军部队的空军战斗压力控制和预防小组的成员。他在社会工作、领导和高等教育管理等方面有大量的著述和演讲。哈桑博士领导CSWE的特别工作组,为军队社会工作制定国家指导方针。

马修·杰弗里斯(Matthew Jeffreys),MD,是得克萨斯州圣安东尼奥UT健康科学中心的精神病学副教授。自1995年以来,他一直是南得克萨斯退伍军人医疗系统的PCT医疗主任,2008年起,他通过国家PTSD中心(NCPTSD)担任VISN 17的PTSD导师。从2010年到2011年,他为

NCPTSD 的咨询项目提供咨询。他曾提供的其他服务包括作为工作组成员参与修订退伍军人管理局/国防部 PTSD 临床实践指南，他的兴趣包括正在进行的与 PTSD 治疗相关的教育和研究项目。

吉尔·哈林顿-拉莫里亚(Jill Harrington-LaMorie)，DSW，LCSW，国家军人家庭丧亲研究所创伤压力研究中心资深实地研究员，灾难遗眷援助计划的前专业教育主管。她在服务受创伤、悲伤和损失影响的个人和家庭方面有丰富的临床经验。拉莫里亚博士是最早发表有关美国军人家庭丧亲之痛论文的作者之一。她曾受邀为几所大学、非营利组织、军队和临终关怀院做演讲。拉莫里亚博士是死亡教育与咨询协会的董事会成员；《死亡与临终欧米伽杂志》(*Omega-Journal for Death and Dying*)的同行评议者，也是美国社会工作者协会的成员之一。她积极参与各项慈善活动，为遇难者家属、退伍军人和军人家属提供帮助。

苏珊娜·利曼(Suzanne Leaman)，PhD，埃默里大学精神病学系的研究心理学家。她与来自不同人群的创伤幸存者如难民、退伍军人和现役军人合作，她的研究兴趣集中在创伤后应激障碍和相关疾病的治疗和识别上。利曼博士发表了多篇同行评议的期刊文章，并在国际会议和研讨会上展示了有关 PTSD 和人际暴力的研究结果。目前，她是多个 PTSD 治疗和早期预测研究项目的合作研究者。

格雷戈里·A.莱斯金(Gregory A. Leskin)，PhD，加州大学洛杉矶分校国家儿童创伤压力中心(UCLA National Center for Child Traumatic Stress)军人家庭行动项目的主任，该项目与国家儿童创伤压力网络(NCTSN)保持联络。他为国防部和退伍军人事务部提供了创伤后应激障碍(PTSD)、外伤性脑损伤(TBI)、焦虑症、复原能力训练、儿童创伤应激和证据为本的干预方面的教育、培训、项目开发、评估和咨询。他已经发表了 30 多篇关于这些主题的学术论文和书籍章节。

帕特里西娅·莱斯特(Patricia Lester)，MD，是加州大学洛杉矶分校塞梅尔研究所精神病学的简和马克·内特森家庭精神病学教授(Jane and Marc Nathanson Family Professor of Psychiatry)。她主管以建立军人家庭复原力为目标的 FOCUS (Families OverComing Under Stress)项目，同时也协同管理加州大学洛杉矶分校欢迎回归退伍军人家庭恢复力中心（UCLA Welcome Back Veterans family resilience Center）。莱斯特博士的研究和临床工作致力于为面临创伤事件、父母疾病和战时部署的家庭和儿童制订、评估和实施以家庭为中心的干预措施。她就上述课题发表了 40 多篇研究论文和著作章节。

詹姆斯·马丁(James Martin),PhD,BCD,是布林莫尔学院社会工作和社会研究教授。他的学术成就、教学和公共服务专注于社会和行为健康问题;他的研究和公民参与主要面向军队和退伍军人群体。作为一名退役的陆军上校,吉姆在陆军医疗部 26 年的职业生涯包括临床、研究、高级管理(指挥)和政策任务。吉姆是第一次海湾战争期间波斯湾战区的高级社会工作官员,他编辑了《海湾战争与心理健康：综合指南》(*The Gulf War and Mental Health: A Comprehensive Guide*)一书。

莫妮卡·M.马蒂厄(Monica M. Matthieu),PhD,MSW,LCSW,是华盛顿大学布朗社会工作学院的研究助理教授。从 1995 年到 2000 年,她是退伍军人事务部、新奥尔良退伍军人资源中心的临床社会工作者。2008 年,她重返圣路易斯退伍军人管理局医疗中心,担任社会工作研究者。在退伍军人管理局和布朗学院的联合任命下,她继续关注退伍军人的问题,并对循证实践、创伤治疗、暴力和伤害预防的干预进行研究。

德博拉·麦高夫(Deborah McGough),BA,目前是特殊家庭成员项目(Exceptional Family Member Program)和学校联络项目的项目经理,这两个项目都支持加州的一个海军陆战队基地和其他武装部队的多个单位,她还担任了四年半的陆军 EFMP 项目经理。麦高夫接受过正规的心理学培训,特别聚焦于残疾儿童的心理健康,并作为多重残疾儿童的养父母有丰富的生活经验。她的专长是协调和利用民用和军用资源,并代表现役 EFMP 家庭进行宣传倡导。

迈克尔·梅塔尔(Michael Metal),2013 级 MSW 学生,也是一名退役海军老兵。他的专业方向是军队社会工作领域的精神健康。他积极参与多项与上述领域相关的慈善事业。迈克尔曾在全国范围内发表关于老兵世界观的演讲,并发表过同样的文章。

凯瑟琳·E.莫吉尔(Catherine E. Mogil),PsyD,是加州大学洛杉矶分校大卫·格芬医学院(David Geffen School of Medicine)塞梅尔神经科学与人类行为研究所(UCLA Semel Institute for Neuroscience and Human Behavior)的助理临床教授。她是一名注册临床心理学家,担任内特森家庭复原中心(Nathanson Family Resilience Center)的培训和干预发展主任,以及儿童和家庭创伤服务(Child and Family Trauma Service)的联合主任。摩泽尔博士是军人家庭项目的联合开发人员,并为包括美国军人家庭协会、健康科学统一服务大学和洛杉矶县精神健康部门在内的军人家庭服务组织提供咨询和相关主题的专业知识。

阿伦·诺林(Aaron Nowlin),CADC 2,BA,是加州拉霍亚退伍军人事务医院的药物和酒精问题咨询顾问。他的专长是治疗那些被诊断为滥用化学品或依赖化学品的人,特别是现役军人和退伍军人。在过去五年里,他一直受雇于 VA,而在此之前,他受雇于圣地亚哥洛玛岬(Point Loma)的药物滥用(SARP)康复计划长达三年半之久,他还在一家住院治疗机构工作。在 SARP 期间,他为被诊断为化学品依赖的现役军人提供治疗。

凯莱布·尹·拉(Caleb Yoon Ra),LCSW,目前是圣地亚哥退伍军人保健系统"退伍军人无家可归者保健诊所"的资深社工。他负责为圣地亚哥县长期无家可归的退伍军人提供个案管理服务。他在美国海军陆战队服役 8 年,在伊拉克的锡安沙漠执行作战工程任务。他完成了两次战斗任务(2003 年,2005 年),之后光荣退伍,是一名中士。

阿尔伯特·斯基普·里佐(Albert "Skip" Rizzo),PhD,南加州大学创新技术研究所副所长,精神病学和老年学研究教授。Skip 的专长是研究和开发用于临床评估、治疗和康复的虚拟现实系统。他的研发团队创建了虚拟伊拉克/阿富汗 VR 暴露治疗系统,用于治疗现役人员和退伍军人的 PTSD。此外,他还撰写了 200 多篇学术论文和著作章节,内容涉及他在普通民众和军人中使用 VR 进行的一系列心理、认知和运动临床健康研究。

珍妮弗·罗伯茨(Jennifer Roberts),MSW,LCSW,是南加州大学的社会工作兼职助理教授。她是退伍军人管理局圣地亚哥医疗系统的资深项目经理。她在影响女性退伍军人的问题上有专长。她在圣地亚哥县各地发表有关军人家庭和女性退伍军人问题的演讲。

芭芭拉·奥拉索夫·罗特鲍姆(Barbara Olasov Rothbaum),PhD,精神病学教授,临床研究副主席,埃默里大学创伤和焦虑康复项目主任。她专门研究对焦虑症患者的治疗,已经撰写了200多篇学术论文、著作章节和六本专著。她曾担任国际创伤应激研究会主席,是美国焦虑障碍协会和强迫症基金会的董事会成员,也是使用虚拟现实疗法治疗心理障碍的先驱和Virtually Better网(www.virtuallybetter.com)的合作创立者。

艾莉森·桑托约(Allison Santoyo),MSW,毕业于南加州大学社会工作学院。她目前已在行为科学委员会登记注册,并获得了几个小时的许可。她在一家急症医院担任医务社会工作者,为不同的人群提供服务,包括外科病人、妇幼保健、患有精神疾病和药物滥用障碍的病人。

吉米·斯特伯格(Jimmy Stehberg),PhD,是智利安德烈斯·贝略(Andres Bello)大学的助理教授,安德烈斯·贝略大学生物医学研究所神经生物学实验室主任和副研究员。他的专长是研究记忆和精神疾病,在啮齿动物和人类身上进行研究。他发表过几篇关于记忆的研究文章和书籍章节。

玛格丽特·A.斯特鲁森(Margaret A. Struchen),PhD,临床神经心理学家,赫尔曼纪念医院(TIRR Hermann Memorial Hospital)心理学和神经心理学服务的经理。她也是贝勒医学院物理医学和康复学助理教授。她有丰富的经验,为住院病人和门诊病人的脑损伤和其他神经损伤或疾病提供心理服务。斯特鲁森博士曾担任多个联邦政府资助的外伤性脑损伤患者康复研究和培训项目的首席研究员和联合研究员,其中包括担任外伤性脑损伤患者社区融合康复研究和培训中心的联合研究员。

安杰拉·B.斯温森(Angela B. Swensen),BS,Ronald E. McNair Scholar (2010),是华盛顿大学乔治·沃伦·布朗(George Warren Brown)社会工作学院心理健康服务专业的MSW学生。她在圣路易斯退伍军人事务部(Department of Veterans Affairs)完成了一项研究和实习开发,目前正在退伍军人事务部(VA)的老兵正义外展计划(Veterans Justice Outreach)中完成她第二阶段的实习。

芭芭拉·吉冈·惠勒(Barbara Yoshioka Wheeler),PhD,RN,南加州大学凯克医学院临床儿科学副教授,洛杉矶儿童医院 USC UCEDD 副主任。她有 30 年的研究生培训经验,并在系统中为服务发展障碍患者及其家庭的服务人员培育能力。作为一名职业陆军中士的女儿,国家对支持军人家庭的兴趣使她的学术工作重新聚焦在"卓越家庭成员计划"上。她于 1995—2000 年在总统的智力迟钝委员会工作。

杰弗里·S.雅尔维斯(Jeffrey S. Yarvis),PhD,是贝尔沃堡社区医院行为健康的副总指挥,马里兰州贝塞斯达的健康科学统一服务大学(USUHS)家庭医学助理教授,在弗吉尼亚联邦、温莎大学(加拿大)和休斯敦大学的社会工作学院兼职教授。他被授予 2008 年美国陆军和军队服务社会工作者的年度荣誉。24 年来,他在全球范围内就军队福利机构的精神健康问题进行了广泛的演讲、治疗和研究。他最近出版了一本关于退伍军人 PTSD 阈下的专著。

目　录

第三部分　退伍军人及其照顾系统

第十五章　退伍军人的无家可归问题

………………… Edward V. Carrillo，Joseph J. Costello，and Caleb Yoon Ra　3

第十六章　照顾系统导引 …………………………………………………… Jennifer Roberts　30

第十七章　退伍军人向市民生活的转型

…………………………………………………………… Jose E. Coll and Eugenia L. Weiss　42

第四部分　军队服役对家庭的冲击

第十八章　美国军人家庭简史和社会工作者的角色 ……………… Jesse Harris　65

第十九章　军队部署周期和家庭福祉 …………………………………… Keita Franklin　77

第二十章　对国民警卫队和预备役军人及其家庭的支持

………………………………………………………………………………… Christina Harnett　100

第二十一章　特殊家庭成员计划：帮助军人家庭中有特殊需要的儿童

………………………………………………… Barbara Yoshioka Wheeler，　125
Deborah McGough & Fran Goldfarb

第二十二章　军人家庭中的哀伤、死亡和丧亲之痛

…………………………………………………………………… Jill Harrington-LaMorie　151

第二十三章　支持长期家庭照顾的压力过程模型

………………………………………… Monica M. Matthieu，Angela B. Swensen　179

第二十四章　以家庭为中心的计划及对军人家庭儿童和青少年的干预
…………………… Gregory A. Leskin，Ediza Garcia，Julie D'Amico，Catherine E. Mogil，and Patricia E. Lester 198

第二十五章　对重新部署军人及退伍军人夫妇的夫妻治疗
…………………… Kathryn Bashan 215

第二十六章　军人夫妻与军人家庭理论与实务
…………………… Eugenia L. Weiss，Tara Debraber，Allison Santoyo & Todd Greager 241

学术关键词索引 …………………… 270

译后记 …………………… 286

第三部分
退伍军人及其照顾系统

第十五章　退伍军人的无家可归问题

Edward V. Carrillo, Joseph J. Costello, and Caleb Yoon Ra

一、引言

这是一个充满新希望的时代：美国将迎接这样一种社会政治挑战，即预防并结束退伍军人无家可归这一现象。新的爱国主义思想和社会意识促使了美国公众和政治代表们关注退伍军人长期无家可归这一问题，尤其是从“伊拉克自由行动”(Operation Iraqi Freedom, OIF)、“新黎明行动”(Operation New Dawn, OND)以及“持久自由行动”(Operation Enduring Freedom, OEF)中返回的退伍军人。这一社会契约已经得到了很多循证实践模型的经验支持，如住房优先(Housing First)、主动式社区治疗(Assertive Community Treatment, ACT)和减少伤害(可以证明尽可能减少或消除无家可归的退伍军人是可能的)(Cheng et al., 2007; Hurlburt, Hough & Wood, 1996; Rosenheck et al., 2003; Tsemberis, Gulcur & Nakae, 2004)。

本章讨论的是对无家可归的退伍军人在治疗、个案管理以及心理咨询方面进行的实证支持性的干预措施和模式；回顾预防、减少和最终缓和退伍军人无家可归问题的程序化模式；探讨无家可归的退伍军人这一群体中不同子群体的详细情况；此外，还阐述了一种现实情况，即与这一高危人群一起工作可能会让对他们提供情感依靠的照顾者产生同情疲劳和职业倦怠的危险。

二、退伍军人无家可归的原因及其现状

造成退伍军人无家可归的原因有很多。比如，从军人生活向平民生活转变时，退伍军人可能会经历文化冲击。退役后，许多退伍军人发现很难找

回原来的社会支持系统，而且可能缺乏必要的自我支持技能（self-advocacy skills）来进行有效的过渡。因此，一般情况下，在美国的无家可归人口中，退伍军人占了多数，并且女性退伍军人变得无家可归的概率是普通平民女性的三到四倍（Gamache，Rosenheck & Tessler，2003）。

根据威特（Witte，2012：11）所说，退伍军人中包含了无家可归人口的11%，这代表每1万个退伍军人中大约有31人是无家可归者。这一比例看上去可能并不高，但实际上，它确实高于普通人群中无家可归者的比例，即每1万人中有21个无家可归者。无家可归者当下的趋势也和过去不同。例如，无家可归者中年轻退伍军人的数量在不断上升。此外，由于越来越多的女性在当前的伊拉克和阿富汗战争中服役，女性退伍军人无家可归的数量也在不断增多[National Coalition for Homeless Veterans（NCHV），2011]。

心理健康问题是导致从伊拉克和阿富汗战场上归来的退伍军人无家可归的另一原因（Cunningham，Henry & Lyons，2007）。美国无家可归退伍军人联盟（National Coalition for Homeless Veterans，2011）声称身体创伤、性创伤和情绪创伤可能既是无家可归的原因，又是无家可归的后果。进一步的研究表明，在美国，家庭暴力是导致女性无家可归的主要原因。过去一个世纪的临床研究证实，在创伤事件后，身体暴力和性虐待造成的心理影响会持续很久。并且，经历过实战的老兵或战俘在战争中所受的创伤，与在和平时代遭受的家庭暴力或其他创伤产生的心理影响是相似的（Herman，1992）。

一项由住房和城市发展部（Department of Housing and Urban Development，HUD）以及退伍军人事务部（Department of Veterans Affairs，VA）发布的补充报告称，无家可归的退伍军人与一般无家可归人口的行为表现是相似的。两类群体都倾向于短暂地、频繁地进出庇护系统和医疗机构。这一发现与之前比较研究的结果是一致的，即无家可归的退伍军人和其他无家可归者几乎没有差别（Rosenheck & Koegel，1995）。20世纪90年代的一项关于无家可归者资源利用模式的政策变动调查发现，由10%的长期无家可归者构成的一个小群体却占据了无家可归者庇护设施的50%。基本上，这相同的一小部分无家可归者仍然反复地进出庇护设施。这些发现将国家工作重点由过去的试图结束无家可归现象，转向通过积极的外展服务和永久住房解决方案来找出最弱势的无家可归退伍军人（Culhane，2008）。

美国住房和城市发展部以及退伍军人事务部（HUD/VA）在关于无家可归者的报告（2010）中，提出了有关无家可归退伍军人问题的严重性的有力证据。这一研究引用了“即时点”（Point in Time，PIT）的统计数据以及全国无家可归退伍军人数量的年度估计值。PIT 的计数是对一晚上有庇护和没有庇护的无家可归退伍军人数量的年度估计。

PIT 的估计数值每年都被提交给美国住房和城市发展部，并且在 PIT 计数的晚上统计紧急收容所和过渡性住房中的无家可归退伍军人的数量。这一估计数值也统计了住在街上、废弃的建筑物、车辆以及营地的无家可归退伍军人的数量。年度估计数值统计了 12 个月内曾经住在紧急收容所或过渡性住房里的退伍军人的数量(HUD/VA, 2010)。例如，在 2010 年 1 月的一个晚上，PIT 计数估计共有无家可归退伍军人 76 329 人，包括有庇护和没有庇护的；超过 4.3 万(57%)名的退伍军人在紧急收容所和过渡性住房里休息，剩下的 3.2 万(43%)人则睡在大街上、车里、废弃建筑物里或者其他不适合人类居住的地方(HUD/VA, 2010)。

这份研究的年度估计共统计了 144 842 名自认为是退伍军人的人，2010 年，他们在紧急收容所和过渡性住房中至少住过一晚。这一统计数据表示这类退伍军人在全美每 150 人中就有 1 个，或是每 10 个退伍军人中有 1 个是被美国人口普查局定义为生活在贫困线以下的人。接近 98%的住在收容所的退伍军人作为个体接受服务，而少于 4%的无家可归退伍军人作为家庭的一分子来接受服务。有趣的是，作为家庭一分子接受收容所服务的退伍军人的比例与同类成年非退伍军人相比相当低。在普通民众中，大约有 20%的成年无家可归者和他们的家庭一起得到收容所的服务(HUD/VA, 2011)。

一份 2010 年的年度报告表明，加利福尼亚、纽约、佛罗里达和得克萨斯这 4 个州的无家可归退伍军人占据了美国无家可归退伍军人总数的 50%，但只占美国退伍军人总数的 28%(HUD/VA, 2010)。这 4 个州同样保持着占无家可归者总人数 46%的比例，但它们的人口总量只占美国总人口的 32%，占所有退伍军人总数的 28%。而很多州加起来只包含一小部分无家可归的退伍军人。比如，有 29 个州(个别计算的话)的无家可归退伍军人的数量只占全国总数的不到 1%(HUD/VA, 2010)。

干预

以下部分探索了当前被应用于解决无家可归问题的干预模式和技巧。配有案例的项目描述为目前缓和无家可归局面的趋势做了说明。

1. 动机性访谈

许多无家可归的案主是能够从咨询服务中受益的，如动机性访谈(Motivational Interviewing, MI)。动机性访谈是一种以案主为中心的指导性治疗方法，它的首要目标是帮助案主增强其基本动机，以及解决行动中的矛盾以促使其行为的改变（Arkowitz et al.，2008）。

实证研究指出，动机性访谈技巧在减少饮酒、提高戒断率、增强社会适应能力和成功转介到治疗等方面均有功效（Gold & Miller，1993；Fisk，Sells & Rowe，2007），并且在与个人的治疗准备阶段相一致的时候尤其有效。根据改变的跨理论模型，一共有 6 个治疗准备阶段（改变的阶段）：前意图阶段、意图阶段、准备阶段、行动阶段、维持阶段和复发阶段（Arkowitz et al.，2008）。

在前意图阶段，通常个人对改变自己的行为没有兴趣，即便他们已经确认当前自己处在困境中。在意图阶段，他们可能相信自身存在问题，但是对于变化并不确定。在准备阶段，个人已经意识到自身的问题，并且采取了初步措施去解决。行动阶段包括做一些事情来帮助改变有问题的行为。在维持阶段，人们会积极参与解决问题。这一模型中的最后一个阶段是复发阶段，从某种程度上来说，这是痊愈过程的一部分（Fisk，Sells & Rowe，2007）。但是，需要注意的重要的一点是，复发阶段并不必然伴随出现积极参与和支持。萨姆（Sam）的案例（萨姆从无意图阶段转变到了意图阶段）说明了动机性访谈是如何被用于治疗无家可归退伍军人的。

案例：萨姆

无家可归的退伍军人萨姆（化名）一直住在距市中心大约 5 英里的圣地亚哥河床区的无家可归者营地。他的咨询师一直在努力寻找使他获得永久居住房屋的方法。尽管他的咨询师之前帮他申请到了第八条款住房优惠券[①]（政府租金补贴，即领受人只需要支付他们总收入的 30%作为租金），但出乎意料的是，萨姆拒绝了。他表示："无家可归更加方便。待在户外我不需要担心付租金。我不用支付电费，也不需要自找麻烦去支付天然气费用。但住在户外最大的问题是我不知道去哪里给我的手机充电。"尽管在这种处境下，萨姆仍然犹豫着要不要接受第八条款住房补贴。更重要的是，他看起来很不愿意停止把几

① 这一住房优惠政策来源于美国《1974 年住房和社区发展法案》（*Housing and Community Development Act of 1974*）的第八条款（Section 8）。——编者注

乎一半的残疾救济金花在烟酒上。萨姆很明显会从永久住房解决方案带来的稳定性中受益，但他还是纠结于是否应该接受帮助。

萨姆的咨询师辨识出他最初处于无意图阶段。随着多次技巧性地参与到改变阶段的对话中和案主中心治疗的计划中，在他们第一阶段咨询结束时，咨询师已经能帮助萨姆从无意图阶段转变到意图阶段了。咨询师询问了萨姆有关的、有时甚至是尖锐的问题，如：所以在街上你觉得安全吗？你还记得最后一次肝功能检查后医生给你的建议吗？你在街上保持清醒的可能性有多大？等等。咨询师通过这些问题来刺激萨姆的思想转变。到第三次会谈时，萨姆已经能够从准备阶段过渡到行动阶段了。通过动机性访谈，萨姆认识到并声称自己渴望获得房子。那时候，他已经准备去登记参加住房优先计划（Housing First Program），并打算用掉他的第八条款住房优惠券。

2. 主动式社区治疗

主动式社区治疗（ACT）是一种多学科团体模式，它为有严重的和慢性的精神与医疗残疾的案主在社区提供密集的个案管理服务（Manuel et al., 2011）。退伍军人事务部在住房和城市发展部-退伍军人事务部支持性住宅（HUD－VASH）计划里采用了 ACT 的修改版本。

ACT 模式的主要特征有：

- 用户驱动的治疗目标；
- 有日常个案咨询的多学科团队；
- 共享的、非个人的个案工作量；
- 密集的药物管理和监测；
- 积极的外展服务；
- 案主和社会工作者的比例低，理想上是 10∶1（10 个案主对 1 个社会工作者）；
- 对案主 24 小时的照顾责任。

一项对 10 个主动式社区治疗的研究进行的元分析（包括 6 个随机调查和 4 个观察研究）得出这样的结论：接受主动式社区治疗的无家可归者中，无家可归的情况减少了 37%，精神症状通过标准个案管理和持续照顾模式改善了 26%（Coldwell & Bender, 2007）。退伍军人事务部已经将主动式社区治疗的修订版作为 HUD－VASH 计划的关键组成部分，该计划已经被证实能有效减少无家可归情况，无论是对退伍军人（Cheng et al.，2007；Rosenheck et al.，2003）还是非退伍军人群体（Stefanic & Tsemberis，2007；Tsemberis et al.，2004）。

帕吉特和亨伍德（Padgett & Henwood，2011）提出了一个问题：如果过去 40 多年里很少有其他方式被证明和主动式社区治疗一样能有效治疗患有精神疾病的人，那为什么这种治疗方式没有被普遍应用呢？到 2009 年，尽管主动式社区治疗只被 38 个州采纳，但是这些州报告称只有 2.3%的精神健康案主从中受益。2009 年，退伍军人事务部部长埃里克·新关（Eric Shinseki）提出将于 2015 年前结束退伍军人无家可归的情况。他回答了帕吉特和亨伍德提出的问题：未来将投入更多资金到 HUD－VASH 基金中以结束无家可归现象，而 HUD－VASH 基金将被专门用于改进 ACT 方法来让无家可归的退伍军人拥有永久性住房。

3. 住房优先模式

住房优先模式最早是由萨姆·茨伯里斯（Sam Tsemberis）在 20 世纪 90 年代早期纽约的“住房途径”（Pathways to Housing）（Senate Sub-Committee on Veterans Affairs，2010）中发起的。它的主要目标是通过利用用户驱动的心理社会复原治疗模式来满足那些长期无家可归者的住房需要。在它的形成阶段，“住房途径”调查了数百名无家可归者，并得出结论，当无家可归者被问到最想要什么的时候，他们回答的首先都是“住房”。这一模式是持续照顾（Continuum of Care）模式这样一种传统做法的替代品。持续照顾模式要求无家可归者在具有过渡性的和长期的住房之前，需要服从戒断和医疗以及精神病学的药物治疗（Senate Sub-Committee on Veterans Affairs，2010），并且这一模式的有效性已经得到多个研究的证实（Cheng et al.，2007；Hurlburt et al.，1996；Rosenheck et al.，2003；Stefanic & Tsemberis，2007；Tsemberis et al.，2004）。住房优先模式已经被退伍军人事务部的 HUD－VASH 计划当作结束长期无家可归退伍军人的典型模式而采纳。它提供了长期的第八条款政府支持性住房，加上密集个案管理（在退伍军人事务部超过 90%的个案管理由社会工作者提供）、主动式社区治疗以及动机性访谈（如本章前面所说）。

三、住房和城市发展部－退伍军人事务部支持性住宅（HUD－VASH）计划

HUD－VASH 计划是住房优先计划的退伍军人事务部版本，它采用了

主动式社区治疗模式的修订版(Rosenheck et al., 2003)。这一计划的要求包括:

- 形成治疗计划,这个计划反映了退伍军人的目标,并处理维持住房安置的潜在优势和障碍;
- 建立治疗计划的监管过程,包括对酒精使用和药物使用的筛查;
- 经常针对药物使用和精神健康展开会谈;
- 对就业和收入需求展开援助;
- 解决法律和经济问题;
- 提供"一揽子"服务,包括对福利过程和危机咨询的指导等服务(*HUD - VASH Handbook*, 2011)。

要成为 HUD - VASH 的服务对象,退伍军人和他们的家庭必须满足以下条件:(1) 符合退伍军人事务部健康照顾服务的条件;(2) 满足退伍军人事务部关于无家可归的标准;(3) 在住房、精神健康、健康与医疗、经济、家庭和社会支持系统、药物滥用,以及日常生活活动(Activities of Daily Living, ADLs)和工具性日常生活活动(Instrumental Activities of Daily Living, IADLs)援助等方面有个案服务的需求。该计划的目标包括促进退伍军人案主的全面恢复和独立,从而使他们能够拥有在社区中的永久独立住房(*HUD - VASH Handbook*, 2011)。除了荣誉退役的退伍军人之外,其他退伍军人必须符合市政管理的住房和城市发展部的相关规定,但也不会得到优先的住房券和 HUD - VASH 法律规定提供的个案管理。

这一计划旨在解决最脆弱的、长期无家可归的退伍军人的需求,同时它采用了实证支持的干预措施,如动机性访谈和主动式社区治疗。在一项对 VA 的四个 HUD - VASH 支持的住房服务点成本效率的随机对照研究中,罗森赫克等学者将获得密集个案管理和 HUD - VASH 第八条款优惠券的退伍军人,与获得另外两种照顾模式的退伍军人进行了比较。这两种模式是:(1) 未获得第八条款住房优惠券的一般 VA 无家可归计划的个案管理模式;(2) 退伍军人事务部的标准照顾模式(Rosenheck et al., 2003)。这项为期三年的研究得出结论:与单独的密集个案管理(没有住房补助)或者单独的标准门诊照顾相比,HUD - VASH 支持的住房服务取得了"较好的住房供给结果"(Rosenheck et al., 2003: 940)。通过对 2003 年罗森赫克等学者的原始研究中的缺失数据进行再次分析,成等学者(Cheng et al., 2007)断定 HUD - VASH 的改善效果将更加显著。这些改善包括:住在机构的天数更少;酗酒的天数更少;在酒和药物上的花费更少。这些研究支持扩充

HUD－VASH 计划的经费，并且这些经费是 VA 为结束退伍军人无家可归的情况设立的宏大的五年计划的基础（Committee on Veterans Affairs，2010）。此外，HUD－VASH 优惠券是便携的，就是说退伍军人可以转移他们的住房券，以住到能提供 VA 个案管理服务的社区中去（Kuhn & Nakashima，2009）。

约翰·多伊（John Doe）的案例说明了住房优先模式是如何被 HUD－VASH 计划采用的。这一案例展示了 HUD－VASH 计划在安置长期无家可归的退伍军人的方式上具备很强的灵活性、创造性和合作能力。抱着 2015 年前结束全国范围内退伍军人无家可归处境的目标，所有 VA 的医疗中心以及各自的公共住房局（Public Housing Authorities，PHA）都在检验这些案主在努力达到这个目标的过程中还存在哪些障碍。同时，HUD－VASH 个案管理者正在应对最脆弱的、长期无家可归的退伍军人的需求，通过更熟练地识别服务工作中的阻碍来创建克服这些障碍的环节。此外，他们还采用与当地服务提供者合作解决问题的方式，将退伍军人与重点社区及退伍军人事务部的资源联系起来；在帮助退伍军人获得和维持独立的长期住房这一目标下，将动机性访谈和主动式社区治疗模式贯穿整个过程，从最初的与无家可归者个人联系到个案管理需求的结束。

案例：约翰·多伊

许多在非农村地区的无家可归者能够自己去诊所或外展服务地点寻求帮助和治疗。然而，不是所有的无家可归者都能得到治疗来满足自身需求，比如因为病理原因、医学失能和交通不便，很多人无法得到治疗。举个例子，约翰·多伊是一位超过 65 岁的异性恋者，也是一位参加过越南战争的男性士兵，有严重的关节炎但长期未得到治疗。他酗酒且没有收入，长期处于无家可归状态，已经在街上睡了 20 多年。约翰·多伊是在街道的灌木丛下被发现的，浑身尿味，从头到脚爬满了虱子和各种其他小虫子。

多伊愿意接受帮助，但无法独自到达遍布主服务区内的任何外展诊所。他住在离日间照料中心和大型社区项目点 10 个街区的地方。考虑到关节炎和酗酒问题——所谓用来麻痹痛苦的良药，他无法从他睡觉的地方走几条街到日间照料中心或者当地的庇护所去。他手腕上系了几条医院的带子说明他去过几次当地的急诊室。虽然有些可以获得的项目能帮助他解决酒精成瘾问题，给他提供戒断场所以及过渡性住房，但是他无法到社区接受服务，并且他的健康状况看上去不太稳定，以至于不能确保其在住房优先模式下能够独自安全地居住。

多伊需要稳定用药，也需要参加针对酒精的戒断疗程。这位退伍军人因为疾病而无法单独居住，又由于持续饮酒也不适合被安置在过渡性住房中。传统急诊模式要求多伊在急诊室接受治疗来促使其在医学上保持稳定，同时因为他有过在戒酒过程中突发酒瘾的历史，他还需要接受戒酒监控。因此，社区非营利机构、退伍军人事务部的外展工作人员、个案管理者、社区紧急应变工作小组和退伍军人事务部的急诊医疗工作人员需要相互配合、共同努力，找出一套可行的治疗方案让多伊免于继续睡大街。

多伊需要稳定的住房和戒酒方面的帮助。然而，由于他在与 VA 外展社会工作者建立关系过程中受到了酒精的影响，因此他的基线水平是不确定的，这导致他潜在的医疗和精神健康需求并不清晰。另外，他也需要乘坐交通工具去医疗机构。

在多伊足够稳定地进入社区服务项目前，他需要紧急护理来满足当前的医疗需求。同时，他需要乘坐交通工具去参加社区项目，这些社区项目提供社会工作个案管理者、现场护理、24 小时的房屋管理员和过渡性住房。

多伊也与 VA 的门诊/外展个案管理者联系。这种混合型的个案管理安排允许个案管理者灵活地与急诊室社会工作者和急诊主治医生，以及复原计划的联络员合作来为多伊提供快捷的服务。个案管理者开车把多伊送到急诊室，并联系急诊室的社会工作者和主治医生，提醒他们在健康状况稳定的情况下让多伊参与复原计划。在急诊室的主治医生明确多伊的健康状况后，混合型的个案管理者会送多伊去参加复原计划，并提供合适的文件记录给复原计划的社会工作个案管理者，以预备多伊稳定地停留在该计划中。

在稳定停留期间，多伊透露他已经在社会保障退休系统内缴了多年的费用。因此，他的 HUD - VASH 社会工作者帮他获得了社会保障残障保险金（Social Security Disability Insurance，SSDI）和 VA 的服务性残疾津贴。社会工作者送他到退伍军人管理局的门诊服务部，然后根据他的日常生活活动量表和工具性日常生活活动量表的基线评估结果决定他所需要的支持。有人会引导他完成申请国家颁发的身份证和社会保障卡的程序。一旦拿到他的身份证件(公共住房的先决条件),他就能得到当地公共住房局的帮助去申请第八条款住房优惠券。接着他便在一个成年人的独立社区被安置下来,当地的社区公益机构还提供资源为他的房间配备了家具。

四、对无家可归退伍军人的健康照顾

无家可归退伍军人的健康照顾项目(Health Care for Homeless Veterans, HCHV)在外展服务点上,对想转介到VA过渡性住房、VA地区办事处(VARO)福利诊疗中心、全部的VA和非VA社会服务项目的荣誉退伍军人和非荣誉退伍军人进行筛选。所有的非荣誉退伍军人都有资格被筛选到VA的过渡性住房项目中,除了那些被开除军籍的退伍军人。只有极少数的非荣誉退伍军人有资格获得人道主义的VA医疗服务。HCHV项目是所有VA无家可归项目的载体。因此,它承担了大多数新扩展的无家可归服务的管理责任,如HUD-VASH项目和其他几项服务无家可归退伍军人的特殊需求的项目(本章中提到的)。HCHV项目运用了传统上服务无家可归退伍军人的三种方法:(1)在所有的VA医疗中心和周围社区开展针对退伍军人的外展服务;(2)与VA健康照顾服务项目连接;(3)以每日补助(Grant Per Diem, GPD)、两年期有时限的过渡性住房、住房处置机构和HUD-VASH永久性住宅服务为基础,在各社区进行筛选和批准入住。

VA同时也通过提供过渡性住房的社区项目来分配和监控资金,比如大家熟知的每日补助(GPD)的领取点。VA还调配主要由社会工作者和护士组成的服务团队,这些社会工作者和护士扮演着社区GPD项目和VA之间联络人的角色。这些联络人为被过渡性地安置在GPD社区机构中的无家可归退伍军人提供了筛选、评估、制订治疗计划、转介、个案监控和危机管理等干预服务。在这些项目中,退伍军人可以居住长达2年,但是他们平均待的时间是3到6个月。除了提供住房之外,GPD社区机构还提供直接的个案管理服务、咨询服务、福利援助、社会服务推荐、就业推荐,以及一系列生活技能培训,如理财、计算机技能等。有些大一点的服务点还与以帮助就业为焦点的无家可归退伍军人重返社会项目(Homeless Veterans Reintegration Programs, HVRP)合署办公,HVRP可提供直接的工作安排评估咨询和短期生涯培训资金(*HUD - VASH Handbook*, 2011)。

VA按日给GPD社区机构提供资金。2011年度财政津贴给每一个有住房的退伍军人每天38美金。GPD的各个项目对两类联邦资金在全国范围内展开竞争。作为资金获得者的那些项目就有资格获得住房实物、资金资助,以及住房和社会服务补助金。它们与当地VA的医疗中心合作,提供药物和精神病医疗服务。一项对来自五个不同地区VA医疗中心的363名退伍军人的调查显示,81%的退伍军人在退出项目后仍然居住了12个月(McGuire et al., 2011)。

五、对无家可归退伍军人的居家照顾

无家可归退伍军人居家照顾项目(The Domiciliary Care for Homeless Veterans, DCHV)为那些由于药物或身体疾病原因无法独自居住的退伍军人提供过渡性的和长期的住房服务。为了满足从OEF和OIF返回的退伍军人的需求,DCHV项目包含了精神健康住宅康复和治疗项目(Mental Health Residential Rehabilitation and Treatment Programs, MHRRTPs)模式。这个项目是一种无家可归退伍军人的过渡性住宅模式,并且其中的无家可归退伍军人通常有多种严重的医疗病症、精神病、成瘾问题以及心理社会缺陷。DCHV项目提供了一个24/7(一天24小时、一周7天)结构化的和支持性的居住环境作为康复治疗方案的一部分。这一模式并不是长期项目,它强调所有实践在临床上要有可测量的治疗收益,从而促进生活方式的转变、自我照顾和个人责任。为了实现这些最终目标,该项目采用了诸如眼动脱敏与再加工治疗(EMDR)和认知行为疗法(CBT)等实证支持疗法。

六、无家可归退伍军人重返社会项目

无家可归退伍军人重返社会项目(HVRP)为那些有动机去积极竞争上岗的无家可归退伍军人提供职业培训和就业机会。它服务于因为创伤后应激障碍(PTSD)、长期药物滥用、严重的心理社会问题、法律问题或者艾滋病等原因而被其他项目拒绝的无家可归退伍军人。与其他退伍军人的特殊就业项目相比,此项目提供更密集的评估,更专门的工作推荐,以及更频繁的咨询和个案管理服务。此外,HVRP项目通过提供职业生涯规划和大专课程的资金，为许多不具备参加VA职业康复项目（VA Vocational Rehabilitation）资格的无家可归退伍军人提供了另一种可能。

七、CHALENG项目：退伍军人事务部的社会网络干预

1994年，退伍军人事务部开创了一个名为CHALENG[社区无家可归情况评估，当地教育和网络小组（Community Homelessness Assessment, Local Education and Networking Groups）]的项目。设计这一项目的目的在于改善当地VA提供的对无家可归退伍军人的持续性照顾。为此，该项目建立了一个当地社区机构的服务提供者（利益相关者）网络来对无家可归人口进行服务。这一举措背后的理念是，没有一个机构能单独提供所有必要的服务，来帮助无家可归退伍军人成为有用的社会成员，并结束他们无家可归的状态。CHALENG项目试图通过团结VA和社区服务利益相关者，提升无家可归退伍军人的需求意识，以及协调全社区范围内应对这些需求的规划，来促进服务的协调一致性。

CHALENG项目的一个重要部分是进行全社区范围内的需求评估。CHALENG的评估调查引出了在42种不同标准上对无家可归退伍军人已被满足的与未被满足的需求的回应。表15.1展示了排在前10项的无家可归退伍军人未被满足的需求的全国性调查结果。该表同时也展示了排序的变化情况。

表15.1 被调查者的前10项未被满足的需求，2008—2010财年

2008财年	2009财年	2010财年
1. 福利金	1. 福利金	1. 福利金
2. 儿童保育	2. 子女抚养费问题的法律援助	2. 儿童保育
3. 子女抚养费问题的法律援助	3. 长期的、永久的住宅	3. 子女抚养费问题的法律援助
4. 监护责任（经济的）	4. 儿童保育	4. 家庭和谐援助
5. 家庭和谐援助	5. SSI/SSD处理	5. 监护责任（经济的）
6. 长期的、永久的住宅	6. 违法/处罚的法律援助	6. 违法/处罚的法律援助
7. SSI/SSD处理	7. 监护责任（经济的）	7. SSI/SSD处理

续　表

2008 财年	2009 财年	2010 财年
8. 违法/处罚的法律援助	8. 家庭和谐援助	8. 贷款咨询
9. 贷款咨询	9. 职业培训	9. 职业培训
10. 监禁退伍军人的再入服务	10. VA 残疾津贴/抚恤金	10. 帮助恢复驾照的法律援助

资料来源：Kuhn & Nakashima，2011：13。

除了对全社区的用户和利益相关者进行需求评估之外，CHALENG 项目还与当地政府和社区机构发展亲密的工作伙伴关系，它的目标是努力告知无家可归的退伍军人在他们的当地社区中所有可以利用的退伍军人或非退伍军人资源。年度 CHALENG 项目获得了众多成效，包括创立无家可归退伍军人牙科计划（Homeless Veterans Dental Initiative），以及通过发展 HUD-VASH 计划使得 VA 对永久性支持住房的资金投入在近几年大幅增长。

八、预防无家可归的新退伍军人事务部项目

最近，退伍军人事务部设立了五个全新项目，旨在通过外展服务和早期干预来预防无家可归现象的发生。一是退伍军人无家可归预防示范项目（Veterans Homelessness Prevention Demonstration Project，VHPD）。这是一项为期 3 年的试点工程，目的在于为存在无家可归风险的退伍军人及其家庭提供积极主动的预防性援助，以及快速安置新的无家可归退伍军人。该项目由美国退伍军人事务部提供直接服务，另外也获得了住房和城市发展部以及劳工部（Department of Labor，DOL）的共同支持。VHPD 项目的受益人群包括：从伊拉克、阿富汗和“新黎明行动”战场返回的退伍军人；女性退伍军人；退伍军人作为户主的家庭；退伍军人的单亲家庭；退役的国民警卫队和预备役退伍军人。其服务包括短期租金援助（非现金补助）和住房券紧急资金帮助。

另一个相对较新的项目是无家可归退伍军人全美呼叫中心（National Call Center for Homeless Veterans）。该项目旨在确保每天 24 小时、每周 7 天，无家可归退伍军人以及处于无家可归风险中的退伍军人都能够与受过专业训练的无家可归预防顾问进行联系。这一热线意在帮助无家可归和即

将无家可归的退伍军人及其家庭，同时也支持 VA 医疗中心开展的无家可归外展服务和综合服务。此外，该热线还积极协助联邦、州和当地的合作者，无家可归退伍军人服务的提供者以及社会机构，共同为退伍军人提供资源并联系 VA 的无家可归服务。

VA 还有两个相对新的项目，针对被监禁和被法律制裁的退伍军人：(1) 重生退伍军人健康照顾（Health Care for Reentry Veterans，HCRV）；(2) 退伍军人法律制裁外展服务（Veteran Justice Outreach，VJO）项目。这两个项目的目标都是帮助"涉及法律制裁"的退伍军人避免无家可归并得到 VA 服务。HCRV 项目的目标人口是离开监狱的退伍军人。该项目的目的是预防无家可归、降低再监禁的可能，并减少医疗、精神和药物滥用问题对那些弱势退伍军人的影响。VJO 项目是 VA 主动设立的，为了使有精神疾病的退伍军人远离不必要的刑事定罪和延长监禁，并确保"涉及法律制裁"的退伍军人能及时接受 VA 的精神健康服务和药物滥用服务。

VA 最新为预防无家可归设立的项目是退伍军人家庭支持性服务（Supportive Services for Veteran Families，SSVF）项目，它已经被写进了"公法 119－387"。这一项目以社区为基础，主要为收入很低，但是正在由无家可归向永久性住房过渡的或努力维持其永久性住房的退伍军人及其家庭提供服务，以创造稳定居住的条件。通过此项目，VA 将拨款给私人的非营利组织和社区合作单位，奖励他们提供的很多支持性服务，包括交通、法律援助、儿童保育、福利援助、临时经济援助和日常生活服务等。

九、无家可归退伍军人的休整

在美国，休整（Stand Down）是一种社区干预，它将无家可归退伍军人集合到棒球场、公园或者礼堂 1 到 3 天，为他们提供广泛的社会服务和医疗服务。这些服务包括牙科、眼科、紧急医疗、足科、精神科、药物滥用、紧急的和过渡性的住房、法律援助、VA 社会工作和心理咨询，以及各种 VA 福利金，此外还包括所需的各种物资如鞋、衣服、尿布、毛毯、睡袋、卫生用品和急救药箱。

在军事术语中，休整是一种通过重新安置战士们去相对安全的区域，使战争疲劳的战士能够离开前线几天的缓解措施，这期间，战士们有机会获得所需的医疗照顾和牙齿保健、邮件电话服务，以及工具补给、更新装备、换新衣服等生理需求。在战区同样重要的是，休整期能给人提供释放悲伤、享受牧师服务、品尝好吃的食物和重建友情的时间，这些是士兵们服役时的精神寄托。自1988年最初设立以来，无家可归退伍军人休整项目已经在全国范围内扩展到超过200个城市。在比较大规模的休整服务中，多达1 000名的无家可归退伍军人参加时间长达3天。为了支持这一高度可行的社区干预项目在全国范围内开展，纳齐森、范库伦和塔尔博特（Nachison, Van Keuren & Talbot, 1995）出版了一本有关实施无家可归退伍军人休整项目的逐步操作手册。每年，那些在休整项目中工作的药物滥用咨询师、社会工作者和志愿者经常会听到退伍军人高兴地宣布，“休整项目让我变清醒了”，“我最终在休整项目中获益，再也不用睡大街了”。

十、服从用药和对结束无家可归的预测

越不服从用药，无家可归退伍军人结束无家可归状况的可能性越低（Hurlburt et al., 1996; Rosenheck et al., 2003; Tsemberis et al., 2004）。不服从用药的普遍原因是副作用很痛苦，对提供用药的人不信任，或者否认对药物的需求，以及认为处方药无效。此外，无家可归退伍军人存在许多内部和外部以及环境的障碍阻止他们服从用药。这些障碍包括：高失约比例（Rosenheck, Frisman & Gallup, 1995）；赴约的交通费和需要自己给付的药费不足；那些在服用处方药时被禁止饮酒和使用街头毒品的人还在滥用药物；由于警察、场地管理员没收或被偷而造成的药物丢失；普遍存在于无家可归者当中的对特殊病症的不服从用药典型，像是偏执型精神分裂症、错乱型精神分裂症、抑郁症和药物使用障碍。

无家可归者经常遭遇偷窃和各种形式的犯罪伤害，这一事实导致了无家可归的长期循环，并对服从用药行为造成了重大挑战。所有的无家可归子群体，尤其是女性，在现实的街头暴力生活中很容易受到伤害。因为无家可归者的生活方式受到许多环境的限制，情况更加复杂，城市生活会把他们逼迫到高犯罪率的地区生活。因此，PTSD高度警觉症状的某些方面，如环境戒备和浅层睡眠，可以作为无家可归者功能性的生存技巧。有位退伍军人阿尔伯特（Albert，化名）证明了这一情况，“我确实非常不愿在吸毒者来袭击我们的营地时被他们打倒，所以我睡觉时都带着小刀，而且睁着一只眼睛”（personal communication, 2007）。

像阿尔伯特一样被诊断为患有创伤后应激障碍的退伍军人，在高度警觉的症状方面尤为脆弱，再加上街头生活的危险性，最终形成恶性循环。这种循环以夜晚低质量的睡眠为开始，然后导致白天记忆闪回增多，接着全天

更加高度警觉，然后是夜晚更低质量的睡眠和增多的噩梦。接下来低质量的睡眠又会导致白天记忆闪回增多，恶性循环再次开始。阿尔伯特说道："噩梦不会停止。不可能停止！它们是战区巡逻和疯狂交火的混合体，就结束在这些街道上和我们的无家可归营地里……这就是我为什么在晚上喝酒的原因，只是为了帮助我入睡。"阿尔伯特举例说明了为什么对许多退伍军人来说，露宿野外几乎不能好好睡觉，并且如果没有好的睡眠，从药物滥用中恢复的机会渺茫。

在那些被规定服用促进睡眠的药物的高度警觉的退伍军人身上，不服从用药的现象普遍存在。除了彻底的不服从之外，一些人还会采用减少药物剂量的方法，附和阿尔伯特"只是帮助我入睡"的说法。其他人也报告称由于在白天可以"更安全地尝试睡眠"，因而选择在白天使用睡眠药物，晚上不睡觉。然而，白天睡觉的模式给获取所需服务，如食物、淋浴、住房、乘车以及某些特殊需求如药物/精神治疗和个案管理等，造成了不便。因为不服从用药的原因复杂多样，所以健康照顾提供者为每一个个案提供个性化的治疗方案是非常重要的。同样重要的是，实证支持模式如主动式社区治疗和精神药理学教育，被积极应用来支持服从用药和推进结束无家可归情况的治疗计划的制订(Nermin & Richard, 2004)。

十一、外展服务注意事项

研究表明，信任缺失是导致许多无家可归者不愿接受服务的主要原因。一般情况下，没有家人和真正的朋友也就表示没有可靠的情感或经济支持。这种社会脱离产生了对社区外展服务的需求，并且促进了退伍军人和服务提供者之间关系的建立。这可能需要一个广泛的承诺，只是为了建立一种信任关系。一旦信任建立，服务提供者通常要承担起努力促进案主接受健康照顾和社区服务的责任(Levy & O'Connell, 2004)。此外，无家可归的个体经常对外展服务的某些方面抱有疑虑，这可能会导致他们认为可获得的服务与他们的需求是不相匹配的(Kryda & Compton, 2007)。

为了突破不信任的情感障碍，茨伯里斯等学者(Tsemberis et al., 2003)宣称：在外展服务中提供有效的住房选择非常关键。而且，在第一次接触时提供住房是最有效的。然而，这一方式并没有被大多数服务无家可归者的机构所采用。很多服务提供者最初并不提供住房，因为他们的重点在于让服务对象"做好获取住房的准备"，也就是说在得到住房选择前先确保他们是服从用药的或戒断了药物滥用(Kryda & Compton，2007)。对工作者和受助者双方来说，把清醒和服从用药放在比住房安置更优先的位置上的方式非常令人沮丧，因为这对受助者来说并不总是一种现实的和可接受的选择(Tsemberis et al.，2003，2004)。

有些人倡导增加无限制的住房安置，或者全面落实住房优先模式选择，以便让无家可归者免于露宿街头。然而，这种倡导在住房严重短缺的地区可能是不现实的。而且，这对尝试在VA每日补助的过渡性住房项目中安置受助者的个案管理者来说是一项特殊的挑战，因为这些项目仍然采用传统的方式，即在获得准入前必须确认受助者60～90天都保持清醒。此外，个案管理者还需要许多创新的举措来对社区非营利组织、非VA过渡性清醒生活、雨天避难所(允许喝些酒的地方)和清醒的生活环境等一系列组织或项目提供的服务进行协调，确保初步接触时能获得有效的住房选择。最后，如果受助者由于需求被忽视而产生不信任感，进而拒绝服务，那么住房服务和外展服务可能变得毫无价值。因此，必须发展一种尊重的以案主为中心的方法，且强调积极倾听，从而使外展服务的效果最大化(Kryda & Compton，2007)。

除了采用以案主为中心的方法来开展外展服务，其他以实证为基础的应用也指出了朋辈辅导和外展服务的功效。拉特金、舍曼和诺尔顿(Latkin，Sherman & Knowlton，2003)在美国黑人社区进行了一项与无家可归退伍军人外展服务相关的预防艾滋病的研究。该项目是一项网络型的艾滋病预防干预项目，基于社会认同理论和朋辈外展，实施对象是艾滋病检测分别呈阳性和阴性的吸毒者。

朋辈外展已成为一种被广泛采用的吸毒者艾滋病预防策略，即利用同伴的影响开展外展服务。朋辈外展也与非裔美国人的历史经历和共同价值观相符，且它能有效减少接触时与注射相关的危险行为。把社会认同和朋辈外展元素相结合的理念，也许是一种有希望的对市中心吸毒者进行有效的艾滋病预防的方法(Latkin et al.，2003)。退伍军人社区也有着一种对老兵强烈认同的文化因素。因此，对那些涉及无家可归外展服务的人来说，考虑是否采纳这种方法可能非常重要。

同时，提高VA外展服务质量的最新重点包括训练社会工作者和外展服务人员成为“通才”。外展服务人员只通过发传单、他人引荐等方式来为VA无家可归项目招人的方式已被弃用。如今的VA培训中强调“一站式购物”这一术语(personal communication，2010)。外展服务人员需要在危机干预、药物滥用咨询、就业咨询和推荐、哀伤辅导、药物管理、VA 福利金和非 VA 社区资源各个方面都有丰富的知识并且能够熟练操作。

最后，提供社区外展服务时会遇见许多非光荣退伍的军人。这些退伍军人不具有获得 VA 健康照顾服务的资格，也通常不知道哪些福利和服务是他们可能有资格获得的。最常见的适合大多数非光荣退伍军人的服务有过渡性住房服务，申请军事性医疗和精神损伤的残疾服务，以及诊疗中心的重新适应咨询服务（Vet Centers Readjustment Counseling Services），它是为被诊断患有战争性创伤后应激障碍的退伍军人提供的咨询服务。

十二、服务无家可归退伍军人时的临床问题：重点在于社会工作者的自我照顾和安全

与无家可归退伍军人一起工作面临着独特的挑战，它检视着临床的边界并拨动着人类的心弦。人们在价值观、伦理观、政治信仰和精神信仰上的差异，实时动态地交互影响着个案管理的关系。同时，在外展服务中感到不安全的反移情（countertransference）现象值得重视。处理该种情况需要积极的态度、频繁的督导和开展团队个案会议。此外，在工作环境安全性不明的情况下事先制订计划（俗话说得好，"一分预防胜于十分治疗"）是最好的处理方案，这有助于形成行动框架，增强成员信心。举个例子，在沿道路展开外展服务前，个案社会工作者需要对可能发生的意外情况达成处理共识，并告知总部外展服务的地点及预计的返程时间。另外，在某些特定环境中，社会工作者一定要提前和当地警方以及无家可归外展队（Homeless Outreach Team，HOT）达成工作协议。在街道或乡村开展外展服务时，团队成员至少要有两名，团队中至少要有一名成员能熟练运用危机咨询和治疗急性创伤应激障碍（Acute Traumatic Stress，ATS）。另外，外展成员必须时刻处在其他成员的视野或听力范围内。最后，整个团队需要定期开会对任何产生创伤、危险或强烈的反移情作用的情况进行汇报说明。

在 2010 年国会听证会上，茨伯里斯指出，"退伍军人不愿意接受服务，他们在保卫国家的战争中充分证明和体现了自己的能力，而如今接受服务的行为是对于他们的自尊、荣誉和能力的侮辱"（Committee on Veterans Affairs，2010：71）。然而，在申请心理咨询时，一旦退伍军人谈及他们过去在军队服役时的那些"自尊和荣誉"，临床医生和心理咨询师可能将他们定性为"自以为是"。评估过程中应该对移情和反移情现象都进行测试。无家

可归退伍军人一旦表现出生气、激进、过于依赖或不切实际的反应时，临床医生可能就会体验到强烈而无法预测的情绪反应。这些感受很容易让临床医生产生快速反应，有时是本能反应，然后妨碍临床医生的客观评估和正确的服务提供。

当反移情现象出现时，案主首先会呈现出脸红的特征，正确辨识该特征对临床医生平衡个人情绪反应和重新聚焦到工作中大有裨益。在咨询的初期阶段，临床医生的工作包括准确评估案主的具体需求、进行精神状态评估以及使案主共同参与制订治疗计划。此外，当案主出现强烈的感情宣泄时，社会工作者和临床医生需要对每个案主独特的表现进行精准的评估。比如，愤怒与厌恶、憎恨、暴怒和敌对迥然不同(Hoge, 2010)。霍格(Hoge)建议对案主的每种表现都进行单独的评估。愤怒是一种易被误解的情绪，尤其在处理无家可归退伍军人和战斗老兵个案时很常见。社会工作者需要将更多的注意力放在控制案主的愤怒上，而不是去探究其愤怒的深层原因。而且，在对无家可归退伍军人进行评估时，有经验的外展服务人员会发现：在街头或乡间的流浪者营地里，愤怒有利于生存，就像在作战区一样。他们也留意到，这种“街头心态”可能看上去是反社会的，许多长期无家可归的退伍军人会把它当作一种保护自身不受其他在街头或灌木丛中生存的无家可归者常规伤害的生存行为。出于安全考虑，在外展服务或临床诊疗中应当尽快明确限制语言虐待行为。

和坚强的沙场战士一样，无家可归退伍军人始终对外界保持戒心。他们怀抱愤恨的情绪，“通常伴随着生气/愤怒、抑郁、愤世嫉俗和不信任”。临床医生在治疗开始前就应对此有所了解。在治疗的第一阶段[希克曼(Hickman)称之为“测试阶段”]，退伍军人往往会对临床医生的动机、隐瞒的信息进行询问，并测试临床医生对军旅文化的了解程度。缺乏经验的临床医生时常会被大量这类的“测试”所震惊，并且因此有时会仓促地将创伤性的案主错误诊断为患有类偏执狂性精神障碍。

在某些情况下，无家可归退伍军人之所以会被贴上“有资格”的标签，可能是由于现实可获得的资源和服务难以满足无家可归退伍军人的多元化需求，服务提供者经常感到力不从心。这种资源局限，无论是对服务提供者还是退伍军人，都是一种长期的不幸。可获资源和预期之间的差距有时特别显著，尤其在刚退伍的军人心里。士兵在服役时已经习惯了军营“三餐管饱，床被不薄”的简单生活。近来，退役军人可以预期 VA 和其他公共机构提供的类似福利。然而，这不代表“有资格”。通过心理教育和重新适应咨询，军事文化中固有的被社会化了的期待需要被公开处理。退伍军人的"服役自豪感"应当在诊所、街头、社区口口相传，这些涉及退伍军人的信念、期望和临床医生对军旅文化的深层理解(Exum, Coll & Weiss, 2011)。同样重要的是，服务提供者要花费一定的时间来教导退伍军人非军队社会服务的局限和现实情况，同时倡导和帮助退伍军人获取他们最需要的和有资格获得的公共及个人服务。

有时，退伍军人会通过一些方法表达他们的"服役自豪感"，比如提醒临床医师他们作为"杀戮机器"有"已被证实的能力"，或者使用其他容易被视为威胁性的军事隐喻。对于不习惯或不适应军事语言的医护人员而言，对威胁的觉察可能更为普遍。例如，有些退伍军人在药物摄入筛查和紧急治疗中骄傲地称自己为训练有素的杀手。然后他们会非常惊讶或震惊于有人拨打了紧急报警电话，医院的保安也抵达现场。当医师感知到威胁时，遵循安全程序，对案主实施自杀和谋杀的风险进行评估是非常重要的。但是，医师有时可以通过同理式和探究式的对话避免拨打紧急报警电话。比如，如果退伍军人提醒医师他是训练有素的杀手，医师可以用一个有效的反问回应他，如"所以你对于你的军事训练和军队服役经历感到骄傲"，而不是立即开始进行谋杀或自杀风险评估。另一个用探究性对话来回复的方法可能是问老兵"为什么让我知道你的训练和技能对你来说很重要"。医师和个案管理者对这种动态的重新理解，就是承认这样一个事实，即我们会对在墙上挂的自己的毕业学位证书和其他证书倍感自豪。临床医生对那些资质证明的展示可能会刺激到某些案主，特别是那些新来到临床机构的退伍军人。所以，某些退伍军人想要分享对自己专业的军事技能的骄傲，难道不符合逻辑吗？

另一方面，对于在军队里服役或熟悉军队言行举止的临床医师来说，他们可能会最小化自己的反应，或只对暗藏在军事隐喻下真正的恐吓做出反应。每次言语上的恐吓，即使是那些表现为隐喻或幽默的威胁，都需要被彻底地探究。为了提供客观的标准化的威胁评估，VA已经为自杀和谋杀风险评估实施了结构化的程序，以便为客观评估所有可能的致命威胁提供示范性的指导方针。另外，VA需要对所有的精神健康服务对象定期进行自杀风险的普遍筛查。在这些评估进行期间，对退伍军人进行风险评估合法性及临床要求方面的教育是非常重要的。保密原则的限制及要求，必须在临床服务开始之前先建立起来，它也可能需要不止一次地被强调，并且作为退伍军人临床文化适应的过程和治疗方案的一部分被公开讨论。

十三、自我关怀和倦怠预防

针对无家可归退伍军人开展工作，将涉及间接暴露于街道和灌木丛生活的无情和残酷，以及直接接触受害者，有时候是犯罪者。无家可归退伍军人每天为了生存而奋斗的故事令人心碎，这会导致照顾者体验到同情疲劳或替代性创伤(Pearlman & MacIan, 1995)。

另外，当个案社会工作者遇见那些不洗澡、肮脏、凌乱、有恶臭的无家可归者时，服务无家可归退伍军人打心底来说是一件很困难的事。就像急诊室的医护人员一样，外展服务的专家需要做好准备随时会遇见各式各样的案主，他们有的从门里面走出来，有的直接在大街上相遇，并且不管他们的外表如何以及对他人的感官有何影响，社会工作者都不能随意地做出评价。为了维持适当的同理心，一线社会工作者在面对退伍军人怪异的容貌以及有时可怕的外观时，可能需要调整自己的容忍水平。VA 圣地亚哥健康照顾系统的前社会工作主管 C.金(C. King)表示，不是所有的社会工作者都适合在第一线接触街头无家可归的退伍军人(personal communication, November 2009)。

此外，为无家可归退伍军人提供服务的一线社会工作者需要为服务中严重的缺口与限制做好准备，特别是在应急住房的使用高峰期。这经常会导致外展服务人员不得不去问案主："你昨晚在哪睡的?"他们需要让退伍军人明白他/她可能要返回那里再睡一晚。在一个案例中，一位 VA 护士在给一个暴力犯罪的受害者提供危机咨询后，无法给她的案主提供夜间安全的住宿，"这感觉就像是我又把他送回了原来的地点再次受到迫害一样"。同样，当案主受到侵害(甚至被杀死)，社会工作者会产生幸存者内疚，就像战友在战争中受伤或阵亡的退伍军人所感受到的内疚一样。这一点支持着 ACT 模式中的一个关键性优势，就是以团队的形式服务无家可归者。外展服务和个案社会工作者们需要从工作中抽出时间来进行自我关怀，或者按计划去度假。团队作战的方式为一线社会工作者从工作中抽出所需时间提供了基础。同情疲劳的明确标志之一就是社会工作者说，"我抽不出时间，因为我的案主需要我"，或者"我太担心我的案主了以至于我无法享受假期"。

间接暴露于长期无家可归者遭受的不幸和创伤的咨询师也需要有合适的自我关怀计划(Lipskey & Burk, 2009)。他们需要的计划包括维持常规的计划和个人危机的应急计划。雇员协助计划(Employee Assistance Programs, EAPs)给社会工作者的危机辅导和压力管理提供了高度可行的资源。另外，如果想处理因服务长期药物滥用者而产生的工作压力，社会工作者可以在匿名戒毒会（Nar-Anon Group）和嗜酒者互诫协会（Al-Alon Group）中获得支持和希望。这些全世界范围的提供精神层面的12步疗法的专业机构，为那些被其他成瘾者影响的人提供了团队支持。

特蕾莎修女（Mother Teresa）工作超过45年，照顾和养活了很多穷人、病人和无家可归者。她说："如果没有祈祷，我甚至不能工作超过半个小时。"（Teresa & Vardey，1995：39）为了慈善机构的传教，她制定了修女准则，规定早晚祷告。在结束退伍军人无家可归现象的全新挑战中，退伍军人事务部、住房与城市发展部以及劳工部与可信任的、长期服务穷人和无家可归者的组织建立合作协议，也就不足为奇了。

VA的研究结果支持誓词复诵（Mantram Repetition）是一种颇有成效的正念治疗，它已经有指导手册，可以治疗VA工作者的管理压力和职业倦怠（Bormann et al.，2006）。同时它也被证实是一种对患有PTSD的退伍军人可行的治疗性精神支持（Bormann，Liu，Thorp & Lang，2011）。誓词复诵包括通过重复誓词（有特殊含义的词），集中注意力到一点，放慢自己，调整呼吸和走动冥想，来训练正念技术。博尔曼（Bormann，2006）关于VA雇员的研究发现，誓词复诵在建立复原力、处理抑郁和焦虑方面很有效。

十四、心理社会支持和个案管理的成本效益

许多地方性的和全美的统计调查均表明无家可归退伍军人对社会和经济的影响。与同类非无家可归者相比，无家可归者生病和使用急性医疗服务的频率更高，且有相当高的死亡率（O'Toole et al.，2010）。对无家可归者的研究大多数聚焦于急诊室干预。然而，我们发现当护理伴随着社会工作干预一起进行时，使用急诊室的可能性就会低很多（O'Toole et al.，2010）。同样，个案管理、滥用药物干预和住房支持也将大幅减少急诊室的使用（Sadowski，Kee，Vanderwheele & Buchanan，2009）。

十五、结论

长期无家可归的基本特征表明无家可归者缺乏足够的资源来满足其基本的住房需求。他们缺乏满足最基本物质需求的资源，如天然气、车费或一双像样的鞋。但更深刻的是，他们缺乏心理洞察力、动机、希望和清醒之类的心理社会

技能。这些技能是让他们来到 VA 诊所或社区外展设施开始接受服务的基本条件。因此，HUD-VASH 计划的外展社会工作者创造了“街头诊所”(clinic to the street)一词来形容诸如主动式社区外展服务、资源网络化和密集式个案管理干预之类的措施。同时，社会工作者必须在街道和灌木丛广泛采用这些措施，使退伍军人摆脱街道和灌木丛，进入恢复和治疗阶段，最终获得永久性住房。

退伍军人的社区组织都有一个共同点：他们从草根服务开始，从最基本的需求开始。这些项目都是由一线个案工作者、志愿者，以及在某些情况下也曾与无家可归退伍军人一起工作过的无家可归服务人员策划出来的。这些先驱者在实践中遵循与无家可归退伍军人“在他们所在的地方”——街道或社区——见面的原则。吸引案主参与之后，这些社区组织工作者在实践中坚持案主自决的原则。不足为奇的是，这些草根实战经验现在被应用于实证支持的一些治疗模型，比如住房优先和主动式社区治疗，如今似乎在理解无家可归者的需求、吸引他们参与康复治疗和结束无家可归情况方面也是有效的。

自内战时代以来，美国已经开发出多种方法来解决复杂的退伍军人问题，以及服务无家可归者的需要。每一代连同每一批受伤的退伍军人都在提出新的挑战。我们作为一群社会服务提供者，应当利用临床的和街头的经验，以及不断发展的循证研究，来制定更有效的实践措施，以便更好地服务那些曾为国浴血奋战的受伤军人。我们认识到，刚刚归来的退伍军人，包括还在服役的，将给社会带来新的挑战，提出非常具体和复杂的要求。通过使用本章中描述的各种科学工具和社会工具，我们已经发展出了更有效的方法来倾听和评估无家可归退伍军人的需求。要利用所有这些工具和资源，我们需要保持积极参与的态度，并创造独特和有效的手段去服务无家可归退伍军人。最重要的是，如果我们想要成功结束退伍军人无家可归的局面，我们应该好好向他们学习。

本章问题讨论

1. 使退伍军人无家可归的风险因子是什么？

2. 无家可归退伍军人获取健康照顾和住房保障的障碍有哪些？

3. 描述用于干预无家可归退伍军人的主动式社区治疗(ACT)模型。

4. 对社会工作者来说，与无家可归这一人群一起工作的风险因子有哪些？减轻这些风险和压力的做法有哪些？

5. 对于消除退伍军人无家可归现象，你能给出什么政策、方案和实践建议？

参考文献①

Arkowitz, H., Westra, H., Miller, W. & Rollnick, S. (2008). *Motivational interviewing in the treatment of psychological problems*. New York, NY: Guilford Press.

Assertive Community Treatment Association. (2011). *Origins of ACT*. Retrieved from http://www.actassociation.org.

Bormann, J., Becker, S., Gershwin, M., Kelly, A., Pada, L., Smith, T. & Allen, L. (2006). Relationship of frequent mantrum repetition to emotional and spiritual well-being of healthcare workers. *Journal of Continuing Education in Nursing*, *37* (5), 218.

Bormann, J., Liu, L., Thorp, S. R. & Lang, A. J. (2011). Spiritual wellbeing mediates PTSD change in veterans with military-related PTSD. *International Journal of Behavioral Medicine*, *19* (2), 24.

Cheng, A. L., Lin, H., Kasprow, W. & Rosenheck, R. A. (2007). Impact of supported housing on clinical outcomes: Analysis of a randomized trial using multiple imputation technique. *Journal of Nervous and Mental Disease*, *195* (1), 83 - 88.

Coldwell, C. M. & Bender, W. S. (2007). The effectiveness of assertive community treatment for homeless populations with severe mental illness: A meta-analysis. *American Journal of Psychiatry*, 164(3), 393 - 399.

Committee on Veterans Affairs: United States Senate. (2010). *Hearing on VA plan for ending homelessness among veterans*. Retrieved from http://www.access.gpo.gov/congress/senate.

County of San Diego. (2010). *Grand jury report on the homeless*. Retrieved from http://www.sdcounty.ca.gov/grandjury/reports/2009 - 2010/HomelessReport.pdf

Cunningham, M., Henry, M. & Lyons, W. (2007). *Vital mission: ending homelessness among veterans*. Washington, DC: National Alliance to End Homelessness, Homelessness Research Institute.

Culhane, D. P. & Metraux, S. (2008). Rearranging the deck chairs or reallocating the lifeboats?: Homelessness assistance and its alternatives. *Journal of American Planning Association*, *74* (1), 111 - 121.

Department of Veterans Affairs. (2006). *VA mental health intensive case management*. VHA Directive 2006 - 004. Retrieved from http://www.mcleague.com/mdp/pdf/MentalHealth.pdf.

Exum, H. A. & Coll, J. E. & Weiss, E.L. (2011). (2nd ed.). A *civilian counselor's primer for counseling veterans*. Dear Park, NY: Linus.

Figley, C. (1995). *Compassion fatigue: Coping with secondary traumatic stress*

① 为方便读者查阅，本书按原版复制参考文献。——编者注

disorder in those who treat traumatized. Bristol, PA: Brunner/Mazel.

Fisk, D., Sells, D. & Rowe, M. (2007). Sober housing and motivational interviewing: The treatment access project. *Journal of Primary Prevention*, *28* (21), 281 - 293. doi: 10.1007/s10935 - 007 - 0096 - 6.

Gamache, G., Rosenheck, R. & Tessler, R. (2003). Over-representation of women veterans among homeless women. *American Journal of Public Health*, *93* (7), 1132 - 1136.

Gold, M. & Miller, N. (1993). Dissociation of craving and relapse in alcohol and cocaine dependence. *Biological psychiatry*, 33(6A), A155 - A155.

Herman, J. (1992). *Trauma and recovery*. New York, NY: Basic Books.

Hickman, P. (1987). But You Weren't There. In Williams, T. (Ed.), *Post-Traumatic Stress Disorder: A handbook for clinicians* (pp. 93 - 207). Cincinnati, OH: Disabled American Veterans National Headquarters.

Hoge, C. W. (2010). *Once a Warrior Always a Warrior*. Guilford, CT: Globe Pequot Press.

HUD - VASH Handbook (2011). *Housing and Urban Development (HUD)—Department of Veterans Affairs Supported Housing (VASH) Program*. Retrieved from http://www.va.gov/vhapublications/ViewPublication.asp? pub_ID52446.

Hurlburt, M. S., Hough, R. I. & Wood, P. A. (1996). Effects of substance abuse on housing stability of homeless mentally ill persons in supported housing. *Psychiatric Services*, *47* (7), 731 - 736.

Kryda, A. & Compton, M. (2007). Mistrust of outreach workers and lack of confidence in available services among individuals who are chronically street homeless. *Journal of Community Mental Health 45* (1), 144 - 150.

Kuhn, J. H. & Nakashima, J. (2009). Community homelessness assessment, local education and networking group (CHALENG) for veterans. *The 15th annual progress report on public law 105 - 114: Services for homeless veterans' assessment and coordination*. Retrieved from http://www1.va.gov/fbci/docs/ProjectCHALENG.

Kuhn, J. H. & Nakashima, J. (2011). *The 17th annual progress report: Community homelessness assessment, local education and networking group (CHALENG) for veterans for fiscal year (FY) 2010*. Retrieved from http://www.va.gov/homeless/chaleng.asp.

Latkin, C., Sherman, S. & Knowlton, A. (2003). HIV prevention among drug users: Outcome of a network-oriented peer outreach intervention. *Health Psychology*, *22* (4), 332 - 339.

Levy, B. & O'Connell, J. (2004) Health care for homeless persons. *New England Journal of Medicine*, *350* (23), 2329 - 2332.

Lipskey, L. V. & Burk. C. (2009). *Caring for those who care for others*. San Francisco, CA: Berrett Koehler.

Manuel, J. I., Covell, H. H., Jackson, C. T. & Essock, S. M. (2011). Does assertive community treatment increase medication adherence for people with co-occurring psychotic and substance use disorders? *Journal of the American Psychiatric Nurses Association*, *7* (1), 51 - 56.

McGuire, J., Rosenheck, R. A. & Kasprow, W. J. (2011). Patient and program predictors of 12-month outcomes for homeless veterans following discharge from time-limited residential treatment. *Administrative Policy in Mental Health*, *38* (8), 142 - 154.

Nachison, J., Van Keuren, R. & Talbot, D. (1995). *Vietnam veterans of San Diego stand down: A step-by-step procedural manual*. Retrieved from http://www.vvsd.net/pdf/sdmanual.pdf.

National Association of Social Workers. (2008). *Code of ethics*. Retrieved from http://www.socialworkers.org/pubs/code/code.asp.

National Coalition for Homeless Veterans. (2011). *Homeless veteran fact sheet*. Retrieved from http://www.nchv.org/background.cfm#facts.

Nermin W. & Richard, G. (2004). Factors affecting medication adherence among the homeless. *University of Toronto Medical Journal*, *82* (1), 6 - 9.

O'Toole, P., Buckel, L., Bourgault, C., Blumen, J., Redihan, S., Jiang, L. & Friedman, P. (2010). Applying the chronic care model to homeless veterans: Effect of a population approach to primary care on utilization and clinical outcomes. *American Journal of Public Health*, *100* (12), 2493 - 2499.

Padgett, D. K. & Henwood, B. F. (2011). Commentary: Moving into the fourth decade of ACT. *Psychiatry Service*, *62* (6), 605.

Pearlman, L. A. & MacIan, P. S. (1995). Vicarious traumatization: An empirical study of the effects of trauma work on trauma therapist. *Professional Psychology: Research and Practice*, *26*, 558 - 565.

Ranaivo, Y. (2010). Vet center upgrades offerings. *Amarillo globe-news*. Retrieved from http://amarillo.com/news/local-news/2010 - 10 - 22/vet-center-upgrades-offerings.

Rosenheck, R., Frisman, L. & Gallup, P. (1995). Effectiveness and cost of specific treatment elements in a program for homeless mentally ill veterans. *Psychiatric Services*, *46* (11), 1131 - 1139.

Rosenheck, R., Kasprow, W., Frisman, L. & Liu-Mares, W. (2003). Cost effectiveness of supported housing for homeless persons with mental illness. *Archives of General Psychiatry*, *60* (9), 940 - 951.

Rosenheck, R. A. & Koegel, P. (1995). Characteristics of veterans and non-veterans in three samples of homeless men. *Hospital and Community Psychiatry*, *44* (9), 858 - 863.

Sadowski, L., Kee, R., Vanderwheele, T. & Buchanan, D. (2009). Effect of a housing and case management program on emergency department visits and hospitalizations among chronically ill homeless adults: A randomized trial. *Journal of the American Medical Association*, *301* (17), 1771 - 1778.

Senate Sub-Committee Hearing (2010). *The VA's plan for ending homelessness among veterans. Pane II*. Retrieved from http://veterans. senate. gov/hearings. cfm?

action5release.display & release_id5bab2c127 - 95d9 - 4b58 - b4d6 - ccfc8cc2e0f6.

Shay, J. (2002). *Odysseus in America: Combat trauma and the trials of homecoming*. New York, NY: Scribner.

Stefanic, A. & Tsemberis, S. (2007). Housing for long-term shelter dwellers with psychiatric disabilities in a suburban county: A four-year study of housing access and retention. *Journal of Primary Prevention*, *28* (3 - 40), 265 - 279.

Teresa, M. & Vardey, L. (Ed.). (1995). *A simple path* (1st ed.). New York, NY: Random House. Tsemberis, S., Gulcur, L. & Nakae, B. A. (2004). Housing first, consumer choice, and harm reduction for homeless individual with a dual diagnosis. *American Journal of Public Health*, *94* (4), 651 - 656.

Tsemberis, S., Moran, L., Shinn, M. & Asmussen, S. (2003). Consumer preference programs for individuals who are homeless and have psychiatric disabilities: A drop-in center and a supported housing program. *American Journal of Community Psychology*, *32* (3/4), 305 - 317.

United States Department of Housing & Urban Development & United States Department of Veterans Affairs. (2010). *The annual homeless assessment report to Congress*. Washington, DC: U.S. Government Printing Office.

United States Department of Veterans Affairs (2011). *Project CHALENG*. Retrieved from http://www.va.gov/homeless/chaleng.asp.

Witte, P. (2012, January). *State of homelessness in America 2012: A research report on homelessness*. Washington, DC: National Alliance to End Homelessness/Homeless Research Institute.

第十六章 照顾系统导引

Jennifer Roberts

一、导论

美国退伍军人事务部(VA)是政府运行的退伍军人军事福利系统。退伍军人事务部报告称全国各地数百个 VA 医疗设施、诊所和福利办公室共计雇用了近 28 万人。它负责管理与退伍军人及其家属以及幸存者相关的福利计划,包括健康照顾、伤残补偿、养老金、教育和职业康复等。

引导退伍军人使用 VA 系统可以说是一个艰巨的任务。本章为社会工作者提供了一份指示说明,以便他们帮助退伍军人案主登记注册进入这个系统并获得照顾和福利。除了对优先群体的登记方式另做解释外,本章对各种不同的登记注册方式都有说明。因为与登记注册有关,所以服役导致的残障都需要被审查。

接下来,本章将讨论特殊的退伍军人群体,比如从“持久自由行动”“伊拉克自由行动”和“新黎明行动”(OEF/OIF/OND)归来的无家可归退伍军人和女性退伍军人。这些特殊的退伍军人有特定的需求和关注点,需要在 VA 健康照顾系统的职权范围内解决。退伍军人事务部已经发展了一些项目去提供自杀预防和危机干预,当然这些还在不断探索中。本章也回顾了有关军队性创伤(Military Sexual Trauma, MST)和帮助这些退伍军人的各种项目的讨论。莉萨·史密斯(Lisa Smith)的个案研究展现了一名患有军队性创伤的女性退伍军人是如何通过退伍军人事务部健康照顾系统的审查的。本章的问题讨论总结了本章内容。

二、基本资格和登记注册

退伍军人事务部运转着全国最大的综合性健康照顾系统,有超过

1 400个照顾服务点，包括医院、社区诊所、社区活动中心、退伍军人收容所、重新适应咨询中心和各种不同的其他设施（Department of Veterans Affairs，2010a）。

要想进入这个系统，个人必须是 1980 年 9 月 7 号之后应募入伍的现役军人，或者在 1981 年 10 月 16 号之后进入现役部队，且必须持续服役 24 个月或整个服役期间都被部署（Department of Veterans Affairs，2010b）。这个服役的最低要求可能并不适用于某些退伍军人，包括因困难退伍、提前退役以及在执行任务时受伤或伤势加重不得不退役的军人（Department of Veterans Affairs，2010b）。

对于大多数退伍军人来说，加入 VA 系统是从申请注册开始的。为了成功申请，退伍军人必须完成 VA 表格 10 - 10EZ，即“健康福利申请表”（Application for Health Benefits）。退伍军人可以在网上登记注册或者去最近的 VA 服务设施里的资格审核办公室直接注册，或者发邮件申请。一旦注册成功，退伍军人可以在全国任何一处 VA 健康照顾机构享受健康照顾（Department of Veterans Affairs，2010b）。

尽管退伍军人不是被强制要求申请，但他们还是会被鼓励去申请以便获得更好的健康照顾。由于情况多样，以下退伍军人会被自动注册登记：

因服役致残达 50％或更严重的退伍军人（因服役致残的退伍军人将在本章后面讨论）；

虽然已经被军方判定是在执行任务时受伤或伤势加重，但是尚未接受 VA 的评估，且退役的时间不超过 12 个月的正在寻求残疾照顾的退伍军人；

只寻求因服役致残的相关照顾服务的退伍军人；

寻求注册登记检查（电离辐射、橙剂、海湾战争/“伊拉克自由行动”和贫铀）的退伍军人（Department of Veterans Affairs，2010b）。

三、优先级组

在注册期间，每位退伍军人都会被分配到不同的优先级组。退伍军人事务部采用优先级组以平衡注册登记时要求的 VA 健康照顾与现有资源之间的矛盾。表 16.1 说明了 VA 是怎样对优先级组进行分类的。

表 16.1　优先级组

组 1	因服役致残达 50%或更严重的退伍军人，和/或由 VA 判定因服役致残而无法就业的退伍军人
组 2	因服役致残达 30%或 40%的退伍军人
组 3	因服役致残达 10%～20%的退伍军人；之前是战俘（POW）或被授予紫心勋章（Purple Heart Medal）的退伍军人；获得残疾人特殊资格待遇，并接受治疗或参加 VA 的职业康复计划的退伍军人；在执行任务中因受伤或伤势加重导致残疾而不得不退役的退伍军人
组 4	需要定期协助和他人参与才能完成日常基本事务的退伍军人，如洗澡、喂食、穿衣等
组 5	收到 VA 退伍津贴或有资格加入医疗补助/医疗保险计划的退伍军人；年家庭总收入和/或资产净值低于 VA 的国民最低收入标准和其常驻区调整后最低收入标准的非服役退伍军人，以及非服役且补助金与服役不相关的退伍军人
组 6	第一次世界大战的退伍军人；单独为某种特定情况寻求帮助的退伍军人，如曾在大气试验或占领广岛和长崎期间暴露于电离辐射中；因为参与美国国防部（Department of Defense，DOD）执行的作为 112 项目/SHAD 项目一部分的试验而患病的退伍军人；非因服役致残但获得伤残补助金的退伍军人，以及 1998 年 11 月 11 日之后参与作战行动的退伍军人，如下： 2003 年 1 月 28 日或之后从现役岗位退伍，并在 2008 年 1 月 28 日注册的退伍军人，以及退役满 5 年，在 2008 年 1 月 28 日之后申请注册的退伍军人； 2003 年 1 月 28 日之前从现役岗位退伍，并在 2003 年 1 月 28 日之后到 2011 年 1 月 27 日之前申请注册的退伍军人
组 7	家庭总收入低于其常驻区调整后的最低收入标准，并同意自己支付部分费用的退伍军人
组 8	家庭总收入或资产净值高于 VA 的国民收入最低标准和常驻地区最低收入标准，并同意自己支付部分费用的退伍军人

四、作战退伍军人

自 2001 年以来，在伊拉克和阿富汗冲突中服役的美国军人已经超过了 200 万人（Amdur et al.，2011）。2008 年 1 月 28 日，“公法 110－118”被命名为《2008 年国防授权法案》并被正式写入法律（Department of Veterans Affairs，2010b：3）。这使得 1998 年 11 月 11 日后在战区服役的退伍军人也能获得申请健康照顾的资格。

在“作战退伍军人”的权威下，VA 给每位退伍军人提供 5 年（自退伍之日起）免费的健康照顾服务。这包括对可能与军队服役有关的情况的疗养院护理，以及登记注册为优先级组 6 的退伍军人（除非满足更高优先级组的要求，参见表16.1）。5 年的登记服务时间从退役之日开始算起，如果有多个征召期，就从最近的退役之日算起。为了获得享受服务的资格，退伍军人必须提供相关证明文件，包括：他/她曾在被确定是作战区的地区服役；退役时得到的作战服役勋章；获得迫近危机或伤敌/杀敌（hostile fire）的补偿以及税收优惠。医疗福利包括为可能与战斗相关的病况提供免费的照顾和药物治疗（Department of Veterans Affairs，2010b：3）。在今日的健康照顾系统中，保证可靠的服务范围是昂贵且困难的。因此，很多退伍军人仍受益于目前提供的免费医疗照顾。

五、因服役致残及其补偿

退伍军人事务部有一个残疾补助项目，为在服役时受伤或伤势加重的军人提供资金补偿（Wounded Warrior Project，2007）。这些残疾被认为与服役相关。退伍军人领取的补偿金数额依据其伤残等级来确定。这一伤残等级是考虑所有服役人员的伤残情况和医疗状况后得出的综合性伤残等级。为了获得 VA 的伤残补偿金，退伍军人必须出示三个文件：

（1）目前伤残的医疗诊断书；

（2）医学证明，有时是在服役中受伤的证据；

（3）服役时受的伤（或者伤势恶化）和现在伤残之间的联系。

退伍军人事务部的伤残补偿金会依据退伍军人伤残的严重程度来确定，当然伤残等级不是一直不变的，会根据病情的变化而实时调整（Wounded Warrior Project，2007）。

六、“持久自由行动”/“伊拉克自由行动”/“新黎明行动”归来的退伍军人

2001 年以来，在超过 200 万名的美国军方人员中，有超过 100 万名退役人员被分配到退伍军人事务部，他们都有获得健康照顾和其他服务的资格（Amdur et al.，2011）。根据全球反恐战争（Global War on Terrorism，GWOT）的数据，自 2001 年起，大约有 46%从“持久自由行动”和“伊拉克自由行动”（OEF/OIF）战场

归来的退伍军人（符合 VA 标准）已经享受过 VA 的服务（Amdur et al.，2011）。在这些冲突地区服役使得士兵们面临多样的危险，包括身体伤害、心理创伤、环境因素暴露，以及大量影响个人生活的压力（Amdur et al.，2011）。

VA 的健康照顾系统实施和发展了一个以退伍军人为中心的战后护理项目，用来协助退伍军人及其家属向市民生活过渡和提供战后护理。它们与社会工作、基础护理、精神健康照顾和康复治疗合作，处理退伍军人遭受的各种危险暴露和复杂的健康并发症。在美国所有的 152 个 VA 医疗中心，都有一个由临床工作者（如注册护士和社会工作者），包括 OEF/OIF/OND 的项目管理者和个案管理者，以及过渡期患者倡导项目（Transition Patient Advocate，TPA）中的非临床工作人员共同组成的医疗照顾管理团队。社会工作者提供的个案管理是整个服务系统的核心组成部分，它协助退伍军人恢复和维持其重返社会后的家庭和社区系统的正常运作。社会工作个案管理员通常运用积极主动的方法来进行个案管理，包括与退伍军人及其家属保持规律的联系以便及时调整服务，满足最新需求，并且支持和引导退伍军人获得合适的资源。此外，TPA 可以帮助退伍军人更好地使用 VA 系统（Amdur et al.，2011）。

七、诊疗中心

除了个案管理，诊疗中心还为作战退伍军人提供重新适应社会的咨询服务，来帮助他们完成从军人到普通公民的转变。在全美 50 个州及大多数联邦领土上，共建有 271 处提供重新适应社会的咨询服务的社区诊疗中心。重新适应社会的咨询包括以下服务：个人咨询、团体咨询、夫妻和家庭咨询、丧亲咨询、医疗转介、协助申请 VA 福利金、就业咨询、药物滥用的预估与转介，以及军队性创伤咨询。在作战区服役并收到服役丝带的退伍军人有资格接受这种特别的咨询服务。作战退伍军人的家属如果有与军队相关的问题，也有资格获得咨询。重新适应社会咨询服务不收取任何费用（Wounded Warrior Project，2007）。

八、无家可归退伍军人计划

退伍军人事务部指出，美国的无家可归退伍军人大多数是男性，大约只有 5%是女性，大部分是单身，来自都市，受到精神疾病、酒精成瘾、药物滥用或其他并发障碍的困扰。根据美国无家可归退伍军人联盟的数据，退伍军人事务部估计每晚都有 107 000 名退伍军人无家可归（2011）。为了帮助这些退伍军人，VA 设计了无家可归退伍军人健康照顾计划（HCHV），也被称为“VA 无家可归外展服务”，以提供各种服务和项目来帮助无家可归退伍军人尽可能独立自主地生活。项目的具体内容已经在第十五章介绍过了。

军队性创伤

《美国法典》(*U.S. Code*, 1720D of Title 38)将“军队性创伤”(Military Sexual Trauma, MST)定义为：“退伍军人在服现役或进行军事训练过程中发生的具有性特征的身体攻击、有性特征的殴打或者性骚扰（反复的、未被同意的且具有性特征的言语和身体接触，等同于威胁）。”从精神健康的视角来看，这可能包括一切违背自我意愿的性行为。MST 的例子有：被迫进行性行为（比如以拒绝配合性行为的后果相威胁，或者用更快的晋升速度和更好的待遇来换取性爱）；无法对是否进行性行为做出判断（比如喝醉的时候）；或生理上被强迫进行性行为(Department of Veterans Affairs, n.d.b: 1)。

其他被纳入 MST 范畴的情况还包括：非自愿的性接触或性攫取；对一个人的身体或性行为发表具有威胁性、攻击性的评论；具有威胁性且不受欢迎的求爱(Department of Veterans Affairs, n.d.b: 1)。1992 年，国会授权退伍军人事务部解决与军队性创伤有关的困难。到了 1995 年，61%的退伍军人事务部医疗中心都配备了性创伤治疗团队(Suris et al., 1998)。如今，每个 VA 服务设施都有一个 MST 协调员负责联络处理 MST 相关问题。这个人可以帮助退伍军人找到并获得 VA 的服务和项目，以及州和联邦政府的福利金和社区资源(Department of Veterans Affairs, 2011b)。

VA 有一个军队性创伤普遍筛查计划。在这个计划中，所有来到 VA 机构的退伍军人都要被询问在服役期间是否经历了性创伤。那些回答“是”的退伍军人会被提供更多关于军队性创伤服务的信息。根据 PTSD 国家中心(National Center for PTSD)的统计，大约有五分之一的女性和百分之一的男性面对军队性创伤调查时回答“是”。尽管其中女性比例较高，但在 VA 中，经历过 MST 的男性几乎和女性一样多(n.d.)。

军队性创伤是一种经历，而不是一个疾病诊断或精神健康病况。MST 会造成大范围的情绪反应，但对每个人的影响都不同。性攻击比大多数其他类型的创伤，包括战斗，更容易引起创伤后应激障碍症状。抑郁、焦虑、药物滥用的症状也十分普遍。性创伤会对身体健康产生严重的影响，可能引起肠胃问题、慢性疼痛、慢性疲劳和头痛。甚至那些没有被正式诊断为PTSD的幸存者仍然可能被情绪失调、人际功能障碍以及对他们的经历赋予意义等问题所困扰(Department of Veterans Affairs, n.d.b: 1)。

目前有很多治疗方案可供军队性创伤的幸存退伍军人选择。所有与MST相关的生理和精神健康问题的治疗都是免费的，无论男女。每个VA服务设施里都有熟悉军队性创伤治疗计划的服务提供者。许多设施都为性创伤退伍军人提供专门的精神健康门诊服务。VA中心同样有受过专门训练的性创伤咨询师。在全国各地，VA还开设特殊的住宅式或住院式性创伤治疗项目，为需要更多密集治疗和支持的退伍军人提供帮助。VA还为男性和女性退伍军人分别开展支持性小组，同时也提供性别混合的小组服务；一些退伍军人在同性别治疗项目中更为放松舒适。一些经常使用的治疗方法有认知加工治疗(Cognitive Processing Therapy, CPT)、延长暴露疗法(Prolonged Exposure, PE)，以及其他以暴露为基础的针对创伤后应激障碍的治疗方法。除此之外，还有治疗焦虑和抑郁的接受和承诺疗法(Acceptance and Commitment Therapy, ACT)，以及主要针对情绪失调和人际关系障碍的辩证行为疗法(Dialectical Behavior Therapy, DBT)，它是特别针对经历过多重创伤的病人的一种治疗方法。

九、自杀预防

退伍军人的自杀率一直在不断攀升。国家暴力死亡报告系统(National Violent Death Reporting System)报告称，每天都有18名左右的退伍军人自杀。VA严重精神疾病治疗、研究和评估中心(VA Serious Mental Illness Treatment, Research and Evaluation Center)表示在VA接受治疗的退伍军人中每天仅有约5人死亡(Kemp, 2010)。根据退伍军人事务部的调查，对退伍军人来说存在着某些特定的自杀风险因素，包括频繁的部署，在敌对环境中服役，暴露在极端压力下，在服役中遭受身体攻击/性侵犯(包括男性和女性)，服役的长度，以及因服役受伤(n.d.b)。

每个VA医疗中心都有一位自杀预防协调员(Suicide Prevention Coordinator)，他们确保退伍军人获得所需的辅导和服务。服务之一是退伍军人危机热线(Veterans Crisis Line)，它能帮助危机中的退伍军人及其家人和朋友(注册在案的紧急联络人)与VA有资质且有同情心的接线人员取得联系，并且拨打热线电话是免费的，谈及的信息是被保密的。退伍军人危机热线的工作人员都是受过专门训练的专业人士，在帮助各年龄层和各种情况的退伍军人方面都有丰富的经验：从劝导退伍军人积极应对过去从未处理的精神健康问题，到当下退伍军人应对人际关系障碍或努力过渡到平民生活的问题(Department of Veterans Affairs, n.d.b)。

十、过渡期援助

过渡期援助计划(Transition Assistance Program, TAP)由在军事基地进行的为期三天的综合性工作坊组成，旨在帮助服役人员完成从军队生活到平民生活的转变。该计划包括为离开军队12个月以内或退职24个月以内的成员提供求职、就业、培训以及VA福利金信息 。一个姐妹工作坊，即残疾人过渡期援助计划(Disabled Transition Assistance Program, DTAP)，为残疾人提供VA的职业康复和就业计划(Vocational Rehabilitation and Employment Program)以及其他项目的信息(Department of Veterans Affairs, 2010b)。

职业康复和就业(Vocational Rehabilitation and Employment, VR & E)计划为服役人员和退伍军人提供教育和职业咨询，并对某些家属不收取任何费用。这些咨询服务旨在帮助个人选择职业方向，确定实现其目标需要的过程，并评估可得的职业机会。援助包括能力倾向测试、职业目标定位、找到适当的培训项目，以及探索可用于实现职业目标的教育或培训机构。目前，在服现役且预计在180天以内退伍的服役人员都有资格参加该计划(Department of Veterans Affairs, 2010b)。

十一、女性退伍军人

随着女性退伍军人人数的增加，对特定性别健康照顾的需求不断增长。此外，似乎有更年轻的退伍军人涌入了VA健康照顾系统。根据女性退伍军人健康战略健康照顾团体(Women Veterans Health Strategic Health Care Group, WVHSCG)的数据，女性军人约占现役军人的14%，占国民警卫队和预备役军队的18%，占VA健康照顾服务用户的6%(2010)。女性退伍军人是退伍军人中增长最快的子群体之一，仅次于老年退伍军人。女性退伍军人的平均年龄是46岁，男性则为60岁。注册登记进入健康照顾系统的女性退伍军人数量预计在未来5年内会翻倍(Department of Veterans Affairs, 2010a)。

从历史记录来看，在最近的阿富汗和伊拉克战争中被部署和服役的女兵正在登记进入 VA 系统。例如，根据 WVHSCG(2010)的统计，OEF / OIF 女性退伍军人中有 42.6%登记进入了 VA 的健康照顾系统。此外，几乎所有使用 VA 健康照顾服务的 OEF / OIF 女性退伍军人都在 40 岁以下，处于育龄期，这使得健康照顾服务的提供发生了显著变化。

随着从军队退伍加入 VA 健康照顾系统的女性退伍军人人口的不断增长，VA 已经认识到其对女性的服务需要改善。这些改善包括在全国全面落实初级保健，采用最先进的医疗设备和技术(Department of Veterans Affairs, *VHA Handbook 1330.01*, 2010a)。妇女健康照顾由熟练和感兴趣的初级保健医师提供，他们注重特殊性别的安全、尊严和敏感性需求。所有 VA 医学中心都配有一名女性退伍军人项目经理(Women Veterans Program Manager, WVPM)，负责增加对女性退伍军人的外展服务，提高照顾质量，并发展组织化输送女性健康照顾的最佳实践(Department of Veterans Affairs, 2008b)。女性退伍军人项目经理担任女性退伍军人的顾问和倡导者，是一个健康照顾专业人士。她与当地 VA 的员工进行合作，计划并协调女性退伍军人在 VA 医疗中心和门诊享受的健康照顾服务。

根据退伍军人事务部所言，女性退伍军人可获得的医疗服务包括：全面的初级保健；精神健康评估和治疗；慢性疾病的专门照顾；生殖健康照顾，包括产妇和新生儿护理以及不孕不育评估；康复和长期照顾。此外，每个 VA 医疗中心的健康照顾专业人员都可以通过电话联系到，可以一周 7 天、一天 24 小时回答问题和提供健康建议(n.d.b)。

案例：莉萨·史密斯

莉萨·史密斯是一位 29 岁的单身女性，白人，美国海军陆战队(USMC)OIF /OND 退伍军人。她没有结婚，也没有孩子。父母在她还是个孩子的时候就离婚了，虽然她还有一个姐姐，但很少见面，所以她的支持系统非常小。在最近的 8 个月左右的时间内，莉萨一直在努力与药物滥用问题做斗争。她在军队里服役 5 年，其中整整 2 年都在伊拉克。她曾经徒步巡逻，也曾经在护航队工作过。在一些最恶劣的作战区，她执行过无数危险的任务。还在军队的时候，她就获得过咨询与辅导，并且已经保持了 13 个月的清醒状态。

服兵役之前，莉萨毕业于美国中西部的一所高中，之后做过几年零工，试图找出这辈子最想做的工作。她父亲在她 8 岁的时候离开了，不久后母亲改嫁。继父对她进行身体虐待长达数年，但是到她青春期的时候停止了。她从没有寻求咨询服务来解决曾遭受的虐待。为了寻找人生的方向以及逃离故乡的方式，她在24岁时她决定加入军队。

在第二次被部署去伊拉克期间，莉萨被她所在军团的两名男性海军陆战队同事性侵。她报告了这次性侵以及因此遭受的创伤后应激障碍(PTSD)。此外，莉萨还报告了她的创伤性症状与交火暴露、简易爆炸装置，以及多次目睹战争伤亡包括其同伴的死亡有关。她目前被确认有非常明显的PTSD症状，并伴有带有消极的自杀意念的重度抑郁症。

莉萨因为被一个医学委员会诊断为重症/受伤的退伍军人而离开了军队，对她的诊断包括外伤性脑损伤(TBI)、PTSD、军队性创伤、抑郁症、偏头痛、耳鸣、腰骶部劳损，以及慢性背部和肩膀疼痛。莉萨花了8个月的时间在一个海军过渡单位(Naval Transition Unit)等待医学委员会的决定。

从海军陆战队因健康原因退役后，莉萨与当地海军基地负责她的VA /DOD联络员会面，那位联络员帮助她过渡到VA的健康照顾系统。莉萨同意VA提供的OEF / OIF /OND个案管理服务，并在离开军队前联系了她的个案管理员。OEF/ OIF/OND个案管理员(CM)联系并亲自会见了莉萨，为她深度讲解了过渡的过程和OEF/OIF/OND的服务及转介。

个案管理员帮助莉萨的过程如下：

注册成为VA健康照顾系统会员；

预约OEF/OIF/OND接案社会工作者；

与过渡期患者倡导项目(TPA)对接；

预约初始医疗服务提供者做健康评估的时间；

到需要的专科门诊申请会诊，包括外伤性脑损伤、精神健康、听力科、骨科、妇科；

对接到为期6个月的住院式/住宅式VA多发性创伤后应激障碍项目；

与TPA合作，针对经济、住房和社区中的社会支持的具体情况为案主提供持续服务；

如果将来有需要的话，与退伍军人服务官员（Veteran Service Officer，VSO）联系，提高因服役致残的等级。

像莉萨这样的退伍军人，一旦情况稳定下来并且对接到所有 VA 的资源，个案管理员会继续关注他们，并根据需要提供额外的资源、转介和支持。

十二、结论

退伍军人事务部是一个复杂的系统。本章为社会工作者提供了协助美国退伍军人登记注册和获得服务的指示说明。深入解释登记过程，包括不同优先群组的差异，被当作获得服务的第一步。登记注册与因服役致残之间的关系也要进行说明。

退伍军人中的特殊人群，即 OEF/OIF/OND 退伍军人、无家可归退伍军人和女性退伍军人，作为说明 VA 为退伍军人提供的各种计划的例证也被本章覆盖到。对军队性创伤的讨论试图让大家意识到这一敏感而重要的话题。本章还对自杀预防和过渡期援助进行了回顾。莉萨·史密斯的个案阐明了为退伍军人案主争取 VA 服务的整个过程，可以为社会工作者提供借鉴。

本章的目标是为社会工作者提供一个实践指南用以操作复杂的系统，如退伍军人事务部系统。VA 提供很多项目和服务，它们都在一致的基础上发展。社会工作者可以把本章作为一个工具，来了解为退伍军人案主获取服务的方式，并确定他们所需的资源。

本章问题讨论

1. 在 VA 健康照顾系统获得服务的第一步是什么？

2. 为什么对退伍军人来说，申请因服役致残的补偿金很重要？

3. 为什么一个 MST 幸存者在接触退伍军人事务部的 MST 治疗时会犹豫不决？

参考文献

Amdur, D., Batres, A., Belisle, J., Brown, J., Cornis-Pop, M., Mathewson-Chapman, M., ... Washam, T. (2011). VA integrated post-combat care: A systemic approach to caring for returning combat veterans. *Social Work and Health Care*, *50*, 564 – 575. doi: 10.0180/00981389.2011.554275.

Department of Veterans Affairs. (n. d. a). *Combat veteran eligibility* [Brochure]. Washington, DC: Author.

Department of Veterans Affairs. (n. d. b). *A primer on military sexual trauma for mental health clinicians* [Brochure]. Washington, DC: Author.

Department of Veterans Affairs. (2008a). *Health care for homeless veterans (HCHV)*. [Brochure]. San Diego: Author.

Department of Veterans Affairs. (2008b). *Provision of primary care to women veterans*. Washington, DC: Department of Veteran Affairs.

Department of Veterans Affairs. (2010a). *VHA handbook 1330.01, health care services for women veterans*. Washington, DC: Department of Veteran Affairs.

Department of Veterans Affairs. (2010b). *Federal benefits for veterans, dependents and survivors*. Washington, DC: Department of Veteran Affairs.

Department of Veterans Affairs. (2011a). Mental Health. *How to recognize when to ask for help*. Retrieved from http://www. mentalhealth. va. gov/suicide _ prevention/whentoaskfor help.asp.

Department of Veterans Affairs. (2011b). National Center for PTSD. *Military sexual trauma*. Retrieved from http://www. ptsd. va. gov/public/pages/military-sexual-trauma-general.asp.

Department of Veterans Affairs. (2011c). *Women veterans healthcare*. Retrieved from http://www.womenshealth.va.gov/WOMENSHEALTH /healthcare.asp.

Kemp, J. (2010). *VA program for suicide prevention*. [PowerPoint slides].

National Coalition for Homeless Veterans. (2011). *Facts and media*. Retrieved from http://www.nchv.org/background.cfm.

Suris, A. M., Davis, L. L., Kashner, T. M., Gillaspy, J. A. Jr. & Petty, F. (1998). A survey of sexual trauma treatment provided by VA medical centers. *Psychiatric Services*, *49*, 382 – 384.

Women Veterans Health Strategic Health Care Group. (2010). *Key messaging*. Washington, DC: Department of Veterans Affairs. Retrieved from www.publichealth.va.gov/womenshealth.

Wounded Warrior Project. (2007). *A handbook for injured service members and their families*. Washington, DC: Wounded Warrior Project.

第十七章　退伍军人向市民生活的转型

Jose E. Coll and Eugenia L. Weiss

一、导论

由于美国参与了全球反恐战争，估计有3万到30万的退伍军人将会因此受到战争无形的创伤（比如创伤后应激障碍和其他相关的心理障碍，包括外伤性脑损伤）的影响（Tanielian & Jaycox，2008）。这些受伤的战士们大多会离开军队，其中有的人选择自行离开，有的人则因为诸如军队缩编、伤病等原因而退役。即使是面对那些没有在实战经历中受苦的退伍军人（需要注意的是，很多退伍军人并没有患创伤后应激障碍），我们也常有一种思维定式，认为他们会受到军队文化的影响而面临重新融入平民社会的挑战（Exum，Coll & Weiss，2011）。本章将阐述退伍军人从全职军人到普通平民可能会经历的各种转变，并为社会工作者介绍相关知识，帮助他们了解各种军队实施的过渡计划，比如过渡期援助计划（TAP）、残疾人过渡期援助计划（DTAP）、受伤战士和退伍军人事务部的照顾系统。本章还将讨论退伍军人转型过渡的不同方式，如进入高等教育学习，还有进入平民社会参加工作等。最后，本章将为临床医师提供技能训练的实践方案，主要形式有退伍军人重返社会的训练方案，并用一个案例来对相关问题进行讨论。

二、转型期

从军队生活到普通平民生活的过渡是一项艰巨的任务，对于很多人来说也是一个迷茫期。不论男女，很多人离开军队后发现他们的工作技能在日常生活中是不可转换使用的。一个服役时是步兵的人可能发现他所掌握的那些技能只能让他从事保安、警察、边境巡逻之类的工作，而一个接受过计算机技能培训的人可能拥有更容易融入平民社会的技能。此外，这些军人可能不知道如何把军事术语翻译成平民语言，让潜在的雇主赏识他们的知识和技能。对于一些现役军人来说，离开军队可能是一种颠覆性的个人经历，也许会造成经济上的困难，并且使现有的家庭系统受到挑战。2010 年，多达 153 396 名正在服役的军人决定延长服役而不是离开军队（U.S. Government Accountability Office，2011）。然而，对于那些被辞退的人来说，他们可能需要一段时期来努力适应缺乏凝聚力的社会环境，因为这与他们服役期间感受到的友爱互助的氛围是完全不同的。仅此一点就可能促使他们去寻求征兵负责人的帮助，试图延长服役或者重新被征用。国防部提供的数据显示，2010 年征募的新兵中有 5%符合优先服役的标准，这个比例是随着美国就业市场和军队的需求而波动的。

为了努力满足之前从军队退役的士兵的需求，国防部、退伍军人事务部、交通运输部以及劳工部的退伍军人就业和培训服务（Veterans Employment and Training Service，VETS）建立了伙伴关系，制定了过渡期援助计划（TAP）和残疾人过渡期援助计划（DTAP）（U. S. Department of Labor，2011）。这两项计划旨在为退役 180 天内的退役人员提供就业援助和培训信息。

开发这些过渡援助项目的意图是满足那些即将或正在从军队退役的服役人员的需求，而不是等退役发生之后再讨论有关军人退役的问题。这种积极主动的方法可以为服役人员和政府节约大量的金钱。美国劳工部 2011 年的一项独立评估显示，相比没有参加过渡期援助计划的人，参加过的人就业时间平均早了三个星期。

过渡期援助计划是在被选中的军事设施中开展的一个为期三天的工作坊，提供国家就业服务、军人家庭支持服务、退伍军人就业和培训服务（U.S. Department of Labor，2011）。参加过渡期援助计划的人将学习如何求职，怎样接受职业决策方面的援助。他们可以了解目前的职业和劳动力市场情况，并且获得填写简历、准备求职信和面试技巧方面的技能培训。此外，服役人员可以了解与之相符的退伍军人津贴（授予那些光荣退役的人）的相关信息。例如，退伍军人有资格获得以下服务，其中大部分都是免费的，包括安葬在军队的墓地、低息住房贷款担保、退伍军人就业和培训服务、获得 VA 提供的健康照顾补贴，以及其他福利（Kitchen，2010）。VA 的健康照顾系统提供了各种各样的服务，例如，住院治疗、门诊医疗服务、牙科服务、药房服务、义肢服务、住家服务、疗养院护理、以社区为基础的居家护理、性创伤咨询、创伤后应激障碍治疗服务、女性全方位健康照顾服务、无家可归退伍军人的康复服务、重新适应咨询，还有酒精和药物依赖治疗等。退伍军人事务部为那些 1998 年 11 月 11 日之后参加过战斗的退伍军人提供免费的健康照顾。退伍军人有 5 年时间可以获得对因战争导致的疾病或伤害的免费服务(U.S. Department of Veterans Affairs，2009)。其他关于退伍军人如何通过退伍军人事务部获得照顾服务的信息，本书已经在第十六章关于帮助有需求的退伍军人了解整个照顾系统这部分内容中提供了。

三、残疾人过渡期援助

针对重度残疾的服役人员，一项由退伍军人事务部和国防部联合推出的项目方案已经落实，它允许服役人员在离开现役 180 天之前向退伍军人事务部提出残疾资格的申请。这在伤残退伍军人的生活中将意味着一种显著的差异。由于大部分申请需要经过退伍军人事务部至少 6 个月的评估审核，所以这项方案如果没有在退役之前实施，退伍军人将会面临非常大的困难(U.S. Air Force，2010)。除此之外，无论受伤和生病的军人属于哪一个军种，过渡期援助计划(TAP)都将为他们提供残疾人过渡期援助计划(DTAP)服务(U.S. Air Force，2010)。

对于那些因服役而致残退役的军人，政府大力鼓励他们参加残疾人过渡期援助计划。残疾人过渡期援助计划提供关于退伍军人事务部的服务、职业康复和就业(VR & E)方面的指导。在残疾人过渡期援助计划下，退伍军人通过 VA 提供的资金获得技能培训和受教育机会从而找到合适的工作，并且有资格获得日常生活补贴(U.S. Air Force，2010)。

这项计划旨在帮助退役军人成功适应平民生活，这与传统的过渡期援助计划很像，但不同的是该项目的重点在于援助那些在执行任务时受伤导致残疾而不得不离开军队的军人。另外，这项计划还包括保险和合适的住房，并被纳入《美国残疾人法案》(U.S. Air Force，2010)。

就像过渡期援助计划报告的多个阶段一样，残疾人过渡期援助计划也包含了多节团体面谈，它能为退伍军人提供大量信息。举例来说，面谈的内容涉及退伍军人事务部职业康复和就业计划、教育和职业咨询、房屋贷款津贴、教育津贴、VA 的健康照顾信息，以及最近制定的退伍军人事务部照顾者援助计划(VA Caregiver Assistance Program)。这项计划通过 VA 系统处理照顾者的一些心理社会需求(U.S. Department of Veterans Affairs，2011)。此外，成人日间健康照料中心(Adult Day Health Care Centers，

ADHC)是一种可以获得的服务资源，它为参加活动的退伍军人提供监护，也是退伍军人社会化的一种途径。这个计划让照顾者可以从照顾中抽身出来稍作歇息。喘息服务为照顾者提供每年 30 天的时间来自由规划。这项服务也为不想住院、需要出城或家中有急事的照顾者给予紧急帮助(U.S. Department of Veterans Affairs，2011)。另外，居家基本照顾(Home-Based Primary Care)对退伍军人而言也是比较容易获得的，这个计划对他们提供常规照顾，如基本照顾、看护、药物管理、营养供给、身体康复、精神健康、社会工作和转介等服务(U.S. Department of Veterans Affairs，2011)。熟练的居家照顾(Skilled Home Care)是另一项计划，它提供在家的看护服务，以及身体、职业和语言方面的治疗。居家临终关怀和丧亲照顾都提供每天 24 小时、每周 7 天的全天候服务。退伍军人事务部还启动了一个试点项目，为照顾者提供额外的保障服务，包括可能的金钱补偿以及健康照顾技能培训，来帮助他们照顾好伤残退伍军人(U.S. Department of Veterans Affairs，2011)。

四、受伤的服役人员和军队项目

一个受伤的服役人员无论是伤后恢复然后重新服役，还是离开军队转型成为平民，对他们来说这个过渡的过程都是一个特殊时期，并且具体情况因人而异。举个例子，海军陆战队有一个专门的营致力于使受伤士兵恢复，被称为受伤战士营(Wounded Warriors)，而陆军则有战士过渡营(Warrior Transition Unit，WTU)。但是，海军和空军在这一项目上有略微的差异，这是由于他们受重伤的战士数量比较少。下面一部分会简短概述一下不同军种提供的受伤战士计划。

(一) 美国陆军

根据 2010 年美国陆军提供的官方资料，战士过渡营的使命非常简单："为了治愈。"通过全面过渡计划(Comprehensive Transition Plan，CTP)的发展，这项计划将更加个性化。这个计划包括军人及其家庭的个性化目标，也可能会包括为居住在军事基地外的军人建立社区军人过渡单位(Community-Based Warrior Transition Unit，CBWTU)的计划。在国防部、TRICARE 保险(军队医疗保险)和退伍军人事务部的合作下，军人可以在门诊的基础上享受健康照顾服务。整个计划的建立旨在促使军人向身边的个人支持系统寻求照顾，并使他们的支持系统参与到这个过程中。

依据不同的受伤类型，军人可以选择不同的过渡方式。只要有可能，军队更希望军人能重返岗位。在所有主要的参与照顾者的投入下，士兵康复之后，如果他认为自己适合回到岗位，那么他就可以回到之前的军事职业专业(Military Occupational Specialty, MOS)之中；当然，前提是军队还需要他。然而不幸的是，不是所有士兵都能够在受伤之后重新回到先前的岗位。还有一个选择就是换一种新的军事职业专业，选择这种方式的士兵通常受伤或有疾病，使得他们无法从事以前的军事职业专业，但也不至于伤重至无法执行其他任务。在陆军中，分配另外的军事职业专业的请求需要军队留职评估审查(Military Assessment Retention Review, MAR2)委员会进行审核，来决定这个士兵是否有能力继续服役(U.S. Army, 2010)。

很多士兵因为持续性伤病而不能继续服役，即使经过一定程度的康复和休养也无济于事。所以当这种伤害发生以后，士兵只有一个选择，那就是离开军队。但是军队会和退伍军人事务部协调，以确保因伤退役的士兵能获得其需要且有资格获得的福利和服务。基于此，政府已经成立了一个特殊团队，帮助他们专注于可选择的其他职业和教育目标，使其尽可能平稳地过渡到平民生活(U.S. Army, 2010)。

(二) 美国海军陆战队

受伤战士团(Wounded Warrior Regiment)是一个世界范围的服务受伤海军陆战队队员的团队。这个团队中的个人被提供这样一些服务，包括：非医疗个案管理类的服务，如社区照顾；补偿费、津贴及其他可选择的支持；就业援助和职业康复津贴；国防部和事务部的平稳过渡援助；以及帮助军人获得创伤性军人团体人寿保险(Traumatic Service member's Group Life Insurance, TSGLI)。

美国海军陆战队试图避免一刀切的情况，对个体伤兵的需求进行积极回应。为了达到这个目的，许多不同部门都参与了这一过程以确保良性留职，或促使受伤士兵成功地过渡到平民生活。参与这一过程的部门包括海军领导者、康复护理协调员(Recovery Care Coordinators, RCCs)、医疗部门、战士运动修复计划(Warrior Athlete Reconditioning Program)、慈善捐赠办公室(Charitable Giving Office)、牧师服务/精神关怀(Chaplain Services/Spiritual Care)、工作过渡单元(Job Transition Cell)、家庭支持工作者(Family Support Staff)、伤残评估系统(Disability Evaluation System,

DES)等(Wounded Warrior Regiment, 2011)。

(三) 美国海军

由于重伤的服役海军数量较少,海军提供了一套监督、宣传和个案管理的方案,而不是一个全面照顾计划。安全港(The Safe Harbor)计划主要用来协助海军士兵了解,在求助美国退伍军人事务部时,需要面对的一系列复杂流程以及可能会遇到的困难、阻碍和处理方法。这个方案背后的设计是为了维护服役人员的利益,甚至是那些已经离开的海军人员的利益,并且确保满足海员的需求。也就是说,当一名退伍海军士兵在从退伍军人事务部获得需要的照顾上有困难时,安全港计划可以干预和维护其获得应有援助的权利。

(四) 美国空军

空军受伤战士计划(Air Force Wounded Warrior Program)出台于2005年,这个计划采取了与海军计划相类似的做法,由个案管理者协助空军成员处理有关健康照顾的复杂流程与事项(Tan, 2009)。康复护理协调员是非医疗工作者,他们为伤病的空军战士提供个人支持。其他支持由家庭预备中心提供,它将负责联络以协助伤病空军战士的早期康复。

空军还规定了受伤战士计划适用的资格。例如,伤病必须是由于战争或者军事工作造成的,需要长期照顾;另外,伤病的严重性需要经过医疗评估委员会(Medical Evaluation Board)或生理评估委员会(Physical Evaluation Board)听证会的评定,从而判断伤病士兵是否适用于该计划(U.S. Air Force, 2010)。

五、从军人到平民的转型

长期以来,能够成功地重新融入平民社会的军人,退伍之前或退伍时都曾接受过某种形式的过渡援助。一个人的成功过渡,有赖于个人或职业目标的厘清,以及目标达成计划的制订。通常,面临退伍的人会体会到各种情绪,包括焦虑、沮丧、害怕和失望,同时这些情绪还会使其怀疑生命的意义和目的。

应对这些消极感受的策略就是接受教育和了解相关信息,比如了解保障平民工作的相关信息,包括哪些技能可以从军队工作转用到平民工作中。

另外，有关寻找合适的房子和适应平民生活的方法也可以帮助退伍军人转型。如果退伍军人希望进一步接受教育，根据《"9·11"后退伍军人安置法案》（*Post -9/11 GI Bill*）和黄丝带计划（Yellow Ribbon Programs）关于这方面的援助规定，军队也能帮助支付教育费用。对于那些对学习不感兴趣的人，从 2009 年 8 月 1 日开始，这种福利可以转让给其配偶或者其他条件适合的家属（U.S. Department of Veterans Affairs, 2009）。

六、转型的影响因素

决定是否离开军队是一个十分艰难的过程，除非由于国防部裁员，伤病在身，或者到达正常退役时间而不得不离开军队。那些有机会自主决定是否转型离开军队的军人在决定选择哪种生活方式时，会考虑到以下几个事项。

其中的一个焦点问题是关于健康照顾的。在经济危机的压力下，很多民营公司不得不大大削减开支，因此通过军队来获得健康照顾福利金可能成为留在军队的决定性因素。而在服役期间，军人和他的家庭可以享受单方面的健康保险，包括医疗、牙医、视力、药房、人寿保险和海外供给（Military.com, 2011）。军队除了为军人及其配偶提供退役保险外，还在其死后为其家庭成员继续提供保险服务。此外，家属健康照顾可以持续为孩子提供服务，一直到 26 岁（TRICARE, 2011）。与此相反的是，近年来，很多民营公司大幅削减健康保险和其他福利，甚至完全取消这些福利。医疗、牙医、视力、药房保险不再是硬性规定的福利待遇，而成为一个附加的好处。除此之外，民营部门的健康保险也在医疗条件上列出了诸多限制，并且在某些特定条件下可能因为这些限制而完全拒保。

职业保障是军人在做决定时需要考虑的另一个重要问题。服役军人的工资相对稳定，且不受工作时间长短的影响（Kitchen, 2010）。然而，这也意味着他们的工作时间有时候较短，有时候却较长。因此，这种类型的职业保障有一个缺点，即不像平民的工作，工资取决于工作时间，有加班工资，并且如果不满意可以辞职。在军队里超时工作没有加班工资，也没有节假日补助以及额外的津贴。而且，考虑到军事安全，军人辞职要付出的代价很高，不能因为不喜欢工作就轻易退伍。

服役军人可以获得其他福利，比如不需要支付额外的制服、培训、设备和学校学习（在军队中）的费用（Kitchen, 2010）。平民则相反，为了适应特定的工作环境，必须自己购买合适的服装和与工作相关的器材。很多民营公司几乎不提供员工培训，而是希望员工能把自己的经验带到工作中。尽管有些工作会提供一点教育津贴，但员工的教育以及更高水平的教育大多还需要耗费自己的时间和金钱。

住房是退伍军人必须考虑的另一个问题。退伍带来的最明显的经济方面和结构性的困难之一，可能是失去基地内的住房或住在基地外可以领取的房屋津贴。已婚的服役军人可以选择住在军队的住房或者军事设施之外。那些愿意住在基地外的军人可以根据军衔、家庭规模和地理位置的不同领取基础住房补贴。同一军事基地内的生活是相当统一的。根据职位排列，住处看上去趋于一致，军人穿着同样的制服，连发型都十分相似。在严格的房屋制度下，很多院落陈设保持一致，房屋也要保持干净。家养宠物的种类和数量都受到严格限制，每只宠物都要有身份证明。甚至在许多地方，停车场也是设计好的，根据军衔来安排停车位，使得每个人都知道可以去哪里停车(Wright, 2008)。但是，平民生活并不总是那么明确和统一。作为普通人，他们必须找到一个收入水平可以承担得起的房子，而且可以按照自己喜欢的风格进行装修(除非有业主协会介入)。

而且，军人家庭可以有机会走遍世界。军人会被安排到世界各地的军事驻地或基地就职，这取决于军人的军队职业专业(MOS)。军队会负责搬迁、交通、食物、安置地和临时居所的所有开支(Leyva, 2003)。相反，如果平民要进行搬迁，必须自己解决所有开支，因为大部分公司并不能为员工提供搬迁补助，即使有，也远比军事搬迁提供的要少很多。

决定是否退役的另一个考虑因素是支持系统是否便利。军事领域内的支持系统特别强大。比如说，在困难时期，军人家庭有其他的军人家庭可以依靠(Wright, 2008)。这一观点是基于军人家庭往往会有相似经历，当一个家庭面临困境时，其他家庭能感同身受，进而提供帮助。但是，这也会导致军人家庭切断与平民家庭的联系。平民家庭倾向于自力更生，或者在需要帮助时求助于扩大家庭、亲属或朋友的支持网络。尽管军人家庭也会与自己的扩大家庭的成员(他们通常是些平民)亲近，但是距离遥远可能会对扩大家庭成员和军人家庭的这种联系造成阻碍。

无论是以自愿还是非自愿的方式，离开军队都不是一件易事。即使对于那些光荣退役并服役满 20 年享受退休福利金的人来说也是喜忧参半，同时只有少数人能服役满期而退休。事实上，据估计仅有不到 5%的人能入伍服役满 20 年并获得退休金。服役满 20 年后，他们才开始享受养老金的福利(Wolpert，2000)。另外一项只有退休的人才能享受的额外福利是有机会持续参与TRICARE的健康计划。TRICARE的首要工作是在军事设施内外提供一套治疗机构的网络。退休的退伍军人需要支付参与该计划的报名费加上看病的少量费用。另外单独为这类退役人员及其亲属提供的福利是，他们有机会使用军事设施内的各种资源，如健身房、零售商店和医院。

七、从军队向高等教育的转型

第二次世界大战结束以来，很多退伍军人利用教育补助进行学习深造，从而获得更高的学位，为向平民社会过渡做准备。然而，这一过程并不是一帆风顺的。由于脱离教育体系多年，退伍军人学习微积分和英语比较困难。当他们听到平民伙伴抱怨工作负担和其他社会问题时，也会有挫败感，因为他们看过和经历过那么多事情，那些被伙伴们抱怨的问题相对于他们的生命体验而言实在是太微不足道了。和年轻的同辈群体一起上学的退伍军人比与不同国家的学生一起上学更难融入校园生活(U.S. Department of Veterans Affairs，2007c)。根据美国退伍军人事务部(2007c)的记载，比起未入过伍的学生，军人和退伍军人大学生更容易在本科阶段结婚(普通大学生结婚的有48%，参过军的大学生结婚的有75%)。很多学校会制定方案来帮助退伍军人转型，在进入不同的学院和大学时，退伍军人要牢牢记住这些服务方案。越来越多的学院和大学开始意识到帮助退伍军人重新融入校园的困难性，并聘请退伍军人联络员帮助他们融入高等教育体系。

随着退伍军人大学生人数的增加，为了促进学校机构更好地帮助退伍军人学生融入学习生活，美国教育委员会(American Council on Education，ACE)成立了几个工作小组，确定服务的关键领域和方案，协助校方研究如何帮助退伍军人大学生。很多学校似乎已经采纳了美国教育委员会的多项建议，比如设立专门机构强调为军人学生服务的重要性，并将其需求纳入战略规划。更准确地说，这些是专门为退伍军人学生制定的方案，比如一些学校开始为军人学生的过往服役经验、培训和职业教育提供学分(ACE，2009)。尽管许多退伍军人会通过退伍军人事务部和当地诊疗中心寻求咨询服务，美国教育委员会还是建议让学校关注他们的心理需求和社区资源，以协助他们找到合适的咨询服务，这在美国农村的学校中尤其迫切(在那里，学校缺乏可利用的军队和退伍军人资源)。据估计，当相关需求增加时，85%的校园咨询中心倾向于转介退伍军人学生寻找校外咨询和社区资源。

八、教育福利

《“9·11”后退伍军人安置法案》规定为退伍军人提供大笔财政款项，来帮助他们进入大学学习。但是，政府仍然需要发展和实施相关政策来支持那些在专业学习中积极主动并被激发出学习潜力和热情的学生。事实上，很多学校已经出台了一些政策，当学生不能上完所有课程时，给他们补偿并允许这类学生不用上完所有的课程（ACE，2009）。不幸的是，按照《“9·11”后退伍军人安置法案》有关规定，国家并不能完全支付高等教育所有的相关费用，这将会给退伍军人及其家庭带来额外的负担。

可见，从现役状态向大学生的转型是校方需要处理的一个领域，这一领域也亟待重大的改善。根据美国教育委员会的报告，能为军人学生或退伍军人学生提供任何形式的过渡援助政策（像是设立特殊的课程或者夏令营）的机构不到22%。美国教育委员会的研究小组的另一项发现是，学校的教职工在专业发展上有需求，特别是在残疾人、转型问题和军队文化这些领域。军队文化中需要考虑的一个方面是军队服役的核心价值，包括单位凝聚力。很多退伍军人重返大学时会感到迷茫或无法融入校园生活。因此，他们鼓励学校为军人学生提供一些与同辈学生联谊的机会，比如通过各种俱乐部和学校的退伍军人活动中心，还有全国退伍军人学生组织如美国退伍军人学生协会（Student Veterans of America）等，增加军人学生与同辈学生的交流（ACE，2009）。

九、退伍军人安置法案简史

从最初的《退伍军人权利法案》（*GI Bill of Rights*）或《1944年军人再调整法案》（*Servicemen's Readjustment Act of 1944*，P.L.78－346）被国会通过以来，它们一直在被不断改进，以满足不断变化的军人群体的需要。1944年的法案规定，对于1940年9月16日后开始服役、并且服役90天以上的退伍军人，退伍军人事务部提供房屋贷款和充足的学费，包括每人每月75美元的津贴，每年上限500美元的学费、书本费和其他学杂费。由于退伍军人安置法案的成功实施和普及，1947年退伍军人学生人数达到所有注册学生的49%。

不幸的是，由于第二次世界大战后的退伍军人安置法案在支付时出现了一些机构欺诈问题，国会被迫修改原来的法案，并在1952年把《退伍军人再调整援助法》(*Veterans Readjustment Assistance Act*)写入美国法律。《朝鲜战争退伍军人安置法案》(*Korean War GI Bill*, P.L.50)将退伍军人享受福利的时间由48个月减为36个月，并且不再直接向大学支付学费。取而代之的是，它要求退伍军人自己与学校讨论学费支付的安排。每个退伍军人学生能获得每月110美元的助学金，补贴支付学费、书本费、生活费和房租。军人在军队内服役一个月能为自己将来的学习生活挣得1.5个月的教育津贴。因此，只有服役至少2年才能享受完整的教育福利。

后来，约翰逊(Lyndon Baines Johnson)总统签署了《1966年退伍军人再调整福利法案》(*Veterans Readjustment Benefit Act of 1966*)。这是第一次没有把教育福利与特定的战争直接挂钩，相反，这些福利可以覆盖到朝鲜战争以后产生的退伍军人。与先前的法案不同的是，《1966年退伍军人再调整福利法案》也批准那些现役军人的享受资格，虽然他们并没有参加过战斗。然而，退伍军人还是得和从朝鲜战争退役的军人一样服役两次，进行持续180天的服务，而且他们享受福利的时间与他们的服役时间是相等的。但是，每月一共100美元的现金补助包括了书本费、学费和生活费，即便对于一个无子女的退伍军人来说，这些补助仍然无法满足教育所需的开支。

之后制定的《越战后退伍军人教育援助计划》(*Post-Vietnam Veterans Educational Assistance Program*, VEAP)作为《1976年退伍军人教育和就业法案》(*Veterans Education on Employment Act of 1976*)的一部分，成为吸引年轻新兵加入越战后志愿军的一种手段。在1977年到1985年之间服役的军人，以及获得VEAP资格的退伍军人可以选择将福利转给自己的配偶和子女。VEAP计划要求退伍军人对他们获得的教育福利做出经济贡献，这与目前的401(k)[①]计划类似，政府在这个计划中要求每分配的一美元都能获得最高5 400美元的收益。

《蒙哥马利退伍军人安置法案》(*Montgomery GI Bill*)制定于1984年，它取代了VEAP并将教育福利授予预备役军人。和VEAP计划相似，它要求退伍军人有一定的贡献，并要求退伍军人自己支付额外的600美元以获得5 400美元的教育福利回报。适用《蒙哥马利退伍军人安置法案》的退伍军人，有15年的时间来利用他们的这些福利。

① 始于20世纪80年代初，是一种由雇员、雇主共同缴费建立起来的完全基金式的养老保险制度，是指美国1978年《国内税收法》新增的第401条k项条款的规定。——编者注

《"9·11"后退伍军人安置法案》(*Post -9/11 GI Bill*)颁布于2009年8月1日,适用于2001年9月11日之后在军队服役的军人(U.S. Department of Veterans Affairs, 2009)。《"9·11"后退伍军人安置法案》包括三个部分:学费援助;每月住房援助;书本和供应津贴。学费援助直接支付给学校,以退伍军人所在的州内最高学费为基础,一年的上限为17 500美元。住房津贴以院校所在区域的邮政编码和其他决定性因素为基础发放。每年的书本和供应津贴是1 000美元,根据当年的招生情况按比例发放。

除此之外,如果退伍军人住在一平方英里内只有6个人或不足6人的郡县,该项目会一次性给予他们500美元的农村福利补助。在这种规定下,学生要么得搬到500英里外重新安置,要么必须乘坐飞机上学(U.S. Department of Veterans Affairs, 2009)。现役军人可以获得全额学费补助,但是他们不能同时获得住房津贴,以及书本费和供应津贴。未使用的福利可以转给有资格的家庭成员,包括配偶和未满26岁的子女,或者既给配偶又给子女(U.S. Department of Veterans Affairs, 2009)。

《黄丝带退伍军人教育提升计划》(*The Yellow Ribbon GI Education Enhancement Program*,不同于国民警卫队和预备役的黄丝带重返社会计划)是另一个适用于退伍军人的援助计划(U.S. Department of Veterans Affairs, 2009)。这项计划批准美国的大学自愿与退伍军人事务部达成一致,支付超过州内最高的公立本科生学费开支的部分。这项制度负担了高达50%的教育费用,并且退伍军人事务部将补足剩余的总量。这一计划基于先到先得的原则来执行。

十、与社区的联系

退伍军人离开军队向平民生活过渡时面对的主要障碍之一是他们缺失了一种同志之情(camaraderie)。退伍军人们知道,当他们还在军队时,人与人之间会互相帮助。每个人都被训练出一种精神,把班、单位、排和军队的需求放置于个人需求之上。军队有一种在平民世界难以被发现的凝聚力,一旦离开军队,这种与他人亲密无间的感觉就会消失。不过,在退伍军人与社区重新建立联系之后,这种团结一致的精神还是可以重建的。

让退伍军人重新融入社区的一个方法就是让他们参与子女的教育活动。退伍军人可以自主加入家长教师协会(Parent Teacher Association),并且参与一些学校的活动,这不仅可以加强他们和孩子的联系,还可以促进他们与其他社区成员的关系(Banta，2006)。此外，如果退伍军人想更好地融入社区，加入一个宗教组织就可以极大地帮助他们营造一种社区意识。如果没有子女，而且不希望附属于宗教，退伍军人仍然可以选择其他方式建立社区联系。例如，发现新的兴趣，挖掘旧的兴趣，学习新的爱好，甚至参加一个社区运动(sports)小组，都是有用的。这些活动不仅可以使他们融入社区，而且能让一个人的生活更有意义。

志愿参加一个非营利性组织也能获得意义感和目的感(Banta，2006)。退伍军人可以志愿参加一个退伍军人组织，或者援助退役军人家庭的组织。那些热爱动物的人可以在当地的动物收容所做志愿者。不管加入哪种组织，只要他们能在一定程度上感受到与组织的联系就很好。

事实上，一个残疾退伍军人的市民意识组织——使命继续(The Mission Continues)，为退伍军人提供了有偿服务的机会，退伍军人可以在组织内的非营利部门(如社会服务、青年或者退伍军人组织)进行为期 14 至 28 周的志愿服务。这一"团体"(fellowship)计划的目的是促进退伍军人的职业生涯和教育发展，并为社区提供领袖和服务。这个计划基于一个理念，即退伍军人在社区中继续服务，不仅会表现出提升了的幸福感(身体健康、精神健康、心理社会幸福感)，而且有机会成功转型进入高等教育或融入平民工作环境，这也会对他们服务的社区带来积极影响(Matthieu et al.，2011)。这种或其他与之相似的民间组织为退伍军人提供社区参与的机会，可以让他们找回自己的使命感和除了军队服役之外的成就感，还能让他们与社区建立长期的关系并促进就业(Banta，2006)。

十一、过渡到平民职业

为了推进从服现役到平民就业的过渡，军人可以考虑采纳几个建议。比如，退伍军人的转型不应该等到退役或退伍后 30 天才开始(Griffin，2011)。士兵可以寻找提供相关服务的机构，比如退伍军人事务部、郡县经营的退伍军人服务组织和传统的退伍军人服务组织。这些机构会对那些有需求的退伍军人提供极大的帮助。服役人员应该在离开军队之前对自身的关键资质进行分析，并且在服役时就要好好培养和发挥这些资质。此外，从资助者、导师、工作教练那里获得如何将军事技能转变为民间语言和术语的方法也是有用的。他们还能参加军队的退伍军人招聘会，寻找特招退伍军人的公司。探索各种不同层次的就业选择，比如来自联邦的、州的和私企的工作机会，这也适用于那些不满足于和不太适于从事自己的第一份工作的人。

从了解军队世界观的影响以及退伍军人在平民职场上打拼的情况来看，韦斯和科尔（Weiss & Coll, 2011）表示退伍军人能做到使命必达。但是，他们还是需要一个明确的指挥链。因此，雇主有必要向退伍军人雇员提供公司的组织结构图，可以清晰地表明谁是领导者，谁是遇到任何挑战时可以求助的人。由于战场上的训练使得军人有很强的团体凝聚力，他们在团队工作中的表现十分出色。只要他们了解自己在团队中的功能（通过清楚的定位），就会对团队忠诚、对组织忠诚，如此一来就不会感到挫败和不得志。事实上，士兵对团队的忠诚感会强烈到自愿为战友承担部署任务。当士兵从属于一个军事单位时，这种强烈的团队凝聚力可以是一种很强的推力，促使他们重新登记入伍或留在军队。因此，雇主可以利用军事文化（比如凝聚力和使命感）的优势，而不是把这些当作职场的障碍或限制。

拉弗蒂等（Lafferty et al., 2008）为雇主和教育工作者提供了一些关于与退伍军人员工和学生打交道的小建议。举个例子，雇主或教育工作者在与退伍军人相处时，应该学会控制好奇心，尽管军队训练军人打仗和使用武器，但并没有经验证据表明退伍军人比平民雇员更有可能使用暴力。雇主或教育工作者（还有社会工作者）不应该与退伍军人围绕反战情绪进行政治讨论，同时还要抑制询问一些敏感性问题的冲动，比如："你杀过人吗?"此外，他们还需要注意退伍军人情绪压力的种种迹象（如注意力分散、在大型集会上不安、旷工次数增加、同伴关系困扰等）。因此，他们也必须熟悉并了解社区及退伍军人资源。最后，鉴于 PTSD 的症状在退伍军人中很普遍（本书前面章节讨论过），雇主应该对所有员工都持积极的、主动保护的态度（不单单是对退伍军人），并且开展健康研讨会，关注员工的压力管理、睡眠质量、健康状况、饮食卫生以及人际交往和沟通能力建设（来帮助管理或预防工作场所中潜在的冲突）。

十二、退伍女兵

退伍女兵与未参军的女性相比，前者退役后无家可归的可能性目前是后者的两倍。这是一个特殊的问题，退伍军人事务部没有建立起一套适当的制度来帮助这些女性。根据夸斯特（Quast, 2011）的研究，很多人认为退伍军人事务部不能满足退伍女兵在健康照顾和精神健康领域的需求。美国劳工统计局（Bureau of Labor Statistics, 2011）的数据显示，2011 年 11 月，从最近几次战争中退役的女兵的失业率上升到 14.7%。随着女性参军人数的增加，过去十年中，2 300 万美国退伍军人中退伍女兵的数量攀升至 180 万，并且随着更多的军人从战场回到家中，退伍女兵在不久的将来需要更多的过渡期援助。

十三、重返社会技能培训

A.M.根津和 C.M.根津(A. M. Nezu & C. M. Nezu, 2011)开发了一种试验性课程，帮助退伍军人学习重返社会的技能。这个课程包括教授退伍军人及其家庭解决问题和情绪管理这两种“工具”性的技巧，用以缓解从战场到家庭的过渡所带来的压力和紧张。这些方法对于处理由于日常压力和重大生活事件(如战争)造成的各种不良反应都是很有帮助的。临床医师提供课程，讲授解决问题的技能，告知退伍军人和他的伴侣压力反应系统的神经生物学知识，包括肾上腺素的作用。退伍军人仍然可能受到肾上腺素的影响，寻找作战时的冲动体验和相关行动。因此，他们可能会在平民世界中参与一些冒险行动，来补偿日常生活中的冲动缺失。此外，他们可能对普通的情境和压力过于敏感，并且他们的过度反应可能会加剧家庭问题。这种情况下首先可以采取 SSTA(Stop, Slow Down, Think, Act)策略，教导退伍军人以一个清醒的头脑去解决问题。研究者们用以下方式描述 SSTA 策略：

(S) Stop＝注意你的感受和想法，承认存在一个问题需要解决(注意身体反应、消极思想、悲观心境、行为变化)。

(S) Slow Down＝给你的大脑和身体一个机会，去降低任何负面情绪的强度(通过深呼吸、沉思、想象、运动等技巧)。

(T) Think＝保持清醒的头脑来思考，用你计划好的问题解决技能来处理问题。(步骤：第一，界定问题；第二，用头脑风暴法找到备选解决方案；第三，决定哪些想法可能有效，哪些可能无效，制订一个行动计划。)

(A) Act＝实施你的行动计划(实施计划并检测和评估结果)。

在这个课程中，研究者们还为夫妇和家庭成员提供建立沟通的方法，让他们轮流对话，并且培养有同理心的倾听技巧。重新连接关系(Reconnectind and Relationship, R & R)的概念，是为了让退伍军人和他(她)的配偶或伴侣能结构化地、高品质地相处，并借此重新认识彼此。

下文是退伍军人的一个案例研究，强调了一些在本章中讨论过的有关退伍军人转型挑战的问题。我们也鼓励读者回顾这个案例并思考案例下方要讨论的问题。

案例：霍华德

霍华德(Howard)是一个32岁的白人男性，正在接受治疗。他在美国陆军服役13年，在过去4年里去了两个地方服役，一次是到伊拉克9个月，另一次是到阿富汗18个月。霍华德在军队中的职业生涯比较特殊，从胡德堡第六十六装甲部队第一营(1st Battalion 66th Armor at Fort Hood)开始，一直到目前他已经是布拉格堡(Fort Bragg)的士官(Non-Commissioned Officer)。霍华德一直在考虑退役，但由于他正遭遇经济困难，所以最后决定要延长服役，这让他可以获得另一个海外任职的资格。他目前的问题是婚姻危机和家庭不和。经过医学鉴定与评估，霍华德被诊断患有创伤后应激障碍(PTSD)和抑郁症。然而，霍华德坚称不想在个人问题上浪费时间，而是希望他的家庭问题能够得到解决。

霍华德说，即使他热爱在军队的工作，但他的妻子厌倦了他的工作安排并希望他能离开军队。他担心的是，在获得全职退休资格(至少服役20年)前退役，就会失去全额退休金和退休福利，从而不能支撑家庭开支。同时他害怕的是，军队生活占据了其成年后生活的大部分时间，而进入平民世界他会感到很不自在。霍华德认为他在军事部署上做得更好，而且当他是军队中的一分子时，更能理解这个世界。当被分配军事任务时，他知道自己的工作是什么，还知道旁边的伙伴在支持他，这种友情在平民世界中是体会不到的。此外，霍华德认为军事技能不能在进入平民世界后起到作用，此外他很担心目前的经济危机和民间部门中就业机会的缺乏。

但是，霍华德的妻子感觉好像失去了丈夫。当霍华德完成第一次军事任务返回后，她就注意到霍华德有所变化。他减少了参加家庭聚会的次数，有了从未有过的脾气，还把他自己往家外推。当他第二次返回时，他们的婚姻开始真正遇到问题。霍华德完全与家庭脱离，开始独自在房间吃饭，不参加家庭聚会，仅仅因为孩子发出噪声就开始对他们大喊，还因为一点小事对妻子大喊大叫。

霍华德坚持不允许妻子出去工作，因为他觉得她应该在家照顾孩子。他在第二次出任务之后，不再照顾整个家庭或者帮助照顾孩子。霍华德的妻子认为如果他延长服役或者重新被调派，那么他就没有必要回家了，因为他们的婚姻已经走到尽头。她讲述了自己如何失去所嫁的这个男人的过程，如今他只是个她不想再在一起的“陌生人”。霍华德切断了自己和妻儿之间的情感联系，以至于当他生气时，他的妻子真的会开始担心她和孩子的安全。

霍华德拒绝讲述他和妻子在海外度过的日子。他甚至很难与治疗师讨论这个话题，而且经常一个字都没说就已经泪流满面，不得不停止谈话。他坚信他应该能够处理好所经历的这些事情，因为他受过训练，而且目前面临的问题是他的个人问题。因此，他坚信“一个好的士兵可以处理好任何事情”。

案例问题讨论

1. 你注意到这位退伍军人及其家庭有哪些过渡期的问题？

2. 作为社会工作者，当这位退伍军人及其家庭决定离开军队过渡到平民生活后，对其相关需求应该如何回应与处理？

3. 作为社会工作者，应采用哪些技巧来帮助这位退伍军人和他的家庭重新适应平民生活？

4. 在这个案例中，社会工作者会考虑哪些资源和建议？

5. 在这个案例中，社会工作者会面临哪些潜在的挑战？

十四、总结

无论服役人员是四年后离开军队，二十年后退休，被迫退伍，还是因为伤病而退役，对于许多退伍军人和他们的家庭来说，转型期都是一段非常困难的时期。没有人会经历完全相同的情况，也并不是所有问题都可以避免。幸运的是，军队制定了一些计划帮助军人为转型做好准备。离开军队之后，退伍军人事务部和劳工部也会出台一些计划预防主要的转型问题。但是，由于很多人都没有成功过渡到平民社会，有些处在失业情况下，还有的甚至陷入法律困境，因而目前的过渡期援助计划还在接受检验。在写这篇文章的同时，白宫当局正与军方领导人合作一起解决转型问题，并考虑用其他措施增加就业机会，比如对雇用退伍军人的单位进行奖励和创造新型工作机会。在这种与军队分离的情况下，这些努力似乎表明，采取措施应该以预防为主、治疗为辅，而且退伍军人接受越多的过渡计划帮助，他们就越有可能成功转型。

本章问题讨论

1. 讨论一下社区应怎样为重返社区的退伍军人做准备，以降低他们的失业率。

2. 美国教育委员会(ACE)如何回应《“9·11”后退伍军人安置法案》增加的内容？

3. “伊拉克自由行动”和“持久自由行动”的退伍军人与之前战争(越南战争、朝鲜战争、第二次世界大战)的退伍军人的转型有什么不同？

参考文献

American Council on Higher Education. (ACE). (2009). *Military service members and veterans in higher education: What the new GI bill may mean for postsecondary institutions*. Retrieved from http://acenet.edu/stws.

Banta, V. (2006). Five ways to make a military to civilian transition easier. *Government articles*. Retrieved from http://www.articlesfactory.com/articles/government/five-ways-to-make-a-military-to-civilian-life-transition-easier.html.

Exum, H., Coll, J. & Weiss, E. L. (2011). *A civilian counselor's primer for counseling veterans* (2nd ed.). New York, NY: Linus.

Griffin, C. (2011). *10 tips for a successful military to civilian transition in corporate America*. SVP Operations: Bradley-Morris. (BMI). Retrieved from http://www.bradley-morris.com/MilitarytoCivilianTransition.html.

Kitchen, R. E. (2010). *Life after the military: Transitioning back into civilian life*. Retrieved from http://www.associatedcontent.com/article/2938188/life_after_the_military_transitioning.html? cat525.

Lafferty, C. L., Alford, K. L., Davis, M. K. & O'Connor, R. (2008). "Did you shoot anyone?": A practitioner's guide to combat veteran workplace and classroom reintegration. *Advanced Management Journal*, *73* (4), 4 - 11.

Leyva, M. (2003). *Married to the military: A survivors guide for military wives, girlfriends, and women in uniform*. New York, NY: Simon & Schuster. Military. com. (2011). *Understanding TRICARE*. Retrieved from http://www.military.com/benefits/tricare.

Matthieu, M. M., Smith, I. D., McBride, A. M. & Morrow-Howell, N. (2011). *The mission continues: Engaging post-9/11 disabled military veterans in civic service*. Research Brief, George Warren School of Social Work, Center for Social Development, CSD Publication, 11 - 25. Washington University in St. Louis, Missouri.

Nezu, A. M. & Nezu, C. M. (2011). *Reintegration skills training*. Reintegration partnership project presented at a workshop at the University of Southern California, Center for Innovation and Research on Veterans and Military Families.

Quast, L. (2011). The struggle for female veterans to transition into civilian jobs. *Forbes*. Retrieved from http://forbes. com/lisaquast/2011/04/11/the-struggle-for-female-veterans-totransition-into-civilian-jobs.

Tan, M. (2009). Wounded Warrior program helps injured airmen. *Air Force Times*. Retrieved from http://www. airforcetimes. com/news/2009/10/airforce_wounded_warriors_101009.

Tanielian, T. & Jaycox, L. H. (2008). *Invisible wounds of war: Psychological and cognitive injuries, their consequences and services to assist recovery*. Santa Monica, CA: RAND.

TRICARE. (2011). *Tricare benefits at-a-glance*. Retrieved from http://tricare. mil/mybenefit/ProfileFilter. do; jsessionid5NG3bH32QBCwkTTJywh8Zd8qy6y8HS9dZfmGfNB42mDbJclv04nCW! 1530652655? ref5Benefits_at_a_Glance & puri5%2Fhome%2Foverview%2FWhatIsTRICARE%2FTRICAREBenefitAtAGlance.

U.S. Air Force. (2010). *Air Force: Wounded Warrior*. Retrieved from http://www.woundedwarrior. af. mil.

U.S. Army. (2010). *Disabled Transition Assistance Program (DTAP)*. Retrieved from http://myarmybenefits. us. army. mil/Home/Benefit_Library/Federal_Benefits_Page/Disabled_Transition_Assistance_Program_(DTAP).html? serv5147.

U.S. Army. (2010). *Warrior transition command: Transition options*. Retrieved from http://www.wtc.army.mil/soldier/transition_options.html.

U.S. Department of Labor: Bureau of Labor Statistics. (2011). *Employment situation of veterans summary*. Retrieved from www.bls.gov/news.release/vet.nr0.htm.

U.S. Department of Veterans Affairs. (2007c). *Table 10L: Veterans 2000 - 2036 by Gulf War service, age, gender, period*. Vetpop 2007 National Tables. http://www1. va.gov/vetdata/docs/10l.xls.

U.S. Department of Veterans Affairs. (2009). *2008 - 2009 maximum in-state tuition & fees*. http://www.giBill.va.gov/GI_Bill_Info/CH33/Tuition_and_fees.htm.

U.S. Department of Veterans Affairs. (2011). *VA caregiver services and in-home care*. Retrieved from http://www.caregiver.va.gov/VA_Caregiver_Services.asp.

U.S. Government Accountability Office. (2011). *Military personnel: Management and oversight of selective reenlistment bonus program needs improvement*. Retrieved from http://www.gao.gov/products/GAO-03-149.

U.S. Marines. (2010). *Wounded warrior regiment mission statement*. Retrieved from http://www.marines.mil/unit/hqmc/mnra/wwr/Pages/Home.aspx.

Weiss, E. L. & Coll, J. E. (2011). The influence of military culture and veteran worldviews on mental health treatment: Implications for veteran help-seeking and wellness. *International Journal of Health, Wellness & Society*, *1* (2), 75-86.

Wolpert, D. S. (2000). Military retirement and the transition to civilian life. In J. A. Martin, L. N. Rosen & L. R. Sparacino (Eds.), *The military family: A practice guide for human service providers*. Westport, CT: Praeger.

Wounded Warrior Regiment. (2011). *United States Marine Corps Wounded Warrior Regiment: Our mission*. Retrieved from http://www.woundedwarriorregiment.org/Mission.cfm.

Wright, J. (2008). *Military life vs. civilian life: Advantages and disadvantages*. Retrieved from http://www.associatedcontent.com/article/730149/military_life_vs_civilian_life_advantages.htm.? cat59.

第四部分
军队服役对家庭的冲击

第十八章　美国军人家庭简史和社会工作者的角色

Jesse Harris

纵观历史，每一代家庭都害怕自己的家庭成员会参加战争。家属会向征兵单位询问工作安排和部署的相关问题，这些问题几乎都相同。“他们要去哪里?”“会有危险吗?”“他们什么时候才会回来?”事实上，军方不能就这些问题给出确切答案，那样会使家属更加焦虑。另外，沟通或缺乏沟通都会导致另一个层面的压力。在得到短暂的交流之前，他们往往要经过几天、几周甚至几个月的等待时间才能听到家人在战区的情况。今天，人们随时随地都能听到“实时”新闻，客厅电视中对战斗片段的回放也加剧了军人亲属的精神压力。

如今，军队渐渐从两方面认识到家庭的重要性，一方面是亟待解决的应激源，另一个方面则是应激源对军队使命造成的影响。相比从前，现在献身国家的军人得到了更多国民的赞美与敬佩。在过去美国发生的军事冲突中，军方不会考虑军人家庭的情况，在某些情况下，他们甚至不会被大众知晓。从战场上回来的战士有可能会像参加第一次世界大战、第二次世界大战那样受到赞颂，也有可能像参加朝鲜战争一样被人忽视，有些甚至会被一些反对越南战争的人批判，这时军人家庭以及他们所承受的压力却无人顾及。事实上，当家人在战场上死亡、严重受伤，或因为战争遭受精神痛苦的时候，军人家庭通常只是默默忍受。

依据当代的诊断名称，这些患有心理创伤的老兵被贴上了“懦夫”的标签，而其他人则被认为患有“士兵的心”(Soldier's Heart)、“炮弹休克”(Shell Shock)或“战斗神经官能症”(Battle Neurosis)，外加最近的“创伤后应激障碍”(PTSD)。过去，老兵在面临过渡和重返家庭的问题时，经常得不到社会或政府的重视。庆幸的是，那些有服务军人家属工作经验的社会工作者和其他专业援助人员，确实已经认识到战争和分离带来的压力与紧张，理解这些挑战对孩子和婚姻的影响。这些早期的社会工作者同样认识到，家庭干预在帮助老兵重回家庭、促进家庭社区再整合方面有决定性作用。因此，本章旨在考察，军人家庭是如何在短时期内从默默容忍到被军方承认为军事任务的合作伙伴的。具体而言，本章的目的是提供一个历史角度去分析影响军人家庭地位的外部事件，从美国独立战争到现在的全球反恐战争，其中还包括各种影响到军人家庭政策的政治运动。本章还将探讨社会工作者在处理军人家庭问题时所应扮演的角色。

一、独立战争(1775—1783)和内战时期(1861—1865)

美国独立战争时期，殖民地军队的士兵们必须在到军队报到之前，处理好家中私事并且为家人打点好一切生活必需品。家庭是士兵的责任，而不是军队的。到了内战时期也是如此。留守的家庭成员将会接手家庭事务，经营农场，总之一般都承接了在军队服役的亲属的工作(Albano, 1984)。

(一) 作为“军营追随者”的家庭

有些留在家里的军人配偶(通常为女性)无法担负起丈夫原来的职责。这些妇女就带上自己的孩子，像欧洲军队对军人家庭的传统安排一样，也追随她们的陆军和海军士兵家属，生活在附近的军营。这些家庭被称为“军营追随者”(Camp Followers)。不幸的是，这个称谓却渐渐与妓女联系起来。事实上，军队中是有从事卖淫的随军女性，但是也有如小商贩、贸易人员和司机等男性随军人员。当然，军营追随者绝大多数是士兵的妻子和家人，他们通常协助士兵处理一些日常生活活动，如烹饪、携带水、缝补破损的制服和保持居住环境的干净整洁。那些拥有医疗技能的家庭成员则承担内科医生、护士和私人保健医生的角色。

军营追随者被视为民兵组织的一部分，也要服从他们的规范(Wickham, 1983)。军方将为其分配食宿，按照普通士兵配给量的二分之一供给。陪同母亲的孩子分配四分之一。陪同丈夫的妻子不从公共基金获得收入，士兵会为自己家庭的所有服务买单。军营追随者后来引起了军队领导人的关注，他们认为军队应该对这些追随者的安全以及整个军团的安全负责。儿童和孕妇更是引起军队领导人关注的根源。甚至有段时期，军营追随者的数量比军队自身人数还多。格兰特(Ulysses S. Grant)将军曾一度禁止从事商业交易的人成为军营追随者。尽管对女性加入民兵组织有限制，但据报道，有妻子女扮男装进入军队从事炮弹装配工作，从而缓解其丈夫的压力（Mayer，1996）。

（二）家庭援助

在独立战争和内战期间，无论是准备结婚还是已有家庭的军人都是被鼓励的。虽然军官和士官是被准许结婚的，但应征入伍的人必须获得指挥官的许可才能结婚。然而，人们常说的“如果军方想让你有一个家庭，他们会给你分配一个”，这句话并不完全正确。早在 1636 年，退伍军人及其家庭一旦被确认参加过印度战争，就可以以“参与户外救援”的身份而获得补偿（Compton，1943：198）。军队意识到需要为军人家属提供医疗照顾，这一点可以追溯到 18 世纪末的独立战争时期。虽然照顾家庭被看作军人自己的责任，但在内战期间，有一个军队管理部门（Department of Army Regulation）被授权去照顾军人家庭（Wickham，1983）。1884 年，国会宣布“军队内的医护人员和签约军医应当尽可能地为军人家属提供免费的医疗救助”（Monroe-Posey，1999：67）。美国在其历史的最早时期就曾考虑到在战争中为牺牲军人的孤儿和寡妇提供善后援助。陆军救援协会（The Army Relief Society）成立于 1900 年，旨在帮助牺牲的全职陆军军人的遗孀和遗孤。海军救援协会（The Navy Relief Society，后来更名为海军及海军陆战队救援协会，Navy-Marine Corps Relief Society）基于相同的目的成立于 1904 年。为了给这一新组织提供经费，西奥多·罗斯福（Theodore Roosevelt）总统下令将 1903 年陆军与海军的足球比赛 50%的收益用作该组织的基础基金，以支持这个救援协会。空军援助协会（Air Force Aid Society）成立于 1942 年，当时还叫“陆军航空兵团”，是陆军的一部分（News of Society，2003）。

二、第一次世界大战时期（1914—1918）

第一次世界大战的征兵活动与之前的战争有相同的影响——对家庭完整性的冲击。虽然早在 1881 年红十字会已经成立，并在先前的战争中为军队和他们的家庭提供过服务，但直到 1905 年美国国会才授权将这项服务写进红十字会章程的第二章。

（一）美国红十字会和其为家庭提供的服务

1905 年，美国红十字会章程使得美国红十字会成为军事服务单位和家庭之间联络的主要机构。社会工作专业业已成熟，许多社会工作者正在为美国红十字会工作。1917年，当美国参战时，红十字会任命W.弗兰克·珀森斯(W. Frank Persons)为民事救济的总干事。珀森斯根据他对军人家庭的了解写道："男人是世界上最好的士兵，但如果他们的家庭没安置好，他们就会整天担心家里，失去效率和军队士气——所有重要的元素，久而久之，整个军队就会涣散。"(Persons, 1918: 171)。

珀森斯开展新工作时，最开始做的其中一件事就是咨询那个时代两个最突出的社会工作者之一——玛丽·E.里士满(Mary E. Richmond)[另一个是珍妮·亚当斯(Jane Addams)]。他邀请里士满为红十字会编写一个工作手册，以帮助他们服务军人家庭。里士满完成了手册，并建议红十字会设立她开创的"家庭服务"办公室("The Home Services" Office)。家庭服务办公室于1917年2月13日正式通过战争部(Department of War)第17号将军令(General Order 17)许可后成立。社会工作者将被授予军官的地位，而其助手(必须是男性)则被授予士官的地位。家庭服务办公室的工作重点是为家庭提供个案管理，包括经济、社会、医疗和通信方面的援助。在第一次世界大战以及后来的第二次世界大战中，家庭得到了家庭服务办公室委派的社会工作者的帮助。然而，由于医学模式的普及和精神病个案工作越发受到关注，家庭服务模型很快就变成了"过气的方法"(Beck, 1991)。

三、家庭和第二次世界大战(1941—1945)

在1938年到1939年期间，战争的阴影横贯整个欧洲，很多家庭和欧洲移民都离开动荡不安的家乡出来寻求庇护，一时间很多社会工作服务机构都被占满。

(一) 军人家庭扩张计划

当美国国会在1941年12月宣布参战时，国家征兵部门拟定草案，号召无论男女都要踊跃报名参军。全国范围内的红十字会家庭服务办公室里的所有社会工作者都被动员起来，主要为年轻的军人家庭提供服务，他们之中有许多家庭以前从未经历过分离。家庭又一次被要求牺牲自己的家庭成员，但不同的是，此次大部分的家庭仍处于从大萧条带来的经济损失中慢慢恢复的过程中。这可能在某种程度上造成了一个事实，即第二次世界大战中的美国政府比在以往任何战争中对家庭都要宽容。除了给所有军事人员加薪外，家庭津贴被用于支付基本生活费，涵盖了食品、住房和家庭取暖燃料补贴。

罗斯福总统采取了进一步措施来帮助现役军人及其家人。1940 年 11 月，他任命联邦安全局（Federal Security Agency）的行政人员担任家庭服务办公室协调卫生、福利及相关防御活动的协调员。这个办公室为军事训练营和平民社区提供服务。随后在 1941 年，罗斯福将平民防御办公室（Office of Civilian Defense）设立在战争管理办公室（Office of War Management）之下，试图把军人及其家庭的健康、福利、娱乐服务与防御活动整合到一起。到了 1943 年，这些服务被并入联邦安全局社区战争服务办公室，既为士兵也为他们的家人服务（Day, 2009）。因此，通过这些项目的开发和维持，政府在不断履行其满足军人家庭需求的承诺。

（二）紧急母婴护理计划（EMIC）

大多数响应国家号召参军的都是年轻人，他们的妻子都在生育年龄。由于战争，现有的军事医疗设施无法对所有预计数量的患者做出处理。因此，国会授权实施紧急母婴护理计划（Emergency Maternal and Infant Care program, EMIC）。这个计划已经为超过 120 万的军人配偶和大约 230 000 个婴幼儿提供了服务。此外，通过公共卫生服务，该计划对所有儿童实施了疫苗接种（Day, 2009）。对于四种处于较低收入等级的入伍士兵的妻子来说，无论她们居住在哪里，她们都能很容易地获得 EMIC 计划的服务。这个计划由儿童局通过国家卫生部门进行管理。

四、朝鲜战争时代（1950—1953）

就如早期战争的事实一样，在朝鲜战争时期，为重建军事武装力量，国家要求家庭牺牲自己的家人去保家卫国。第二次世界大战即将结束时被委派的社会工作者，都加入了绝大多数的军队人事部门，并且后来回到了民用部门。当时美国亟须招募新一代社会工作者加入陆军和空军，也需要招募和培训那些新入伍的人员担任专业人员的辅助力量。所有这些人都需要在军队环境中进行社会工作实务的培训。尽管红十字会的社会工作者为军队提供了家庭治疗和其他服务，但为军队精神科社会工作者制定的初始的培训手册中并未提及家庭服务（*Psychiatric Social Work*, 1950）。另外，培训手册的内容比较偏男性化，也反映了那个时代的特点。然而，包括预备役在内的军队建设，会导致家庭数量的增加，那些有孩子的家庭也不例外。这种军队人口上的变化被反映在四年后的主要培训手册《军队社会工作》(*Army Social Work*，1958)中。该手册不仅包括传统家庭，还涉及未婚妈妈。美国和朝鲜的战争于 1953 年结束，军人们带着军人家庭重返社会方面所有固有的问题回到了家乡。

五、越南战争(1954—1975)

在 20 世纪 50 年代初，美国已经开始派遣顾问进入越南——大部分美国家庭都未曾听说过的国家。20 世纪 60 年代早期，美国所参与的越南战争愈演愈烈。

(一) 社会运动和军人家庭

在美国陆军和空军部队里，有编制的社会工作者如今已经稳固地组织起来了。军队扩张的同时导致了军人家庭人口的增加。为了应对这种变化，一些面向家庭的计划应运而生。例如，早在 1961 年，空军推出了儿童潜能计划(Children Have a Potential program，CHAP)帮助有残疾儿童的家庭。该计划启动 14 年后，美国国会通过了《所有残疾儿童教育法案》(*Education for All Handicapped Children's Act*，P.L. 94－142)。该法案使残疾儿童有权享受免费教育，以及在受教育过程中任何相关的医疗服务。以这部法案为基础，空军扩大 CHAP 计划的服务对象，将空军家庭中被照顾的残疾家庭成员也包括其中，最后演变成今天仍存在的著名的特殊家庭成员计划(Exceptional Family Member Program，EFMP)。本书第二十一章将专门介绍该计划。

陆军在 1965 年为家庭和士兵们开创了"陆军社区服务"。这个项目包括一系列服务，如家庭预算辅导、住房援助，寻找和发展解决个人复杂问题的资源，以及"陆军紧急救助计划"。20 世纪 60 年代，在普通民众中发生了另一起事件，对有关儿童和家庭的军队政策产生了重要影响。C.亨利·肯普(C. Henry Kempe)和他的同事们(1962)发表了一篇震惊全国的文章，该文章曝光了美国家庭中儿童遭遇虐待的严重性。但是直到 1974 年，联邦法律才为各项计划提供资金援助以消除儿童虐待，为儿童成长提供安全的环境。随着大家意识到儿童虐待问题在军人社区中也同样严重，空军社会工作者在 1975 年发起了儿童支持计划(Mollerstrom，Patchner & Milner，1995)。

但是,儿童并不是唯一被虐待的群体。20 世纪 70 年代的妇女运动提高了对美国国内严重的配偶虐待问题的关注。空军通过扩大儿童支持计划的方式对此再次做出回应,从而把配偶虐待问题也加入其中。该项目名称被改为"家庭支持计划"(Family Advocacy Program, FAP),并反映出更加综合性的家庭暴力问题。海军建立家庭支持计划的操作指南发表于 1979 年,同年还创建了海军家庭支持计划,并且目前它仍然在全世界范围内运作着。这个项目整体上强调通过预防和教育服务来减少家庭暴力的风险。陆军在 20 世纪 80 年代开始推行家庭支持计划。随着时间的流逝,每项服务都在不断地改良,但服务的重点仍然是家庭。

这些年,军人配偶一直在抱怨就业困难,这部分是因为频繁流动以及适应新环境带来的挑战。因此,协助配偶就业已成为一个重点内容,且每个军队的分支都有一个就业援助计划。尽管这些计划并不能保证就业,但它们能提供必要的工具和技能以提升就业竞争力。

同样,每个军队分支都有自己的家庭服务项目(如陆军社区服务、海军家庭服务中心)。除了直接给军人家庭提供服务,这些项目还与学校管理人员和教职工密切合作,提供包括体育运动在内的有益健康的课外活动。同时,军队要确保图书馆中备有与财政学、自我提升、亲职教育等话题相关的影片和书籍,并且这些书籍都可以检索获得。单身的军人也可以获得这些服务。空军所做的一项调查分析对这些家庭服务和项目的价值进行了肯定和强调。鲍恩和奥特纳(Bowen & Orthner, 1986)指出,以上可以被单亲家长所利用的支持服务和项目拥有无限的潜力,甚至可以获得比目前更多的成效。

(二) 对家庭的一种新认识

越南那场不得人心的战争突显了对义务兵役制"草案"的普遍蔑视。许多年轻人选择逃到加拿大而不愿应征入伍。1973 年,这场战争快结束时,尼克松总统签署了一份撤销征兵的法案。美国将会迎来一支"全志愿军"(All-Volunteer Force, AVF)。这个法案带来了一系列新的动力,最终将改变军人家庭的社会地位。有一个公认的观点是,面对一支全志愿军,服役人员是愿意从军的,但在是否再次应征的决定上,家庭却起着至关重要的作用。尽管时间流逝,但是弗兰克·珀森斯的"第一次世界大战启示录"言犹在耳。这好像在暗示,全世界范围的一场围绕军事设施的奇妙运动开始了。

军队就是一个很好的例子。为了自己和家庭,军嫂们开始表达她们对生活条件的意见。1980 年到 1982 年,全国乃至海外的军队里都在举行家庭座谈会。这些座谈会中，有些是官方支持的，但其他是由军嫂们自己发动的草根运动。由于军队迫切想要留住不断流失的兵力，司令部的最高决策层不得不关注家庭的抱怨和担忧。

座谈会产生了几项主要的建议，其中包括帮助军人配偶寻找工作，在军队为上学的孩子提供公共教育模式。配偶们同时呼吁改善医疗服务和牙科护理。如果加以训练和引导，她们想以书面的形式来肯定配偶志愿服务表现出的专业性发展。另外一条建议是在增加交通工具方面多下功夫，包括那些居住在平民社区的家庭。她们的要求还包括改善儿童照顾服务和扩大青年活动范围（Wickham，1983）。

在座谈会结果的基础上，陆军参谋长介绍了他开创性的《白皮书：军人家庭》（Wickham，1983）。在这份文件中，军队官方承认家庭不仅仅是“依赖者”，更是军队的一部分。文件中的这种声明标志着军人家庭社会地位的重要改变。不久之后，新制订的行动计划更详细地表述了这个概念。家庭成员现在可以发出自己的声音，并可以通过在基地层面上提建议的方式来贡献自己对“家庭行动计划”的想法。这些建议将被每一级指挥官定期查阅。2008 年，军队就“家庭行动计划”举行了 25 周年庆祝活动。

很多组织都致力于提高家庭认可度，国防部女性服务咨询委员会（Defense Department Advisory Committee on Women in the Service，DACOWITS）就是其中之一。1951 年，当时的参谋长乔治·C.马歇尔（George C. Marshall）将军创立了该委员会，其使命是对军队的征募、留用、治疗、雇用、整合以及军队中高素质专业女性的福祉等事务和政策提供意见和建议。另外，从2002 年开始，该委员会被要求提供关于高质量专业人才的招募和保留等相关家庭议题的意见和建议（*About DACOWITS*，2011）。

六、海湾战争（1990.8—1991.3）

“沙漠盾牌行动”（Operation Desert Shield）是老布什（George H. W. Bush）总统回应伊拉克总统萨达姆威胁科威特事件的一次行动。当时全国的国民警卫队和预备役都被当作现役部队，其中很多被部署到西南亚。

（一）预备役和国民警卫队

“沙漠风暴行动”（Operation Desert Storm）是对伊拉克攻击科威特的回应。美国军队加入了科威特解放联军。从战略和战术角度来说，海湾战争是现代最成功的战争之一。尽管这场战争只持续了7个月，施奈德和马丁(Schneider & Martin，1994)指出，这场战争带来的主要教训是，如果没有动员预备役和国民警卫队的话，美国军队(特别是陆军)不可能做到持久作战。但是，由于其中很多军人家属对此次部署毫无预料，因而没有给自己的孩子安排好充分的看护照顾。由此，家庭照顾计划被付诸实践。

(二) 家庭照顾计划

1992年7月，美国国防部公布了家庭照顾计划(Family Care Plans)，使得所有的军队服务条件被标准化了。家庭照顾计划包括所有的单亲家庭、双职工家庭(父母都在军队)以及预备役家庭。该计划指出，父母需要指定一个有特权的代理人作为监护人来照顾孩子。父母有责任确保监护人拥有必要的一切权利，帮助其有效发挥作用。

(三) 家庭支持小组

军队鼓励被部署单位筹建家庭支持小组(Family Support Groups，FSG)。美国在20世纪80年代中期参加了在西奈半岛的多国维和部队，亲眼见证了家庭支持小组的效用。该小组以单位为基础，由被安排部署任务的单位中的家庭组成。这些家庭不仅相互支持，为缺少经验的家庭提供帮助，还充当部署单位和家庭之间的联络人。通常来说(但并不是一定)，指挥官的配偶出任小组的领导者。部署单位会留下一个后方支队指挥官，他不仅要承担指挥官的日常责任，也要最大限度地做好单位和家庭的联系工作。支持小组的成功依赖于很多因素。例如，它要依赖来自军人家庭和来自普通百姓的志愿者队伍，还有单位鼓励和支持FSG项目的程度。现代的家庭战备小组(Family Readiness Groups，FRG)就是从家庭支持小组发展而来的。FRG得到了军方的正式承认，它被用来支持处于被部署时期的服役人员家属。

(四) 国民警卫队和预备役的家庭

国家鼓励和支持在被安排部署的现役单位实施家庭支持计划，总体来说这取得了一定成功。施奈德和马丁(1994)指出，在海湾战争中，鲜有士兵因为家庭问题返家。但是，他们同时参考了美国军队联合作战司令部的研究(U.S. Army Combined Arms Command，1991)，并表示，“许多预备役军人以及他们的配偶和孩子对现实没有做好充分准备，以至于在部署期间经历了相当大的困境”(Schneider & Martin，1994：26)。尽管造成这些问题的原因可能有很多，但其中只有两个值得一提：家庭支持的缺失，以及军人母亲被部署军事任务。

在现役军队中我们发现，大多数的预备役和国民警卫队缺乏家庭支持小组这样一种结构。因此对于很多家庭来说，他们很少有机会去分享由于一家之主被部署而带来的挑战。这些家庭可能与军队相隔千里，彼此间相互分散，可能甚至都不认识另外一个军人家庭。因此，他们中很多人都不清楚可以获得哪些资源。此外，他们的平民邻居很可能不知道他们是军队家属。

从海湾战争中学到的经验教训已经使得国民警卫队和预备役单位把家庭支持小组制度化，为单亲家庭提供支持。现在"支持小组"在概念上与其他有效的组织很相似。为了给家庭成员和士兵、单位和组织领导者提供指导，我们还编写了《军队家庭战备手册》(*The Army Family Readiness Handbook*)。此外，"黄丝带计划"也被设计来满足国民警卫队和后备军服役人员及其家庭的需求(有关这项计划的更多信息，参见第二十章)。

七、全球反恐战争(2001—　)

"9·11"事件产生了毁灭性的影响，其导致的后果被小布什(George W. Bush)总统称为"全球反恐战争"(Global War on Terrorism, GWOT)。全球反恐战争的基本战场是阿富汗("持久自由行动")和伊拉克("伊拉克自由行动"/"新黎明行动")。在海湾战争中，全国范围内的国民警卫队和预备役单位都被启用扩充到现役军队中。在过去的战争中，家庭都因家人在战争中死亡或受伤而深受影响。然而，在全球反恐战争时代，在处理创伤后应激障碍和外伤性脑损伤方面，科学和医学都变得更加成熟。此外，尽管防弹衣技术的提高保护了更多生命，但是战士们暴露在防弹衣外的身体部位仍然会受到伤害，如四肢和头部。同样重要的是，公众变得更能意识到、了解到并接受这些损伤。公众也意识到服役人员家属一样是受害者，家庭动力将发生显著的改变。不仅配偶会受到影响，孩子同样也会。一个重大突破是退伍军人管理局开始提供一些家庭服务。比如，为有资格的退伍军人及其家庭提供住房，并且许多 VA 医疗中心现在也提供家庭辅导服务(U.S. Department of Veterans Affairs, n.d.)。

八、总结

家庭在美国军队的发展历史中扮演了一个高尚且重要的角色。不论家庭是“操持家务并维持家庭生活”还是作为“军营追随者”伴随着部队，历史证明，军人家庭就是我们大社会的一个缩影。平民百姓中发生的运动，会迅速地在军队领域产生变化。这些变化对家庭产生了意义深远的影响。必然的是，军队也开始通过修改其政策、制度和某些情况下的传统对自身进行调整。军方不得不改变其对家庭的定义——这些定义正是时代精神的反映。如今定义一个军人家庭的方法已经与殖民军指挥官或第二次世界大战指挥官的定义方法截然不同。华盛顿(George Washington)将军的武装部队、格兰特将军的陆军或者海军上将尼米兹(Admiral Nimitz)的海军部队中的卫生工作者难以解决如今那些母亲被部署的家庭所面临的问题。学习军队历史和战争的学生明白，由于多方面原因，每场战争都不同以往。如今，虽然军队生活对家庭所产生的压力在某种程度上还没有发生显著改变，但在其他方面已经有所体现——特别是关于多重军事部署的影响和服役时间的长度。尽管如此，亲人在阿富汗服役的军人家庭能够与过去几代有家人在康科德、葛底斯堡、凡尔登、硫磺岛、石岘洞北山或西贡(今胡志明市)服役的家庭产生联系。鉴于家庭和孩子的应激源仍然存在，社会工作者和其他技术熟练的治疗师需要继续对家庭进行干预。我们所面临的挑战是(也一直是)，如何以服役人员的角度理解这个世界，了解这些军人家庭，以及他们的问题和忧虑。

本章问题讨论

1. 比较家庭角色在过去和当今美国军队中的异同。
2. 描述社会工作者在军人家庭工作方面的职能范围。

参考文献

About DACOWITS. (2011). Retrieved from http://www.dtic.mil/dacowits/tableabout_subpage.html.

Albano, S. (1984). Military recognition of family concerns: Revolutionary War to 1993. *Armed Forces and Society*, *20* (2), 283 - 302.

Army Social Work. (1958). TM 8 - 241. Washington, DC: Department of the Army.

Beck, G. Jr. (1991). Social work in World War I: A method lost. *Social Service Review*, *65* (3), 379 - 402.

Bowen, G. L. & Orthner, D. K. (1986). Single parents in the U.S. Air Force. *Family Relations*, *35* (1), 45 – 52.

Compton, B. R. (1943). *Introduction to social work: Structure, foundation, and process*. Homewood, IL: Dorsey Press.

Day, P. (2009). *A new history of social welfare* (6th ed.). Boston, MA: Allyn & Bacon.

Kempe, C. H., Silverman, F. N., Steele, B. F., Droegemueller, W. & Silver, H. K. (1962). The battered child syndrome. *Journal of the American Medical Association*, *181* (1), 17 – 24.

Mayer, H. A. (1996). *Belonging to the Army*. Columbia: University of South Carolina Press.

Mollerstrom, W. W., Patchner, M. A. & Milner, J. A. (1995). Child maltreatment in the United States Air Force response. *Child Abuse and Neglect*, *19* (3), 325 – 334.

Monroe-Posey, C. A. (1999). *TRICARE and its impact on military social work practice*. In J. Daley (Ed.), *Military social work practice* (pp. 67 – 90). Binghamton, NY: Hayworth.

News of the Society. (2003). *Celebrating a century of service*. Retrieved November 2, 2011, from http://www.nmcrs.org/centennial01.html.

Persons, F. W. (1918). The soldiers and sailors families. *Annals of the American Academy of Political and Social Science*, *77* (1), 171 – 184.

Psychiatric Social Work. (1950). TM 8 – 241. Washington, DC: Department of the Army.

Schneider, R. J. & Martin, J. A. (1994). *Military families and combat readiness*. In R. Zajtchuk (Ed.), *Military psychiatry: Preparing in peace for war* (pp. 19 – 30). Washington, DC: Department of the Army.

U. S. Army Combined Arms Command. (1991). *The yellow ribbon: Army lessons learned from the home front*. Fort Leavenworth, KS: Center for Army Lessons Learned.

U.S. Department of Veterans Affairs. (n.d.). *Supportive services for veteran families*. Retrieved December 17, 2011, from www.va.gov/homeless/ssvf.asp.

U. S. Department of Veterans Affairs. (2012). *Vet Center*. Retrieved from www.vetcenter.va.gov.

Wickham, J. A. (1983). *White paper: The Army family*. Washington, DC.

第十九章　军队部署周期和家庭福祉

Keita Franklin

军队作为一个由专业军人组成的组织是相对较新的概念。纵观美国历史，市民往往是在战争时期被征召入伍。战争结束后，军队就要缩减至战前规模甚至更小。大多数在战争时期应征入伍的士兵并不把自己当作“专业军人”，而更多的是在战争时为他们的祖国服务的爱国者。但是，越南战争后，由于裁军，军队变成了“中空力量”。决策者决定在 20 世纪 70 年代建立一支全志愿的、专业的军队力量（*Hearings Before the House*，1998）。伴随这样一个新政策的实施，国家加大了对军人专业教育的投入和对军属的基础设施支持。正因为军队领导人意识到了军人家庭对完成军事使命的重要性，尤其是在战争期间，类似“生活质量”“留职率”“家庭意愿”这样的概念才被深深根植于美国的军队文化中（Segal & Wachsler-segal，2005）。

“留职”是一个军事术语，曾经被用来描述军队在军人应征入伍后能多大程度保留他们在现役岗位上，但现在突然开始牵涉家庭系统方面的问题。一位学者在描述 1973 年草案的结尾时说，“促使以前的、绝大多数已经结婚的军人自愿延长服役的要求，意味着军嫂将成为一个数量庞大且不容忽视的群体”（Freedberg，2005：1）。今天，在所有军队体系中，超过一半的军人已婚，其中 40%已有儿女（Freedberg，2005）。和 1968 年越南战争的最高峰时期相比，现在现役军人中已婚的要比那时多得多。相应地，现在对军人家庭的照顾和关心程度也要比那时高得多。这种现象在所有服务体系中都很明显。下文将举一个具体服务的例子来说明军人家庭在军队中发挥的重要作用。

我们可以引用一句军队领导简单但很有意义的话来证明家庭的重要性：“招募一名士兵，维系一个家庭。”（Geren，2007）空军部队同样重视军人留职率和军人家庭生活质量之间的联系。总上士罗伊（Chief Master Sergeant Roy）——一位美国空军高级领导人，在 2009 年的一次军事人员武装小组委员会(House Armed Service Subcommittee on Military Personnel)的听证会上发表了题为“家庭支持计划的疏忽”的演说，适当地描述了空军对家庭的支持，以及家庭幸福与军人留职之间的联系：

> 空军部队基于多种因素对军人留职做出了相应的决策，其中一项就是保障军人及其家庭所获得的支持的质量。它强调照顾军属对战前准备是否充分有着直接的影响。只有照顾好空军家庭，军人们才不会分心，能够更加集中地投入任务。(Department of the Air Force, 2009)

海军相关部门也关注针对家庭角色转变的研究，并且认为“如果一位军人的配偶不满意军队生活方式，那么这位军人就很有可能选择离开部队”(Zellman et al., 2009)。阿莫斯将军(General Amos)是美国海军陆战队的司令官，他在2010年司令官计划指南中分享了自己关于家庭在战争时期和战争时期以外的作用的观点：“我们要忠于我们的海军陆战队、我们的海军战士和我们的家庭。我们关爱海军陆战队队员及其家庭，以及战争中逝去的队员的方式是保持坚定不移的忠心，这一点将永远不会改变。”(U.S. Marine Corps, 2010)在所有服务体系中，军队“预备”和“组织承诺”之类的概念始终与被认识到的家庭支持政策相联系，并主要通过家庭支持计划与实务来履行。

当今的军人职业共享的一种精神气质是个人牺牲，这也可以被定义为“无私的服务”。在战争时期和现在的冲突中——“新黎明行动”(以前被称为“伊拉克自由行动”)和“持久自由行动”，坚定这样一种个人牺牲是很困难的，不仅是对军人本身而言，更是对他们的家庭而言。在当今的政治氛围下服役，长期保持这种牺牲精神是如何影响军人及家人的心理幸福感的？换句话说，伴随着“军人职业”产生的相关压力，这种牺牲精神又是怎样影响军人家庭应对和解决问题的能力，以及作为一个整体并肩作战的？更广泛地说，这种存在于军人家庭背景下的关系内涵是什么？影响军人家庭的心理社会问题在很大程度上可以通过部署的背景及随之而来的溢出效应来进行更广泛的探讨，这个溢出效应是由以下两方面原因造成的：(1) 长时间的父母缺席；(2) 父母的创伤暴露(如作战压力)。我们将在本章中探讨这个问题，并着重讨论对军人及其配偶、孩子以及家庭问题的预防和干预计划。

一、作战压力

值得注意的是，许多从作战或非作战的军事部署中回来的军人并没有精神健康方面的问题或顾虑。此外，在有些军人体验到压力的早期症状后，这些症状又会自己消失(Jaycox & Tanielian, 2008)。尽管美国国防部已经尽量减少了部署的时间长度，并且对部署的具体时间、部署的时长提供更多的预测，但是与战争常态相联系的军事部署和工作表现所带来的长期后果仍可能涉及反复暴露在创伤中。有时这种暴露导致的与作战相关的应激症状可能变得很难控制，最终影响到家庭关系和整个家庭系统。

作战压力并不是一个全新的概念。它的起源(至少)可以追溯到第一次世界大战时期的"炮弹休克"(Mott, 1916; Southard, 1918)。在第二次世界大战时期，"战斗神经官能症"一词被用来描述归国军人的精神问题(Grinker & Spiegel, 1945)。《精神疾病诊断与统计手册》(*Diagnostic Statistical Manual*, DSM)第一版中，对"总应激反应"(Gross Stress Reaction)的诊断被描述为"在作战或民间灾害中出现的强烈生理需求或极端压力"(American Psychiatric Association, 1952: 40)，并且这种描述被用来形容从第二次世界大战中归来的士兵的问题。14年后，为了描述和量化归国军人的体验，DSM第二版(American Psychiatric Association, 1968)将"总应激反应"改为"短暂情境障碍"(transient situational disturbance)。12年后，在1980年，美国精神病学协会制定的DSM第三版引入了现在为人所熟知的"创伤后应激障碍"这一概念。这个分类系统被临床治疗师作为临床测量工具采用，它同时也帮助研究者、政府官员、政策决策者以及美国民众更好地区分归国军人的情况。创伤后应激障碍也成为战争中最普遍的创伤暴露后果(Tanielian & Jaycox, 2008)，这种后果由士兵本身延伸到他的家庭(伴侣、孩子)和社区。我们将在后面的章节中讨论更多关于创伤后应激障碍的细节，本章重点是要突出创伤暴露、创伤后应激障碍和家庭作为一个功能整体之间的联系。创伤暴露，在"伊拉克自由行动""持久自由行动""新黎明行动"的背景下对士兵的个人幸福有直接影响。从战场回来的士兵经常伴有不同程度的精神健康问题。在某种程度上，从战争初期起，美国军人的精神健康问题就开始逐渐增加，包括酗酒率、家暴率和自杀率的上升(Kuehn, 2009)。尽管对创伤后应激障碍的诊断需要满足统计手册中的四大部分的要求，但也需要考虑亚临床(不满足诊断条件)症状。但由于资源限制，临床治疗师往往会忽视那些症状较轻的士兵。因此，划分由战争带来的 PTSD 症状的不同等级是很有必要的。这一讨论重在用续谱的方式来认识这些症状。续谱的一端要有足够的诊断指标来代表一个完整的 PTSD 诊断；而另一端，能满足诊断条件的症状较少，但是这种症状已经影响到患者的生活领域，包括他的家庭。

对亚临床创伤后应激症状的监测发现，水平较低、不符合诊断标准的症状仍然存在，并且会影响士兵。美国海军陆战队通过一个海军陆战队队员作战行动压力续谱模型(Combat Operational Stress Continuum for Marines)，适当捕捉到了在作战压力控制程序(Combat Stress Control Program)上的上述现象。这个模型描述如下(见表 19.1)。海军陆战队领导和士兵一直在接受识别压力症状续谱的训练。症状下降到亚临床阈值(在该实践模型中"反应"一栏)的陆战队员被鼓励提前寻求帮助。根据鉴定，海军陆战队队员通过合适的转介被教导如何回应，并参与传统的同事之间的对等干预。这一早期模型已经能成功帮助治疗师识别海军士兵是否处于困境中，并在症状加剧前提供适当的干预，避免造成更多长期性问题。

表 19.1　美国海军陆战队作战行动压力续谱

预　备	反　应	损　伤	疾　病
• 蓄势待发的 • 训练有素的 • 准备充分的 • 合适的和坚韧的 • 内聚力强的单位，做好准备的家庭	• 痛苦或损伤 • 轻微、短暂的 • 焦虑的或易怒的 • 行为改变	• 更严重或持久的痛苦或损伤 • 留下持久的证据(人格改变)	• 未经干预没有痊愈的应激损伤 • 可诊断的 　• 创伤后应激障碍 　• 抑郁 　• 焦虑 　• 成瘾障碍

研究人员提到治疗创伤后应激障碍的困难是："一半的治疗案例在治疗后会仍然留有部分诊断症状，并且回答者通常会报告相当数目的残余症状。"(Forbes et al., 2008: 142)出于这个原因，研究和实务人员都非常有必要了解影响治疗结果的因素，如社会支持或家庭关系。早期干预也变得十分重要，尤其是实务人员应当在症状完全出现之前对家庭层面进行干预。因此，考虑到这些因素，在 PTSD 处于亚临床水平时就进行早期干预，这在理论上是完全合理的。尽管对 PTSD 的关注是"伊拉克自由行动""持久自

由行动”“新黎明行动”这些漫长的战争的结果，临床医生、军人以及社区应该关注慢性的和亚临床的临界值，并将其作为早期干预的一部分，尤其是在家庭环境中。典型的个人和家庭层面上的干预措施应包括短期治疗模型、相关问题解决、行为矫正疗法、认知和叙事治疗原则。这些干预措施成功与否往往与士兵或其家庭同问题症状斗争的时间长短有关。当案主早期成功获取相应服务，那么干预成功率就会上升，军人也能早日回归部队。如何在持续的战争中(需要军人对反复的部署进行快速的准备)适当地提供早期干预服务，对那些帮助军人日常生活中的个人问题的专业人士来说是一个挑战。

二、部署应激源

长期与反复的部署对军人和他们的家庭是一个残酷的现实。一组时点数据显示，2009 年 9 月，仅在一个军队分支部门中就有 40 000 名空军战士被部署到远离家庭的地方，32 000 人在“伊拉克自由行动”“持久自由行动”“新黎明行动”的部署区域内服役，“绝大多数士兵已经被多次部署，毫无疑问未来也将有更多的部署任务”(Schwartz, 2009)。同类数据在陆军和海军陆战队中更高出许多。军队领导人已经在努力提高作战周期的可预测性，并且努力使战时环境的变化节奏相对稳定下来。然而，即使部署周期是可预测的，军人及其家庭同样遭受着与战时环境有关的压力。这些压力在“部署周期”的情境脉络下呈现，这一周期包括部署前、部署中、维持部署、重新部署、部署后几个阶段。部署周期如图 19.1 所示。每一个阶段的描述和相关干预手段通常都遵循各阶段特点。

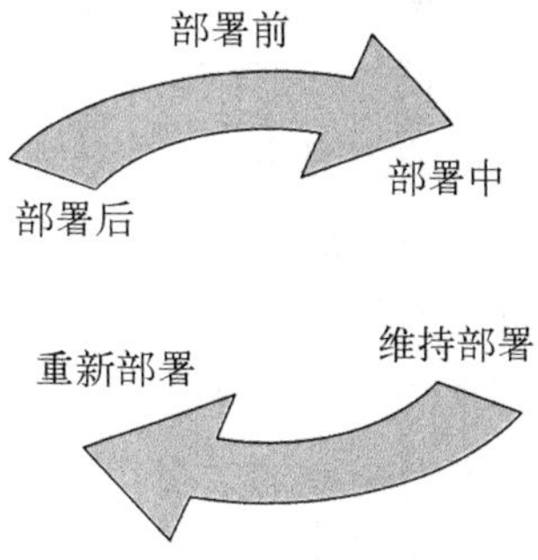

图 19.1　部署周期

部署前(动员和培训期间)、部署中、维持部署、重新部署、部署后(指一些军队分支的重新整合和团聚)组成了部署周期。每个阶段都可以根据宽松的时间框架以及逻辑上的和情感上的特征来进行界定。部署周期的每个阶段对军人的家属而言都有挑战。如何处理好这些挑战往往取决于很多不同的因素，包括婚姻长度、以前参加部署的次数、孩子的数量和社区支持系统的强度。另一个因素被称为情感观，即一个人如何看待部署。基地层面的服务项目和支持的实际安排在部署周期内各阶段干预措施的提供上扮演着重要角色。除了从军事设施内取得的日常生活支持外，民间机构也为生活在偏远地区的军人家庭提供支持。

三、部署前

部署前的阶段被形容为引导实际部署的阶段。在这个阶段，军队成员压力较大，有许多“部署前”的任务需要完成。从理性的角度来看，军人和他们的家人可以利用这段时间尽量让事情变得井井有条，并处理好一些未尽的事宜，无论这些事是职业的还是私人的。从情感的角度来看，军队成员常常担心部署会影响其配偶和孩子。更复杂的问题是实际离开的日期。尽管军人通常会被给定一个明确的参加部署的日期，但这个日期常常在没有或几乎没有事先通知的情况下就改变（Waynick, Frederich & Scheider, 2005）。婚姻的稳定以及丈夫不在时配偶解决问题的能力是大家普遍担心的问题（Black, 1993; Logan, 1993; Pincus & Na, 1999）。此外，部署前的一部分准备还可能包括在真正被部署前军队成员要离家数周或数月进行训练。

为部署准备设立的军队项目

军事基地通常在部署前的阶段为军人及其家庭成员提供大量心理教育干预，形式通常有大规模宣讲、小组培训和在拓展活动中发放宣传册。心理教育的内容主要围绕如何处理部署和后续的家庭分离问题，此外还包括如何提高生活技能的问题。因为如今的很多军人是年轻的新婚者，所以心理教育的重点是“家庭准备”问题，如经济问题、家庭责任、父母争吵、单亲关系以及沟通能力建设（如与孩子关于部署进行沟通）。利用基本的社会工作技巧为有需要的人提供信息和推荐后续服务也是部署前的一个重要任务。实务工作者在部署前的阶段与服务的家庭建立关系也是在为之后重返社会做准备。

四、部署中/维持部署

部署可以被定义为“将军事人员从永久岗位上调派到无人陪伴的、暂时的工作中去”（Stafford & Grady, 2003: 111）。另一份由美国陆军的家庭和士气、福利和娱乐部门准备的报告将部署定义为“分离事件，在这些事件中士兵随其部队一起（或以个人身份加入另一个部队）被派遣到一个特定地点来完成一个具体的军事任务”（Booth et al.,2007: 33）。

尽管部署本身可能是军事成员和其家庭现今面临的最大应激源，但这个问题远不止“部署”，还扩展到维持部署阶段。在维持部署期间，家庭必须调整自身以适应不可预知且难以应对的长期分离事实。大部分的部署和维持部署阶段对军队及其家庭成员而言充满不确定性，这种不确定性通常通过保持密切的沟通交流（任何有可能的时候）来解决。由于各种原因，维持部署本身对留守的父母和孩子来说就是困难的事情。在这个阶段，军人配偶通常要承担起新的责任，从支撑起家庭、管理家庭财务到成为孩子唯一的依靠。这种责任和家庭日常事务的改变对留守的配偶和子女来说压力更大。马瑞等研究者（Mmari et al.，2009）通过运用小型焦点小组和定性收集“话语”资料，在所有四个军队分支部门中重点调查了军人家庭中青少年的这项问题。被调查者是在初高中学生中招募的青少年，并且这些青少年需与其现役的父亲或母亲生活在一起。共有 39 名学生组成了 11 个焦点小组，资料结果是根据几个首要的主题来组织的，这些主题把重点放在受部署影响的经验因素和关系因素上。其中一个明确的主题聚焦在“青少年健康和幸福”上。一名少年这样描述对父亲参与部署的焦虑心情：

> 就如这场战争，你总是会想着这件事，因为你不想你的父亲被杀害或者出现其他类似的情况。当我爸爸离开，甚至在他上飞机前，我哭得像个小孩子一样。我不喜欢他因部署或其他事情而离开家。（Mmari et al.，2009：463）

马瑞等研究者（2009）研究的另一个主题是“改变家庭角色和责任”。一名少年描述了父亲被部署期间落在他身上的额外责任：“当他们被部署时，你就得……我知道在我家里，妈妈开始让我洗所有衣服，我必须帮她洗碗或做其他很多我通常不做的事情。”（Mmari et al.，2009：464）这一主题成为参与这项研究的青少年的最大问题之一：在部署周期内，他们要承担关于角色和责任以及这两方面的动力改变所带来的巨大压力。在部署过程中不同家庭的应对有很大差异，有些人会过度反应，有些人则努力应对日常生活的各种压力。

部署中的军队支持计划

军队支持计划为部署期间被留下来的军人家属提供了各种服务，以帮助缓解他们独自维持家庭的重担。有些服务的宗旨是帮助留守的军人父母，而其他则关注被留守的孩子；服务范围从较为典型的“让父母休息一下”（数小时的喘息照顾），到保持财务稳定和亲职援助。这一计划也为如何处理部署问题提供额外的心理教育增援，如部署周期不同阶段的沟通和生活技巧工作坊。生活技能课程通常教导留守军人的配偶如何与孩子沟通部署这件事情，以及如何帮助孩子为重聚做好准备。从情感角度来看，在部署早期，大多数家庭感受到的是极端的不安和失落感（Huebner et al., 2007）。不安贯穿了整个周期，因为配偶和子女十分担心其深爱之人的安全，他们不确定部署后所爱之人在身体和精神上是否会受到伤害，或者能否如期回来。当这种心理症状持续时，特别是不安和失落感持续时，我们就需要对军人的配偶和孩子提供短期的辅导服务。基础辅导通常运用一般解决问题的方法，并同时通过支持来加强。辅导服务不仅由军事基地提供，也由社区内的私人服务提供者提供。军人配偶能够通过军队一体化资源中心获得民间的或社区的辅导服务。它是一个每天 24 小时、每周 7 天的网络和电话转介服务项目，在民用部门为军人及其家属提供短期信心稳定辅导服务，还提供了许多其他支持资源。军人家属也可以通过 TRICARE 健康保险获得社区精神卫生服务。

在经历过由部署带来的最初的震惊和因家庭分离带来的失落体验后，家庭往往会重新振作起来，以适应部署带来的新责任。有些家庭甚至报告在部署过程中家属的联系纽带开始加强，应对挑战的能力也得到了提升（MacDermid et al., 2008）。到目前为止，社会支持一直被各种文献视作主要的缓冲因素或保护因子，它们能够区分出哪些人能很好地应对部署导致的应激源，而哪些人在部署过程中需要努力去克服挑战。在军事方面，鲍恩等学者（Bowen et al., 2003: 35）将社会支持定义为“一个从军队或基地的角度定义的心理社会变量，它反映了军人对军队这个组织的积极情感，以及将基地社区视为基础支持和与他人联系的资源”。

理论上，当一个家庭感受到社会支持时，他们能更好地应对日常生活压力和作为军人家属的特殊压力（如部署）。因此，军事基地特别为军人配偶提供参与支持性小组的机会以便她们构建网络，并分享军队生活的磨难和艰难。军事基地还特别安排外展活动，以提供集会的场所让留守的军人配偶和孩子进行娱乐活动和建立友谊。正式和非正式的军人配偶小组也为经历部署的家庭提供支持。正如 PTSD 的历史可以追溯到第一次世界大战时期的“炮弹休克”，军人配偶的角色同样可以追溯到美国独立战争时期。战争期间，39 名配偶在埃丝特·里德（Esther Reed，乔治·华盛顿的一名副官的妻子)的帮助下,建立了军队中第一个配偶"俱乐部",当时被称为"协会"。军人配偶们通过承担传统职责如烹饪、缝纫和护理等,为战争贡献自己的力量。随着时间的推移,这些团体的角色也在逐渐演变,然而,直到海湾战争后,美国军方才通过授权各部队成立家庭支持小组将这个协会正式化。其他部队分支部门也采用某种形式来建立配偶的支持结构。许多小组仍然为有被部署的军人的家庭提供支持,它们也在军人配偶非常需要的时候为他们提供交流和彼此支持的集会场所。

由美国军人家庭协会(National Military Family Association, 2005)进行的一项研究调查了在部署的三个"阶段"军人配偶的心理社会应激源:(1) 部署的通知阶段;(2) 配偶实际离开阶段;(3) 部署期间。62%的被调查者表明,最大的压力发生在部署期间(National Military Family Association, 2005)。显而易见的是,当今的军人配偶经常被视为"与军人并肩作战","对必须面对困难的军人配偶来说,家庭支持团体是有用的"(Di Nola, 2008: 5)。

五、重新部署/部署后

当军人开始准备从部署阶段回到家庭时,重新部署阶段就开始了,这一阶段通常充满了期待和其他复杂的情绪。紧随这一阶段之后的阶段是部署后阶段,军人回家并试图重新融入他/她的家庭和社区(有时被称为重返社会或团聚)。部署后阶段的早期通常被称为"蜜月期",对军人和他们的家属来说是一段充满兴奋和快乐情绪的阶段,这一阶段可以持续几天甚至是数周。在这个阶段,家庭重新协商他们与家庭日常相关的角色和责任。

然而,一段时间后,一些家庭在面对新的冲突和角色职责时又进入了新一轮烦恼中。在部署周期中,部署后阶段对军人及其家属来说是最为艰难的。这可能是一个充满紧张情绪的阶段,因为军人、配偶和孩子已经经历了各种发展性的里程碑,且关系不可避免地发生了变化。配偶变得更加自主,孩子也历经了各种成长阶段。孩子们对部署会有不同的体验,这取决于父亲和母亲缺席时他们的实际年龄和发展阶段。为了军人及其家庭的利益,成功引导部署周期中的这个阶段需要耐心、时间和资源引导技术。重新整合的过程对每个家庭和每个不同的部署来说都是独一无二的(Di Nola, 2008)。当然,这种独一无二与服务提供者和政策制定者也有关,他们的任务是了解部署的特征,以及在充满压力的环境下提供合理的支持性服务。很多军人为了处于发育年龄或有特殊需要的孩子,以父亲或母亲的身份重新做回育儿者的角色。

持续的战争和反复的部署使这个过程特别具有挑战性。除了不可预知的返回日期，还有对再次部署的担心，以及对作战导致的创伤后应激反应程度的担忧。鲍林和舍曼（Bowling & Sherman，2008）指出，有些军人会为重返社会而努力，但是当他们知道在一个相对短的时间内他们要再次被部署，很多军人就不会努力与家人在情感层面进行交流（Bowling & Sherman，2008）。两次部署之间的时期被称为"停留时间"。在这一段时间里，士兵和他们的家庭将继续面对由部署带来的情绪和角色转换问题。重新整合适应的过程对所有家庭来说都有压力，即使是那些经历了最少创伤或鲜少暴露于战斗中的士兵也不例外。

重新部署和部署后的军队支持项目

这些项目旨在帮助专业人士为军人及他们的家庭提供一些教育方法，以助其成功度过这一部署周期。像积极沟通，了解什么是适当的期望，以及花时间彼此重新熟悉之类的因素，在理论上都能帮助士兵缓解压力并重返社会（Logan，1987；Peeble-Klieger & Klieger，1994；Pincus & Na，1999）。以咨询辅导为基础的干预对帮助经历部署后重建的家庭是有必要的。协助家庭认识和处理部署中和部署后产生的多种情绪通常是目标所在，这一过程往往通过专业人士在部署周期的这一阶段进行家庭工作来实现。

六、部署对军人家庭的影响

频繁和反复的部署，对经历过"9・11"时代的服役军人的家庭来说已是常态。确实，部署对于军人及其家庭来说是最大的压力来源。此外，战斗期间的创伤暴露可能导致服役士兵退伍后出现"看不见的伤口"，如不同程度的创伤后应激障碍（Jaycox & Tanielian，2008）。不可避免的是，军人在战争期间的经历同时会影响配偶和子女以及其他家庭成员，更广泛地说，是在影响整个家庭成员间的关系。事实上，部署的相关经历一直在许多不同领域被记录和研究，包括对军人本身的影响，对配偶的影响，对孩子的影响。例如，相较于未经历过越南战争的同辈群体，越战退伍军人的离婚率更高，其婚姻更有可能发生冲突（包括在某些情况下，可能会增加家庭暴力的概率）。此外，伴侣之间表达情感的困难，本质上会影响人际交往能力，造成难以亲近和照顾上的负担(Forbes et al., 2008; Jordan et al., 1992; Riggs et al., 1998)。

将重点从越南战争转到之后的战争来看,家庭层面的各相关变量都有相似之处。例如,在伊拉克战争时期,军人与配偶间的冲突表现在交流和情感表达方面,也有一些在极端情况下导致家庭暴力的实例。显然,创伤和人际关系有重要的联系。一项研究通过收集刚刚从伊拉克战争回来的 45 岁男性士兵及其配偶的数据发现,作战导致的创伤后应激症状增强(如睡眠问题、情感麻木),对婚姻关系的满意度降低。类似于越南战争时期研究人员研究的这些问题,伊拉克战争的研究者们认为"创伤、特殊战斗以及军事相关的创伤体验,可能对婚姻造成重大损害"(Goff et al., 2007: 344)。如果战争创伤是"对婚姻有害的",那么,这些不利影响将延伸到孩子的婚姻。即使"伊拉克自由行动""持久自由行动"和"新黎明行动"都已经结束,以高频率的节奏帮助家庭处理与这些战争相关的问题(包括压力情境中的婚姻及父母关系)仍需要持续被关注。

七、部署对配偶和婚姻关系的影响

部署经历(如创伤暴露)和创伤后的后续影响会超越军队成员延伸到对其家人的影响,特别是亲密关系,这被称为"溢出效应"。关于越南战争时期的研究突出了这一现象。50 名男性越战退伍军人和他们的女性伴侣参加了一项研究,研究要求他们用不同的数字来描述他们之间的关系满意度,所用量表有:二元调整量表(Dyadic Adjustment Scale, DAS)、婚姻状况量表(Marital Status Inventory, MSI)、关系问题量表(Relationship Problems Scale, RPS)、亲密恐惧程度量表(Fear of Intimacy Scale, FIS)和创伤后应激障碍军用版(PTSD Checklist-Military Version, PCL - M)。根据这一研究,有 PTSD 症状的退伍军人存在程度较深的关系紧张问题和亲密关系问题。超过 70%的研究参与者存在被研究人员称为"临床重要关系障碍"的问题,而这需要临床干预(Riggs et al., 1998: 97)。

另一项研究,同样针对患有 PTSD 的越战老兵的亲密关系问题,采用更大的样本,共计调查了 1 200 名男性退伍军人及其女性伴侣,发现了类似的结果,"在婚姻和家庭调整……以及亲职技巧方面存在严重的问题"(Jordan et al., 1992: 916)。最终,作为越战退伍军人调整研究结果的呈现,总统委员会心理健康报告(1978)显示,"38%的越战老兵在回归后 6 个月内就会离婚”(Galovski & Lyons，2004：479)。

此外，美国陆军还调查了“伊拉克战争”“新黎明行动”以及“持久自由行动”等战争行动背景下的这些问题。借鉴适用于战时环境的健康的“家庭背景”，军队对“建设健康家庭计划”(Building Healthy Families Program)进行了评估。这个项目的整体目标是增进军人与其配偶、子女的关系，促进健康的生活方式以及减少风险行为，针对军人及其配偶关注的内容(如不健康行为、压力、锻炼、交流)展开了数次为期一天的教育干预活动。基本上，该项目专注于“认知不健康行为和发展自我健康技能”(Niederhauser et al.，2005：228)。这项研究中的干预小组显示，许多方面的压力总体上在减少，效果最好的是在压力、安全带的使用和戒烟等领域。这项研究的一个有趣部分是，三分之二的研究参与者有不止一种危险行为，因此干预必须以多个领域为目标(Niederhauser et al.，2005)。梳理何种干预对何种特定的风险行为有效也是一个难点。

从心理社会的角度来看，军人的配偶，与其他人群一样，会呈现出各种不同水平的使应对军旅生活的压力变得容易或缓冲这些压力的特征(Niederhauser et al.，2005)。典型的军人家庭的风险因素，如年龄、婚姻长度、先前已经具有的处理问题的能力以及社会支持程度等，都会影响军人配偶(Rosen，Carpenter & Moghadam，1989)。部署后，如果军队成员因为作战导致的创伤后应激症状而苦苦挣扎，他们的配偶也可能处于遭遇二次创伤压力的风险中(Figley，1993)。这一概念由弗里德曼(Friedman)首先创造出来，它发生在配偶“通过正常的学习过程习惯了他们环境中的创伤线索，当暴露于这些线索中时，他们可能会模仿他们军人配偶的行为”(Galovski & Lyons，2004：485)。这个在军人及其配偶之间发生的症状反馈回路对家庭系统和儿童有明显影响，一部分是由于配偶对军人和社区起着重要作用。

军队中的家庭暴力

一个影响军队婚姻和军人配偶的决定性的心理社会问题是家庭暴力。家庭暴力发生在军队所有服务体系和所有军衔等级中。家庭暴力可以被定义为一种直接指向亲密伴侣的、会导致情感/心理或身体虐待的行为模式。一些军事社会科学研究指出了军人家庭中的战争创伤、创伤后应激障碍的发展以及愤怒和紧接着的家庭暴力三者之间的相关性。其他研究指出，军人身上的压力和临时性的生活方式导致的压力，有时会阻碍其配偶或婚姻发展出强有力的支持系统。社会科学家们记录了其他可能会导致虐待关系的问题模式,包括儿童暴露在家庭暴力下、代际暴力传播、缺乏积极的照顾关系、缺少依恋以及儿童期身体虐待。重要的是要意识到,在家庭暴力的情境中,当社会工作者与施暴者一起工作时,在他们的关系中可能有操纵性、控制性和威胁性的成分。

2002年,在军队中发生了很多因家庭暴力导致的杀人事件,吸引了全国媒体的关注。这些事件导致在军队中展开了对家庭暴力的彻底调查。美国国防部成立了一个专案组,随后政府问责办公室审查了军队的家庭暴力情况。这些审查的结果指出,为了防止家庭暴力,指挥官和社区有必要共同努力。报告也凸显了家庭暴力是影响女性配偶的主要问题(尽管也有男性受害者,但相对较少),这种短暂性的军队生活方式使得军人与家人和朋友之间地理上的隔离持续地存在,这在家庭暴力的情境下很常见。最后,一个军队特有的观念是,军人的配偶表示不敢向上级报告家庭暴力,因为这会影响现役成员的职业生涯(害怕惩罚会导致家庭收入的损失)。家庭支持计划开发的目的是预防和干预军队中的家庭暴力。这个项目在本章后面将进行更详细的讨论。

八、军队服役对孩子的影响

当前军人中超过一半都已结婚生子。进一步讲,40%的军人子女在5岁以下。在人口组成方面,军队中大多数是年轻、有小孩的家庭。尽管现役士兵中女性——母亲——的比率在增长(2011年15%的现役士兵是女性,相较而言,1995年在13%左右浮动),高于历史上的任何时期,但是美国军队在很大程度上是由男性也就是父亲组成的。研究孩子对目前战争环境的反应,从广义上讲,实际上研究的是“父亲缺席”对孩子造成的影响。

有些研究揭示了一些与战时“父亲缺席”现象相关的独特现象。例如,父亲被部署的儿童相比其他儿童而言更加焦虑,并且这些儿童在父母一方缺席时更少关心自身安全。有些研究强调了军人和配偶、子女健康之间的重要关联,以及在战争背景下社会支持对部署人员及其家庭的重要性。最终,父亲缺席可以被视为配偶社会支持的缺失,并且可以关联到孩子学业成绩的下降和行为问题的增加(Hiew, 1992)。

有趣的是,一些研究强调父亲的实际缺席(在部署期间)是孩子情绪压力最大的时期。这种现象在当前美国军事部署周期模型(本章之前的部分有讨论）的背景下非常有意思，该模型将军人及其家庭成员的经历概念化为一个阶段性的流动模型，包括部署的各个阶段：部署前、部署中、维持部署、重新部署和部署后。从过程性的角度来看，重要的是要明白，在部署中阶段弄清楚孩子的情感需要十分关键。这也和对军人配偶的研究结果一致，部署是他们最紧张的阶段（National Military Family Association，2005）。其他孩子方面的结果包括抑郁、行为困难（Jensen，Martin & Watanabe，1996），以及更高可能性的易怒和冲动（Hillenbrand，1976）。

对各个家庭来说，孩子对战争的反应大相径庭，不能脱离家庭和个人发展的背景来看待这件事。社区和外界，如同辈群体甚至媒体等，都会影响军人家庭孩子的经历。一项研究表明，暴露于媒体以及长期担心父亲或母亲能否安全地从战争中回来，是军队家庭的孩子面临的一个主要问题（Ryan-Wenger，2001）。另一项调查研究了战时缺失父亲的儿童，发现海湾战争对孩子的发展造成了很大困扰（Jensen & Shaw，1996：84）。在干预中十分重要的是，要了解整个部署周期——从部署前到部署和重聚——怎样对孩子的持续发展产生影响。同样重要的是，要清楚最佳的儿童发展取决于健康的教养和父母双方都没有严重的精神健康症状（情感麻木、抑郁症状），但是最最重要的还是取决于孩子的主要照顾者。

九、儿童虐待

一些军队家庭的孩子，像其他普通民众家庭的孩子一样，都有被虐待的风险。儿童虐待的特定人口风险因素存在于军队的一小部分人口中，包括年轻夫妇（年轻夫妻在短暂的求偶期后就结婚），以及那些 E－1 至 E－4 军衔的家庭（通常年龄为 18～24 岁），长时间经历多种部署的单亲家庭，执行特别紧张任务的家庭（如军队警察和爆炸管理科），在工作中很少有支持系统来满足教养需要的家庭，等等。军队中对儿童虐待的研究包括一系列军队和民间儿童虐待率的比较。然而，所有这些比较，都应该考虑到不同人群之间的差异性，包括每个社区独特的应激源。例如，所有现役军人的孩子都有健康保险，并且通常有住房和方便的途径得到其他的基本必需品，而非军人的孩子则无这种待遇。然而，儿童虐待仍然是军队中的严重问题，国防部已经采取有力措施以确保军队领导人、实务工作者和决策者都有各种程度的投入以促进早期干预和支持服务。

在军队中，儿童虐待有身体的、情感的以及忽视或性虐待等多种形式。

根据国防部指令，儿童虐待被定义为“身体虐待或性虐待，情感虐待，或孩子被父母、监护人、养父母或照顾者忽视，无论照顾者是家庭内的还是家庭外的，都意味着儿童的福祉受到侵害或威胁”。军队中的儿童暴力可能会发生在判断不当的情况下，因为很多父母出于对孩子不恰当的期望而对孩子采取了一些惩罚措施。这方面的例子有：父母不恰当地认为一个两岁的孩子应该学会上厕所，而不会有“意外”。当孩子出现这样的意外，家长可能会对孩子执行严厉的惩戒措施，对孩子造成身体或精神上的伤害。压力无论是来自部署期还是非部署期间的高行动节奏，或其工作与生活的平衡问题，都与教养技能的缺乏有关。有时，这些做法会导致虐待行为，而对儿童留下永久的影响。军方已经投资了一系列计划，旨在帮助家庭应对军事生活的压力。后面章节会涉及对这些项目的回顾。在帮助军人家庭学习如何应对相关问题部分，后面章节将会涉及为达到提高亲子关系质量这一总目标而教导这些家庭改善教养能力。

其他军队项目

国防部的许多计划已经开始落实，特别是在近十年的战争期间，其目的在于应对可能出现的军人及其家庭的心理社会需要。同时，国防部还有很多长期存在的计划，这些计划已经经过了时间的检验，在最近的战事之前已经很好地建立起来了。

国防部在 1982 年发展出了家庭支持计划，目的是为有虐待问题的家庭提供预防和治疗服务。这一计划是由世界各地军事社区内的专业人士共同推动的，他们作为协同部门的一部分做出回应，以确保家庭的这些需要得到满足。这一行动的核心是协调医疗界和法律界，以及基地内和基地外的执法官员和社区咨询辅导服务之间的关系。在军队中，小单位的指挥官负责确保受害者的安全和对罪犯进行问责。指挥官负责协调那些日复一日致力于该项目的专家们。家庭支持计划中的社会工作者主要培养那些在社区/军事基地工作的军人和工作人员，使其帮助服务机构发挥防止家庭暴力和报告虐待的程序性的作用。

国防部为家庭暴力受害者建立了两种报告类型：(1) 保密的报告；(2) 公开的报告。设计这些报告方式的目的是鼓励他们站出来告发虐待者，以此来控制局势。保密的报告适用于一个受害者向以下任意一种专业人员举报自己遭受家庭暴力的情况：受害者的律师、医疗服务人员或牧师。这种途径在缺少法律的执行通知或指挥链的情况下，向受害者提供接受援助的机会。其主要目的是迅速地回应受害者的需求和安全。

另外，受害者也可以选择做一个公开报告，面向受害者的支持者、军警官员或军队中的行动指挥链。提交公开的报告，受害者能继续得到及时且安全的救助和辩护，同时也能参与到确保施暴者被追责的过程中（如警方的报告和指挥官的通知）。如果受害者当下选择进行保密报告，他们也可以在日后选择变成公开报告。

军队社区向孩子和配偶公布了虐待举报热线号码，鼓励所有成员举报可疑的虐待。每个家庭支持计划的核心都是对潜在的孩子或配偶虐待事件的受害者进行安全评估和干预。当受害者出现安全问题，军队的指挥官会将受害者和施暴者隔离，向可能施暴的军人发布军队保护令。家庭支持服务坚持“以受害者为中心”，服务重点是致力于确保受害者眼前的和长远的需要能得到满足并追究施暴者的责任。虽然计划在独立的分支机构之间有所不同，但是一般来说都包括一些预防和治疗的基础服务，其中有家访、夫妻辅导、心理教育服务（如压力管理、情绪管理、亲子教育）、对施暴者问责、团体和个案辅导服务。

任何预防性的干预，其成功都取决于对问题范围的早期识别和参与。军人家属可自荐参与任何军事基地内的预防计划。除了个人自荐，预防服务提供者也接受上级领导的转介，基地内的附属机构（如儿童照顾机构）的转介，或周围社区的转介。有些服役人员和家属更愿意去求助军事基地附近的社区的预防服务。军队家庭支持预防服务由典型的循证实践构成，同时也会考虑到他们服务的那些家庭现有的军队环境、文化、部署和整体的行动节奏。所有预防项目的目标都是帮助巩固家庭关系，并协助家庭在矛盾升级为家庭暴力之前管理并控制好家庭的冲突。

新父母支持计划（New Parent Support Program）是一个以预防为主的家庭支持项目，它在军队社区内为有 3 岁或年纪更小的孩子的家庭提供支持。和许多平民家访计划类似，这种家长支持计划向家庭提供密集到宅服务，努力改善育儿技能和防止虐待。家庭访问员（往往是社会工作者）提供有关父母期望、儿童发展、兄弟姐妹问题和管理儿童早期行为等方面的信息，同时，家庭访问员也会参与家庭关于父母缺失、处理创伤后应激症状等相关问题的讨论，并帮助父母与孩子交流有关部署的问题。

家庭支持计划还提供家庭暴力的治疗。所有治疗服务的核心是有效的安全计划措施。所有服务分支机构都提供某种形式的受害者支持服务。受害者的律师可提供实践性的支持服务，包括安全规划、服务系统导引、法律倡导、个案管理和协调等方面。家庭支持计划的治疗部分，包括对个人和团体层面进行评估和持续辅导，由案主的需求决定。已经被确定符合国防部制定的虐待指标的军队服役人员会被指定接受治疗服务。服务提供者利用传统的实证支持干预措施努力保证受害者的安全，并帮助当事人改变这种破坏性的关系模式，提供给受害者的安全规划和支持辅导服务旨在打破暴力循环。助人专业人员在与受害者一起工作时通常会运用认知行为疗法、叙事疗法以及支持性小组。施虐者通常被强制加入施虐者小组，他们在那里学习有助于改变其信念体系的技术以及旨在改变其行为的新技能。

军队的指挥官参与家庭支持计划以帮助专业人员（如社会工作者），保障军人得到必要的帮助和需要的协助来发展和维持健康的关系。军队的和民间的社会工作者与当地儿童保护机构联合评估儿童虐待案件，目标在于最大限度地减少潜在的再次伤害。因为国防部坚持自己的虐待认定标准，所以有时州案件和军队服务部门的案件的结果会有所不同。对于被暴露在家庭暴力中的孩子，社会工作者会根据其需求与发展情况来评估和提供必要的服务。

另外，军队所有的分支部门还采纳了军人家庭生活顾问计划（Military Family Life Consultants, MFLC）。军人家庭生活顾问们通常被用作“波动的能力”（不是永久性的工作人员），在频繁部署的特殊时期协助有需要的社区。该计划出动行为健康专家到世界各地为服役人员和困境中的配偶提供解决短期问题（基于社区的、非医学的）的保密咨询服务。MFLC 的服务模式是独特的，保密咨询可以在军队环境中减少因寻求帮助带来的耻辱感。本计划由军队社区的心理咨询中心向军事单位、当地学校、夏令营、妇幼保健设施等组织提供。家庭生活顾问需要接受训练，通过使用一个问题解决模型来帮助家庭处理家庭分离和部署的压力。

另一个计划，是在“伊拉克自由行动”“持久自由行动”和“新黎明行动”战争期间，在以社区为基础、以家庭为中心的服务需求日益增长的情况下产生的，被称为“家庭克服压力”（Family Overcoming Under Stress）计划（Lester et al., 2011）。该计划提供了居家或社区内的心理教育，一种家庭复原力训练。详细内容将在第二十四章继续论述。

十、案例分析

下文这两个带有后续问题讨论的小案例，是为了给读者提供更深入研究心理问题如何影响军事成员及其家庭关系的机会。虽然这些例子都是假设的，但却都是扎根在美国军事基地现实生活中的。

案例：迈克尔

迈克尔(Michael)是一个11岁男孩，被他母亲要求来接受咨询服务。令他母亲担心的是，迈克尔很容易冲动，感到不满时经常破坏玩具，拉扯自己的头发，甚至不睡觉。他也因为用枪威胁其他孩子而经常在学校里陷入麻烦。迈克尔和他的母亲、14岁的姐姐克丽丝滕、同母异父的1岁弟弟埃文以及继父(军队官员)住在一起。目前他的继父被分配在弗吉尼亚州的贝尔沃堡(Fort Belvoir)，担任军队警官。

迈克尔进入幼儿园时曾被诊断为患有多动症(ADHD)。从那时起他一直服用兴奋剂类的药物，并且因为患病而参加了个别化的教育计划。在他6岁的时候，继父被部署参加"伊拉克自由行动"，当继父在一个危险地区的悬崖上巡逻时，由于失去平衡从好几英尺的高度跌下，最终导致严重的外伤性脑损伤。根据继父所说，这种情况导致了其行为时常不稳定和带有暴力倾向。有时，他把怒火发泄在孩子身上，打他们，向他们扔东西。在过去的6个月里，迈克尔的行为已经升级，他在学校和家里制造了大量麻烦，频率大约为每星期两到三次。他母亲已经告诉孩子们，她要离开继父，孩子们几乎都不尊重继父。这个母亲只是"希望从现在开始的几个月里，迈克尔能听继父的话直到他们离开他，并且不在学校捣乱"。

案例：史密斯一家

史密斯(Smith)先生是一个全职爸爸，照顾两个分别为3岁和5岁的孩子——莉齐和简。史密斯太太是一名海军(护士、中尉)，目前在阿富汗部署区的海军医院工作。现在史密斯太太与丈夫和孩子每天晚上睡觉前都要通过Skype(一款即时通信软件)聊天。

大约10个月前，这个家庭进入了一个新的基地，到达不久后，史密斯太太被选上参加一个事先毫无通知的部署，被告知要准备在30天内离开。当抵达康涅狄格州的新伦敦时，他们才发现自己将住在军事基地外的一个复合公寓里。虽然这个家庭快速搬进了这座公寓，但他们现在慢慢意识到公寓不是在"城中最好的位置"。

史密斯先生不准备做单亲爸爸。他拥有管理工程学位却未能在康涅狄格州找到一份与经济相关的工作。现在这个家庭正在努力克服他们的经济困难，而他们以前是双薪家庭。为了节省开支，他们不再进行付费托儿。虽然史密斯中尉现在拿着风险任务津贴，但这远远不够。

让史密斯先生不高兴的是，他的妻子试图通过 Skype 教他如何照顾女儿。他正打算和女儿们回到他的家乡伊利诺伊州的芝加哥。他也担心妻子在回来的时候会进一步批评他对女儿们的照顾。女儿们看起来很健康，但很拘束，对好玩的活动很犹豫，而且她们表现出一定程度的保守。但是对儿童的全面评估尚未进行。

案例问题讨论（对每个案例）

1. 正在影响每个家庭的心理社会问题是什么？
2. 对每个家庭进行评估的最关键因素是什么？
3. 你需要哪些与每个家庭的情境相关的军队背景信息，以充分理解出现这种情况的动因？
4. 你可能会选择在家庭的哪一方面开始着手干预？
5. 你认为什么类型的服务或计划对这两个家庭有益？

十一、结论

服务当今的军队群体对任何服务提供者都是一种荣誉和挑战。军队作为一个群体，有独特的文化，因此任何对军队成员的干预，都必须对他们及其家庭的工作表现和牺牲存有一份文化上的谦恭和尊重。此外，由于部署的长度和频率以及很可能暴露于战斗中的经历，服务基本集中在创伤的知情照顾（通用的方法），这应该是任何干预模式或计划的一部分。根据共病问题的发病率（例如，药物滥用、家庭暴力和创伤后应激障碍），服务提供者应该时刻准备好在多个层次上与服役人员及其家庭建立关系。这种关系建立可能包括就某一领域进行治疗，以及转诊和检测另一问题领域。密切关注个别领域的治疗结果（如药物滥用），以及这些成果如何影响其他领域的成功治疗是非常有必要的。这整个治疗的过程需要将军人、军人的家庭以及他们与社会工作者的内在联系作为治疗/助人过程中整合进来的一个部分来考虑。最后，对部署的历史、部署的类型、军事职业专业的类型、在军队中的时间的综合评估，跨越传统的生理、心理与社会精神（biopsychosocial-spiritual）领域，为确定适当的干预策略提供了基础。

参考文献

American Psychiatric Association. (1952). *Diagnostic and statistical manual of mental disorders* (1st ed.). Washington, DC: Author.

American Psychiatric Association. (1968). *Diagnostic and statistical manual of mental disorders* (2nd ed.). Washington, DC: Author.

American Psychiatric Association. (1980). *Diagnostic and statistical manual of mental disorders* (3rd ed.). Washington, DC: Author.

Black, W. (1993). Military induced family separation: A stress reduction intervention. *Social Work*, *38*, 273 - 280.

Booth, B., Segal, M., Bell, B., Martin, J., Ender, M., Rohall, D. & Nelson, J. (2007). *What we know about Army families*. Fairfax, VA: Family and Morale, Welfare, and Recreation Command.

Bowen, G., Mancini, J., Martin, J., Ware, W. & Nelson, J. (2003). Promoting the adaptation of military families: An empirical test of a community practice model. *Family Relations*, *52* (1), 33 - 44.

Bowling, U. & Sherman, M. (2008). Welcoming them home: Supporting service members and their families in navigating the tasks of reintegration. *Professional Psychology Research and Practice*, *39*, 451 - 458.

Department of the Air Force presentation to the House Armed Services Subcommittee on military personnel on the oversight of family support programs, House of Representatives (2009). (Testimony of James A. Roy). Retrieved from http://www.af.mil/shared/media/document/AFD-090724-036.pdf.

Di Nola, G. (2008). Stressors afflicting families during military deployment. *Military Medicine*, *173*, v - vii.

Figley, C. R. (1993). Coping with stressors on the home front: Psychological research on the Persian Gulf War. *Journal of Social Issues*, *49* (5), 51 - 61.

Forbes, D., Lewis, V., Parslow, R., Hawthorne, G. & Creamer, M. (2008). A naturalistic comparison of models of programmatic interventions for combat related posttraumatic stress disorder. *Australian and New Zealand Journal of Psychiatry*,

42 (12), 1051 - 1059.

Freedberg, S. (2005). They also serve. *National Journal*, *37* (3), 1 - 5.

Galovski, T. & Lyons, J. A. (2004). Psychological sequelae of combat violence: A review of the impact of PTSD on the veteran's family and possible interventions. *Aggression and Violent Behavior*, *9*, 477 - 501.

Geren, P. (2007). Secretary of the Army arrival ceremony remarks, Fort Myer, Virginia.

Goff, B., Crow, J., Reisbig, A. & Hamilton, S. (2007). The impact of individual trauma symptoms of deployed soldiers on relationship satisfaction. *Journal of Family Psychology*, *21*, 344 - 353.

Grinker, R. & Spiegel, J. (1945). War neuroses in flying personnel. *American Journal of Psychiatry*, 619 - 624.

Hearings before the House National Security Committee Subcommittee on military readiness. (1998). (Testimony of Lieutenant General William P. Hallin.)

Hiew, C. (1992). Separated by their work: Families with fathers living apart. *Environment and Behavior*, *24* (2), 206 - 225.

Hillenbrand, E. (1976). Father absence in military families. *Family Coordinator*, *25*, 251 - 258.

Huebner, A., Mancini, J., Wilcox, R., Grass, S. & Grass, G. (2007). Parental deployment and youth in military families: Exploring uncertainty and ambiguous loss. *Family Relations*, *56* (4), 112 - 122.

Jaycox, L. H. & Tanielian, T. (2008). *Invisible wounds of war: Psychological and cognitive injuries, their consequences and services to assist recovery*. Santa Monica, CA: RAND.

Jensen, P., Martin, D. & Watanabe, H. (1996). Children's response to separation during Operation Desert Storm. *Journal of American Academy of Children and Adolescent Psychiatry*, *35*, 433 - 441.

Jensen, P. & Shaw, J. (1996). The effects of war and parental deployment upon children and adolescents. In R. Ursano & A. Norwood (Eds.), *Emotional aftermath of the Persian Gulf War: Veterans, families, and communities, and nations* (pp. 83 - 109). Washington, DC: American Psychiatric Press.

Jordan, B. K., Marmar, C. R., Fairbank, J. A., Schlenger, W. E., Kulka, R. A., Hough, R. L. & Weiss, D. S. (1992). Problems in families of male Vietnam veterans with posttraumatic stress disorder. *Journal of Consulting and Clinical Psychology*, *60*, 916 - 926.

Kuehn, B. (2009). Soldier suicide rates continue to rise: Military, scientists work to stem the tide. *Journal of the American Medical Association*, *301*, 1111 - 1113.

Lester, P., Mogil, C., Saltzman, W., Woodward, K., Nash, W., Leskin, G., ... Beardslee, W. (2011). Families overcoming under stress: Implementing family-centered prevention for military families facing wartime deployments and combat operational stress. *Military Medicine*, *19 - 25* (7).

Logan, K. (1987). The emotional cycle of deployment. *Proceedings*, *2*, 43 - 47.

MacDermid, S., Samper, R., Schwarz, R. & Nishida, J. (2008). *Understanding and promoting resilience in military families. A report prepared for the Office of Military Community and Family Policy in the Office of the Secretary of Defense*. Retrieved from http://www.mfri.purdue.edu/content/Reports/Understanding%20and%20Promoting%20Resilience.pdf.

Mmari, K., Roche, K., Sudhinaraset, M. & Blum, R. (2009). When a parent goes to war: Exploring the issues faced by adolescents and their families. *Youth and Society*, *40*, 455 - 475.

Mott, F. (1916). Special discussion on shell shock without visible signs of injury. *Journal of Royal Society of Medicine*, *9*, i - xxiv.

National Military Family Association. (2005). *Cycles of deployment: An analysis of survey responses from April through September, 2005*. San Diego, CA: Defense Web Technologies.

Niederhauser, V., Maddock, J., LeDoux, F. & Arnold, M. (2005). Building strong and ready army families: A multi-risk reduction health promotion pilot study. *Military Medicine*, *170*, 227 - 233.

Peeble-Klieger, M. & Klieger, J. (1994). Reintegration stress for Desert Storm families: Wartime deployments and family trauma. *Journal of Traumatic Stress*, *7*, 173 - 194.

Pincus, S. & Na, T. (1999). Psychological aspects of deployment. The Bosnian experience. *Army Medical Department Journal*, *1*, 38 - 44.

Riggs, D. S., Byrne, C. A., Weathers, F. W. & Litz, B. T. (1998). The quality of the intimate relationships of male Vietnam veterans: Problems associated with posttraumatic stress disorder. *Journal of Traumatic Stress*, *11*, 87 - 101.

Rosen, L., Carpenter, C. & Moghadam, L. (1989). Impact of military life stress on the quality of life of military wives. *Military Medicine*, *154*, 116 - 120.

Ryan-Wenger, N. A. (2001). Impact of the threat of war on children in military families. *American Journal of Orthopsychiatry*, *71* (2), 236 - 244.

Schwartz, N. (2009). *Keeping the promise*. Retrieved from http://www.afa.org/events/conference/2009/scripts/AFA - 090915 - Schwartz.pdf.

Segal, D. & Wechsler-Segal, M. (2005). America's military population. *Diversity Factor*, *13* (2).

Southard, E. (1918). Shell shock and after. *Boston Journal of Medical Surgery*, *179*, 73 - 93.

Stafford, E. & Grady, B. (2003). Military family support. *Pediatric Annals*, *32* (2), 110 - 115.

Tanielian, T. & Jaycox, L. (2008). *Invisible wounds of war psychological and cognitive injuries, their consequences, and services to assist recovery*. Arlington, VA: RAND Study, Center for Military Health Policy Research.

United States Marine Corps, (2010). *35th Commandant of the Marine Corps*

Commandant's Planning Guidance. Retrieved from http://www.marines.mil/unit/marforres/MFR_Docs/CMC_Planning_Guidance_FINAL.pdf.

Waynick, T., Frederich, P. & Scheider, D. (2005, October). *Enabling military families to survive the traumas of war*. Paper presented at the 63rd meeting of the American Association of Marriage and Family Therapists, Kansas City, Missouri.

Zellman, G. L., Gates, S. M., Moini, J. S. & Suttorp, M. (2009). Meeting family and military needs through military child care. *Armed Forces & Society*, *35*, 437-459.

第二十章 对国民警卫队和预备役军人及其家庭的支持[①]

Christina Harnett

一、背景

在整个美国历史中，公民已经被号召为了自由而做出了巨大的牺牲。在使美国成为一个独立国家的独立战争期间，民兵组织，亦称“公民士兵”，被招募组建成了军队。为了美国的独立理想，志愿兵们离开了农场、商店、亲人和家庭，他们在困难的环境中奋战，做出巨大的个人牺牲。军人们经常营养不良、衣不蔽体，所得的报酬往往过低，而且缺少武器装备。今天，他们的现代同行，即美军预备役部队[②](Reserve force component, RC)，与早期民兵组织有很多共同之处。例如，预备役军人经常被称作“周末军人”[③](weekend warrior)，而国民警卫队成员被称为“公民士兵”，来表示他们的兼职军人身份。当被征用时，他们都要离开普通的工作岗位去军队服役，受到生理和心理的双重伤害，同时还需要处理好可能产生的问题后才能离开家庭与社区。相较之下，预备役军人作为一种军队文化与现役军人(Active Components, AC)有着明显的差异。这些差异会在本章后文中着重分析，用以说明全球反恐战争(GWOT)造成的深远的心理社会影响。

在美国建国初期，我们的“周末军人”已经被征召去服役。他们的服役表现很好，服役时间也比较长。他们需要承担战时责任，然后重新回归平民社会。预备役军人在美国独立战争、1812 年美英战争、美墨战争、南北战

① 作者想表达对预备役部队成员的赞赏之情，感谢他们为我的手稿所提供的很多深刻见解以及他们报效祖国的热忱。很感激我的朋友和导师，还有马里兰州国民警卫队的迈克尔·加夫尼(Michael Gafney)，谢谢他跟我分享了很多宝贵的军事经历和军事文化。

② 预备役部队包括陆军国民警卫队、陆军预备役、海军预备役、海军陆战队、空军国民警卫队、空军预备役和海岸警卫队预备役。

③ 在本章中，这个名词用来表示国民警卫队和预备役成员。

争、美西战争、第一次世界大战、第二次世界大战、朝鲜战争以及海湾战争中都起到了重要作用。现今，他们又在全球反恐战争中扮演着不可或缺的角色。预备役人员的征用时长已经从 2001 年的 12 700 000 个工作日增加到 2006 年的 61 300 000 个工作日（Commission on the National Guard and Reserves，2008：6）。在每场战争中，经联邦法律授权，联邦政府都会征召、训练、部署他们为国家服兵役（Library of Congress，2007）。

全球反恐战争，包括“持久自由行动”（OEF）、“伊拉克自由行动”（OIF）、“神鹰行动”（Operation Noble Eagle，ONE）这几次的部署，导致预备役军人必须投身于多种形式的、超出规定服役时长的部署，他们的职能从战略储备军人转变为作战部队。这种现象产生的原因是，各州民兵性质的国民警卫队和联邦预备役军人被要求填补规模缩减的现役军人队伍（Korb & Segal，2011）。巴切维奇（Bacevich，2011）认为，在全球反恐战争时期，国民警卫队尤其被高层军事决策者视为“兼职常客”（part-time regulars）。这些成员与现役军人相反，他们离开了亲人和雇主，“未必期待在多重部署中被组织起来和支持战斗”（Erbes，2011：53）。

预备役军人在“持久自由行动”和“伊拉克自由行动”中几乎占了被部署美军的 40%。不只是从第二次世界大战开始，美军一直以来都十分依赖预备役军人，甚至比“已知的最佳作战状态还要更高频率、更长时间地部署他们，……从 2003 年到 2009 年，民间的和军队的领导人都过度滥用志愿部队中的现役和预备役军人”（Korb & Segal，2011：81）。

严重依赖预备役军人，把他们当作现役军人一样部署对预备役军人本身、他们的家庭以及他们的平民工作和社区造成了沉重的负担[Department of Defense (DOD)，2011]。在部署和重新整合适应期间，虽然军人面临的压力可能会对他们自己及其家庭产生直接的影响，但预备役军人获得的军备资源和奖金仍然稀少（Lomsky-Feder，Gazit & Ben-Ari，2008）。不管预备役军人在全球反恐战争的部署中表现得多么强大，却很少有针对这个群体的心理健康以及其他病症的相关研究。例如，影响青少年应对模式的因素，如年龄、性别、服役部门、部署特点以及部署期间留守在本地的配偶或其他照顾者的经历，这些仍然是个谜（Esposito-Smythers et al.，2011）。我们现有的关于预备役军人部署方面的知识，与已知的多次部署、部署时间延长、部署中间休整时间缩短，以及比现役军人家庭更强的危险感所带来的苦难是不匹配的（Flake et al.，2009）。预备役军人家庭生活在平民社区中，可能缺少一定的社会支持，其中包括无法从其他军人配偶和家属的社会支持网络中得到帮助。也许正是这种高度隔离的意识，使得他们中的绝大多数人存在心理社会功能障碍和部署带来的情绪恶化的风险。

为了充分了解全球反恐战争的部署对预备役军人家庭造成的负担，我们必须了解周末军人的世界以及他们平时居住、工作和互动交流的环境的二元性。本章的重点是对预备役军人的特质、共同的文化元素，以及这些文化元素对个人、家庭和社区的部署体验有哪些影响进行研究。尽管在全球反恐战争的课题研究中，军事社会的动态相对来说较容易被忽视[American Psychological Association (APA)，2007；Castaneda et al.，2008]，但是最近的研究和新一轮美国国防部支持所有军人家庭的承诺表示，随后会有新知识和策略帮助降低部署对他们的影响(Chandra et al.，2009；Chandra et al.，2011；DOD，2011；Faber et al.，2008；Institute of Medicine，2010)。

(一) 全球反恐战争：背景

全球反恐战争的难以协调性导致军方更加依赖与国家、州和地方社区的伙伴关系，以满足我们的退伍军人及其家庭日益增长的行为健康和心理社会需要。在面对"9·11"恐怖袭击造成的毁灭性结果时，美国政府通过全球反恐战争进行了反击，由此引发在阿富汗的"持久自由行动"(OEF)、"伊拉克自由行动"(OIF)、"新黎明行动"(OND)和"神鹰行动"(ONE)，这些行动为美国和美国的海外军事基地提供了国土安全保障(Belasco，2009)。

在美国历史上，全球反恐战争中的冲突不同于以往。例如，军事行动的性质发生了变化，多次的、延长的部署很常见(Chandra et al.，2011；Tanielian et al.，2008)。战场缺乏鲜明的"干净区域"(clear zones)，这不仅带来较高的负伤风险，同时也加重了军人的压力(Katz et al.，2007；Manderscheid，2007)。此外，军队巡逻要在狙击手袭击和简易爆炸装置(improvised explosive devices，IEDs)引起的伤害的威胁下进行，服役人员可能要经历"恐怖和乏味之间的磨人的紧张"(Lafferty et al.，2008：3)。历史上第一次出现受伤士兵人数超过战争死亡人数的情况，最大可能是由于医学和军事科学技术的发展(Tanielian et al.，2008)。另外，大量的女性以及幼儿的家长被部署(Institute of Medicine，2010)。最后，这场历时很长的战争首次由全志愿兵部队进行，并且被部署的预备役军人数达到了50年来的最高水平(Sollinger，Fisher & Metscher，2008)。

另一个与早期冲突的不同点在于，全球反恐战争中的军方作战主要是依赖国民警卫队和预备役人员的实际作战，而不是依靠战略部队。例如，在反恐战争中，国民警卫队主要应对国内问题（Commission on the National Guard and Reserve，2008），他们的最初功用是被联邦当作战略储备，在国家发生紧急状况时，总统有权起用他们（National Governor's Association，2007）。“全志愿军”因为全球反恐战争冲突的长期性特征，担负着多个延长的部署任务（Korb & Segal，2011）。此外，根据格里菲思（Griffith，2009）的研究，在全球反恐战争中，对预备役军人的依赖导致其使命、结构以及组织发生变化，以至于被视为对国家安全层面的新型威胁。因此，由于全球反恐战争的行动节奏和多次的、延长的部署，许多军人的孩子在家中缺少父母照顾。至 2006 年，至少父母中一人被部署的儿童人数几乎达到 190 万，占据所有服役的青年代表的预备役军人家庭的 38%（Chandra，2010）。据估计，约 300 万的家庭成员已经受到预备役军人部署的直接影响（House Committee on Veterans Affairs，Subcommittee on Health，2008）。此外，军人家庭的孩子处于情绪和行为方面更容易出现异常的危险情况下（Chandra et al.，2009），同时在这些家庭中遭遇家庭暴力、酒精滥用或者高度紧张的风险也增加了（Gibbs et al.，2011）。

到 2009 年，超过 180 万名服役人员在全球反恐战争中被部署，总的来说，预备役军人的部署占服役人员部署的近三分之一。此外，他们几乎构成了三分之一被呼吁多次参与军事行动的军事力量（DOD，2009a）。至 2009 年 4 月，300 万预备役人员在全球反恐战争中被部署到伊拉克和阿富汗（Wadsworth & Southwell，2010）。到目前为止，预备役军人仍然在被部署中，并且在维和行动中扮演着重要角色。

虽然许多退伍军人已经回家，成功地重新适应平民社会的生活，并且部署可能还给一些军人带来了好处（例如，经济收益、获得培训、责任感增强、额外的训练和成就感）（Hosek，Cavanagh & Miller，2005），但是部署同时也导致消极后果，同样被记录在案（例如，身体伤害、心理伤害、家庭暴力、虐待儿童、无家可归以及失业）（DoD，2011；Institute of Medicine，2010；Tanielian & Jaycox，2008）。卓越防御中心（Defense Centers of Excellence，n.d.）发布报告称，有 12%～20%的 OIF / OEF 老兵被诊断为患有外伤性脑损伤（TBI）；至 2010 年 3 月，在所有参加服役的军人中患有精神紊乱症或自称存在这类症状的总人数达 178 876 人。截至 2010 年 9 月，参与 OIF、OEF 和 OND 的军人中，有 66 935 人患有创伤后应激障碍（PTSD）（Congressional Research Service，2010）。TBI 和 PTSD 都被视作“看不见的战争创伤”，这些与部署相关的认知损伤和心理健康问题会损害身体机能，但其存在不易被服役军人、军人家庭成员以及社区注意到(Tanielian et al., 2008)。TBI、PTSD以及抑郁症往往与共病精神疾病相关联，并且与身体疾病有较高的关联性，也有可能提高病人的死亡率。此外，这些病症与无家可归、工作水平降低、社交困难，以及婚姻问题和其他家庭功能失调相关(Karney et al., 2008; Monson, Taft & Fredman, 2009)。

这些影响对于"周末军人"来说更为复杂，因为他们的"双重公民"身份改变了传统的"黄丝带还乡"的概念。有人认为，与在社区中生活和工作的公民相比，公民士兵在军队文化的接受度、价值观、态度方面更像现役军人(Goldich, 2011)。并且在军队文化氛围中生活过一段时间后，这些相似性可能会对他们重新融入家庭、社区和平民社会中的工作场所造成更为复杂的影响。在这种情况下，战争的代价不仅包括它带来的身心创伤(这些创伤往往导致重返社会的过程变得复杂)，还包括独特的职业和与工作相关的问题，那些军人已经从平民工作场所出来但在战后又想要重返工作岗位(Harnett & DeSimone, 2011)。

很多原因使得回到工作场所的问题变得更加复杂，包括与平民社会的分离(Harnett & DeSimone, 2011)。21世纪现代社会和经济力量的变化带来了工作性质的飞速改变(Blustein, 2008)，获取工作的难度也发生了变化。布卢斯坦(Blustein)指出，"工作是人的命根子"(2008: 237)。与过去不同，现在军人回归家庭将面临对工作认同、技术进步、空前比例的经济风险以及被经济现实情况所重塑的家庭文化进行重新调适的复杂历程。根据美国劳工部、劳动统计局的调查统计，在2009年，年轻退伍军人(18～24岁)的失业率达到21%(65 000人)，而25～34岁的老退伍军人中超过100 000人失业(10.6%)。重新回顾一个热点新闻，医学研究所(Institute of Medicine, 2010)的报告指出，尽管有1994年颁布的《退役军人就业和再就业权利法案》(*Uniformed Services Employment and Reemployment Rights Act*, USERRA)的保护，但国民警卫队和预备役成员在部署后回归平民工作仍有很大困难；之后的法案用来保护退伍军人走出他们从平民职业生涯到军队中服役时的不利影响。报告进一步指出(经过五角大楼的来源证实)，超过10%的国民警卫队和预备役成员有"就业相关问题"，并且一些规模较小的企业可能会因为潜在的部署威胁，拒绝雇用预备役人员。

尽管在全球反恐战争中无家可归的退伍军人数据无法准确收集(Institute of Medicine, 2010)，但是现有数据确实说明在所有美军战争中存在大量无家可归的退伍老兵。美国退伍军人事务部(2010)估计，在2009年有超过 100 000 名退伍老兵无家可归；不幸的是，在三个无家可归的男性中就有一个退伍军人。鉴于大量的部署和被部署人员，以及 TBI、PTSD 的发病率和现在的退伍军人中由部署引发的情绪后果，在全球反恐战争中服役的军人无家可归的风险可能在不断攀升。我们可以合理地推测，预备役军人正体验着情绪上的困难，他们因为生活在非军事社区而缺少相关的服务设施，并且可能在重新融入工作环境方面面临挑战，因此处于战争带来的高风险中。

大多数来自伊拉克战争和阿富汗战争的老兵表示，暴露于多次生活改变的压力下，他们的战争经历常常导致其怀疑自己能否在下一次部署后重新融入社区（APA，2007：9）。正如全球反恐战争中的其他退伍军人，预备役军人的适应能力可以通过服务中自我的内心和人际关系的变化得到改善。虽然很少有研究是关于预备役军人的部署压力与健康之间的关系的（LaBash et al.，2009），但是一个关于 OIF 退伍军人的纵向研究表明，相比现役军人，预备役军人患有情感障碍的概率更高，同时也有更高的被转介去接受干预的可能性（Milliken，Auchterlonie & Hoge，2007）。总的来说，战争的生理、心理以及心理社会代价不仅会长期影响个人的适应能力，也预示着退伍军人会出现无家可归、家庭暴力、工作效率低下、家庭氛围紧张、生活质量下降方面的问题（Tanielian et al.，2008）。

（二）国民警卫队和预备役的文化：一个分离的世界

文化被称为心灵的载体，这是一个恰当的比喻，可以帮助理解军人及其家人面对部署时所面临的挑战（G. Hofstede & Hofstede，2005）。在这种文化含义下，“程序化”载体能为我们提供对结构与可预测性的自适应功能，并控制环境以及我们对世界的反应。显而易见，“突然”从平民转变为军人会引发自我调适方面的问题，并可以解释与部署相关的情绪问题出现的原因，这些情绪问题会不断出现、兴衰，充斥整个部署周期。

虽然每个军队都有自己独特的文化，但是直到国民警卫队和预备役部队被征召，我们才发现平民社会文化与军队文化的区别。对他们来说，平民身份和军人身份并行存在；军队世界可能不会对军人和他们的家庭有重要影响，直到部署打破现实。在那个时候，这些人可能第一次意识到一个“军人家庭”意味着什么。此外，到目前为止，预备役军人被贴上“移民”的标签，他们在不同的身份之间移动（军人和平民），“既是军队系统内部又是军队系统外部”的成员，并且对两者都有社会情感投入（Lomsky-Feder et al.，

2008：593）。

虽然所有军人和他们的家庭都会经历“回归家庭”的挑战，但当预备役军人的家属准备着亲人的离开，而自己则期盼着亲人重返家园时，预备役军人圈子的需求经常表现出特有的调适障碍。这样，预备役军人的需求在文化上与传统军人的经历形成了鲜明对比。“周末军人”的主要身份是公民（Manderscheid，2007），他们在平民社会和军队世界来回移动，不断地被部署又重返社会（McNutt，2005）。关于预备役军人文化的动力学的研究比较缺乏，特别是关于正在发生冲突期间的（APA，2007），以及关于选择该职业的相关挑战的研究也很少，这威胁到军人及其家庭的适应性和复原能力，并使这些能力的建立变得复杂。此外，人们普遍认为，国民警卫队和预备役军人的文化很少被美国主流文化所理解，也很少被军队其他分支部门的成员所理解（Harnett & Gafney，2011）。

与现役军人不同，国民警卫队和预备役成员需要在军人和公民之间转变身份。这使得他们的调适变得很不容易，同时他们的家庭也要努力去适应部署带来的变化。通常情况下，预备役军人每个月要训练一个周末，一年要服役两周。根据《美国法典》（*U.S. Code*）第10卷，现役军人和预备役军人是联邦雇员；对于传统预备役成员来说（如陆军预备役），这代表着联邦预备役成员的身份。然而，《美国法典》第32卷规定，国民警卫队成员是一种军事后备力量，往往在紧急状态下被启用。但是，在总统授权下，国民警卫军可能会变得联邦化，依据《美国法典》第10卷的规定被部署从而满足战争需要。这正是全球反恐战争中出现的情况（Korb & Segal，2011）。

预备役军人与现役军人的另一个不同点体现在社区方面。现役军人与其他有共同文化背景的军人及其家庭在军营或附近的军队社区居住和工作。与此相反，预备役军人及其家庭在平民社区或远离军队社区的地方居住和工作。格里菲斯（2009：199）指出，这些军人住得很远，从他们的家到军队可能有“50～100英里也并不罕见”。

在部署中，预备役军人离开家庭，可能没有接触过任何军队文化。此外，他们离开平民职业，往往会把职业生涯搁置，并且可能会放弃对教育的追求。相比之下，现役军人可以通过部署和离开家庭而获得追求职业发展的机会，他们享有生活在军队文化环境中获得支持的优势。预备役军人的家庭可能无法从这种安排中获益，因为他们不熟悉预备役军人团体，并且在地缘上离得比较远。同时，现役军人通常是以单位整体被部署，而预备役军人是以个人身份被部署。因此，预备役军人的友情可能刚刚建立，就随着下次部署消失了，需要在新的环境中重新建立新的友谊。格林等学者（Greene et al.，2010）认为这种融入不同文化的情况（例如，不同的服务、不同的单位、在战区的外国文化）可能增加预备役军人出现精神健康问题的风险。

在部署之前，身份还是平民的预备役军人的健康照顾主要依靠私人医生；保险由个人购买，雇主可以提供保险金补贴。在某些情况下，部署之前，预备役军人和他们的家庭成员不会在任何形式的健康险中获益。此外，现役军人及其家人依靠军队享受健康福利，直接得到服务或者通过社区的卫生组织获得照顾。从健康维护的角度考虑，现役军人可以在服役中得到健康照顾，但是预备役军人必须离开其平民工作岗位去寻求健康照顾。后者在重返社会过程中寻求与部署有关的医疗保健服务时，往往会经历很多困难。许多雇主可能不允许他们离开工作岗位去看私人医生，而且许多预备役军人住在距离退伍军人事务部（VA）或健康联盟机构（Harnett & Gafney，2011）很远的地方。

如前所述，虽然预备役军人和现役军人都可以通过他们的直系亲属得到社会支持，但是现役军人确实可以凭借共有的部署经历和与部署相关的家庭需求在融入军队文化中占有优势。相反，预备役军人及其家庭可能需要努力去理解并适应部署这一事实。对预备役军人及其家庭而言，无法从一个共享的军队文化中受益将造成一种被高度隔离的感觉；在这种文化中，所有成员都理解军队的任务、语言和规范，除了他们自己。最后，民间雇主可能无法理解预备役军人的文化，也无法体会部署给雇员造成的损失，及其带来的压力和负担。在部署结束后，这可能会导致预备役军人和先前的雇主之间出现紧张的关系（Harnett & Gafney，2011）。

回归家庭之后，预备役军人发现他们的生活再次被打乱，因为他们缺少有共同部署经验的同伴的支持（Allison-Aipa et al.，2010）。当预备役人员离开部署被遣散回家时，平民文化和军队文化之间的差异会对他们、他们的家庭和雇主带来直接的影响。与现役军人回到工作岗位和军队社区不同，有时候仅仅是在复员令下达 3 天后，预备役军人就需要重新回归到分散在不同州的平民社区。遗憾的是，有些人可能发现自己已经无家可归并且失业，那些“欢迎回家”的标语像是“欢迎无家可归”。“鉴于预备役军人与现役军人在福利系统方面的差异，包括现役军人部署后继续获得住房和低收入士兵的普遍就业不足，越来越多的国民警卫队士兵无家可归。”（S. Lee，personal communication，November 5，2011）马里兰州国民警卫队发起了“伙伴互助”（Partners-in-Care）的创新计划，它通过宗教团体这种正式的伙伴关系为国民警卫队和他们的家庭提供帮助。这些合作伙伴在军人及其家庭的住房、就业方面提供了一系列服务，这一理念已经被提升为全国性的最佳实践。[①]

关于回归后的安排，许多军人在回归不久后会选择回到原有的工作中去，或者开始寻找新的工作。其他人选择短暂地休息一段时间，与家人待在一起。复员后的一段较短时间内，他们会得到军队的健康照顾，并且可以获得（尽管有限）军队医疗设施；虽然可以获得，但预备役军人发现"退伍军人事务部是有照顾你生活的责任，但问题是，你需要住在它附近"（Harnett & Gafney，2011：192）。因为要重新融入工作场所，预备役军人通常会通过其雇主在私人医生处获得健康照顾，并且也要面对是否离开工作去约见私人医生的问题。

从复员到家乡的黄丝带重新适应活动开展的这段时间内，预备役人员可能没有来自军队同伴的直接支持。顶多有一些不定期的支持，而且这取决于一同参加部署后支持活动完整周期或者今后一起参加周末训练的其他军人。拉弗蒂等（2008）指出，这些因素可能会因为打破社会支持的连续性，以及增加持续的生理和精神健康照顾问题，从而使预备役军人重返社会的任务更加复杂。可以想象，其家庭重新融入社会所面临的挑战也更加复杂。

现役军人和预备役军人之间存在固有的文化差异，包括如何面对现代战争的独特性，国家经济力量和商业环境的改变，以及"看不见的战争创伤"，这些因素共同对部署后重新融入家庭、社区、工作场所带来挑战。多次部署和重新部署只会使预备役军人的健康和"重新适应平民文化"的心理社会方面更复杂化。2008 年的一个报告指出："国家把预备役军人作为国内外战争战斗力的一部分，对其具有依赖性，而且并没有找到合适的替代。然而，从国家所采取的冷战立场就可以看出，有必要进行根本的改革来保留预备役军人保卫祖国的角色和使命、人事管理系统、装备和训练政策、影响家人和雇主的政策，和用来管理预备役的组织和结构。"（Commission on the National Guard and Reserves，2008：ii）

为了解决严重依赖预备役军人的问题，黄丝带重返社会计划（Yellow Ribbon Reintegration Program，简称"黄丝带计划"）被写进《2008 年国防授权法案》（*Defense Authorization Act of 2008*，P.L. 110－118）[②]。该法案修改了

① CH(COL) Sean Lee，马里兰州的 JFHQ 牧师，是"伙伴互助"计划的创始人。

② 虽然这项法律最初为预备役军人设立，但现在重返社会计划和活动是所有军事服务的核心。

对国民警卫队和预备役事务的政策，还实施了一个国家退伍军人重返社会方案，为退伍军人及其家人提供与部署相关的信息、服务和转介信息，以及从部署前到重返社会的整个部署周期内的外展活动。这个方案以培训和外展的方式为士兵和家人提供活动和服务，主要包括由军队、联邦、州和社区同伴提供的健康、行为健康、家庭准备、财务管理、军队福利和雇主支持等服务领域。国家的这一举措旨在通过加强国民警卫队和预备役军人的资源意识，以及通过联邦、国家、州和社区同伴来为所有的利益相关者服务。在2008年7月颁布的一个指令性备忘录中，国防部副部长的人事和战备司就该方案具体实施的相关政策和程序发表了进一步声明，它还在每个州成立联合家庭资源中心，该中心的职能是为预备役军人及其家属提供支持服务，家属包括“配偶、子女、父母、祖父母、兄弟姐妹和其他重要的人”(DOD, 2008: 2)。

黄丝带计划作为随部署周期开展的一种预防和干预形式，对国民警卫队和预备役军人及其家庭和社区来说是一项极其重要的举措。鉴于他们在部署前后的平民身份，这些措施需要依赖外展服务的形式来适应部署前、部署中和部署后的挑战。黄丝带计划提供了直接的支持和干预模式，主要形式是心理教育活动，和提供更多正式医疗及心理干预治疗资源和场地信息。无法获得这些支持活动的预备役军人家庭缺乏有效的信息来源，或许还缺失接受社会支持的适当途径。雇主在维护退伍军人重返工作的权利以及妥善处理退伍军人重返工作岗位的进程方面，有违反联邦法律规定的巨大风险。

二、预备役军人家庭的真实写照

2009年，美国军人人数已超过350万人；其中，大约有140万人为现役军人，而预备役军人有110万人。现役军人家庭成员有184万人，而预备役军人家庭成员有84.8万人(DOD, 2009b)。

预备役人口统计数据告诉我们，预备役人员的年龄往往比现役军人更大，超过40%的人至少已经36岁。此外，56.3%的预备役人员要承担家庭责任，包括配偶、子女和其他被照顾的亲属(DOD, 2009b)。全球反恐战争的一个重要后果是，无论是男性还是女性预备役军人都长时间远离其家庭(Karney & Crown, 2011)及日常工作。

人们普遍认为家庭健康与军事力量的保护和准备之间有直接的联系。

家庭准备，作为一个准备范式，是预备役军人为服役做好准备的一个重要组成部分。因此，国防部已经承认为预备役军人家庭提供部署援助的重要性，从根本上来说这对于任务准备和维持任务能力的军事目标非常关键（Castaneda et al.，2008）。事实上，参谋长联席会议主席理查德·迈尔斯（Richard Myers）将军曾在美国参议院军事委员会（Senate Armed Services Committee）面前强调，生活质量问题“与整体备战密不可分”（Myers，2004：24）。

鉴于预备役军人家庭相对缺少部署经验，他们可能会遇到部署成员“模糊的出席/模糊的缺席”的困难，需要处理谁在家庭“内部或外部”，以及责任/任务分配等不明确的问题（Faber et al.，2008）。因此，部署周期为一年的预备役军人与部署周期为每个月一个周末或一年两周的预备役军人不同（Erbes，2011）。

国民警卫队和预备役家庭的战备结构具有多层含义。这些准备可能应用于财务问题（例如，账单支付，部署导致收入损失的预算），为了应对家庭成员缺席带来的改变而进行的恢复和准备，法律事项的安排，从军队资源中获取部署支持的意识，或在被部署者缺席的情况下对额外的家庭责任的自我效能感（Castaneda et al.，2008）。通过与预备役专家和预备役军人的家庭成员面谈，2008 年一项关于预备役家庭处理部署中应激源的研究调查（Castaneda et al.，2008）发现，由于部署期间应激源的独特性，预备役军人需要不同形式的心理支持和外展服务，这与现役军人家庭需要的服务不同。研究者确认并且家庭成员也证实其在财务、健康照顾、行为健康和家庭责任等领域面临挑战。这些研究者指出，预备役军人家庭关注“离家及由此带来的不踏实感”（Castaneda et al.，2008：251），这意味着这些预备役军人的家庭察觉到了部署的时间，比如从部署前的训练到重新融入社会这一段时间。这种看法与军方关于“部署时长”的定义形成鲜明对比。从这项研究中可以得出两个重要建议，即限制平均部署时间以及调查家庭成员的社交网。

（一）部署周期对军人家庭的影响概述

这一部分的讨论围绕部署压力对军人和国民警卫队以及预备役军人家庭成员的影响。尽管军人家庭怎样应对部署已经被人们所了解，但相对鲜为人知的是，所有的支持者（家庭、朋友、同事等）是如何应对实际部署阶段的重要军事行动的，以及类似全球反恐战争这种军事冲突造成的心理社会影响，尤其是对那些像国民警卫队和预备役军人、女性服役人员和少数民族之类的特殊人群（APA，2007）。另一个影响预备役军人家庭部署后的精神健康需求的因素是，“军队往往会失去和国民警卫队、预备役军人家庭的联系，因为他们会在部署后很快融入平民社会”（APA，2007：24）。因此，我们可以从早期冲突的研究中，推断战争是如何影响服役人员及其重要他人的。这是预备役军人文化在我们理解这一群体的行为健康和社会需求方面的作用的局限性。下面部分的文献研究有关服役军人及其家庭如何适应亲人被部署的情况。文献中的大部分信息没有具体涉及预备役军人文化，但其中很大一部分可能适用于对该群体的具体情况感兴趣的人，有些情况可能不是很有普遍性，必须在军队文化能力及对预备役军人独特性保持敏感性的框架内方能解释和应用。

（二）部署的情绪周期

在反恐战争中，军人家庭已经面临的部署挑战包括家庭功能和个人应对两方面。因为部署，军队和家庭两者间相互矛盾的需求变得紧张，这往往导致家庭关系的紧张（Hosek et al.，2005）。有研究指出，军人家庭通常会呈现出与部署漏洞有关的风险因素，而早期识别和通过常规干预提供部署周期支持则有利于规避潜在的功能障碍。在积极的压力管理方面，年轻家庭可能缺乏必要的生活技能，比如当这些家庭第一次面对部署时，他们可能对使用复杂的军事系统导引来满足需求的流程不熟悉。当面对日常生活的改变时，缺乏适应改变技巧的家庭或者家庭成员将难以应对部署带来的困境。在父母战时缺席期间，原先就有的家庭压力通常会加剧，并且对家庭成员造成累积影响，这些压力还包括从需要特殊照顾的儿童到即将出生的婴儿的任何情况（Weinstock，n.d.）。这些压力也被证实会带来某些特殊影响。比如说，当父亲被部署时，那么孩子应对部署周期中挑战的调适能力与母亲的幸福度有关（Andres & Moelker，2011）。此外，应对方式还与孩子的行为问题或依恋问题有关（Barker & Berry，2009），同样也与父母的压力有关（Flake et al.，2009）。最后，鉴于当前军队家庭分散在全国各地——通常住在与军队相距甚远的社区中，这些漏洞有可能危及所有的相关家庭（DOD，2009b）。

除了部署漏洞外，随着部署周期的开始，军人家庭也可能会面临一系列可预见的情绪波动。早在1987年，部署周期中就出现了一种可预测的情绪模式。尽管这一模式最初是为了安抚海军妻子而设定的，如今它在服务中通过不断调整已经被应用到所有的军队家庭成员，并且在整个部署周期中，服务模式已经从5个阶段拓展到7个阶段（Logan，1987；Morse，2006；Pincus et al.，2005）。

5 阶段模式是由平卡斯(Pincus)等学者在 2005 年提出的。该模式致力于为军人家庭解决因多次部署和服兵役时间延长造成的新问题。根据他们的描述，5 阶段模式需要确定整个时间框架和这些家庭中需要被解决和掌握的情绪挑战。他们指出，5 阶段模式可以帮助这些家庭“正常化”，并且更有效地应对部署。这 5 个阶段包括：部署前、部署中、维持部署、重新部署和部署后。表 20.1 中会简要介绍这 5 个阶段。

表 20.1 部署情绪周期 5 阶段模式

阶 段	时 间 段	挑战/任务	情绪反应
部署前	从下达部署命令开始到军人离家为止(时间范围：几周到 12 个月)	军人为任务加紧训练，因为很快就要离开；按顺序处置家庭事务；经历离别的恐惧	拒绝交流预期损失；心理上的距离造成军人与配偶间的口角
部署中	从离家开始到部署的第 1 个月为止	情绪波动期；安全问题可能浮现；对新需求/新角色的调适；适当使用新的沟通技术	复杂混乱的情绪；迷惑、不知所措的感受；失望、生气、悲伤、焦虑的感受
维持部署	第 2 个月到第 5 个月	新常规建立；家庭寻求新的社会支持资源	有信心应对问题：“热点话题”或者未解决的问题可能会激起愤怒/怨恨；儿童出现作为压力反应的消极行为或情绪
重新部署	回家前 1 个月开始	对回家的情绪准备	军人会对回家感到期待和兴奋；其配偶可能会体验到角色挑战或自己的独立受到威胁从而产生一种矛盾的情绪
部署后	从军人回到家的时刻开始到回家后 3～6 个月	为战胜挫折庆祝；夫妇们可能重新在生理上体验“蜜月期”，但心理上不一定；重新商议角色和日常生活；重返之人试图重申之前的角色；军人重新融入家庭、工作场所和社区	部分留在家中的成员可能会生气或怨恨；儿童的反应会随着发展维度而改变，以应对重返社会的挑战

资料来源：改编自《部署的情绪周期：一个军人家庭的视角》(S. H. Pincus，R. House，J. Christensen & L. E. Adler，2005)。

从5阶段模式的分类可以看出，该模式针对不同阶段的军人及其家庭成员有不同的任务。任务中“培训”的要求不仅适用于军队，也适用于家庭系统，这两个系统中的成员都面临适应新角色和新过程的挑战。每个成员成功掌握调整任务的程度直接影响个人的、婚姻的以及家庭的功能。军队也意识到家庭功能可能会影响到战争的胜利。

预备役军人家庭还会面对另一个挑战，即他们需要对这个模式及该模式对部署调整的影响进行了解和加深认识。在部署前期准备部分，军人可以通过情况介绍和培训形成初步了解，家庭则依赖于“增强培训”中“家庭准备”活动提供的心理教育活动。这些活动是家庭信息、社会支持、外展服务和转介的丰富来源；此外，这些活动有助于军人家庭“正常化”。早期观察显示，没有接受这种服务的家庭与接受过宣传服务的家庭相比可能更难适应部署过程。

在任何阶段模式中，个人成功掌控既定阶段的各种挑战都依赖于该阶段中问题或冲突的解决；从某种程度上来说，就是取决于该阶段中悬而未决的问题。对于儿童，适应和行为反应同样依赖于发展性的考虑。平卡斯等学者(2005)指出，在所有阶段中，开放的家庭沟通方式有助于帮助家庭成员识别、处理和解决问题。尽管存在部署周期情绪问题，大多数家庭都能成功面对困难并展望未来军人回归家庭的情境(Pincus et al., 2005)①。

> 尤其对孩子来说，父亲不在家中会令他们感到不同程度的困难……我们8岁的女儿对此非常有耐心。她知道这是她父亲的工作，如果军队不再需要父亲，那他就不用再离开了。在离家之前，我和我女儿为了她父亲的问题争吵过，这导致我们之间的关系出现矛盾。但是在她父亲离家之后，我和女儿的关系亲近了很多，而且我们更加理解彼此了。10岁的儿子在面对父亲的离家时，经历了更多困难，尤其是在运动会的时候。对我们的儿子来说，过去6个月非常难适应。对我来说，我的生活就是继续工作，试图让一切事情维持常态。只要孩子们不因为父亲不在家而感到沮丧，我就能保持心情愉快。当孩子们情绪崩溃时，我告诉他们父亲很快就会回家让他们安心，之后我自己似乎认清

① 关于孩子发展问题的深入讨论详见《部署的情绪周期：一个军人家庭的视角》(S. H. Pincus, R. House, J. Christensen & L. E. Adler, 2005)。

了现实，我的情绪也崩溃了。但是，我们都需要坚强，因为孩子们的父亲希望我们这样。孩子们和我都为他感到骄傲，他是我们的英雄。我们彼此安慰，我们中的任何一个只要在过去10个月中与他有联系，都将变得更好。①

虽然这个模式可以使我们预测家庭在部署周期中的功能运行，但是缺少经验证据的支持。同时，我们也不知道不同的性别、家庭人口、服役的部门、部署的频率和长度是不是会有不同的体验（Chandra et al.，2008）。因此，这一范式最好被视为一种工作模式。

（三）军人家庭问题

作为从战斗中回归的服役人员，他们需要面对一系列内心的和人际的压力，这些压力会迫使重新融入家庭角色的过程更为复杂化。精神健康问题和人际冲突可能会破坏家庭成员和伴侣之间为重新回归社会所做的努力（Erbes，2011）。

钱德拉等（Chandra et al.，2011）指出儿童与照顾者之间的沟通质量与年轻人的调适程度有关，并且照顾者的情绪幸福感与观测到的部署压力呈负相关关系。这些压力包括增加的家庭责任，培养和维护与被部署者之间的关系，以及对被部署人员回归、重新安置到家庭后日常生活和责任的调整。这些压力可能是军人家庭和配偶的主要压力来源。

一项对照顾者和军人子女的研究旨在明确部署时长与11～17岁青少年的学业、社会、家庭功能的关系。钱德拉（2009）在该研究中发现，这两个群体的情绪困难指数要比一般人的预期指数高。同时，研究发现，据照顾者表示，部署时长与儿童面临的困难程度成正相关，照顾者的精神健康与学习投入和学习功能都有关系。最重要的是，居住在军事基地内的家庭在部署上面临更少的挑战。在后期追踪研究中，钱德拉等（2011：52）完善和拓展了以前的研究发现。之后的研究发现，国民警卫队和预备役成员照顾者会在部署中和部署后遭遇更多的情绪障碍，并且很少有社区能理解其部署经历，部分原因是接受服务时出现了问题。最后，在所有服务中，部署时长为13个月或者更久的年轻人会遭遇更多的情绪障碍。

① 预备役军人妻子评论部署对家庭的影响。

三、减轻部署对家庭影响的干预措施

全球反恐战争导致军人数量激增，同时关于减轻现役军人、退伍军人及其家庭与部署相关的困扰的议题，已经引起了全社会的关注。在这些干预措施中，有很多都早于目前的冲突，其他则缺少能力来满足现有需求。然而，在这项援助发展过程中最值得关注的是，社区组织在承担多大的责任来帮助军人及其家庭。

其他军队举措和社区伙伴关系

随着被部署军人的家庭动态越来越多地引起全国关注，为家庭提供资源和日益精进的项目开始兴起。项目的结构、内容和关注点都专为军人设计。比如说，美国国防部及卓越防御中心（Defense Centers of Excellence, DCOE）为帮助军人家庭提升复原力和“家庭健康”开展了具体的、有针对性的服务活动。“家庭健康是每个家庭为准备、适应军队生活并从中成长而使用生理、心理、社会和精神资源的能力。”（Defense Centers of Excellence, n.d.）这种做法基于这样一个假设，军人家庭支持系统的发展可以促使军人家庭更好地应对困难，为儿童建立更好的心理健康状况，并且最终为服役人员和军事准备提供更大更好的支持。虽然每项服务都会为服役人员家庭提供部署周期资源支持，美国国防部（2009b）还是回应了军人家庭的需求。

2009 年，美国国防部承认了对军人家庭的“空前的需求”，这早在 2004 年就曾被报道过；而且作为认识的一部分，预备役家庭的地理分布，预备役家庭文化的新奇性也被注意到了。对此，国防部开展了关于教育意识和生活质量的项目来填补服务的“空白”，这些举措主要依靠军队一体化资源中心来实现。项目的目标是在部署周期中为所有军队提供指挥官来帮助军人及其家庭。另一项外展工作主要面向预备役军人家庭，通过制作网上的链接来传播有关其福利和权益的信息。

作为对“制度化家庭备战”外展渠道的一个扩展，美国国防部寻求不同的联盟来扩大其影响。除了为家庭提供直接支持，美国国防部也和预备役军人和社区组织一起为青年提供服务。例如，与美国男孩女孩俱乐部（Boys & Girls Clubs of America）、全国军人家庭协会（National Military Family Association）、美国农业部 4 - H 项目（U.S. Department of Agriculture 4 - H Programs），以及海陆空三军基督教青年会（Armed Services YMCA）

的合作关系已经建立。通过协同努力，社区与国防部也发起了为军人家庭孩子提供青年项目和资源支持的活动(DOD，2009b)。为应对反恐战争对服役人员和他们家庭的影响，全国性组织和民间社团采取了一系列举措来减轻部署影响。到目前为止，军队儿童教育联盟(Military Child Education Coalition)、军队儿童倡议(Military Child Initiative)、芝麻街(Sesame Street)以及美国加利福尼亚大学洛杉矶分校军人家庭重点项目(UCLA' Focus Project for Military Families)正是这些外展活动的范例。如今，军人家庭可以通过互联网获得重要资源。

案例：乔希

正如本章讨论的那样，部署周期的运作状态是复杂的，而且对退伍军人及其家庭来说可能是巨大的挑战。就其性质而言，预备役军人文化在成功适应各方面问题上存在其他障碍。在读完本章之后，你对全球反恐战争时代预备役文化的敏感性和文化能力会得到提升。在你考虑进行临床和心理社会干预的情况下，便可以应用这些新的认识。

乔希(Josh)讨厌被称为“公民士兵”，他认为他是一名真正的军人。他承认在伊拉克和阿富汗的两次任务中参与了国民警卫队。现在，距他第二次部署结束只有40天，他感到有点孤单，无论是在想法上还是在体验上。

在复员现场，乔希记得他急着回家去看望妻子和3个月大的女儿莫莉(Molly)。但是，实际的回家情境和他想象的不一样，莫莉不是他记忆中的那个孩子。她比回忆里要高，并且无拘无束，在公寓里迅速地跑动玩耍着。在他看来，当她说简短的句子时，她看上去非常陌生，好像是别人的孩子。他期待能够看到一年前在他臂弯里吻别的那个莫莉。虽然乔希的妻子玛妮(Marni)在这一年里定期给他寄女儿的照片，但是在他心中定格的仍然是在机场离开女儿时的场景。但是，当玛妮不在，他准备接近莫莉并照顾她时，莫莉推开了他，哭得歇斯底里。尽管玛妮解释莫莉还只是个孩子，但她已不是他熟悉的那个孩子了。乔希想知道是不是所有的退伍军人在回家之后，在和他们孩子相处时都会有同样的问题，需要用时间来弥补离开那段时间所错过的。

玛妮很支持乔希，并且很高兴因为部署乔希的收入增加了。但是，乔希怀疑她不再像以前那样需要自己。尽管在部署前，他负责家里的所有开支。但现在，玛妮管理银行账户、支付账单。在部署之前他负责家里的日常维修，可是最近玛妮讨厌他干扰她对问题的处理，她已经把维修专家都列出来贴在冰箱上了。对乔希来说现状已经很清楚，她把所有事都安排妥当了。事实上，他想，玛妮在某些方面确实改变了。

尽管团聚比较“坎坷”，而且指挥官也已告诉他退伍老兵可能会遭遇的困惑，但乔希也开始思考他自己的生活与最初有什么不同。尽管在巴格达的许多个晚上，他幻想着和玛妮亲密，但是回家后他发现，自己对回应玛妮的进步或改变已不再充满热情、兴趣和精力。更让他惊讶的是，他很少会想到性，重回工作是他目前最迫切关注的问题。

乔希热爱工作，工作也为他提供了友情。作为一个汽车修理工，他经常遇到复杂的事。他把这些事与解决一个难题做比较，并且为自己擅长解开谜团而骄傲。乔希还没有准备好去处理的一个方面是工作场所中的变化。他的前上司威尔已经退休了，接替威尔的是从另一个城镇来的一个新人。乔希对此有点生气，因为威尔培养了他。之前的同事似乎改变了对他的态度，他对此感到奇怪。在“欢迎回来”的午餐会之后，同事们似乎都开始疏远他。他没有被邀请参加定期的星期五酒吧聚会，也没有被邀请参加每月的扑克游戏。他描述了工作场所中的变化和消逝的友谊，并意识到自己不再喜欢所从事的工作。

几星期后，玛妮发现乔希变得更加烦闷和急躁。他看起来很疲惫，周末也总是在家周围闲逛，不帮忙做家务。她和他谈到在大多数晚上他难以入睡的问题，以及养成的一边看电视一边喝啤酒到凌晨的习惯。最让她担心的是乔希的悲伤神态，这与所有关于部署和回归的祝福以及愿景都不相符。看到他安全回家，每个人都很开心兴奋，但是乔希似乎生活在“泡沫”中，感受不到周围人对他的温暖和爱。

随着时间的推移，玛妮不再合理化乔希的行为，把它作为她从报纸上看到的所谓的“新常态”。当她建议乔希和预备役军队中的牧师沟通时，乔希突然暴怒并把咖啡杯扔到墙上。虽然愤怒的情况不断增多，但是乔希从来没有对家人实施家暴，他只是频繁地火冒三丈和扔东西。玛妮可以感受到他在这些行为过后很懊悔，但她还是担心那些愤怒的情形。她想知道是什么触发了那些可怕的愤怒。

自从加入了国民警卫队，乔希一直为他展现出了“真正的勇士力量”感到自豪。他没有抱怨过军队的指令，在战场上，他会完成好任务中所有他需要做的部分。此外，乔希没有要把他的家庭融入其军人生涯的整体思路。和他的有些哥们一样，乔希不让他的家庭参加黄丝带活动，而且也禁止玛妮加入家庭备战小组，他认为这个小组就是让健谈的女性们聊聊八卦，以及调查一下她们的丈夫。很显然，乔希的军人生涯中只有他自己一个人。

星期天，当玛妮从她母亲家回来时，发现乔希一动不动坐在黑暗的房间里。尽管他知道她回来了，但还是面无表情装作没听到她问的问题一样。玛妮很害怕，把他的父母喊来了。他们一起把乔希送到了圣迈克尔医院的急诊室。当他坐在急诊室里，听到救护车的警报刺破空气的声音，他想知道自己是不是在巴格达。

案例问题讨论

1. 对比预备役军人文化和现役军人文化，对乔希和他的家人来说，哪些具体方面会导致他更难回归社会？

2. 描述在这个案例中个人、婚姻和家庭动力的变化。

3. 你会向这对夫妻推荐哪些类型的资源来作为正式心理干预的辅助工具？

4. 在乔希的个案中，哪些情况是预备役军人回家后的典型症状？你最关心哪些因素？为什么？

5. 通过这个案例，明确预备役军人回归时可能面对的家庭、工作场所和社区所特有的影响因素。

6. 如果乔希是一名现役军人，那么故事可能有哪些不同？你的干预措施会有哪些不同？

四、结论

尽管奥巴马(Barack H. Obama)总统宣布2011年10月22日从伊拉克

撤军，但这并不是我们参与反恐战争的结束。军队仍驻扎在阿富汗和世界的其他地方。此外，我们还面临着严峻的挑战，预备役人员和他们的家庭，在过去近十年里忍受着军事部署造成的“奥德赛（长途的冒险旅行）”式的生活，而在今后的几十年里还要承受这一战役带来的影响。父母们错过了他们孩子的里程碑式的发展阶段，并在某些情况下，其配偶像单亲母亲一样迎接孩子的出生，然后孩子像在单亲家庭中成长一样，缺少另一个重要的人的陪伴（Faber et al., 2008）。

战争的新范式需要对军队服役，对预备役军人及其家庭和社区的文化意义有一个新的理解。在这个“现代战争”时代，利益相关者正在进行实际或虚拟的部署。正如家庭、朋友和社区都进入了“新常态”状态，对行为健康科学和美国社区来说，为所有军人家庭，尤其为预备役军人家庭的福利协同合作，是它们义不容辞的责任。理解部署带来的后果以及改善预防、干预和持续性照顾计划可以为我们带来巨大收益，促使关于部署问题的研究更加系统化。尽管近些年在部署的心理学方面，以及具体的军队分支部分已经取得了较大进步（Willerton, Wadsworth & Riggs, 2011），但我们仍需要明白，全球反恐战争的部署将会长期影响服役军人和他们的家庭，这非常重要，对预备役军人社群更是如此。然而，“军人父母的部署对孩子和家庭的影响都需要在军队文化背景下被理解”（Lincoln, Swift & Shorteno-Fraser, 2008: 984），两部分的任何一方都是独特的。

有人说，在战争时不仅军人被部署，还有家庭。因此，我们的军人及其家庭应该得到应有的荣誉和服务，因为他们在为国家服务，是我们的英雄。

参考文献

Allison-Aipa, T. S., Ritter, C., Sikes, P. & Ball, S. (2010). The impact of deployment on the psychological health status, level of alcohol consumption, and use of psychological health resources of postdeployed U.S. Army Reserve soldiers. *Military Medicine*, *175* (9), 630 - 637.

American Psychological Association. (2007). Presidential Task Force on Military Deployment Services for Youth, Service Members and Families. *The psychological needs of U.S. Military service members and their families*. Retrieved from http://www.apa.org/about/governance/council/policy/military-deployment-services.pdf.

Andres, M. D. & Moelker, R. (2011). There and back again: How parental experiences affect children's adjustments in the course of military deployments. *Armed Forces and Society*, *37* (3), 418 - 447.

Bacevich, A. J. (2011) Whose Army? *Daedalus*, *140* (3), 122 - 134.

Barker, L. H. & Berry, K. D. (2009). Developmental issues impacting military families with young children during single and multiple deployments. *Military Medicine*, *174* (10), 1033 - 1040.

Belasco, A. (2009). *The cost of Iraq, Afghanistan, and other Global War on Terrorism operations since 9/11*. Washington, DC: Congressional Research Service.

Blustein, D. L. (2008). The role of work in psychological health and well-being: A conceptual, historical, and public policy perspective. *American Psychologist*, *63* (4), 228 - 240.

Castaneda, L. W., Harrell, M. C., Varda, D. M., Hall, K. C., Beckett, M. K. & Stern, S. (2008). *Deployment experiences of Guard and Reserve families: Implications for support and retention*. Santa Monica, CA: RAND National Defense Research Institute. Retrieved from http://www. rand. org/content/dam/rand/pubs/monographs/2008/RAND_MG645.pdf.

Chandra, A. (2010). *Children on the homefront: The experiences of children from military families*. Testimony presented before the House Armed Services Committee, Subcommittee on Military Personnel, March 9, 2010. Retrieved from http://www.rand.org/content/dam/rand/pubs/testimonies/2010/RAND_CT341.pdf.

Chandra, A., Burns, R. M., Taniellian, T., Jaycox, L. H. & Scott, M. M. (2008). *Under standing the impact of deployment on children and families: Findings from a pilot study of operation purple camp participants*. (Working Paper.) Santa Monica, CA: RAND Corporation. Retrieved from http://www. rand. org/pubs/working _ papers/WR566.html.

Chandra, A., Lara-Cinisomo, S., Jaycox, L. H., Tanielian, T., Burns, R. M., Ruder, T. & Han, B. (2009). Children on the homefront: The experience of children from military families. *Pediatrics*, *125* (1), 13 - 22. doi: 10, 1542/peds.2009 - 1180.

Chandra A., Lara-Cinisom, S., Jaycox, L. H., Tanielian, T., Han, B., Burns, R. M. & Ruder, T. (2011). *Views from the homefront: The experiences of youth and spouses from military families*. Santa Monica, CA: RAND Corporation. Retrieved from http://www.rand.org/pubs/technical_reports/TR913.html.

Commission on the National Guard and Reserves. (2008). *Transforming the National Guard and Reserves into a 21st century operational force*. Final Report. Washington, DC: U.S. Congress. Retrieved from http://www.loc.gov/rr/frd/pdf-fi les/CNGR_fi nal-report.pdf.

Congressional Research Service. (2010). *U.S. military casualty statistics: Operation New Dawn, Operation Iraqi Freedom, and Operation Enduring Freedom*. Retrieved from http://www.fas.org/sgp/crs/natsec/RS22452.pdf.

Defense Centers of Excellence for Psychological Health and Traumatic Brain Injury. (n.d.). *An executive level overview of psychological health and traumatic brain injury in the defense department: Understanding the facts and recognizing the misconceptions*. Retrieved from http://www. dcoe. health. mil/Content/navigation/

documents/An% 20Executive% 20Level% 20Overview% 20of% 20Psychological% 20Health%20and%20Traumatic%20Brain%20Injury%20in%20the%20DoD.pdf.

Defense Centers of Excellence for Psychological Health and Traumatic Brain Injury. (n.d.). *Boosting family resilience*. Retrieved from http://www.realwarriors.net/family/change/familyresilience.php.

Department of Defense, Office of the Undersecretary of Defense for Personnel and Readiness. (2008). Directive-Type Memorandum (DTM) 08-029. *Implementation of the yellow ribbon reintegration program* (pp. 1-15). Retrieved from www.dtic.mil/whs/directives/corres/dir3.html.

Department of Defense, Office of Public Communication, Defense Data Manpower Center. (2009a, February). *CTS deployment file baseline report*. (Contingency tracking system.)

Department of Defense. (2009b). *Report of the second quadrennial quality of life review*. Office of the Deputy Under Secretary of Defense, (Military Community and Family Policy). Retrieved from http://cs.mhf.dod.mil/content/dav/mhf/QOL-library/PDF/MHF/QOL% 20Resources/Reports/Quadrennial% 20Quality% 20of% 20Life %20Review%202009.pdf.

Department of Defense. (2011). *Strengthening our military families: Meeting America's commitment*. Retrieved from http://www.defense.gov/home/features/2011/0111_initiative/strengthening_our_military_january_2011.pdf.

Erbes, C. R. (2011). Couple functioning and PTSD in returning OIF soldiers: Preliminary findings from the readiness and resilience in National Guard soldiers project. In S. M. Wadsworth & D. Riggs (Eds.), *Risk and resilience in military families* (pages 47-68). New York, NY: Springer.

Esposito-Smythers, C., Wolff, J., Lemmon, K. M., Bodzy, M., Swenson, R. R. & Spirito, A. (2011). Military youth and the deployment cycle: Emotional health consequences and recommendations for intervention. *Journal of Family Psychology*, *25* (4), 497-507.

Faber, A. J., Willerton, E., Clymer, S. R., MacDermind, S. M. & Weiss, H. M. (2008). Ambiguous absence, ambiguous presence: A qualitative study of military reserve families in wartime. *Journal of Family Psychology*, *22* (2), 222-230.

Flake, E. M., Davis, B. E., Johnson, P. L. & Middleton, L. S. (2009). The psychosocial effects of deployment on military children. *Journal of Developmental and Behavioral Pediatrics*, *30* (4), 271-278.

Gibbs, D. A., Martin, S. L., Clinton-Sherrod, M., Walters, J. L. & Johnson, R. E. (2011). Child maltreatment within military families. In S. M. Wadsworth & D. Riggs (Eds.), *Risk and resilience in U.S. military families* (pp. 111-130). New York, NY: Springer.

Goldich, R. L. (2011). American military culture from colony to empire. *Daedalus*, *140* (3), 58-74.

Greene, T., Buckman, J., Dandeker, C. &, Greeneberg, N. (2010). The impact of culture clash on deployed troops. *Military Medicine*, *175* (12), 958-963.

Griffith, J. H. (2009). Contradictory and complementary identities of U. S. Army reservists: A historical perspective. *Armed Forces and Society*, *20* (10), 1–23.

Harnett, C. & DeSimone, J. (2011). Managing the return to the workplace: Reservists navigating the stormy seas of the homeland. In D. Kelly, S. Barksdale & D. Gitelson (Eds.), *Treating young veterans: Promoting resilience through practice and advocacy* (pp. 219–257). New York, NY: Springer.

Harnett, C. & Gafney, M. (2011). Ensuring equality after the war for National Guard and Reserve forces: Revisiting the yellow ribbon initiative. In D. Kelly, S. Barksdale & D. Gitelson, (Eds.), *Treating young veterans: Promoting resilience through practice and advocacy* (pp. 175–217). New York, NY: Springer.

Hofstede, G. & Hofstede, G. J. (2005). *Cultures and organizations: Software of the mind*. New York, NY: McGraw-Hill.

Hosek, J., Kavanagh, J. & Miller, L. (2005). *How deployments affect service members*. Santa Monica, CA: RAND. Retrieved from http://www.rand.org/content/dam/rand/pubs/monographs/2005/RAND_MG432.sum.pdf.

House Committee on Veterans' Affairs, Subcommittee on Health. (2008). *Statement of mental health America*. Retrieved from http://veterans. house. gov/hearings/Testimony.aspx? TID542018 & Newsid5177 & Name5Mental Health America.

Institute of Medicine. (2010). *Returning home from Iraq and Afghanistan: Preliminary assessment of readjustment needs of veterans, service members, and their families*. Washington, DC: National Academies Press.

Karney, B. R. & Crown, J. S. (2011). *Families under stress: An assessment of data, theory and research on marriage and divorce in the military*. Santa Monica, CA: RAND.

Karney, B. R., Ramchand, R., Osilla, K. C., Caldarone, L. B. & Burns, R. M. (2008). Predicting the immediate and long-term consequences of post-traumatic stress disorder, depression, and traumatic brain injury in veterans of Operation Enduring Freedom and Operation Iraqi Freedom. In T. Tanielian & L. Jaycox (Eds.), *Invisible wounds of war: Psychological and cognitive injuries, their consequences, and services to assist recover* (pp. 117–176). Washington, DC: RAND.

Katz, L. S., Bloor, L. E., Cojucar, G. & Draper, T. (2007). Women who served in Iraq seeking mental health services: Relationship between military sexual trauma, symptoms, and readjustment. *Psychological Services*, *4* (4), 239–249.

Korb, L. J. & Segal, D. R. (2011). Manning and financing the twenty-first century all volunteer force. *Daedalus*, *140* (3), 75–87.

LaBash, H. A., Vogt, D. S., King, L. A. & King, D. W. (2009). Deployment stressors of the Iraq war: Insights from the mainstream media. *Journal of Interpersonal Violence*, *24* (2), 231–258.

Lafferty, C. L., Alford, K. L., Davis, M. K. & O'Connor, R. (2008). "Did you shoot anyone?": A practitioner's guide to combat veteran workplace and classroom reintegration. *Advanced Management Journal*, *73* (4), 4–11.

Library of Congress, Federal Research Division. (2007). *Historical attempts to reorganize the Reserve components*. Washington, DC: Author. Retrieved from http://www.loc.gov/rr/frd/pdffiles/CNGR_Reorganization-Reserve-Components.pdf.

Lincoln, A., Swift, E. & Shorteno-Fraser, M. (2008). The effects of military deployment of parent-soldiers on children and families need to be understood in the context of military culture. *Journal of Clinical Psychology*, *64* (8), 984 - 992.

Logan, K. V. (1987). The emotional deployment cycle. *Proceedings Magazine*, *113* (2/1). Retrieved from http://www. usni. org/magazines/proceedings/1987 - 02/emotional-cycle-deployment.

Lomsky-Feder, E., Gazit, N. & Ben-Ari, E. (2008). Reserve soldiers as transmigrants: Moving between the civilian and military worlds. *Armed Forces & Society*, *34* (4), 593 - 614.

Manderscheid, R. W. (2007). Helping veterans return: Community, family, and job. *Archives of Psychiatric Nursing*, *21* (2), 122 - 124.

McNutt, J. M. (2005, October). Work adjustment of returning Army reservists: The effect of deployment and organizational support. *Dissertation Abstracts International-B 66/04* (p. 2293). Retrieved from http://proquest. umi. com/pqdlink?did5913530251 & Fmt52 & clintid579356 & RQT5309 & VName5PQD.

Milliken, C. S., Auchterlonie, J. L. & Hoge, C. W. (2007). Longitudinal assessment of mental health problems among active and reserve component soldiers returning from the Iraq war. *Journal of the American Medical Association*, *298* (18), 2141 - 2148.

Monson, C. M., Taft, C. T. & Fredman, S. J. (2009). Military-related PTSD and intimate relationships: From description to theory-driven research and intervention development. *Clinical Psychology Review*, *29* (8), 707 - 714.

Morse, J., (2006). *The new emotional cycles of deployment*. U. S. Department of Defense: Deployment Health and Family Readiness Library, San Diego, California. Retrieved from http://www. hooah4health. com/deployment/familymatters/Emotional_Cycle_Support.pdf.

Myers, R. B. (2004, February 3). *Posture statement of general Richard B. Meyers, USAF, Chairman of the Joint Chiefs of Staff, before the 108th Congress Senate Armed Services Committee, Joint Chiefs of Staff*. Washington, DC. Retrieved from http://www.au.af.mil/au/awc/awcgate/dod/posture_3feb04myers.pdf.

National Governor's Association, Center for Best Practices, Social, Economic and Workforce Programs Division. (2007, October). *State programs to facilitate the reintegration of national guard troops returning from deployment* (pp. 1 - 29). Retrieved from www.nga.org/portal/site/nga.

Pincus, S. H., House, R., Christensen, J. & Adler, L. E. (2005). *The emotional cycle of deployment: A military family perspective*. Retrieved from http://www.hooah4health.com/deployment/familymatters/emotionalcycle.htm.

Sollinger, J. M., Fisher, G. & Metscher, K. N. (2008). The wars in Afghanistan and Iraq: An overview. In T. Tanielian & L. Jaycox (Eds.), *Invisible wounds of war* (pp. 19 - 31). Santa Monica, CA: RAND.

Tanielian, T. & Jaycox, L. (2008). Preface. In T. Tanielian & L. Jaycox (Eds.), *Invisible wounds of war: Psychological and cognitive injuries, their consequences, and services to assist recover* (pp. iii - iv). Washington, DC: RAND.

Tanielian, T., Jaycox, L. H., Adamson, D. M. & Metscher, K. N. (2008). Introduction. In T. Tanielian & L. Jaycox (Eds.), *Invisible wounds of war: Psychological and cognitive injuries, their consequences, and services to assist recovery* (pp. 3 - 18). Washington, DC: RAND.

U.S. Department of Labor, Bureau of Labor Statistics. (2010). *Employment situation of veterans—2009*. (USDL - 10 - 0285). Washington, DC: Government Printing Service. Retrieved from http://www.bls.gov.

U.S. Department of Veteran Affairs. (2010). *Strategic plan refresh: Fiscal year 2011 - 2015*. Retrieved from http://www.va.gov/VA_2011 - 2015_Strategic_Plan_Refresh_wv.pdf.

Wadsworth, S. M. & Southwell, K. (2010). Military families: Extreme work and extreme "work-family." Workplace flexibility. *Public policy platform on flexible work arrangements*.

Washington, DC: Georgetown University Law Center. Retrieved from http://workplaceflexibility. org/images/uploads/program _ papers/wadsworth _ military _ families.pdf.

Weinstock, M. (n. d.) *Military families and deployment*. Center for Deployment Psychology. Retrieved from http://deploymentpsych. org/topics-disorders/military-families-and-deployment.

Willerton, E., Wadsworth, S. M. & Riggs, D. (2011). Introduction: Military families under stress, what we know and what we need to know. In S. M. Wadsworth & D. Riggs (Eds.), *Risk and resilience in U.S. military families* (pp. 1 - 20). New York, NY: Springer.

第二十一章 特殊家庭成员计划：帮助军人家庭中有特殊需要的儿童[①]

Barbara Yoshioka Wheeler,
Deborah McGough & Fran Goldfarb

一、简介

马丁和麦克卢尔(Martin & McClure, 2000)提醒我们：军队服役总是会产生一些孤儿寡母。军人们都是有家庭的——配偶、孩子、兄弟姐妹、父母和祖父母。服役于军队的个体，他们的家庭总是会第一个承认他们生活于其中的军队这种特殊文化，并在其中成长。有残疾儿童的军人家庭历史较短，部分是因为社会有把残疾儿童放在机构中养育的这样一种倾向，在更早些时候甚至会让这些孩子安乐死。由于对残疾人的社会规范已经改变，越来越多的残疾人可以像任何其他公民一样生活、工作，进行社区活动。综合性民事权利法律，如《1990年美国残疾人法案》(修订版)(*Americans with Disabilities Act of 1990*, as amended, P.L.110－325)保障残疾人与任何美国公民一样的自由权。随着医学的进步，早产、灾难性疾病和伤病存活率显著增加。因此，有长期残疾的幸存儿童对专业性的健康照顾的需求较大。

与此同时，随着时间的推移，军人对家庭的看法也发生了变化。历史上，家庭有时被视为导致军人从自己的使命或服役中分心的一个因素。因此，"如果他们希望你有一个家庭，他们(军队)会给你安排一个"(Martin & McClure, 2000: 5)。今天，政府官员和军队领导人都意识到，要想服役人员留职，需要关注他们私人生活的质量，从而更加强调"照顾家庭"的价值观和"家庭幸福"的重要性，并将各种项目和服务扩散到家庭中。

养育一个有特殊需要的孩子会改变一个家庭的养育结构。根据残疾的严重程度和功能性缺陷的性质和数量，我们需要延长(在某些情况下终身)对日常生活活动的协助，诸如喂食、洗澡、梳理、移动和保护。虽然没有人认

---

① 本章观点是作者的，不一定代表国防部或它的组成部门。

为这些提高的需求对家庭有负面影响，但是护理人员的生理或心理压力确实更大了(Skok，Harvey & Reddihough，2006)。与平民家庭不一样的是，养育一个有特殊需要的孩子的军人家庭会额外受到一系列重复事件的影响，包括服役人员的部署，职业生涯结束后的重返社会，或是重返训练和接下来的部署动员等(Bowen & Zipper，2010)。对于服役成员的家庭来说，其家庭生活的特点是一个父母一方(有时是父母双方)缺席的周期循环，一系列反复出现的回家和告别，以及配偶或父母可能不会返回或将带伤返回的持续性隐患。

所有军队生活的这些方面都会因为家中有一个残疾的孩子而改变(在某些情况下甚至加剧)。了解军队生活和养育一个残疾孩子的动态交互，对于正在为参与特殊家庭成员计划(EFMP)的家庭服务的社会工作者至关重要。

二、军队文化和残疾文化——两个世界

军队生活有着鲜明的特点，但这些特点在平民生活中却并不典型。这些特点塑造着服役人员的军事行动所创造的，并且他们的家庭必须生活和发展于其中的社会的、政治的和经济的背景。也正是在这一背景下，有发展障碍和特殊需要的儿童正在得到关注、服务和支持。在描述军队文化时，马丁和麦克卢尔(2000)指出，服务、牺牲和使命是服役人员日常生活和职业生涯的特点。他们的奉献是无条件且永恒的。非常相似的是，有特殊需求的孩子的父母在日复一日的生活中，将孩子的需求放在第一优先的位置，并且他们的奉献也是无条件的、永恒的。正如服役人员必须随时待命，为临时通知的部署做好准备，有特殊需要的儿童的父母也必须随时准备好去应对临时的、意想不到的有关孩子福祉的变化。

因此，军人对自己职业生涯的热情程度，可与服役人员或配偶对自己的残疾孩子的热情和动力相媲美。这两种情形都是对保护和服务的不容置疑的追求，都是愿意牺牲个人抱负来追求更大的使命和目标，可以被看作一种对时间和奉献精神的过分要求，以至于几乎没有精力做其他事。马丁和麦克卢尔(2000)指出，无论是军队还是家庭都是“贪婪的机构”，往往需要其成员付出大量的时间和精力。潜在的紧张可能会作为一个结果浮现出来。

军队残疾家庭的生活可能会遇到只是军队家庭或只是残疾家庭所没有遇到过的挑战。例如，有研究报告称，有残疾儿童的平民家庭会放弃一些就

业机会，而选择留在能为他们的孩子提供有效服务项目或服务人员的临近区域，并靠近作为他们非正式社会支持网络的一部分家人和朋友。然而，服役人员的生活总是涉及频繁的搬迁或部署。频繁的地理搬迁使得军人家庭远离自己的非正式社会网络，并且每隔几年就需要重新安置在一个新的社区，那里的服务人员对他们而言也是新的。虽然军人家庭可以而且确实对常规的搬迁做了调整，但是社会工作者在努力满足他们残疾孩子的需求而不危及其军人地位时，需要认识到他们作为军人家长所体验到的压力。

军事行为和道德

不仅军队定义了服役人员及其家庭关于社会责任方面的社会规范，军队也提供了确保这些社会规范被遵守的后援及制度保障。军人家庭的经历受到军事伦理和军事行为的一套严格的规范的影响。服役人员和他们的家人被期待以一种不给军队带来尴尬现象的方式进行活动。在军队看来，服役人员应该总是穿着制服，不管他们是否当值，因为他们的行为直接反映他们的单位。服役人员的行为要以《统一军法典》(*Uniform Code of Military Justice*，UCMJ，2000)为依据，违反该行为准则可能会遭受行政处罚。在平民生活中看似轻微的违规行为，如退回支票或未能充分维护基地家庭的住房，可能会招致指挥官的正式惩戒以及一系列其他后果。服役人员被视作其家庭成员的“军队担保人”，因此需要对其家庭成员的“不当行为”负责。家庭成员的行为可能会违背军队的一般行为准则，导致对这个“军队担保人”行政上的严重处罚，甚至严重到被迫从基地搬迁出去，或者“为了政府的利益”而提早从海外任务中撤回。正如本章前面所描述的，孩子因残疾所带来的行为对军队规范而言可能会被视为不适当的或者毁坏性的。将这些行为解释为孩子的残疾，认为他无法完全控制自己会对事情有帮助。但是对军人家庭来说，孩子的这些行为是否超过了军队能容忍的范围仍然是个问题。

由于这些原因，养育一个有特殊需要的孩子的军人家庭历来被认为会使这个服役人员脱离自己的军队职责。然而，研究表明，当家庭拥有他们所需要的信息和支持时，养育一个残障儿童不会显著地妨碍军人履行被要求的服役责任。

三、特殊家庭成员计划(EFMP)

为了兑现军队对家庭的承诺，国防部(DOD)建立了特殊家庭成员计划

(Exceptional Family Member Program，EFMP)，它是一项强制性的注册登记计划，用于家中有特殊医疗和教育需要的成员的现役军人，以确保当军人被重新分配工作地点时，那些有特殊需要的家庭成员也能被考虑到。国防部的总政策允许每个军队分支自行确定 EFMP 具体服务设施系统的范围和具体特征以便于操作，包括正在服役中的预备役和国民警卫队登记进入 EFMP 的条件。虽然每个军队分支可能使用不同术语来表述 EFMP 的活动和功能，然而只要服役人员有一个特殊的家庭成员，国防部的政策就能确保实施相同的实务服务。在本章中，我们会谈及所有军队分支的政策，以便向读者提供 EFMP 的各种不同语言表述和实施过程，社会工作者用这些语言和过程在实务工作领域体现 EFMP 的特征。

陆军于 1979 年最先实施 EFMP(EFMP：Army，2011)，并自那时起，海军(EFMP：Navy，2011)、空军(EFMP：Air Force，2011)和海军陆战队已经将 EFMP 应用到他们的任务过程。无论哪个军队分支的 EFMP 都拥有四个核心组成部分：(1) EFMP 识别和登记；(2) EFMP 人员和服务；(3) 人事分配；(4) 为 EFMP 家庭提供的民用服务。

(一) EFMP 识别和登记

EFMP 对家中有特殊需求成员的服役人员的登记是强制性的。只要有特殊家庭成员(Exceptional Family Members，EFMs)的军人在现役状态(预备役或国民警卫队的要求依据不同军种有所不同)就是符合条件的，会被要求登记在 EFMP 中。EFMP 的准入资质仅限于服役人员的配偶和子女，以及其他实际上居住在该服役人员家中并且经济上大半受他支持，同时符合美国国防部 EFMP 登记标准的家庭成员(如年迈的父母)。在本章中，我们特别关注特殊家庭成员中那些有特殊需求的残疾儿童，这是因为该人群在 EFMP 中的数量很大。

虽然军人家庭中有发展障碍的儿童的准确数字是不可知的，但是最近的估计是由国防部特殊家庭成员计划(EFMP)的家庭数量登记提供的。在 2006 年，大约有 102 596 个特殊家庭被登记在 EFMP 的所有分支部门的服务中。由于 EFMP 也包括那些有医疗的、精神病方面的和其他特殊需求的配偶和父母，目前尚不清楚有一个或多个有发展障碍的，或有其他特殊需求的儿童参与 EFMP 的百分比；但是基于流行病学趋势，我们怀疑该人群是一个庞大的数字。我们用下面的空军 EFMP 守则来描述 EFMP 是如何在基层运作的。

在空军中，特殊需要的识别和协调(Special Needs Identification and Coordination，SNIAC，2008)过程由医疗司令部的指令(Instructions from Medical Command)来管理。每一个主要司令部的司令官(Major Command，MAJCOM)指定一名军医指挥(Command Surgeon)来管理和监控 SNIAC 过程。军医指挥再进一步分派临床人员或相同比例的文职官员来作为 MAJCOM 的特殊需要协调员(Special Needs Coordinator)。特殊需要(或 EFMP)协调员主要负责：(1) 确保特殊需要识别过程的质量，进行员工年度培训，推荐和推广其他的政策或指导；(2) 当医疗或教育的服务不足以支撑现役军人的工作任务时，审查接收基地(将来安置的基地)的设施确定包；(3) 与负责国防部教育活动的工作人员保持合作性的工作关系。服务点和 EFMP 协调员可以在登记过程中协助服役人员及其家庭成员。

(二) EFMP 人员和服务

EFMP 人员和服务通常在基地被鉴定以实现 EFMP 计划的功能。例如，特殊需要协调员(Special Needs Coordinator，SNC)通常是由医疗设施(Medical Treatment Facility，MTF)指挥官任命并派到这个 MTF 的医疗官员。合格的服役人员要求的在 EFMP 中被识别的服务包括：(1) 家庭成员搬迁清扫(Family Member Relocation Clearance，FMRC)；(2) 一般医疗服务(General Medical Services，GMS)(其中包括已经被医学诊断的生理、心理或社会条件引起的并且需要专业治疗的慢性病)；(3) 特殊的教育服务(Special Educational Services，DODI 1342.12，2005)，它指的是为满足残疾儿童的独特教育需求而专门设计的课程，包括在学校、家、医院或机构提供的教育、体育运动课程和职业教育课程；(4)早期干预(Early Intervention，EI)服务(DODI 1342.12，2005)，它针对 0～3 岁有残疾或处于残疾风险下的儿童；(5) 相关服务(Related Services，RS)(DODI 1342.12，2005)，是指帮助儿童的交通服务、发展性服务、矫正服务和其他支持性服务，残疾儿童从出生到 21 岁都会受益于儿童的个别化家庭服务计划(Individualized Family Service Plan，IFSP)或个别化教育计划(Individualized Education Plan，IEP)。早期干预和相关服务包括：早期识别和残疾儿童评估；语言病理学及听力学；心理服务和咨询；生理、职业和娱乐治疗；康复咨询；定向和移动服务(针对视障人士)；基于诊断和评估目的的医疗服务。特殊教育服务还包括学校健康服务、社会工作服务、家长辅导和训练。

这些对特殊教育、早期干预以及军事政策中相关服务的描述和民间《特殊教育法案》(*Individual with Disabilities Education Act*, Part C and Part B, 2004)在内容上基本一致，但是可能在给军人家庭输送和组织这些服务时会有所不同。可行的话，仿照联邦特殊教育法，可以由美国国防部学校提供这些服务给军人家庭。然而，随着近期基地的关闭，军人子女越来越多地在民办学校接受教育服务(考虑到基地任务的因素)。EFMP 中的其他服务包括结构可达性，包括对建筑结构的设计修改和改造，以便安全进出军队的房屋，这和《1968 年建筑障碍法案》(*Architectural Barriers Act of 1968*, 42 U.S.C 4151)的规定保持一致。在规划的接收安置地内符合结构可达性要求的军队住房，它的直接未利用率将不被视为分配目标的限制因素。

鲍恩和马丁(Bowen & Martin, 1998)指出，军队社区资源旨在帮助家庭满足他们的需要，以及满足义务、职业和公民要求。残疾儿童和其他军人子女需要相同的服务，如初级卫生保健、教育，幼儿照顾和青年服务，娱乐的机会，监督和指导，便利的交通，一个支持性的家庭和家庭环境，朋友和社区意识，还有学习、成长和成为独立的成年人的机会。很多对一般军人家庭而言可获得的服务可以或应该也被 EFMP 家庭使用。对于军队来说，不仅军队服务是便捷的、性价比高的，利用基地的资源也是为家庭连接到正式和非正式社会网络的一个重要机制。在后面我们会说明，对于那些轻度残疾或有医疗管理方面的特殊健康照顾需求的儿童来说，基地服务可以满足他们绝大多数的要求。

(三) 住房

虽然军队为其服役人员提供住房，但越来越多的已婚军人和他们的家庭(70%)必须找到周围普通公民社区的住房，为此军队需要提供住房补贴。考虑到使用轮椅和其他移动设备的孩子，住房寻找者可能需要把重点放在单层住宅，这可能会限制这个家庭对邻居和临近设施的选择。为了消除建筑障碍，简单的居住改造(如修建斜坡)一般来说不昂贵。这些改造的费用(在房东的允许之下)将会由基地住房办提供，但最多是到限定的额度。对于有残疾儿童的家庭来说，他们迫切需要让他们的住所临近所需的民用服务(如职业、语言或行为治疗)，但这可能出现在成本较高的地区，并且这也不符合军事戒备要求的服役人员要住在距离基地 15 分钟路程的范围内。对于只有一辆车的家庭来说，服役人员必须把职责要求放在首位。如果公共交通不便利，或是家庭的住房离基地远，服役人员会与配偶分居。年轻服役人员家庭的低收入与超过他们住房补贴的民用住房成本，可能导致

EFMP 家庭生活在很边缘但可负担的地区；想要生活在更好的地区则需要额外的自付费用，或者会迫使一些父母分别生活在基地和民用社区。这样的生活安排所导致的后果包括不安全的家庭环境、经济压力，或造成照顾孩子的配偶的社会隔离，以及限制他们接近为大多数家庭提供社交网络和支持的军事社区。

（四）儿童照顾

和一般公民一样，优质的可以负担的幼儿照顾对于父母双方均在服役的家庭来说是重要的资源。对家庭来说，军事设施内的儿童照顾服务是可以获得的，但是费用会依据服役人员的军衔而浮动。对于年轻的入伍士兵来说，儿童照顾的费用占他们家庭预算的很大比例。矛盾的是，当个人技能处于不熟练或半熟练的状态（这可能是年轻士兵的情况）时，从事第二职业可以使他们进入一个高一点的收入阶层，但这同时增加了儿童照顾的成本，使得第二职业带来的经济涨幅可以忽略不计。基地儿童照顾不仅让军人家庭的父母双方都出去工作成为可能，这也是一种让军人家庭遇见其他家庭和发展非正式社会网络的途径。

出于便利性的考虑以及想成为军队社区一部分的愿望，如果可能的话，军人家庭都偏好使用基地自己的服务。然而，因为能力限制，一般类型的军队服务很难提供给残疾儿童，这对于 EFMP 家庭是一个障碍。和民用的儿童照顾服务一样，服务提供者可能不具备必要的培训或经验为有发育障碍或特殊医疗需求的婴儿和儿童工作。儿童照顾提供者可能有三个需要注意的方面：（1）婴儿或残疾儿童将占据照顾提供者的大量时间，其他孩子对服务的需求得不到满足；（2）有行为问题的儿童可能会增加伤害自己和伤害他人的潜在风险；（3）有特殊需求的孩子可能会面临来自其他被服务孩子家庭的潜在抗拒。三个方面中，最常见的是第一个，也就是残疾儿童会占用更多的服务资源。向地方残疾人组织或向拥有丰富经验的特殊教育教师咨询会有帮助，这样可以发现我们是否对需要关注的问题还不熟悉，因此而对各类残疾感到不适（这可以通过训练和支持予以解决）；同时，我们需要识别残疾儿童在被允许参与的项目中的适应情况，以明确是否需要增加人手或受过专门训练的人员。

所有儿童照顾设施都有一个审查小组，以解决 EFMP 儿童的需要。陆军使用特殊需要适应过程（Special Needs Accommodation Process，SNAP），而其他军队分支使用的是特殊需要评审小组（Special Needs Evaluation and

Review Team, SNERT)。SNAP 和 SNERT 都利用一个多学科团队，这一团队的建立是为了确保有特殊需要的儿童有机会在任何军队建立的儿童照顾设施中获得最合适的位置和住处。对照顾军人孩子的人员进行的额外培训通常由 EFMP 经理人、职业护士、育儿顾问或其他符合条件的人员提供。当我们无法在基地中找到受过适应和修正训练的人员时，民用残疾问题专家的培训也可能是可行的。

（五）青少年服务

军事基地也实施对军人家庭的优秀青少年服务计划，提供放学后的娱乐和其他服务。正如军人儿童照顾那样，基地的工作人员在提供青少年方案时可能不具备一些知识和技能，比如为有发展障碍的青少年提供必要的住所，不经意间，这会使得 EFMP 家庭寻找替代的照顾残疾儿童的民用服务或者直接在家中照顾，从而可能会使其与军队社区脱离。

（六）医疗服务——TRICARE

TRICARE，即军队医疗保险，为军人和他们的家庭提供一般的医疗和精神健康照顾。专科医疗保健可以通过卫生保健提供者也就是 TRICARE 的平民供应商来提供。然而，由于不同军事设施的位置不同，特别是由于国防部医疗系统专家有限，某些医疗服务很难获得。一项国防部的健康调查(Williams et al., 2004)发现，在军人家庭中，有 23%的儿童有特殊医疗需求，即处方药、医疗服务、特殊治疗或辅导；6%的儿童有情绪、发展或行为问题，需要跨学科的专业人士组成团队来治疗或辅导。如果他们都可用，这些治疗或干预大多数可以通过民用 TRICARE 服务供应商提供。根据残疾状况的复杂性和严重程度，发育障碍儿童可能需要：专门的医疗服务（例如，一个发育行为方面的儿科医生）；外科手术；生理、职业、或语言治疗；行为干预；社交技巧训练；特殊教育；辅助技术；耐用的医疗设备；个人援助服务；娱乐服务。转介是在军队服务中被首次提出的，当基地不能提供这些需要的服务时，服务对象将被转介给州和当地平民的医疗服务、家庭支持和教育服务(William et al., 2004)。对于有精神或者身体残疾的受益人来说，TRICARE 扩展健康照顾选项(Extended Care Health Option, ECHO)是提供照顾的一个新的选择。

扩展照顾健康选项(ECHO)是一个补充军队项目，它提供居家照顾和喘息照顾给有特定身体残疾或身体/心理疾病的、只能被束缚在家里的

EFMP 成员。这一项目的服务对象包括中度或重度智力低下以及有运动障碍、行为障碍、自闭症的儿童。大多数有残疾儿童的家庭需要得到从连续的照顾中偶尔喘息的机会。但是，由于 ECHO 的资格标准侧重于被束缚在家，需要护理和/或个人协助服务的个人，这导致大量有发育障碍儿童的父母虽然确实需要间歇性喘息，但他们没有资格，因为他们不被束缚在家，不需要护理或个人协助服务。这些家庭的解决办法是为儿童照顾自掏腰包，支付民用服务以寻求偶尔的喘息。TRICARE 的喘息照顾和 EFMP 的喘息照顾可以同时为某个家庭提供。ECHO 的援助包括提供综合服务、用品供应、个案管理和提供应用行为分析(Applied Behavioral Analysis, ABA)治疗，以及通过自闭症示范项目(Autism Demonstration Program)为自闭症孩子提供喘息照顾以及轮椅、病床等特殊服务。报名 EFMP 可能会被要求接受 ECHO 服务。

(七) 人事分配

EFMP 分配政策的目的是，根据当前或规划的人员配备要求，将服役人员分配到那些可以获得需要的医疗、教育、早期干预或其他相关服务的地区，无论他们是通过军队系统，还是通过民间资源，使用 TRICARE 保险，或当地资源的整合。EFMP 登记导致服役人员的人事档案和医疗档案与特殊家庭成员(EFM)的档案慢慢不被使用，因此，一旦重新分配的过程开始，“离开的”基地(EFMP 服役人员目前所处的地方)将会和“接收的”基地相沟通来完善“设施决议”，借此来估计两个基地所提供的服务是否相同。这个过程涉及当前基地和接收基地之间的精确通信，以确保顺利转移。

政府问责办公室(Government Accountability Office, GAO)报告(U.S. GAO, 2007)发现的一个问题是，国防部对有关医疗病症的特殊需要政策有顽固的偏见。因此，设施决议历来关注医疗专家在接收基地或通过 TRICARE 服务供应商的可获得性。为有行为问题、发育问题、精神疾病问题和需要更频繁特殊教育服务的孩子其 EFMP 家庭所做的设施决议，虽然已经有所改善，行为专家和自闭症服务现在已经被 TRICARE 的服务供应商纳入服务类别中，但它仍然与 EFMP 服役人员的需要不是很匹配。专家人手短缺仍然是一个显著的问题，特别是在农村地区。那些孩子参加个别化教育计划(IEP)的父母可以在这个过程中起到帮助作用，因为参加 IEP 的孩子已经从离开的基地转到接收基地附近社区内的可能学区。在接收基地，重要问题包括：参加 IEP 的孩子是否可以在当地学区获得相应的服务？

提供服务的个人资格是什么？如果接收基地附近有不止一个学区是可以获得服务的，那么从军事基地到孩子接受服务的各个学校的距离是怎样的？家长可以自己去了解这些，但教育顾问同时在离开的基地和接收基地发挥重要作用：他们可以通过与接收基地的家庭支持工作人员联系，获取孩子即将获得服务的学校或学区中重点联系人的姓名。很多时候，EFMP 家长和民用资源之间早期的和直接的沟通也可以解决设施决议过程的不完善。

四、为 EFMP 家庭提供的民用服务

由于基地的封闭性，越来越多的军人家庭生活在平民社会，那些有残疾孩子的 EFMP 家庭有可能更加依赖民用服务。正如本章前面指出的那样，民用残疾服务的社会规范、价值观和原则，与军队社区的有所不同。这些差异都源于强大的残疾倡导运动，这项运动最初由社区中的残疾者个人因遭受社会歧视和排斥引起，进而导致了残疾法律、法规以及纠正偏见和歧视的条例的演变。这一法律框架规定了残疾人也有公民权利去参与提供给任何公民的社区活动，并提出了如何组织和输送残疾人服务的方法。

（一）民用规范、价值观和原则

民用残疾服务体系背后有几个核心价值观和哲学方法做基础。这些核心价值观和哲学方法有时可能与军队的价值和过程发生冲突。以下部分将帮助社会工作者了解如何支持军人家庭，以便其有效地获取民用服务，并认识到其中可能的军队和民间价值观之间的冲突。

1. 以家庭为中心的照顾/以人为本的计划

戈德法布等(Goldfarb et al., 2010)注意到，在 20 世纪 70 年代，以家庭为中心的照顾(Family-Centered Care, FCC)开始出现在了产科护理文献中，并在 1987 年迅速发展，这是由于前卫生部部长 C.埃弗里特·库普(C. Everett Koop)发起了全国性的以家庭为中心、以社区为基础，协调照顾有特殊照顾需求的儿童和他们的家庭的活动。虽然这些服务有很多不同的名字，如“家庭驱动”精神健康和“关系型”社会工作，但是下面的核心原则对专业人员来说是操作性的：(1) 在服务输送中有意识地成为家庭的合作伙伴；(2) 寻求家庭输入；(3) 把家庭看作孩子解决问题的首席专家；(4) 用优势视角的个别化的方法对家庭问题做出回应。虽然实务界仍然在努力去理解服役系统对这些价值观的实践，但 EFMP 家庭在申请和使用民用服务时

都会遇到这一伙伴合作方式。当有发育障碍的儿童达到成年年龄，这些服务被称为“以个体为中心的计划”(person-centered planning)（其他条件包括自决和自主的服务），这一计划认识到被服务的个体应该积极参与识别和评估他们的需求，以及他们对服务的偏好，这应该在协商哪些服务配置将要被提供时就被考虑到(Field et al., 1998)。这些服务涉及很多核心价值观，它们被包含在联邦法律[如 2000 年的《发育障碍援助和补贴权利法案》(*Developmental Disabilities Assistance and Bill of Rights Act*)和 2004 年的《残疾人教育法案》(*the Individuals with Disabilities Education Act*)]、州法律和母婴健康管理计划、发展残疾人服务和特殊教育的条例中。有些刚刚接触民用发展障碍(Developmental Disabilities, DD)项目和特殊教育服务的军人家庭可能会发现这个互动性的服务输送方式很新颖。

2. 最少限制的环境和包容性

教育法中的“最少限制的环境”(Least Retrictive Environment, LRE)，是指残疾学生与非残疾同伴在最大程度上接受相同教育的权利。通过合适的特殊教育支持和其他相关服务，他们应该有平等的机会获得普通教育课程、课外活动或非残障同龄人能得到的任何其他项目。LRE 最初被应用在特殊教育法中要追溯到 20 世纪 70 年代，当时是为了应对反对将残疾学生同普通教育中的学生分离开来的历史潮流。随着时间的推移，这一原则已被用于指导残障人士如何在机构中以及主流公民被服务的其他环境（如住房、儿童照顾、高等教育）中使用 DD 服务体系。作为一个术语，“包容性”所描述的是残疾的婴儿、儿童和成年人与没有残疾的同龄人一起活动的情形。当 EFMP 家庭试图让他们的子女享受基地的幼儿或青年服务时，这些服务被认为符合“最少限制的环境”。

3. 适应和修正

残疾对儿童或成人的影响通常可以通过所谓的适应和修正来调整。适应是一种环境中的改变，它帮助学生或个体克服或解决残疾带来的问题。例如，允许有书写麻烦的学生做口头回答就是适应的一个例子。这名学生仍有望获得相同的资料，并回答与其他学生相同的问题，但他没有必要写下他的回答以表明他知道的信息。以使用儿童照顾的注册登记为例，一个对适应新的环境和喧闹有困难的自闭症孩子，可以在其他孩子还没有来时被允许参观这个儿童照顾中心（可能是多次），以熟悉环境；然后在儿童照顾的第一周，他们可能被允许提前到来（在其他学生到来之前），以便于让他们提前适应。当声音太响时，孩子可能被允许移动到一个安静的区域或者短时间内戴上耳机。咨询残疾专家也可以帮助微调适应性，使得孩子能最大限度地适应儿童照顾的环境。

修正指的是一种变化，它被教给学生或期待学生在同一个教室和普通教育的学生（最少限制的环境）一起共同取得进步。把作业提早布置给残疾的学生就是修正的一个简单例子。这个学生并没有做得和其他学生刚好完全一致，但是能在接近他或她的能力的范围内广泛地参与任务，这样就能融入他或她的同伴中去。对修正和适应最重要的一点是，两者都意味着帮助孩子学习并参与到学习、社会和发展活动中，就像他们那些受普通教育的同龄人一样。当修正被需要时，在普通教育的教室中，学生旁边通常会有一个助手协助他们。

4. 正式的争端解决程序——法定诉讼程序

由于残疾人有被各种活动、服务以及社区长期歧视、隔离和排斥的历史，因此法律强制执行严格的争端解决过程（法定诉讼程序）来保障残疾人的权利。法定诉讼程序如何运作取决于法律。在一般情况下，这些保护措施要求服务系统及时通知个人或他的家庭一个评估正在被计划，或服务很快就会被改变。此外，如果家长不同意提议，他们将被允许进入听证会，由法律代表来解决争议。EFMP 政策指令将职员法官的责任描述为：给现役责任人提供其有特殊医疗/教育需求的家庭成员合法权益方面的法律援助。目前尚不清楚军队的律师参与民事诉讼到何种程度，如果从事的话，他们要做到什么程度算是代表了有特殊教育/残疾权利的特别家庭成员。特殊教育法是一种专门化的法律，大多数军队的律师并不清楚，所以有必要安排一个民事代表以便从本章后面述及的“法律基础”的角度看问题。由于特殊教育法案被州特殊教育法所影响，所以家庭应该在其居住的州内寻求援助。一个全国性的特殊教育代理人和辩护律师的贸易组织——家长代理人和律师协会（Council of Parent Attorneys and Advocates，COPAA），将特殊教育代理人和辩护律师以州分类，并在其网站上贴出列表。出于责任的原因，COPAA 不推荐任何个人，所以家庭需要自己与潜在的辩护律师和代理人面谈，以评估他们的资质。如果身边有潜在的违反残疾人权利的纠纷，个人和家庭应寻求了解《美国残疾人法案》（*Americans with Disabilities Act of 1990*，ADA）、《民权法》和《康复法案》第 504 节[U.S. Department of Health and Human Services (DHHS)，Office of Civil Rights，2006]的代理人的协助。

(二) 保护残疾人权利的法律基础

美国有几类保护残疾人权利的法律。首先，公民权利法禁止基于特点或特征歧视某些人群。1964 年的《民权法》(Dirksen Congressional Center, n.d.)回应了禁止美国黑人进入白人可以进的公共场所的社会现实，其他被剥夺权利的群体或边缘群体(女性、男同性恋、女同性恋、双性恋和变性者)也援引这些保护意见，为残疾人提供担保。残疾法明确阐明保护残疾个体。1973 年的《康复法案》第 504 节(U.S.DHHS, 2006)和《美国残疾人法案》(ADA, 1990)是对个体残疾人进行反歧视保护的法律范例。第 504 节适用于平等地获得联邦政府执行或者资助的计划，并且明确提出强制性要求，必须制定方便残疾人士获得并参与的方案和活动。不像《康复法案》第 504 节，《美国残疾人法案》是有多个主题的关于残疾人的综合性公民权利的法律，它要求任何提供给普通大众(不仅是指那些接受联邦资助的人)的政策都要同时面向残疾人。其次，某些法律注重社区生活的具体领域，如教育法。例如，《残疾人教育促进法案》(*Individuals with Disabilities Education Improvement Act*, IDEA, 2004)，现在已经被收录在《小学和中学教育法案》(*Elementary and Secondary Education Act*, ESEA, 2010)中的《不让一个孩子掉队法案》(*No Child Left Behind Act*, NCLBA, 2001)。后两种法律界定了对所有学龄期孩子的学习预期和成就预期，因而必须包括残疾学生。《残疾人教育促进法案》界定公立学校教育残疾儿童的具体要求。最后，残疾人还受隐私法的保护，这些隐私法旨在保护个人获得有关自己信息的权利并确保个人信息的保密。隐私法主要包括《家庭教育权利隐私法案》(*Family Educational Rights to Privacy Act*, FERPA, 2011)和《健康保险流通与责任法案》(*Health Insurance Portability and Accountability Act*, HIPAA, 1996)。

联邦和各州法律提供了一个强大的法律框架，为所有有残疾儿童的家庭提供免费且适当的公共教育。对于 EFMP 家庭，军队生活要满足特殊家庭成员的特殊教育需求，这是一个独特的挑战。首先，因为每个单独的学区自己负责开发孩子的个别化教育计划(IEP)，经常转移和重新安置可能会干扰孩子教育计划的连续性，因为没有国民教育课程可以确保不同州的做法的统一(Booth & Kelly, 2004)。这也使 EFMP 家长有了额外的负担，要不断地学习和发展新的特殊教育体系来保持与学校人员的牢固关系。其次，军人家属报告，公立学校不能与军人家庭孩子的特殊情况相协调(Ender,

2006)，这需要由父母和军队支持人员双方共同干预。最后，特殊教育法的权力符合家长的合法权利，这是通过法定诉讼程序的法律机制行使的。当与教育体制有纠纷时，家长可以进行谈判，这可能会演变为对抗并导致法律行动。这种行动可能挑战如前所述的军队道德规范和行为规范——“服役成员和他们的家人被期待不会做出给军队带来尴尬的行为”。他们在孩子的需要和他们的承诺之间左右为难，EFMP 家庭可能需要家庭支持工作人员来解决这些难题。

(三) 民用发展障碍(DD)服务、教育、支持、倡导和监督

州发展障碍残疾人服务(State Development Disabilities Services)：每个州结合使用州和联邦资金给有发展障碍的人士提供服务。这些服务可能是在一个独立的机构之下，如加利福尼亚的发展服务部，也可能与为有精神健康需求的个体或老年人提供的服务结合起来。谁被服务以及提供什么样的服务，由各州自己决定(National Association of State Directors of Developmental Disabilities Services, n.d.)。

民用家长培训和信息中心(Civilian Parent Training and Information Center, PTI)：全国系统的家长经营组织中的一部分，它给 22 岁以内孩子的父母提供培训和信息，提供关于如何获得特殊教育和相关服务的培训(Alliance National Parent Technical Assistance Center, n.d.)。军人家属的 PTI 被称为军人家长的专门培训(Specialized Training of Military Parents, STOMP)。所有的 PTI 均由当地特殊教育系统中有工作经验的家长负责运营。军人家庭可以同时利用 STOMP 和合适的民间 PTI。

其他家长教育的民间资源、倡导性和支持性的组织存在于各州和地方机构，例如：家庭资源中心(Family Resource Centers)，其重点在信息、培训、倡导和围绕早期干预和残疾问题的家长支持；家庭之声(Family Voices)，这是为了使有特殊医疗保健需求的儿童得到更有效的母婴保健服务的全国性网络；专门针对残疾人的组织(disability-specific parent organization)，如美国脑瘫协会(United Cerebral Palsy)，全国唐氏综合征协会(National Down Syndrome Association)、自闭症之声(Autism Speaks)、南加州 X 染色体易损综合征协会(Fragile X Association of Southern California)、患有注意力缺陷障碍(CHADD)和罕见疾病国家组织(National Organization for Rare Disorders, NORD)。个体长大成人后，他们可能有兴趣加入自我倡导小组(self-advocacy group)，如以人为本小组(People First)(残疾人通过朋辈支

持、教育和倡导来帮助残疾人)、自我倡导增能小组(Self-Advocates Becoming Empowered, SABE)和全国青年领袖网(National Youth Leadership Network, NYLN)。

每个州也有一大批残疾人教育、支持和倡导组织。虽然这超过了本章所讨论的范围,但是我们建议读者参考机构的全国网络,这对寻找和理解资源的状态有所帮助。每个州都有三类机构被《发展性障碍援助和权利法案》(*Developmental Disabilities Assistance and Bill of Rights Act*)授权,并且得到发展障碍管理基金(Administration on Developmental Disabilities)的资金支持。它们代表了三种为了发展障碍患者的利益以促进各州系统性改变的机制:(1) 州长发展障碍计划委员会(发展障碍委员会),其中州长办公室为发展障碍发展了一个州计划(发展障碍全国委员会协会);(2) 残疾人权益组织(国家残疾人权益网),它使用一个代理人和辩护律师团队以确保有发展障碍的人其权利不被侵犯(通过教育、倡导、个人和集体诉讼行动);(3) 发展障碍研究、教育和服务的大学卓越中心(大学残疾人中心协会),它们在大学里的联邦资助的中心,为将来发展障碍领域的领导者提供跨学科的培训,进行评估和研究,传播那些可能被个人、家庭、服务体系和政策制定者利用的消息,或者提供临床和社区服务以满足新的需要。此外,发展障碍残疾人的机构开始资助对军人家庭的360度家庭支持(Family Support 360 for Military Families)计划(U.S.DHHS, ACF, n.d.),这是为了回应有发展障碍的孩子的军人家庭需要像平民家庭那样类似360度综合照顾的认知。所有这些计划都需要有一个特定的军事基地(有些工作需要好几个),并专注于解决军人家庭中的发展障碍问题。这些组织是优质的州和全国性资源,包括信息、培训、倡导以及为EFMP项目管理者、服务人员和家庭提供能力建构。最后,妇幼保健局(Maternal Child Health Bureau)在全国资助了大约47个神经发育障碍的领导教育项目(Leadership Education in Neurodevelopmental Disorders, LEND)[大学残疾人中心协会(Association of University Centers on Disability, AUCD)或发展性残疾人教育卓越大学中心(University Centers for Excellence in Developmental Disabilities Education, UCEDD)]以及全国的跨学科训练计划(Interdisciplinary Training Programs),旨在为健康照顾和相关领域准备好将来的领袖人物,使得有特殊照顾需求的孩子,包括神经发育障碍的孩子得到更有效的服务。许多LEND/ UCEDD项目为有发展障碍的儿童和青少年开办诊所,并做社区训练,开展社区教育活动,为EFMP协调员和EFMP家庭(AUCD)开发有用的信息类产品。

五、EFMP 家庭的家庭支持服务——军队和民用

国防部政策允许，但不要求军队服务部门提供家庭支持服务。政府问责办公室在关于 EFMP 的报告(2007)中指出，这种消极的方法导致对军队家庭的家庭支持服务数量和广度都到了最低值。虽然关于军人家庭支持的有效性的证据尚在开创性的阶段，但是我们可以充分引用鲍恩和马丁(1998)，以及曼西尼、鲍恩和马丁(Mancini, Bowen & Martin, 2005)建构的一个模型，这个模型认为对于 EFMP 家庭的支持服务应该得到发展，并且要把这些家庭生活和工作的整个社会环境都考虑进去。深刻理解 EFMP 家庭正式和非正式的社会网络对于实施对 EFMP 家庭的支持是很重要的。

正式社区是指那些通过权威的法律、程序准则以及政策定义的社会网络，它可以用来帮助建构一个服务输送体系(谁有资格，他们获得什么，获得多少，在什么情况下他们可以获得，谁负责服务的输送)。非正式社区是指志愿者协会和基于相互交流和相互担责的不太正式的网络，如朋友、同事以及邻居这样的工作关系(Bowen & Martin, 1998)。服从不是非正式网络的主要目标，但那些有生活经验的人所提供的有形的、信息类的和社会情感方面的支持是更基本的——从"消费者"的视角而不是监管者的视角出发。这些支持提供了有关如何有效地驾驭正式网络的实用信息。总之，一个 EFMP 家庭正式和非正式的社会网络，营造了一个以八大目标为基础的社区：(1) 发展社区认同和自豪感；(2) 满足个人和家庭的需求和目标；(3) 参加有意义的社区生活；(4) 安全的工具性和表意性的支持；(5) 解决问题和管理冲突；(6) 肯定和强化亲社会规范；(7) 应对内、外部的威胁；(8) 保持个人和家庭关系的稳定和秩序(Bowen & Martin, 1998)。当这些网络不健全时，服役人员和家庭单位将无法实现社区的八大隐含目标。正是从这个角度出发，社会工作者应该评估 EFMP 家庭的支持需求，并提供有意义的干预。

虽然在各个军队分支中，服务项目有所不同，但有偿服务和无偿服务的输送都是基于法律和国防部的权力。从理论上讲，EFMP 协同其他军队的和民间的机构，应提供住房、医疗、教育和人事方面全面、协调、多机构的社区支持，以服务有特殊需要的家庭。这种服务的例子包括基地的家庭服务中心(Family Centers)和军队治疗设施(Military Treatment Facilities)，它

们提供关于专门服务（包括日间护理、娱乐机会）的信息，这些专门服务包括：特殊家庭成员的适应，支持小组信息的提供，可用的倡导服务，以及可适应特殊需求的住房；与学校合作，为有行为障碍的孩子提供更多支持；支持一个军人家庭生下一个 20 周大的早产儿，并做出终止生命的决定；或给邮政图书馆创建一个可以满足特殊需求的部门。另外，关于军人家庭的优质资源有以下的信息提供给 EFMP 家庭。

军队国土防线（Military Homefront, 2011）是官方的军队社区和家庭政策（MC & FP）网站，旨在给军队和他们的家庭、领导者和服务供应商提供项目信息、政策和指导。它覆盖了所有军队的分支，包含了对一般军人家庭而言有价值的工具，及对有残疾儿童的家庭有价值的一些信息。该网站分为三个部分——军队与家庭、领导者和服务供应商，其中包含社会工作者和其他从业人员的使用信息。在军队与家庭的部分有一个副标题是“特殊需要/EFMP”，它给特殊需要儿童提供军队支持和可用的服务信息，包括：EFMP 注册登记链接；EFMP 工具箱（一个可下载的手册，它帮助家庭掌握为特殊需要的孩子和他们的家庭服务的军队和一般的系统）；EFMP 家庭支持（一张 EFMP 可能的支持性服务的列表，提供每个军队分支 EFMP 计划的链接，以及一个军事设施目录的链接，它包含每个军事设施的服务和资源列表）；福利、津贴及资格［有关儿童照顾、教育、联邦计划、财务、法律（监护）、医疗和喘息照顾的信息］。此外，家庭可以使用“我的移动计划”（Plan My Move），这是一个服务的搜索目录，包括但不专门针对有特殊需求儿童的服务，它提供任何基地 200 英里半径范围内的项目信息。由于这个资源是国家重点，很多信息都是非常有价值的，但它一般只提供本地资源一般的和必要的信息，如地址和电话号码，而不能在家庭遇到阻力时（这可能时常发生）帮助他们实际掌握本地系统和获得支持。这增加了对于训练有素的 EFMP 工作人员和其他的家庭支持工作人员的迫切需要。

军队家长的专门培训（Special Training of Military Parents, STOMP, 2003）是华盛顿州家长培训和信息中心 PAVE（Partnerships for Action, Voice for Empowerment）的一个项目。它提供了“关于父母权利和责任的信息，用来帮助军队儿童获得适当的特殊教育服务”。这一项目还帮助有特殊需要儿童的军人家庭掌握如何使用军队的和一般的特殊教育和健康照顾系统，一般通过以下方式：(1) 工作坊和报告；(2) 针对家庭的一对一咨询；(3) 为专业照顾小组（包括 EFMP 人员，残疾儿童的军人父母，和 PTI 成员）提供一个历时 3.5 天的培训和技术援助。STOMP 在全国拥有四个场所，它是一种宝贵的资源，因为它的工作人员在军队的与普通的服务系统和资源之间架起了桥梁。STOMP 很清楚军人家庭面临的挑战，也可以帮助家庭和当地向导之间建立联系，因为这些向导了解当地设施中或者其周围有什么服务是可用的。

家长间的支持。EFMP 家庭通常能够从和基地内的其他 EFMP 家庭或者平民社区里的家庭会面及一起参加活动中受益。虽然正式的家长支持小组可能不是那么容易在军事设施中获得，但军队家庭有利用以下的公共军事场地的优势：

● 家庭团队建设（Family Team Building）或家庭准备小组（Family Readiness Groups）——这些小组的目的是教育和支持军人的配偶以满足军队文化的要求。小组之间往往通过沟通、寻找资源来设法解决问题。通过了解 EFMP，这些群体的成员可以帮助潜在的 EFMP 家庭在情况发生巨大变化之前获得资源或者协助。每个分支都有这些组织，但他们有不同的名称。家庭团队建设通常是通过士气、福利、娱乐（MWR）来协调的。家庭准备小组是军事单位命令结构的一部分。

● 晨间玩耍（Play morning）——组织 3 岁以下儿童玩耍，通常通过新家长支持项目（New Parent Support Program）进行组织。这些小组允许 EFMP 成为社区的一部分，与家庭会面，并了解该社区的需要。它的重点是在孩子发展的早期将家庭与资源链接。

● 任何及所有士气、福利和娱乐（Any and all Morale, Welfare, and Recreation, MWR）事件/社区活动——EFMP 家庭在这些"所有军队家庭事件"中的存在是重要的。这些活动能创造一种环境，在这种环境中 EFMP 成为基地社区的一个天然组成部分；这些活动使得 EFMP 家庭与其他家庭会面，以营造非正式的自然的支持，并且使得 EFMP 家庭被看作其他家庭的一种资源。

（一）对服役人员的支持——利用军事命令结构

军事单位的指挥链常常为军人家庭提供第一线的支持，并作为中介社会结构连接正式和非正式的服务和支持（Bowen & Martin, 1998）。因此，对服役人员而言，其归属的军事单位可能象征着几个服役人员的准家庭，为服役人员提供支持、友谊和社会关系的机会。军事单位的结构历来未被充分利用作为有 EFMP 资格的服役人员及其家属的资源。如果利用得当，军事单位可以为 EFMP 服役人员及其家庭促进单位内的非正式支持系统的建立，通过引荐新成员，发起社会活动和家庭支持团体，以及如果需要的话，实现家庭和正式服务系统的连接。此外，军事指挥机构可以解决 EFMP 军人和他们的家庭所面临的问题。以下是常见的 EFMP 和家庭支持工作人员可以提高对 EFMP 的认识，并在军事单位内帮助 EFMP 服役人员的途径：

● 军士长和指挥官的课程——这些是为军人升迁到更高军衔以承担更多责任的训练课程。重要的是，这些未来的领导者必须了解他们作为一个团队服务 EFMP 的时候，如何提高 EFMP 服役人员及其家庭的生活质量，同时确保岗位职责的要求被满足，使命得以完成。

● 输入简介或新人简介——为所有新来的军事人员发布接收基地中关于 EFMP 的初始信息。

● 输出简介——提供关于即将搬到另一工作地点的 EFMP 家庭特殊问题的信息。

● 培训日简介或部署简介——在一天或在特定时间内对整个军事人员小组提供信息和资源。这是一个内容丰富的论坛，以确保军事人员了解 EFMP，谁有资格，与谁联系登记注册，诸如此类。关于 EFMP 的部署信息将会增加及时登记注册率，消除对污名的恐惧，并创造一种服役人员可以是主动而非被动的环境。

（二）培训军民两用服务供应商

许多为家庭提供服务的军队服务供应商可能会觉得他们不能满足残疾家庭成员的特殊需求，同时，一些社区服务机构可能不熟悉军人生活如何影响残疾儿童的服务需求。EFMP 协调员和社会工作者工作的一个重要功能就是给军队和民用服务供应商提供交叉培训。下面是培训受众的例子：

● 家庭儿童照顾者——在自己家提供儿童照顾服务的军人配偶。这些家庭都处在儿童发展中心的监管中。参加这些项目的孩子要通过特殊需求评估和审核小组（Special Needs Evaluation and Review Process，SNERP）的审查。EFMP 会协调资源或者适当地培训工作人员。

● 医疗服务人员培训——每个医疗机构都有一个计划好的培训日，此时医疗机构可以接收有关 EFMP 的信息。这些医生负责填写 EFMP 登记注册信息（DD 表 2792），并为 EFMP 家庭提供治疗服务。

● 郡机构——包括临时救助困难家庭（Temporary Assistance for Needy Families，TANF），儿童服务机构和执法机关。EFMP 可以协助参与到这些系统中且有资格获得这些服务的军人家庭。

● 精神健康服务人员(包括军队和民用)——军队的精神健康专业人员负责完成 EFMP 注册登记信息(DD 表 2792)的心理健康诊断,他们会受益于 EFMP 培训。民用精神健康专业人士也可以从学习 EFMP 服务和军队文化中受益。

● 牧师(包括军队和民用)——作为精神领袖,牧师向陷入危机的个人和家庭提供咨询辅导,但他们可能不熟悉 EFMP。对符合 EFMP 条件的家庭而言,牧师是重要的资源,EFMP 人员应协同牧师工作,为 EFMP 家庭提供合适的支持性服务和资源。

● 学校和学区管理——平民学校和军人家庭属于两种不同的文化。EFMP 是军人家庭在两种文化中的天然桥梁。EFMP 还可以帮助两种文化中的专业人士了解 EFMP 家庭的双重“公民身份”,同时也是两个体系间的转介资源。

(三) 个案管理服务

由于 EFMP 家庭支持服务的志愿性特征和有限的资金,其提供的最低家庭支持服务是信息和转介,即 EFMP 成员可能有资格得到的项目/服务的列表。然后,EFMP 家庭代表他们的孩子自己去寻求、申请,并最终获得多个系统的服务。虽然有些资源在家庭即将搬迁到新地方时可以使用(如军队国土防线和 STOMP),但全国范围的这些资源需要人们在地方一级进行额外的工作来识别并获得相应的服务。

EFMP 家庭必须协调民用和军队的服务,因为当他们有一个残疾儿童时,许多服务系统在他们的政策和程序中是不透明的,这对 EFMP 家庭来说可能是一项艰巨的任务。作为积极倡导者,社会工作者可以与 EFMP 协调员合作,协助家庭获得所需的信息和资源,引导他们进入所需要的系统,并为不断变化的家庭提供持续的支持。

(四) 倡导服务

尽管不常见,但是实际上军人家庭对 EFMP 倡导服务的需求巨大。倡导的方式可以有很多,不同的案例有不同的倡导宣传方式,因为它是案例导向或者说是目标导向的。在有些军队的分支部门,EFMP 协调员会积极参与活动的宣传倡导工作,包括参加为有特殊教育需求的军人子女召开的个别化教育计划(IEP)会议、与家庭成员一起看医生、在一般项目中为残疾儿童提供儿童照顾和娱乐项目。倡导服务的成功取决于 EFMP 协调员与基地以及民用服务人员的关系。在非 EFMP 协调员发挥作用的一般领域，社会工作者可以专注于为 EFMP 家庭提供一些资源，或与 EFMP 人员协同工作，以培养他们在这个领域的技能。

（五）个案示例

下文将介绍达茜(Darcy)的案例，并且包含本章的几个主要学习点。这是一个很好的例子，它帮助我们了解特殊需求评估和审核小组(SNERT)与案主对 EFMP 部分的支持如何帮助有需要的家庭，以及为什么这些应该是 EFMP 家庭支持服务的重要组成部分。如前所述，我们希望 EFMP 家庭参与基地为所有军人家庭提供的服务，这意味着他们也是“被包括”在内的。有需要的残疾儿童也被纳入普通民用服务中，这对一般的基地服务工作者来说可能是一种挑战，他可能会对此觉得不舒服。通常，如果 EFMP 或相关的家庭支持工作者可以为那些家庭帮助解决特殊需要孩子的实际而具体的方法，那么基地的儿童照顾中心、青少年服务或其他服务的工作者也会积极响应儿童的特殊需要，提供基地儿童照顾中心、青少年服务等服务。正如前面提到的，服务供应商都在关注适应性或方法的问题，这需要对当前的工作程序、人力需求和实践方面做出更多的改变。社会工作者需要在与基地的服务提供者合作时对这一潜在问题保持敏感。

案例中的解决方案还涉及 EFMP 协调员的行为支持计划(Behavioral Support Plan)的发展。这可能既不是所有 EFMP 工作人员的一套技能，也不是他们执业范围的一部分。在这种情况下，我们还有其他途径可以协助达茜的父母。学校的工作人员可能会有所帮助，因为每个学区都有特殊教育服务，同时行为管理是特殊教育服务的重要组成部分。因为这个孩子目前没有被学区的特殊教育服务所识别，学校可能会利用一个成功学生团队或其他一些类似的机制，给那些有成绩不及格危险或需要特殊教育服务的普通教育系统的学生提供帮助。另一个策略是和父母讨论是否可能需要进行特殊教育资格的评估，因为只有父母可以要求学区对孩子进行这一项评估。特殊教育评估包括一项行为评估，来决定孩子是否符合特殊教育资格，也将为 SNERT 团队提供一份对达茜行为的正式评估。即使评估的结果是没有达到足以获得特殊教育的程度，评估仍然对 SNERT 非常有用。最后，如果要将达茜转介到发育行为儿科医生处，社会工作者得排除潜在的医学情况，如多动症，有行为症状的医疗/遗传性疾病，或潜在的环境因素(如忽视、虐待)。这样的转介是在 TRICARE 范围内进行的。

案例：达茜

达茜是一个没有医疗或精神健康问题的5岁女孩，她的父母来到了EFMP办公室寻求帮助。他们说，她似乎一直在生气，但实际行动中很少有挑衅性。她经常会向成人和其他儿童扔东西。她的军队儿童照顾提供者已经用尽了其训练工具盒中的所有工具来帮助这个孩子。父母对儿童照顾中心的工作人员感到沮丧；儿童照顾中心的工作人员也对这对父母感到沮丧。

EFMP协调员召集相关人员召开了一次特殊需求评审小组(SNERT)会议，也包含日托机构的服务人员和家长。会议之前，EFMP协调员在询问并获得达茜的父母许可之后，跟达茜的老师谈话，他发现达茜在学校也有同样的问题，只是没有报告给父母。在SNERT会议上，信息被收集起来，并且计划也被编制出来。一个在儿童照顾机构和家庭两个地方使用的行为支持计划诞生了。此外，这个计划也决定了达茜的父母和EFMP协调员将要求与学校校长和达茜的幼儿园老师面谈，以讨论该计划在学校的实施。特殊需求评审小组(SNERT)的一个跟踪会议定于4周后进行，以检查达茜的进步。

当达茜的父母和EFMP协调员以及校方会面以要求他们执行行为支持计划时，他们发现有几个问题还要考虑。讨论和修改计划后，达茜的学校同意实施该计划。在SNERT的跟踪会议上，达茜的行为被确认得到了改善，儿童照顾中心的工作人员和达茜父母之间的紧张关系显著缓和。达茜的父母很高兴她和同龄人之间有了更多的互动，这似乎是得益于她在学校和儿童照顾中心的经历。

六、结论

在本章前面部分，我们简单讨论了适应和修正，以及如何改变服务空间和程序的特征以使得残疾儿童能够参加活动或进入设施。军队和民用网站信息可以帮助社会工作者创建切实可行的解决方案，来帮助军队服务供应商进行小幅的良性的改变，这将提升他们在残疾儿童服务方面的能力和舒适度。同军队服务供应商共享这些网站和其他资源，可以帮助他们提高对这部分人需求的意识，也有助于他们更多地自主探索对EFMP家庭所遭遇的问题可能的解决方案。一旦基地的服务供应商积累了积极正向的适应残疾儿童的经验，随着时间的推移，他们会在项目中开放更多的服务给有更严重残疾的儿童。

在特殊需求评估和审核过程中，有意地加入民用服务供应商（当地学校）的参与，这是一个关于军民服务结合给 EFMP 孩子提供最好服务的实质性例子。军队服务和民用服务的每一项都对 EFMP 儿童和他们的家庭有独特的贡献和价值。社会工作者在实施有意义的干预以提高军队和民间团体关于如何最好地支持 EFMP 家庭的意识方面起了关键作用。社会工作者在帮助 EFMP 服役人员及其家庭所属的正式和非正式团体中也起了关键作用。当这些网络功能足够强大时，对服役人员目前在志愿军队中继续留职的一些担忧将不再是问题。

本章问题讨论

1. 适应和修正之间的差异是什么？请分别提供适应和修正的示例。

2. 保护残障人士权利的法律有哪些类别？请逐个描述。

3. 基于本章的案例，请提供一个全面的治疗方案。你会需要哪些信息来做心理社会评估？你将怎样利用资源为你的案主和她的家人服务？

参考文献

Alliance National Parent Technical Assistance Center. http://www.parentcenternetwork.org/national/aboutus.html.

Americans with Disabilities Act of 1990. (Amended, 2008, P.L. 110 - 325). Retrieved from http://www.ada.gov/pubs/ada.htm.

Architectural Barriers Act of 1968. (Amended 42 U.S.C. § § 4151 et seq.). Retrieved from http://www.access-board.gov/about/laws/aba.htm.

Association of University Center on Disabilities. (AUCD). www.aucd.org.

Booth, C. L. & Kelly, J. F. (2004). Child care patterns and issues for families of preschool children with disabilities. *Infants and Young Children*, *17* (1), 5 - 16.

Bowen, G. L. & Martin, J. A. (1998). Community capacity: A core component of the 21st century military community. *Military Family Issues: The Research Digest*, *2*,

1 - 4.

Bowen, G. L. & Zipper, I. N. (2010, August 19). *Strengthening military families with children who have special needs: OneStop for family support*. Presentation to the Eastern Area Health Education Center.

Council of Parent Attorneys and Advocates (COPAA). www.copaa.org.

Department of Defense Directive (DODD) 1342.17. (1988, Certifi ed 2003). Retrieved from http://www.dtic.mil/whs/directives/ corres/pdf/134217p.pdf.

Department of Defense Instruction (DODI) 1342. 12. (2005). *Provision of early intervention and special education services to eligible DoD dependents*. Retrieved from http://www.dod.mil/dodgc/doha/134212p.pdf.

Developmental Disabilities Assistance and Bill of Rights Act of 2000—Public Law 106 - 402, 114 Stat. 1677. (2010, July). Administration on Developmental Disabilities, Administration on Children and Families, Department of Health and Human Services. Retrieved from http://www.acf.hhs.gov/opa/fact_sheets/add_factsheet.html.

Dirksen Congressional Center, Major Features of the Civil Rights Act of 1964 (Public Law 88 - 352). Retrieved from http://www.congresslink.org/print_basics_histmats_civilrights64text.htm.

Elementary and Secondary Education Act. (2010). Retrieved from http://www2.ed.gov/policy/elsec/leg/esea02/index.html.

Ender, M. G. (2006). Voices from the backseat: Demands of growing up in military families. In C. A. Castro, A. B. Adler & T. W. Britt (Eds.), *Military life: The psychology of serving in peace and combat: Vol. 3. The military family* (pp. 138 - 166). Westport, CT: Praeger Security International.

Exceptional Family Member Family Program: Air Force. (2011, July). AFI36 - 2110_AFGM2. Retrieved from http://www. e-publishing. af. mil/shared/media/epubs/AFI36 - 2110.pdf.

Exceptional Family Member Program: Army. (2011, February). *AR608 - 75, Rapid action revision (RAR) issue*. Retrieved from http://www. apd. army. mil/pdffi les/r608_75.pdf.

Exceptional Family Member Program: Navy. (2005, December). SECNAV Instruction 1754. 5B. *Department of the Navy*. Retrieved from http://www. cnic. navy. mil/navycni/groups/public/@hq/@ffr/documents/document/cnicp_a193511.pdf.

Family Educational Rights to Privacy Act (FERPA). (2011). Retrieved from http://www2.ed.gov/policy/gen/guid/fpco/ferpa/index.html.

Field, S., Martin, J. E., Miller, R., Ward, M. J & Wehmeyer, M. L. (1998). Self-determination for persons with disabilities: A position statement of the Division on Career Development and Transition. *Career Development for Exceptional Individuals*, *21*, 113 - 128.

Goldfarb, F., Devine, K., Hill, A., Moss, J., Ogburn, E., Roberts, R., ... Yingling, J. (2010). Family centered care from the parent perspective. *Journal of Family Social Work*, *13* (2), 91 - 99.

Health Insurance Portability and Accountability Act (HIPAA). (1996). https://www.cms.gov/HIPAAGenInfo/Downloads/HIPAALaw.pdf.

Individuals with Disabilities Education Act. (2004). U. S. Department of Education. Retrieved from http://idea.ed.gov.

Mancini, J. A., Bowen, G. L. & Martin, J. A. (2005). Community social organization: A conceptual linchpin in examining families in the context of communities. *Family Relations*, *54*, 570 - 582.

Martin, J. & McClure, P. (2000). Today's active duty family. In J. Martin, L. Rosen & L. Sparacino (Eds.), *The military family: Guide for human service providers* (pp. 4 - 23). Westport, CT: Praeger.

Military Homefront. (2011). Department of Defense. Retrieved from http://apps.mhf.dod.mil/pls/psgprod/f? p5MHF: RELO: 0.

National Association of Councils on Developmental Disabilities. http://www.nacdd.org/site/Home.aspx.

National Association of State Directors of Developmental Disabilities Services. http://www.nasddds.org/AboutNASDDDS/index.shtml.

National Association of University Centers on Disability. http://aucd.org/template/index.cfm.

National Disability Rights Network. http://www.ndrn.org.

National Organization of Rare Disorders. http://www.rarediseases.org/info/about.html.

No Child Left Behind Act. (2001). PL 107 - 110. Retrieved from http://www2.ed.gov/policy/elsec/leg/esea02/107 - 110.pdf.

Skok, A., Harvey, D. & Reddihough, D. (2006). Perceived stress, perceived social support, and well-being among mothers of school-aged children with cerebral palsy. *Journal of Intellectual and Developmental Disability*, *31*, 53 - 57.

SNIAC (2008). Special needs identifi cation and assignment coordination (SNIAC) Air Force instruction 40 - 701. Retrieved from http://www.e-publishing.af.mil/shared/media/epubs/afi 40 - 701.pdf.

STOMP. (2003). Specialized training of military parents. Retrieved from www.stompproject.org/services.asp.

Uniform Code of Military Justice. (2000). *Index and legislative history: Uniform code of military justice*. UCMJ 50th anniversary edition, 1950 - 2000. Buffalo, NY: Hein.

U.S. Department of Health and Human Services, ACF. (n.d.). Family Support 360 for Military Families. http://www.acf.hhs.gov/programs/add/pns/fs360_militaryfactsheet.html.

U.S. Department of Health and Human Services, Office of Civil Rights. (2006). *Your Rights under Section 504 of the Rehabilitation Act*. Retrieved from http://www.hhs.gov/ocr/civilrights/resources/factsheets/504.pdf.

U.S. Government Accountability Office. (2007, March). *Military personnel: Medical, family support, and educational services are available for exceptional family members*. Washington, DC. Publication GAO - 07 - 317R DOD Exceptional Family Member Program.

Williams, T. V., Schone, E. M., Archibald, N. D. & Thompson, J. W. (2004). A national assessment of children with special health care needs: Prevalence of special needs and use of health care services among children in the military health system. *Pediatrics*, *114*, 384 - 393.

第二十二章　军人家庭中的哀伤、死亡和丧亲之痛

Jill Harrington-LaMorie

亲人的死亡被认为是世界上最难承受的悲痛之一。尤其是，当亲人死于自杀，坊间证据普遍认同自杀是导致遗属的丧亲之痛程度最深的形式。令人惊讶的是，很少有经验证据支持这一观点，此外，"如何更好地帮助自杀者的遗属仍然是一个很紧迫的问题"（American Foundation for Suicide Prevention，2010：2）。自杀者的遗属是一个很难去理解和研究的人群（Cerel，Jordan & Duberstein，2008；B. Feigelman & Feigelman，2008；McMenamy，Jordan & Mitchell，2008；Oarker & McNally，2008）。人们对于自杀的影响，以及自杀者遗属的风险因素和治疗方法知之甚少。我们对自杀者遗属的了解主要来自临床观察和遗属自己的陈述。但是，有越来越多的研究文献开始研究自杀后的丧亲之痛以及怎样最好地支持这些遗属。

与平民百姓类似，美国军队也重视服役人员的自杀预防，但是事后的危机干预和军人自杀死亡后其遗属对照顾的需要之间仍然有显著的却不被注意的差距，无论这些遗属是家庭成员还是服役人员的同伴。

考虑到美国军队服役人员中越来越高的自杀率，自杀军人的遗属人数也在持续增加。自 2001 年以来，现役武装部队中有超过 2 000 例军人自杀死亡案例[Department of Defense (DOD)，2010]的报告，并且美国每年 30 000 名退伍军人中有 20%因自杀死亡（*Congressional Quarterly*，2010），退伍军人和军事人员相关的自杀损失的遗属保守估计达到几十万人。

本章的目的是为自杀死亡的军人/退伍老兵的临床工作提供关于以下两方面的更好的理解：（1）自杀的丧亲之痛与相应的军人死亡的复杂性；（2）有关自杀者亲友工作的临床问题。本章还为照顾服务提供了建议性资源和干预方法。

一、自杀的丧亲之痛

不是每个遭遇自杀死亡的人——比如朋友、家庭成员或同事——都会受到死亡的显著影响和重大伤害。但是，对于那些对死者有深厚依恋的人来说，这种死亡方式的影响将是深远和毁灭性的。亲人、朋友或重要的人的死亡一直被认为是生命中最令人焦虑的事件之一(M. Stroebe & Stroebe, 1993)，随自杀而来的丧亲之痛和悲伤对于那些活着的人来说是很大的挑战(McIntosh, 1987)。

随死亡而来的悲伤和丧亲之痛是人生中一个必然要经历的过程(Worden, 2009)。每个人如何回应这一死亡带来的失落是一个高度个性化和自主化的人生经历。目前人们对于死亡的应对方式还不可预测也不明确，每个人对于死亡和丧亲之痛的反应在意义、表现、强度、频率和持续时间等方面都各不相同(Bonanno, 2004)。在最初的几周和几个月里，常见的强烈哀伤情绪包括悲痛、愤怒、内疚、恐惧、渴望和忧伤。这些常常伴随着胃部的不适反应、呼吸急促、深度疲劳、焦虑、吞咽困难和无助感。失去亲人的人通常会感受到失去兴趣、缺乏动力和社交退缩的消极情绪。但是，痛苦之后常常会有一个调整和适应的过程，而且大部分活着的人能够用他们的复原力将失落整合到他们的生活中并重新适应自己的生活(Bonanno, 2004; Neimeyer et al., 2010)。与此相反，也有研究表明，10%到20%失去亲人的人会有更复杂的哀伤反应(Holland et al., 2008)。那些亲友死于自杀的人更容易对自杀的累积效应表现出脆弱性，更有可能处于哀伤和高度痛苦的高风险中(Aguirre & Slater, 2010)。

坊间证据表明，自杀带来的丧亲之痛不同于其他类型的死亡所带来的痛苦(Jordan, 2001,2008)。但是，比较自杀的丧亲之痛和其他形式死亡的丧亲之痛需要复杂的科学证据(Mitchell et al., 2009)。在过去20年中，有大量研究都采用严谨的研究方法，比如大样本、对照组、控制社会经济变量，这些研究发现不同死亡方式带来的丧亲之痛在不同群体之间的差别不大(Barrett & Scott, 1990; Cleiren, 1993; Demi, 1984; Farberow et al., 1992; Grad & Zavasnik, 1996; Seguin, Lesage & Kiely, 1995)。此外，也有研究表明自杀者的遗属会经历更长时间的哀伤症状，并且强度会随着时间推移而增加(Kovarsky, 1989; Thompson et al., 1993)。有些人认为，自杀导致的丧亲之痛是哀伤和创伤后应激反应的结合体(Callahan, 2000)。

由于现有资料比较混乱以及研究的不足，我们对于自杀对这一特定人群长期影响的理解是有限的（B. Feigelman & Feigelman, 2008; Jordan, 2001）。但是，我们知道，那些因为自杀而失去亲人的人有更高的风险发生率（Clark, 2001）。我们知道自杀者的遗属在哀伤过程中（McMenamy et al., 2008）的某些时间点上、在某些功能领域会展现出更多的痛苦，同时也有更高的风险发生负面心理、情感、社会、行为和生理并发症（Latham & Prigerson, 2004; McMenamy et al., 2008; Mitchell et al., 2009）。自杀导致的丧亲之痛可能引起抑郁、焦虑、创伤后应激症状和自我报告的较差的身体健康状况（Mitchell et al., 2009）。对亲人的死亡没有做好准备的人更容易经历一个复杂的哀伤反应（Rando, 1993）。此外，如果自杀和自杀死亡与暴力相关，这可能会导致创伤后应激障碍和抑郁症（Kaltman & Bonnano, 2003）。自杀者遗属自杀的可能性也会增加（Jordan, 2008）。

二、影响自杀导致的丧亲之痛的问题

如果自杀发生得很意外或很痛苦，遗属将面临丧亲和创伤的双重影响。这会严重破坏遗属的控制感，粉碎他们认定的世界观，改变他们的基本信念，损害他们的功能发挥，导致情感麻木（Jordan, 2008; Mitchell et al., 2009）。

朋友、亲人或关系亲密的人的自杀会引发遗属的“情绪海啸”（Jordan, 2008: 681）。埃德温·施奈德曼（Edwin Shneidman）被认为是美国自杀预防运动之父，他认为“自杀者将他的心理问题抛给了遗属——遗属需要处理很多负面情绪……它可能是一个很沉重的负担”（Cain, 1972: x）。

乔丹（Jordan, 2001, 2008）认为自杀导致的丧亲是一种与其他形式的丧亲不同的经历，并且遗属通常会报告一些其他伴生的议题。比如，当死亡是来自自杀时，遗属的痛苦往往是势不可挡的，并且夹杂着激烈的自责、内疚、愤怒和不理解等感受。如果自杀是突然的，是意想不到的，这会加剧对遗属的冲击。遗属还要额外承担跟自杀有关的耻辱（Feigelman, Gorman & Jordan, 2009; Houck, 2007）。

自杀者的遗属经常将他们体验到的痛苦比作无尽的情绪过山车，这妨碍了他们面对死亡和处理悲伤情绪以及愈合的能力。情绪过山车有时候包括几种矛盾感受并存的情况，这使得遗属在处理死者的身后事宜时，经常性地发生自我冲突和混乱状态。

这些问题交织在一起可能会造成遗属有一种夹杂着耻辱感的哀伤和强

烈痛苦的状态，这会使他们更易产生精神健康受损、复杂的哀伤情绪和自杀意图，甚至实施自杀行为(Aguirre & Slater，2010)。

有助于理解自杀丧亲引起的主观体验，以及区分自杀和非自杀导致丧亲之痛的过程和体验的几个主要议题包括：

● 最需要回答的问题是“为什么”；

● 内疚/责任/自责；

● 感觉到被死者拒绝和放弃；

● 被背叛的感觉；

● 愤怒、困惑和失望的感受；

● 如释重负的感觉；

● 羞耻、耻辱和社会孤立；

● 家庭困扰；

● 精神/宗教/生存危机；

● 创伤体验，处于复杂的哀伤、抑郁和创伤后应激障碍的风险中(Jordan，2008；Jordan & McIntosh，2010)。

与纠缠“为什么”这个问题相比(Campbell，2001)，自杀者的遗属更想弄明白的问题是关于死亡的意义。因为自杀是自我毁灭，这违反了人的自卫本能这一基本准则，所以遗属经常要去回答这样一个问题：“他/她为什么这样做?”搞清死者的动机和心境是遗属的主要关注点，这会严重抑制他们感知和处理悲伤的能力。

这个关于“为什么”的令人困惑的问题通常还包括责任问题，这会导致责备、内疚和自责。相对于其他类型的死亡的遗属，自杀者的遗属对于死亡表现出更多的内疚、自责和责任感(Feigelman et al.，2009；Jordan，2001，2008；Wilson & Marshall，2010)。在死亡事件中，遗属的角色和责任通常自我夸大了，正如乔丹(2008)认为的，大多数遗属高估了他们自己在促进或阻止自杀中的角色。随之而来的罪恶感就是遗属感觉仿佛是他们通过虐待、疏忽或放弃死者而直接导致了自杀。自杀者的遗属的自责在于他们不能预测或阻止自杀，此外，如果自杀发生在死者与遗属存在人际冲突的背景下，内疚和自责会更加严重(Worden，2009)。

有很多原因可能会导致自杀。某些数据表明，90%死于自杀的人符合精神障碍的标准(Robins，1981)。但是，遗属往往不知道这些导致自杀的因素或者忽视了这些因素。

遗属的内疚感可能会导致其认为自己有被惩罚的必要，并进一步引起自我惩罚的行为，这会导致社会排斥和隔离。内疚也是一种会把死亡归咎于自己或者他人的潜在力量。指责则可能是遗属在不可控和难以理解的情境中试图建立控制的努力。

对遗属来说，愤怒是一种强烈的并且有时候也是令人困惑的情绪。它通常是一种在突发情况下的冲动情绪以及对自杀行为的指责。遗属的愤怒可以指向不同的目标对象。它可以指向其他家庭成员、朋友、同事、职业（如军队）、健康照顾专业人员、牧师、上帝、自己甚至是死去的人。这种指责的需求通常是被强烈的愤怒所驱动的，并且会导致家庭和社会关系的严重混乱。指责只会进一步使遗属分裂和被孤立。

遗属对死者会感到愤怒，但是他们也常常要与这种愤怒情绪带来的内疚感和困惑做斗争，并且对精神疾病在亲人死亡过程中所起的作用感到困惑不解。现在尚不确定为什么自杀死亡可能会被视为对遗属的故意拒绝、抛弃和背叛行为。这可能会导致强烈的愤怒情绪（“他们怎么可以这样对我？”）和自我贬低（“是我不够好，不能让他为我活着”）。

此外，对死者的愤怒感觉通常被遗属视为禁忌，所以适度的愤怒会伴随着内疚，这会导致混乱（Worden，2009）。对遗属来说，对死者的愤怒通常是最难触及的或被意识到的感受，这有时会激起把死者理想化的过程（Wertheimer，2001）。

对于遗属来说，有时自杀发生之后会产生一个存在危机。这种危机可能导致遗属质疑他们生活方式的根基以及他们的生活是否有意义、目的或价值。它也会导致遗属觉得自己是一个人孤零零生活在这个世界上，并进一步使其变得与世隔离。遗属也会发现亲人自杀死亡的其他的痛苦或宗教的慰藉。某些特定的宗教会对罪孽和自杀贴有负面标签，这会进一步使遗属困于哀伤中，限制他们的支持系统，并且让他们过度集中于这样一种认知：他们的亲人可能注定要永远生活在地狱里（Early，1992）。相反，某些遗属则在他们的宗教团体内找到支持，并且在他们新的或更强大的信仰和精神层面发展出更强大的决心。

对于某些自杀者的遗属来说，这种救赎感可能是一种惊喜。当他们试图使死亡有意义时，这种救赎感在他们的治愈过程中可能是有利的，也可能是有害的。有些家庭的功能因其成员的精神疾病、成瘾、自我毁灭和自杀行为损毁了很长时间，一旦家庭系统的这种损毁结束了，家庭成员可能有一种解脱的感觉。这些家庭可能已经经历了与亲人情感上的疏远和分离，他们看着亲人随时间推移慢慢“死去”。这种解脱可能来自遗属的长期痛苦和只能目睹亲人的遭遇却无法提供帮助的无助感。当这两种痛苦都结束了，解脱感就产生了。这种预期的哀伤和解脱感与因癌症、阿尔茨海默病或其他慢性疾病死亡的家庭所经历的感受没有太大的不同(Clark, 2001)。下面的一段话展示了一名海军军人的配偶在目睹她丈夫的情绪痛苦时体验到的无助感，但也突出描述了在经历了丈夫最终的自我毁灭后，这名妻子的心理解脱。

> 他是一个矛盾的男人，一面是天使，一面是魔鬼。他有一个非常黑暗的过去——在那个家庭里他遭遇过父母虐待、家庭暴力、性创伤和药物成瘾。他试图逃离这些，一心一意地去寻找一种更好的生活。他认为军队会帮助他形成一种认同、结交朋友、实现他的目标，并重新开始。事实确实是这样，但军队生活并没有消除他过去的记忆，反而使他需要处理的精神健康问题进一步复杂化和被污名化。和他生活在一起就像和两个不同的人生活一样，并且在婚姻中的某一时刻，我意识到他是一个随时会爆炸的定时炸弹，但是我爱他(不是他的行为)，同时对他执行"严厉的爱"(爱之深，责之切，对有毒瘾或其他不良问题的亲友严格要求，帮助其克服问题)是我人生中做过的最难的事情。如果你没有与精神病人生活在一起，且他总是用一种惩罚的方式来探索人生，你是不会理解失去一个长期自我毁灭的人是什么感觉。这是令人心碎的，但有时我也释然了，因为知道他和我们都安宁了。

自杀者的遗属往往被高度污名化了(Feigelman et al., 2009)。无论是事实上的还是想象中的耻辱感和羞愧感，都严重阻碍了遗属对自杀导致的情绪痛苦的治愈能力，并且引起哀悼过程中的某些问题。对自杀非正式的社会不满、指责以及关于自杀的信念/道德/价值给自杀者的遗属造成了更大的痛苦；人们对自杀极端地缺乏理解，也无法期待他人能对此表示理解(Jordan, 2008)。害怕自杀的污名，以及对自杀的羞愧感可能会使遗属保守自杀死亡的秘密。这层神秘面纱可能让遗属背上沉重的负担并且影响他们的治愈能力。它也可能造成家庭内巨大的紧张和压力(Jordan & McIntosh, 2010)。

最后，对污名化做出的反应只会增加自杀者的遗属已经承担的负担。许多人不知道怎样应对自杀死亡，也不理解如何去支持那些受影响的人。遗属可能常常不得不去教育他们社交网络中的人如何与处于悲痛中的人互动并支持他们(Feigelman et al., 2009)。遗属得到社会支持的质量、程度和类型对缓解悲痛是有用的。当支持性的回应缺失时，仍处于哀伤中的遗属的困境可能会加重。遗属必须找出一个新的路径去发现哪一种关系和支持网络是有利的，哪一种是有害的。如果缺乏有帮助的关系存在，遗属常常被独自留在自责、孤立和耻辱中。这会导致乔伊纳(Joiner，2005)所说的“受挫败的归属感”和“被察觉的负罪感”，这两者被视作自杀的风险因子。阿吉雷和斯莱特(Aguirre & Slater，2010)认为经过培训的年长的同辈遗属也经历过相同的自杀悲剧，可以帮助培养归属感，并且可以通过积极的事发后外展项目，帮助那些新丧亲的遗属提高自我效能感。创造归属感可以作为自杀预防的一个保护因子(Aguirre & Slater，2010)，并作为将新遗属和预防自杀服务相连接的一个途径。对具有较高风险受PTS/PTSD、深度哀伤、家庭压力、抑郁情绪影响以及有自杀倾向的遗属来说，同伴支持三级预防能够作为重要的短期和长期的预防性和治疗性服务。

三、军队自杀者的遗属及军人自杀的复杂性

军人自杀的后果与任何自杀相同，就是遗属被抛下来去处理挥散不去的自杀死亡的阴霾。再加上美国武装部队(U.S. Armed Services)军人死亡的复杂性，除了自杀发生后遗属的一般情绪压力和内疚感之外，军队自杀者的遗属还通常面临着其他特有的问题。这些多层次交织的复杂情况，以及哀伤和创伤体验的双重负担，可能会导致遗属长期的、痛苦的和复杂的哀伤处理过程，同时也会导致生理的、心理的、社会的和精神健康方面的持久损伤。

依据美国武装部队中的死亡因素和军队自杀者的遗属所面临的独特问题——在本章后面讨论——这部分人群被认为有很高的风险发展出创伤后应激障碍(PTSD)、抑郁症、焦虑性障碍、复杂的哀伤反应和自杀行为(Harrington-LaMorie & Ruocco，2010)。为了帮助理解影响军队自杀身亡者遗属的某些特殊因素和差异，有几个地方需要解释一下。关于军队人员死亡的相关问题和复杂性，更进一步来说是关于军人的自杀，在现有文献中已经被充分注意到了。因此，这些观察是基于这些文献的作者的临床经验，因为他们曾与这个群体密切接触过。

在美国武装部队中，亲人的死亡是复杂的，它不同于在平民世界里通常经历的那些事件(Carroll，2001；Steen & Asaro，2006)，这导致遗属的哀伤处理过程可能是长期的、痛苦的和复杂的。

受严重的哀伤打击和受到创伤的遗属——特别是如果他们是死者的主

要近亲（primary next of kin，PNOK）、次要近亲（secondary next of kin，SNOK）以及被授权直接处置（遗体）的人（person authorized to direct disposition，PADD）——会不断面临在复杂的失落和创伤中做出困难决定的任务。他们必须掌握服役军人遗体处置的复杂的官方程序，处理服役军人的个人影响，并参与大量与遗属津贴权利相关的文书工作。这些任务往往牵涉国防部（DOD）和退伍军人事务部（VA）的较宏观系统中的多个系统。

在人际方面，遗属必须处理他们自己对于服役人员死亡的反应。通常，他们必须在多重的、内心的、家庭的、军队的和组织的互动的背景下协调处理波动的情绪和各种复杂因素。军人死后的事宜并不存在于真空中，遗属也是如此。在美国军队中，亲人的死亡同样使幸存的家庭成员面临着共存的一系列危机以及原发性和继发性的失落。这尤其适用于配偶和子女，他们失去的不仅是一个家庭成员，更是一种生活方式。死亡带给遗属的社会变迁可能会十分出乎意料（Harrington-LaMorie & Ruocco，2010）。围绕着美国军人死亡的因素可能会加剧这种失落感，并且使遗属在哀伤过程中更易患其他并发症，这将于下面详细阐述。

四、死亡的细节和遗体保留情况

某些人死亡的方式可能对遗属有一个深刻而持久的影响。因为在美国武装部队中，绝大多数死亡是突然的或暴力性质的，暴力死亡对遗属的心理和情绪的影响是一种哀伤和创伤的混同体验（Neria & Litz，2004）。突然的或暴力的手段造成的死亡带来的丧亲之痛——比如交通事故、自杀或他杀——在增加遗属哀伤复杂性的同时，也挑战着他们对自己以及所生活世界的基本信念（Currier et al.，2007；Doka，1996；Rynearson，2006；Worden，2009）。

军事死亡有可能导致遗体的碎片化，它会一点一点地被取回，也可能无法被找到，或者因为环境的原因而看不见。如果遗属不能看见或接收遗体，这会进一步使哀伤情绪复杂化，因为遗属可以拒绝承认或延缓承认死亡的事实。最近的证据表明，突然死亡之后，允许查看亲人的遗体有可能是有好处的（Chapple & Ziebland，2010）。遗属能够接近死者，这为他们提供了接受死亡现实和承认丧亲的机会。当遗体没有被看到时，遗属就被剥夺了这个机会。

显然，一名服役军人的死亡对遗属的哀伤和丧亲体验有着长期的影响。

服役人员的死亡带来了社区中其他人的支持，这些人多年来在纪念活动中表彰他们失去的亲人，他们在从微观到宏观的各层面都有强烈的权利被剥夺的感受，这种被剥夺感可能是现实的，也可能是由认为死亡是不光彩的这样一种想法导致的。正如已经简短讨论过的，军人自杀也被视为不光荣的死亡。

五、死亡的地理位置/遗属的地理位置

服役人员死亡的位置对遗属(们)有着重要的影响。服役军人死在不同情况下和世界上的不同地区。很多死在美国，靠近他们的基地/岗位，或靠近家，然而其他人则死在国外，有时遗体无法被找到。军人家属面对的一个特殊挑战是：不管是小家庭还是大家庭，服役军人因为训练、部署或其他的作战需要，会有大量时间远离家人。

当死亡发生在海外或与家庭在地理上分开时，已婚服役人员的配偶和子女通常生活在服役人员被部署的基地/工作场所内或者周围。因为大部分人都生活在远离家庭原籍的地方(除了一些国民警卫队成员和预备役成员)，所以他们可能需要依靠军队社区作为他们的主要支持系统。服役军人也最有可能远离自己的父母、兄弟姐妹、家庭、朋友很长一段时间，互相说的话、共同度过的时光可能都屈指可数，而且两次相聚之间总是相隔很久。另外，有一种被称为“部署延迟”的哀伤，即遗属会采用高水平的防御机制来处理和创造一个拒绝亲人已死的否认性的潜意识，并且取而代之的是在意识层面上，认为他们只是因为部署而“离开”，即使他们已经被军队告知死讯。当部队回来的时候，服役军人不在他或她的部队的现实往往会打击遗属，并造成急性哀伤反应。这种延迟往往会妨碍遗属接受他们丧亲这一现实的能力，并且阻碍他们治愈(Steen & Asaro，2006)。

六、死者的年龄/遗属的年龄

大部分服役军人的死亡年龄在18岁到40岁之间(Harrington-LaMorie & Ruocco，2010)。他们的遗属通常也是年轻人，包括年轻的成年配偶、父母、兄弟姐妹和其他家人朋友。他们留下的孩子可以从年轻的成年人、青少年到年幼的孩子，甚至是还未出世的胎儿。年轻成人意外的悲剧性的英年早逝将遗属置于一种与发展阶段不同步的境地。年轻成人的死亡对遗属提出

了特殊挑战。导致这一情况的原因是：(1) 缺少类似的也正经历着丧亲的人；(2) 以往的死亡经验不足，尤其是配偶或孩子也正处于年轻的时候；(3) 可以作为榜样来示范如何处理和应对这样的创伤和过早丧亲的同辈群体很有限(Walter & McCoyd, 2009)。

这些特殊问题困扰着正经历丧亲的年轻人家庭。儿童可能需要由单亲或托管人员抚养，家庭角色可能会发生变化，家庭中的身份认同可能会改变，同时家庭发展任务会受到挑战，因为他们的整个一生都会为这次丧亲而哀伤(Walter & McCoyd, 2009)。年轻人死亡带来的哀伤和失落可能涉及过去的、现在的哀伤以及未来的希望和梦想。

七、为服役献身

现在的美国军队是一个在战争期间男性和女性自己做决定进入军队的全志愿部队。个人参军有各种各样的理由。众多理由中的一个最主要的驱动力是：奉献自己和自己的技能给美国的保护、支持和防御事业，过一个目标驱动、任务导向的人生。

现役军人为服役献身的众多原因也为遗属应对哀伤带来了附加的风险因子，或者他们也可能可以成为一种保护因子。遗属对服役人员军事事业的看法是一个重要的决定因素。例如，一个母亲可能一直非常支持她的儿子或女儿参军的决定，或者这个妈妈一直非常反对。此外，遗属的哀伤处理过程也会被他/她对军队对服役人员死亡的潜在责任的看法，以及死亡发生后军队如何对待死者和遗属的看法所影响。

八、死亡通知

对于许多遗属，尤其是对于死者的近亲而言，他们的生活被一声敲门声永远改变。美国军队通过官方的死亡通知程序，正式通知主要和次要的近亲他们的军人亲属已经死亡。军队通常用官方的政府车辆送达，送达人员穿着十分整洁并且装饰过的制服，成对出现——一名“通知者”和一名牧师。各军队分支部门的死亡通知过程存在着一些差异。例如，陆军会派一名伤亡通知员(Casualty Notification Officer, CNO)和一名牧师去通知这个家庭。他们严格地提供通知，并把个人和伤亡事务官(Casualty Affairs Officer, CAO)分开。在海军和海军陆战队，伤亡援助呼叫官(Casualty Assistance

Call Officer，CACO)同时提供通知和伤亡援助。伤亡事务工作人员与死者的军衔相等或级别更高。比如，陆军中的服役人员必须是 E-7 或以上才能担任 CNO 或 CAO。

接收和传递这个消息对遗属和通知团队都是痛苦的和困难的。但是，即使有最好的训练和敏感性，通知一个家庭服役人员突然死亡也会是一个“重大”的创伤性事件。当死亡是突发性或暴力性的时候，通知的冲击会压倒遗属的内在各种资源，引发各种个体反应。

伤亡事务官员

死亡发生后，军队会在数周或数月中分配一个伤亡事务官员（简称“伤亡官”）作为与伤亡者主要近亲（PNOK）的接触人员。每个军队分支部门的伤亡官其核心义务和责任基本上是一样的：满足近亲的迫切需求；帮助家人把服役人员的遗体带回家；殡葬安排；帮助家人应对媒体；引导官方程序；就享受津贴的权益对家人进行指导；审核津贴请求和帮助申请调查报告（Steen & Asaro，2006）。一旦这些要求或津贴/权益被提交且最后被批准了，那么伤亡官的工作就结束了。

伤亡官被派给一个家庭，在他们人生中最困难和最具挑战的时候，伤亡官给予这些家庭指导和支持。许多军人的遗孀因远离家庭原籍而缺乏支持，在很大程度上依赖于她们的伤亡官来得到实际的和情感上的支持。官员帮助亲属在激烈的创伤、哀伤和困惑时做出复杂的但却关键的人生决定。当官员的角色和工作结束时，有时遗属会经历一个额外的失落和不可否认的结局。

九、对遗属的直接影响

突然被通知军人亲属死亡的遗属个人和家庭，他们的实际需求和心理需求是特殊的。从伤亡官进门的那一瞬间，关于军人死亡的复杂决定就此开始。

被指定的遗属通常必须处理遗体的转移（如果服役人员死在海外或者远离家乡就会有这层烦恼）、葬礼/纪念馆/墓葬（包括伴随这些的军事礼节和仪式）和媒体参与（军人死亡通常会有较高的公众关注度）。

当应对父母一方死亡的孩子时，“如何告诉孩子”对活着的家长或监护人是一个挣扎。由于死亡的细节、情况或遗体保留不完整，以及家长自身缺乏应对的技巧，有些家长会推迟给他们的孩子提供相关信息，并且可能在死亡之后的数天、数周、数月、数年后寻求帮助。下面引述自一位死于自杀的海军陆战队少校的遗孀的话说明了这个问题：

> 你怎么告诉一个 8 岁和一个 10 岁的孩子，他们的父亲已经从伊拉克安全回来却自杀了？

如果死亡的情况涉及无人照看的尸体(例如，一名士兵的尸体在一个房间里被发现，似乎是自杀)，或死因需要进一步的调查，那么遗属也要接受死亡调查，这时家庭不得不与多层军事官僚机构抗衡。死亡调查时间可能会延长(扩展到一年或以上)，犯罪调查员会对遗属造成长期的再度创伤，而且他们很少与受害者援助机构合作。部分死亡调查过程也会对该名军人是否是在工作岗位上死亡进行判定，这个判定影响着遗属的福利和待遇。

复杂且紧迫的是，改变生活的决定需要在服役人员死亡后数小时、数天或数周内做出。哀伤治疗的专家建议人们在亲人或有重要关系的人死亡之后 6 个月内，避免做出改变生活的决定(Creagan, 2009)。军队已经开始意识到这个最好的实践建议，但是遗属尤其是配偶通常面临着急迫的改变生活的决定，如搬到哪里、财政考虑/金钱补贴、处理个人影响和家庭用品以及孩子上学等，这些都是在服役人员死亡后 3 到 12 个月内面临的问题，这些问题也取决于他们驻扎在哪里。

十、次生损失和多重损失

在现役部队服役的亲人的死亡，使得家庭成员面临着一系列其他类型的损失，被称作次生损失(secondary losses)。损失不仅包括实际死亡(或主要损失)，也包括他们的生活方式和与此相关的身份认同(例如，军人的配偶、军人的母亲、军人的孩子)，他们的住房损失(如果住在基地/单位)，以及最大的军队团体的损失。对于军人的配偶和孩子来说，这是一个从军人家庭向平民家庭的“非志愿转型”。这些突然的、多重的和复合的损失可能会带给遗属家庭一种深切的隔离感、孤独感和权利被剥夺感。

十一、现役军人自杀的其他挑战

如前面提到的，对军人自杀死亡的遗属来说，他们通常在亲人死亡后就会立刻感受到深切的隔离、孤独和被剥夺感。虽然军队近期非常努力地应对围绕自杀的体制政策，仍会有现实的并能被感受到的耻辱附着在自杀之上。除了自杀军人的遗属本身面临的复杂性，自杀者的遗属还必须与其他挑战相抗争。

(一)“不光彩”的死亡：羞耻和耻辱

与“奉献于一个不灭的神话”的警察部门的文化类似(Violanti，1995：2)，军人自杀可能被认为是对受害者和职业的羞辱。除了对自杀死亡流行的社会负面标签，军人自杀也通常被认为是“不光彩”的死亡。即使受到军队政策的支持，自杀死亡仍可能会在纪念馆、慰问、表彰、死亡调查、财政、退休金权利和待遇方面被不公平地对待。虽然军队最近已经开始做出关于这些政策的制度变化，但是这些污名仍旧可能会加剧自杀之后的众多情绪的释放，这些情绪包括羞愧、内疚、指责、自责、拒绝、抛弃、愤怒、无力、脆弱和混乱。因此，污名加剧了家庭中遗属的痛苦，把他们隔离在哀伤中，并且让他们为理解自杀行为而进行的努力变得复杂(Jordan，2001)。

对遗属的社会支持可能会受到限制，因为在军队中自杀被认为不是特别光荣或者是羞耻的。遗属的羞愧感可能会造成他们自我隔离。现有的文化污名会导致军队社区的支持被撤销。或者，像许多西方平民社会的自杀者亲属一样，军人遗属也面临着来自家人、朋友和社区的“沉默”(Feigelman et al.，2009)。家庭关系在自杀之后有时会因愤怒和指责的行为而变得紧张或者破裂。当死亡是自杀导致时，朋友、邻居和同事可能会对如何提供支持漫不经心，对所说的东西感到不舒服，或者并没有什么能力提供安慰。通常和个别的情况是，也有人因为不认同这种不光彩的死亡方式而故意撤回支持。

除了直系亲属和朋友，另一组经常被忽视并且受军人自杀影响的是死者的战友。和警察部队很像的是，在服役人员中间可能会形成一种大家庭式的联系纽带，军人自杀会在战友中留下持久的情绪障碍并带来严重影响。在军队中，体制政策和文化态度会进一步永久性地给自杀贴上负面标签并且制止求助行为。另外，因为缺乏有效的事后处理服务，活着的战友会有高度的痛苦、自杀和传染效应的风险。传染效应的理论是，一个人自杀了，如果没有经过事后处理和治疗，这会像病毒一样传染并且在一个团体中触发其他人的自杀(Loo，1986；Violanti，1995)。

经验证据表明，污名化与随之而来的社会支持缺乏是在遗属治愈过程中的一个不利影响，它们往往加剧了哀伤处理的难度，使遗属处于抑郁和自杀的风险中(Feigelman et al., 2009)。研究还表明，那些在哀伤中体验到更多耻辱和并发症的遗属将从同伴支持系统中获益(Feigelman et al., 2009)。

(二) 暴力死亡

无论是在战区，在海上的船上，在一个基础训练营，还是在家里，军人自杀死亡在任何地方都有可能发生。在军队服役人员中，使用枪支和窒息是两种最普遍的自杀方式(Kang & Bullman, 2008)。

通常情况下，遗属会在寻找亲人的遗体或目睹死亡时经受创伤。这些死亡可能是暴力的并会留下创伤的迹象、切割的伤口，或者导致身体毁损。家人通常是受害者，因为他们是家庭成员暴力自杀的见证者，或直接发现死者的尸体。尤其是那些发现尸体的人，暴力自杀带给他们的哀伤和创伤反应会更激烈和复杂。受害者的恐惧和震惊会是巨大的并会留下永久的图像，伴随着闪回、噩梦和侵入性感受。见证了自杀和发现尸体的那些人更容易产生急性创伤后应激症状、PTSD和哀伤的并发症(Jordan, 2008)。下面的一段话表明了发现亲人自杀后的尸体的恐怖：

> 我和孩子在迪士尼乐园度过了快乐的一天。那晚，当我们回到家的时候，我们打开车库门发现我丈夫悬挂在天花板上。我女儿实际上是最先看到她爸爸的。我没能保护她避免看到这些。

(三) 媒体

军人死亡往往会在媒体上被大肆报道，家庭通常进一步受害，因为他们的军人亲人的死亡情况会被迅速推入公众视野，并剥夺他们是否愿意公开自杀这一信息的选择(Steen & Asaro, 2006)。遗属的生活以及他们亲人的生死都会成为公众的谈资，供他人消费。

在遗属极为哀伤的阶段，媒体是一个侵入性的、不受欢迎的不速之客。从死亡当时的情景到葬礼之后，当他们试图报道军人自杀的故事的时候，媒体可能不会表现出客观性和灵敏度。遗属可能不愿意让别人知悉他们的故事，或没有准备好在极脆弱和痛苦的时候直接面对媒体。一名服役人员自杀的媒体报道可能是毁灭性的和耸人听闻的，进一步增加了遗属的羞愧感和耻辱感。因此，无论遭遇军人自杀的遗属是否愿意暴露自己，他们都需要去学习如何应对公众的关注，怎样告知公众，以及告知什么。

(四) 纪念馆和赞誉

到现在，美军还没有制定任何政策来规范军事单位或司令部应该怎样纪念自杀的服役人员，尤其是那些在战场上自杀的人。追思礼拜是逐案处理的，依据司令部的指示进行。

军队确实会将与服役有关的自杀，与发生在作战区域的自杀区分开来。死在战场上的军人及其家庭会享有荣光，会收到来自美国总统的慰问信。值得注意的是，三分之二的军人自杀发生在战区之外(Defense Health Board, DHB, 2010)。军事单位或司令部可以选择在他们单位的战争纪念馆记下自杀者的名字；然而，这些人很多时候被排除在外。最近，美国陆军中，在认为自杀是不光彩的一些指挥官之间有了一些争论，美国陆军副参谋长下令，对战场上自杀者的追思应该与战场上其他死亡一样(*Washington Post*, 2010)。

认为自杀是不光彩的，这是一种对服役的不认可，它增加了遗属感受到的耻辱，并让自杀军人“从英雄变成了狗熊”。对军人自杀是不光彩的死亡认知被长期强化，远远超出了美国武装部队的范畴。国家、地方和联邦战争纪念馆可能无法陈列出作战中的自杀现象。针对退伍军人以及情况糟糕的服役人员家庭的机构项目或社区项目可能不被提供给自杀军人的遗属。此外，退伍军人组织或军队的成员组织也可能不会为自杀军人的遗属提供会员特权。褒奖认可的饰品或奖章也不会被提供给军队自杀者的家属。每年过美国的一些纪念退伍军人、服役人员以及牺牲的服役人员的全国性节日时，这些遗属都必须面对这一不光彩死亡的污名化影响。

(五) 责任线和死亡调查

责任线(A Line of Duty, LOD)测定是一个管理工具，是军事指挥官在服役人员受伤、患病、残疾或死亡时用来测定该服役人员的责任现状的。在LOD测定的基础上，服役人员可以获得资格领取军队分支部门发放的津贴或承担责任。受伤、患病、残疾或死亡与服役人员的职责状态之间的联系是关键。

确定该联系的一种方式是运用死亡调查程序。军人自杀往往涉及广泛的调查，来判定并确认死亡的原因，并识别环境、方法和促成因素。这些调查由每个军队分支部门指定的刑事调查部门执行。有些是现役军队的人事部门，还有一些是平民。刑事调查员通常将现场和牵涉其中的人视为犯罪过程的一部分。

死亡调查可能需要几个月甚至几年的时间才能完成。调查会涉及：犯罪现场照片的使用；犯罪现场的描述；对那些参与或受影响的人的广泛采访；搜寻或扣押个人财务和财产；审查服役的记录；尸检照片；长时间内对遗属进行多次采访；其他的长期侵入性措施。家人在死亡调查过程中经常被不断地重新撕开伤口，他们也在服役人员自杀后努力想弄清楚他们的哀伤和失落。

遗属在等待最终报告和死亡调查结果时会经历强烈的焦虑情绪，然后这些报告和结果会帮助司令部确定 LOD。如果死亡不被认为符合 LOD 的要求，遗属们的利益可能会受到负面影响。

（六）抚恤金/保险金/津贴

执勤时的自杀死亡会得到与所有的军事死亡相同的丧礼仪式。当死亡被视为不当的蓄意行为时，抚恤金和津贴会受到影响。指定的遗属可能不会得到服役人员的遗属福利计划、家属赔偿金的补偿和其他津贴。但是，不管死亡的情况是怎样的，是否有一些意外，服役人员的团体人寿保险会支付给指定的受益人。至于私人购买的人寿保险，保单往往有 2 年的自杀免责条款，即如果投保人在获得保单的前两年自杀身亡，人寿保险的保费就不会被支付给保险的指定受益人。

对于那些在作战中自杀死亡的服役人员，其家人通常会努力寻找信息并且在地方、州和联邦等各层面获得对战争死亡者的额外权益和税收优惠。

（七）精神疾病/寻求帮助/指责

军队代表着一个具有高度凝聚力的亚文化群体，他们的成员倾向于“照顾好自己”（Hall，2008）。“军队的整个文化是不谈论感情和情绪的。”（Marshall，2006：32）鉴于军队文化的规范是拒绝寻求精神健康帮助的，再加上有研究表明，90％死于自杀的人符合精神障碍的标准（Robins，1981），这两方面加在一起可能是一个致命的组合。

在军事机构和军队文化中还存在一种关于求助和精神健康照顾的污名。我们的主流文化崇尚坚忍和无敌的精神，因此，因个人问题而寻求帮助会面临现实的和主观认为的障碍（Hall，2008）。在崇尚武力的体系中，服役人员通常需要为识别和为他们的心理的、情绪的、实际的和个人方面的问题求助而付出艰苦努力。一旦有人被视为软弱，就会失去他人的信任，并被区别对待，这些看法就会直接关系到个人的行为表现，影响他的声誉和事业（Hall，2008）。

服役人员及其家属的一大担忧是，寻找精神健康方面的援助是否会被记录在军人档案里，并且影响他们的职业生涯或晋升机会(Hall，2008)。很多时候，服役人员及其家属会绕过军队系统寻求军队之外的照顾。家属还担心，把服役人员的情况披露给他们的指挥官可能会带来报复，影响服役人员和他们的家人之间的信任关系，或者说是对这种信任的背叛。在某些情况下，服役人员和他们的家人会在军队系统内寻求帮助，并且挑战妨碍照顾的多重障碍。

即使国防部加大在自杀预防方面的力度，许多军人家庭仍然讳疾忌医，害怕心理疾病和寻求帮助会带来污名(Hall，2008)。对精神疾病的负面标签、害怕寻求帮助和因照顾的障碍而体验到的挫折感以及无助感会导致家庭在服役人员自杀之前从支持系统中退出(Harrington-LaMorie & Ruocco，2010)。无论是在军队社区还是在平民社区，自杀之后被附加的耻辱会进一步隔离遗属，切断他们的支持系统。这会对遗属正常的哀伤过程造成严重干扰，甚至引发哀伤并发症，增加生理或心理问题的风险，包括更高的自杀率。

自杀发生之后，愤怒的感情和追究责任的需要会引起并加剧家庭的动乱。自杀会留下一个分裂的家庭，他们的愤怒、内疚、自责和哀伤会使成员彼此分离(Harrington-LaMorie & Ruocco，2010)。在服役人员自杀死亡后，遗属、朋友和扩大家庭共同遵守的惯例是转移现实的和认为的愤怒和指责(Harrington-LaMorie & Ruocco，2010)。找到一个人去指责能够把遗属的愤怒导向死去的人(他们可能感到直接指向其他人的愤怒是不恰当的)。指责帮助遗属感受到控制感，而不是寻找永远不可能被回答的答案。媒体、军队和社会各界也对服役人员自杀后创建的指责圈子产生作用。

遗属常常因服役人员的自杀而被他人指责，并且经常主观感受到他人在指责他们，即使别人实际上并没有这样做(Cerel et al.，2008)。而且，遗属也通常不能随意进行哀悼活动，他们会遭遇他人的反应，虽然这些人指责的是死者，却让遗属感到痛苦。

服役人员活着的家属所面临的这些额外挑战和风险因素可能导致其不愿意获得社会支持，以及不让他人参与自己的哀伤过程。这会减少遗属寻求帮助的可能性(McIntosh，1993)。据估计，只有四分之一的遗属会寻求帮助(Aguirre & Slater，2010)。当遗属寻求帮助时，个人辅导与同伴促进小组的配合被认为是首选的治疗模式(B. Feigelman & Feigelman，2008；Jordan，2008)。

案例：罗布

罗布(Rob)是五个孩子的父亲，62 岁。他的儿子特德(Ted)，25 岁，是 OIF/OEF 作战部队的退伍军人，同时也是美国海军陆战队的士官，因在加利福尼亚北部勒琼(LeJuene)营地中的公共场合，用枪射中了自己的头部而失去了生命。特德在 19 岁时入伍海军陆战队。他的爸爸罗布曾在越南战争中服过役，他的祖父曾在第二次世界大战中服过役。这使得特德成为这个家庭中的第三代海军——他自己、他爸爸和他的祖父。

特德曾在海军陆战队的一个侦查部门服役，这是一支特种部队，曾经完成了伊拉克和阿富汗两次战争中的特殊任务。在每一次的部署中，特德都经历了多次爆炸。他在离开阿富汗战场回国之后，开始表现出外伤性脑损伤(TBI)和创伤后应激障碍(PTSD)的症状。他作为一个不需要住院治疗的患者被允许继续在单位工作，然而，当他的症状开始恶化时，他的父亲恳求他住院治疗。在一个春天的下午，特德与他的妻子争吵之后，自己去了医疗诊所。他告诉值班护士，他再也无法忍受他内心中“困惑和混乱”的情绪痛苦。经过协商，医疗团队同意他住院治疗，但是却将他一个人留在咨询室内让他完成入院手续。几分钟后，特德逃离了诊所，但被几名海军陆战队队员追赶着，一直追到了他的卡车那里。在他们赶上他之前，特德已经到了他的卡车里并掏出自己的手枪——向他们挥舞。他开着卡车逃离了现场，但是后来军警在基地拦下了他。在其他车辆和路人面前，他们把武器抵在他身上，让他走出卡车。据车停在他旁边的旁观者说，特德在卡车里坐了一段时间，军警们继续向他喊叫，并让他走出卡车。他默默地坐在那，上下看看。就在他从车里走出来的时候，他眼神变了。当特德最后走出来时，他手里拿着他的手枪，然后立即转身，把手枪对着自己的头，并最终在众人面前朝自己开了枪。

当特德的爸爸罗布接到这个电话时，他正开车经过田纳西州的群山。这是一个改变人生的电话，并且没有任何一位为人父母者愿意接到这样的电话。他五个孩子中最小的那个孩子去世了，并且死于自杀。罗布无法接受这一事实。他在电话里向伤亡援助官员(Casualty Assistance Call Officer，CACO)大叫说他一定是弄错了。他的儿子正在医院里接受TBI和PTSD的治疗。当伤亡援助官再次强调他没有弄错，他的儿子确实自杀了时，罗布靠边停下了车。他感到麻木、迷茫和矛盾，因为他知道他是一个父亲，他需要回家去照顾家人。回家后，罗布立刻处理好深切的哀伤情绪，承担他作为一家之主的角色和责任。他被他的儿子指定为葬礼主办者以确保所有事情都被安排好——包括所有军事葬礼的礼节和仪式。罗布专注于确保他儿子的制服，包括他的丝带和奖牌都是完美的。他从海军陆战队的CACO以及海军陆战队那里收到了关心和同情，救助人员安抚他和他的家人受到的所有冲击和创伤。罗布与儿子的死亡可能是不光彩的这样一种羞耻感做斗争，但是，他从来没有从CACO和海军陆战队那里感受到他们也以这样的感受和态度来看待他的儿子。

特德在去世大概三个月之后被安葬在阿灵顿国家公墓。从特德去世到下葬的这段时间，罗布有许多困难的情绪。照顾好特德的私事，担心其他的孩子和自己的配偶，以及转变成侦探的角色，试图拼凑出导致他儿子自杀的那些事件，这几个主要事项需要罗布区分他的角色——培养自己忍受震惊和麻木的能力。特德被安葬之后，军队和社会的支持减少，大部分与特德死亡相关的现实问题出现，罗布开始每天都感觉到自己的情绪就像坐过山车一样。在特德去世后的第五个或第六个月，罗布"感觉他麻木的冰山融化了"，并出现起伏的情绪崩溃。他努力保持一颗平常心，回归工作和过去的常规。而他的妻子则用她自己的方式处理哀伤(一种与罗布不同的方式)，这也导致他们在沟通和关系上出现很多问题。罗布花更少的时间与朋友在一起。他怕他的情绪失去控制，也害怕哪怕是很微小的情绪起伏。他以前从来没有经历过在一天中的任何时间都无法控制地、毫无预告地、悲伤地哭泣。这引起他极大的不安，他开始隔离自己；这对他来说非常痛苦，因为他天生是个社会人。作为一名来自费城的退休警官，罗布经历过许多"现场"的死亡和调查事件，即使是一些警察的自杀。他认为他已经看过了一切，并且能够处理死亡。他变得对自己非常严厉，经常发脾气。这让他进一步远离他的朋友和亲人。罗布有睡眠困难，在夜里和白天经常有侵入性的想法。儿子自杀的画面和他怎样才能阻止那个瞬间的想法在他脑海里一遍一遍地重播。罗布指责自己不该鼓励特德参加海军陆战队，他觉得如果儿子没有参军，他就不会患上TBI和

PTSD，也就不会自杀。他责怪自己把作为传家宝的手枪作为儿子25岁的生日礼物给了他。罗布认为如果特德没有拿那把枪，就不会有自杀的工具。罗布责怪自己没有保护特德。当特德被派驻到伊拉克和阿富汗时，罗布曾答应过特德，如果他没有发生任何事，罗布就找到他并带他回家。罗布觉得他应该在那里拯救特德。因为这是他的承诺。罗布因为没有在特德死的那天和他说上话而感到内疚，因为他出差了，并且认为特德已经在接受帮助了。罗布晚上躺下却睡不着的时候就会想“但愿”和“为什么”。

罗布有睡眠问题，有侵入性的噩梦，每天（如果不是每分钟）经历像过山车一样的情绪，并且痴迷于寻找那天儿子为什么自杀的每个原因。他将自己与朋友和家人隔离开来。他的工作表现变得很糟。虽然他仍然在工作，但是处在最低水平，并且缺乏目标。罗布的体重也在减轻，没有欲望从事任何活动。大多数日子里，他从单位下班回家，或者晚上六点半就睡觉，或者整夜都醒着睡不着，疯狂地打扫房间。罗布感觉到他的妻子不愿意谈论特德的死亡，他觉得没有亲近的人可以和他谈论他的儿子和儿子的自杀。罗布觉得他已经无法再忍受他正体验着的那些痛苦了，他需要寻求辅导。他的保险公司将他转交给一名社区的社会工作者，这名社会工作者属于一个团体私营服务机构。

案例讨论

罗布是因军人自杀而失去亲人的遗属中的一个。无论他们是为第一次精神健康辅导面谈而走进你的辅导室，还是你在自杀者遗属团体或社区项目中见到他们，在为这些自杀者的遗属工作时，临床医生需要记住以下几个关键问题。

首先，理解为什么自杀死亡者的遗属寻求心理咨询服务是非常重要的。当遗属寻求精神健康服务时，他们通常是自己来的或者是在家人或朋友的鼓励下来的。他们寻求帮助可能有几个原因，比如：遗属通常已经到了生活的每一天都不能忍受精神上的痛苦这样一种地步；他们相信得到帮助是他们“应该”做的；他们的朋友鼓励他们这样做；他们意识到他们需要支持。

因为对自杀的服役人员的遗属而言，处理服役人员死亡的实际问题(包括葬礼和书面工作)可能需要数个月或者更长的时间，所以当遗属带着亲人突然的、意外的死亡所导致的情感麻木和震惊来咨询时，他们可能觉得他们应该“比现在做得更好”。在西方社会中，大家普遍认为哀伤有一定的时间线，过了一段时间后应该会“结束”。遗属可能自己也这么认为，他们也会从他们的社交网络中接收到他们和他们的哀伤处理过程是“不正常”的这个信息。然而，对局外人甚至是对遗属自己而言看上去不正常的表现，实际上是一个“正常”的哀伤处理过程。家人自杀后，其遗属的哀伤可能是复杂的、长期的和难以承受的。评估案主的丧亲之痛是临床医生的工作，而这些并发症如何影响案主的情绪、心理、生理和精神健康也应被考虑。

乔丹(2008)建议实务工作者不应该迫不及待地尝试“修复”遗属的哀伤，而是顺应一个“专家陪伴”的模式，对那些可能需要经过数年漫长而复杂的丧亲过程的遗属进行指导。丧亲照顾者们应该尽量避免使用任何旨在迅速“解决”遗属哀伤的模式，因为哀伤可能真的是一个以灵魂为基础的旅程。自杀引起的哀伤尤其如此，遗属就生活在其中，与现有的内疚、抛弃、羞愧和责任做斗争。对遗属的长期治疗过程通常是重要的。

沃尔福特(Wolfelt, 2006, 2009)推荐哀伤陪伴模型，这一模型提出陪伴遗属不是修复或解决他们的悲伤。相反，遗属要完全把哀伤展现给别人，即使只是他们灵魂的一个临时监护人。照顾者要创造一个安全的环境去包容另一个人深重的丧失。作为一个同伴，照顾者要去观察、了解和熟悉遗属的故事、经历和他们的需求。有时，这需要陪伴遗属反复地倾听他们的故事，让他们理解他们自己界定的损失，和重新定义他们的需求。沃尔福特认为“见证”是真正陪伴的本质。倾听那些亲人自杀的人的故事，倾听过程本身就是一种疗愈。创造和讲述故事帮助人们整理自己的经验，创造了意义，同时也营造了团体。倾听也让专业陪伴服务人员在这个旅程的各个时点上有机会提供有力的支持，同时他们也持续地评估和重新评估遗属的需要。

沃尔福特对哀伤陪伴提出了以下 11 个原则：

1. 陪伴是在另一个人痛苦的时候在他旁边，而不是带走痛苦；

2. 陪伴是走进另一个人的精神世界，而不是负责找到出路；

3. 陪伴是尊重精神，而不是关注智力；

4. 陪伴是聆听心声，而不是用头脑分析；

5. 陪伴是见证他人的努力，而不是判断或指挥这些努力；

6. 陪伴是一起前进，而不是领导或被领导；

7. 陪伴意味着善用沉默这个神圣的礼物，而不意味着用说话填满每个瞬间；

8. 陪伴遗属是温柔安静的，而不是疯狂行动的；

9. 陪伴是尊重无序和混乱，而不是强加秩序和逻辑；

10. 陪伴是向别人学习，而不是教导别人；

11. 陪伴是好奇心，而不是专家技术。

为了更深入地学习这些原理和哀伤陪伴模型，你可以参考沃尔福特的两本书：《陪伴遗属》(*Companioning the Bereaved*, 2006)和《陪伴哀伤者手册》(*The Handbook for Companioning the Mourner*, 2009)。

自杀是一个任何人都很难面对的状况，不仅是遗属，连临床医生都是。自杀是一种强烈的情绪主题，医生也有他们自己的应对方式。他们可能有关于自杀者的个人经验，或者作为临床医生他们自己的专业经验，可能他们有一个案主死于自杀或者自杀未遂。医生也是人，有他们自己对军队、军队服役和战争的情感和态度。医生审视自己对当前的战争和兵役的感想是至关重要的。审视自己对自杀的态度也是非常必要的，包括医生对自杀的道德观、死者的自杀原因以及谁要为自杀负责的观点。意识到你自己关于自杀的感受和态度以及你的自我判断是提供合格照顾的一部分。这些想法、经验和感受会影响你怎么对待一个亲人自杀身亡的遗属。这些反移情情况可能在对遗属的工作中被触发。因此，获得相关咨询和督导对社会工作者是有帮助的。此外，如果你认为和自杀者遗属工作是一种极大的痛苦经历，同时又缺乏适当的监督，或者你不能解决这些问题，你必须首先记住“不要造成伤害”。这一道德立场建议你适当地将遗属转介给另一个能提供更好的治疗的医生。

转介给哀伤治疗师可以通过死亡教育和咨询协会(Association for Death Education and Counseling，www.adec.org)、美国自杀学会(American Association of Suicidology，www.aas.org)和遗属悲伤援

助计划(Tragedy Assistance Program for Survivors，www.taps.org)。

确定遗属对军队的看法可能在治疗过程中非常重要。对于一个受照顾的家庭成员来说，失去与军队的认同和联系可能会增加处理与服役人员死亡相关的多重损失的复杂性。如果有羞愧和耻辱感，无论是现实的或认为的，都会尤其困难。对于自己就是退伍军人的活着的家长而言，他们对自己的服役和军队的看法可能会受到影响——这有赖于自杀死亡影响的范围和情境中的变量。获得遗属如何修复这种影响的观点对他们的治疗是有帮助的。有些遗属发现，与军队或退伍军人组织保持持续的联系是有帮助和有疗愈性的。有些志愿者会用他们在训练中的经历和故事作为军队自杀预防的案例。有些人希望与军队没有牵扯。如果需要的话，医生会鼓励遗属与军队和退伍军人团体建立一些健康的联系以及合理的边界。

心理教育也是该过程中的一个重要部分。教育关于自杀、精神疾病的作用，以及对自杀丧亲过程的现实期望对遗属来说是宝贵的。教育也应该包括家庭产生创伤症状、复杂的哀伤反应、自杀后的家庭混乱，以及遗属自己自杀倾向的信息。遗属个人关于他们如何应对这样的悲剧的经验以及一些专业书籍也可以帮助遗属疗愈。

鉴于自杀死亡的情绪痛苦，自杀死亡的遗属也同样处于危及生命的行为和自杀的高风险中。处于急性风险中的这些人可能会谈论到要杀死自己，或者积极寻求死亡的方法。自杀风险的其他指标包括：过去的自杀尝试；巨大的绝望；深刻的情绪变化；极度焦虑/激动；鲁莽和危险的行为；极度愤怒、暴怒或寻求报复；隔离；被困住的感觉；获得武器和精神病史；成瘾/药物滥用。联系全国自杀预防热线(The National Suicide Prevention Lifeline)可以通过拨打 1 - 800 - 273 - TALK 或登录 www.suicidepreventionlifeline.org。

如果遗属是在执勤中死亡的美国武装部队、预备役或国民警卫队成员的家长、配偶或孩子，他们就有资格通过退伍军人事务部医疗中心(www.vetcenter.va.gov)进行哀伤辅导。最后，医生应该意识到对自杀死亡的服役人员遗属的同情疲劳程度和他们自我照顾的需要。如果医生失去了一个自杀的案主或者家庭成员，他们同样应该寻求适当的支持和/或精神健康照顾，以帮助医生处理自己对死亡的反应。美国自杀学会在 www.suicidology.org 上有提供给医生和遗属的专门资源。

本章问题讨论

1. 哪些反复出现的议题可以帮助自杀死亡的主观体验将对自杀导致的丧亲之痛的处理过程和其他死亡方式区分出来？在罗布的案例中你有没有发现这些议题？

2. 你能说出并描述与军人死亡相关的复杂性吗？在罗布的故事中你能找到哪些？

3. 军人自杀的遗属面临的额外挑战是什么？你能从罗布的案例中看到什么？

4. 描述自杀死亡的服役人员遗属处于自杀风险中的指标。你估计罗布会自杀吗？为什么？你如何评估这种风险，并且你会做什么？

5. 列出照顾自杀者遗属的一些干预措施和资源。

6. 你对军人自杀和自杀损失的情感、态度和观念是什么？

7. 作为一名临床医生，你怎么监测你的同情疲劳程度？你怎么实施自我照顾？

参考文献

Aguirre, R. T. P. & Slater, H. (2010). Suicide postvention as suicide prevention: Improvement and expansion in the United States. *Death Studies*, *34*, 529 - 540.

American Foundation for Suicide Prevention. (2010). *Survivor research: AFSP and NIMH propose research agenda*. Retrieved from http://www.afsp.org/index.cfm?fuseaction5home.viewpage & page_id52D9DF73E - BB25 - 0132 - 3AD7715D74BFF585.

Barrett, T. W. & Scott, T. B. (1990). Suicide bereavement and recovery patterns compared with non-suicide bereavement patterns. *Suicide and Life-Threatening Behavior*, *20*, 1 - 15.

Bonanno, G. A. (2004). Loss, trauma, and human resilience: Have we underestimated the human capacity to thrive after extremely aversive events? *American Psychologist*, *59* (1), 20 - 28.

Cain, A. C. (Ed.). (1972). *Survivors of suicide*. Springfield, IL: Thomas.

Callahan, J. (2000). Predictors and correlates of bereavement in suicide support group participants. *Suicide & Life-Threatening Behavior*, *30*, 104 - 124.

Campbell, F. R. (2001). Living and working in the canyon of why. *Proceeding of the Irish Association of Suicidology*, *6*, 96 - 97.

Carroll, B. (2001). How the military family copes with a death. In O. D. Weeks & C. Johnson (Eds.), *When all the friends have gone: A guide for aftercare providers* (pp. 173 - 183). Amityville, NY: Baywood.

Cerel, J., Jordan, J. R. & Duberstein, P. R. (2008). The impact of suicide on the family. *Crisis*, *29* (1), 38 - 44.

Chapple, A. & Ziebland, S. (2010). Viewing the body after bereavement due to a traumatic death: Qualitative study in the UK. *British Medical Journal*, *340*, c2032.

Clark, S. (2001). Bereavement after suicide: How far have we come and where do we go from here? *Crisis*, *22* (3), 102 - 108.

Cleiren, M. (1993). *Bereavement and adaptation: A comparative study of the aftermath of death*. Washington, DC: Hemisphere.

Congressional Quarterly. (2010). *Rising military suicides: The pace is faster than combat deaths in Iraq or Afghanistan*. Retrieved from http://www.congress.org/news/2009/11/25/rising_military_suicides.

Creagan, E. T. (2009, December 15). Grief: A Mayo Clinic doctor confronts painful emotions. *Mayo Clinic online*. Retrieved from http://www.mayoclinic.com/health/grief/HQ00771.

Currier, J. M., Holland, J. M., Coleman, R. A. & Neimeyer, R. A. (2007). Bereavement following violent death: An assault on life and meaning. In R. Stevenson & G. Cox (Eds.), *Perspectives on violence and violent death* (pp. 175 - 200). Amityville, NY: Baywood.

Defense Health Board (2010). *Final report of the Department of Defense task force on the prevention of suicide by members of the armed forces*. Retrieved from http://www.health.mil/dhb/downloads/Suicide%20Prevention%20Task%20Force%20report%2008 - 21 - 10_V4_RLN.pdf.

Demi, A. S. (1984). Social adjustment of widows after a sudden death: Suicide and non-suicide survivors compared. *Death Education*, *8*, 91 - 111.

Department of Defense. (2010). *Military casualty information*. Retrieved from http://siadapp.dmdc.osd.mil/personnel/CASUALTY/castop.htm.

Doka, K. (Ed.). (1996). *Living with grief after sudden loss: Suicide, homicide, accident, heart attack, stroke*. New York, NY: Routledge.

Early, K. (1992). *Religion and suicide in the African-American community*. Westport, CT: Greenwood Press.

Farberow, N., Gallagher-Thompson, D., Gilewski, M. & Thompson, L. (1992). The role of social support in the bereavement process of surviving spouses of suicide and natural deaths. *Suicide and Life-Threatening Behavior*, *22*, 107 - 124.

Feigelman, B. & Feigelman, W. (2008). Surviving after suicide loss: The healing potential of suicide survivor support groups. *Illness, Crisis & Loss*, *16* (4), 285 - 304.

Feigelman, W., Gorman, B. S. & Jordan, J. R. (2009). Stigmatization and suicide bereavement. *Death Studies*, *33* (7), 591 - 608.

Grad, O. & Zavasnik, A. (1996). Similarities and differences in the process of bereavement after suicide and after traffic fatalities in Slovenia. *Omega*, *33*, 243 - 251.

Hall, L. K. (2008). *Counseling military families: What mental health professionals need to know*. New York, NY: Routledge.

Harrington-LaMorie, J. & Ruocco, K. (2010). The tragedy assistance program for survivors (TAPS). In J. R. Jordan & J. L. McIntosh (Eds.), *Grief after suicide: Understanding the consequences and caring for the survivors* (pp. 403 - 411). New York: NY: Routledge.

Holland, J. M., Neimeyer, R. A., Boelen, P. A. & Prigerson, H. G. (2008). The underlying structure of grief: A taxometric investigation of prolonged and normal reactions to loss. *Journal of Psychopathology and Behavioral Assessment*, *31* (3), 190 - 201.

Houck, J. (2007). A comparison of grief reactions in cancer, HIV/AIDS, and suicide bereavement. *Journal of HIV/AIDS & Social Services*, *6*, 97 - 112.

Joiner, T. (2005). *Why people die by suicide*. Cambridge, MA: Harvard University Press.

Jordan, J. R. (2001). Is suicide bereavement different? A reassessment of the literature. *Suicide and Life-Threatening Behavior*, *31* (1), 91 - 102.

Jordan, J. R. (2008). Bereavement after suicide. *PscyhiatricAnnalsOnline. com*, *38* (10), 679 - 685.

Jordan, J. R. & McIntosh, J. L. (2010). Is suicide bereavement different? A framework for rethinking the question. In J. R. Jordan & J. L. McIntosh (Eds.), *Grief after suicide: Understanding the consequences and caring for the survivors* (pp. 403 - 411). New York, NY: Routledge.

Kaltman, S. & Bonanno, G. A. (2003). Trauma and bereavement: Examining the impact of sudden and violent deaths. *Journal of Anxiety Disorders*, *17*, 131 - 147.

Kang, H. K. & Bullman, T. A. (2008). Risk of suicide among US veterans after returning from the Iraq and Afghanistan war zones. *Journal of the American Medical Association*, *300* (6), 652 - 653.

Kovarsky, R. S. (1989). Loneliness and disturbed grief: A comparison of parents who lost a child to suicide or accidental death. *Archives of Psychiatric Nursing*, *3*, 86 - 96.

Latham, A. & Prigerson, H. (2004). Suicidality and bereavement: Complicated grief as a psychiatric disorder presenting greatest risk for suicidality. *Suicide and Life-Threatening Behavior*, *34* (4), 350 - 362.

Loo, R. (1986). Suicide among police in a federal force. *Suicide and Life-Threatening Behavior*, *16*, 379 - 388.

Marshall, J. (2006). Counseling on the front line: Providing a safe refuge for military personnel to discuss emotional wounds. *Counseling Today*, *48* (8), 1, 32 - 33.

McIntosh, J. L. (1993). Control group studies of suicide survivors: A review and critique. *Suicide and Life-Threatening Behavior*, *23*, 146 - 161.

McIntosh, J. L. (1987). *Suicide and its aftermath*. New York, NY: Norton.

McMenamy, J. M., Jordan, J. R. & Mitchell, A. M. (2008). What do suicide survivors tell us they need? Results of a pilot study. *Suicide and Life-Threatening Behavior*, *38* (4), 375 - 389.

Mitchell, A. M., Sakraida, T. J., Kim, Y., Bullian, L. & Chiappetta, L. (2009). Depression, anxiety and quality of life in suicide survivors: A comparison of close and distant relationships. *Archives of Psychiatric Nursing*, *23* (1), 2 - 10.

Neimeyer, R. A., Burke, L. A., Mackay, M. M. & van Dyke Stringer, J. G. (2010). Grief therapy and the reconstruction of meaning: From principles to practice. *Journal of Contemporary Psychotherapy*, *40* (2), 73 - 83.

Neria, Y. & Litz, B. T. (2004). Bereavement by traumatic means: The complex synergy of trauma and grief. *Journal of Loss and Trauma*, *9*, 73 - 87.

Parker, H. A. & McNally, R. J. (2008). Repressive coping, emotional adjustment, and cognition in people who have lost loved ones to suicide. *Suicide and Life-Threatening Behavior*, *38* (6), 676 - 687.

Rando, T. A. (1993). *Treatment of complicated mourning*. Champaign, IL: Research Press.

Robins, E. (1981). *The final months: A study of the lives of 134 persons who committed suicide*. New York, NY: Oxford University Press.

Rynearson, E. K. (Ed.). (2006). *Violent death: Resilience and intervention beyond crisis*. New York, NY: Routledge.

Seguin, M., Lesage, A. & Kiely, M. C. (1995). Parental bereavement after suicide and accident: A comparative study. *Suicide and Life-Threatening Behavior*, *25*, 489 - 498.

Steen, J. M. & Asaro, M. R. (2006). *Military widow: A survival guide*. Annapolis, MD: Naval Institute Press.

Stroebe, M. S. & Stroebe, W. (1993). The mortality of bereavement. In M. S. Stroebe, W. Stroebe & R. O. Hansson (Eds.), *Handbook of bereavement: Theory, research, and intervention* (pp. 175 - 195). New York, NY: Cambridge University Press.

Thompson, D. G., Futterman, A., Farberow, N., Thompson, L. W. & Peterson, J. (1993). The impact of spousal bereavement on older widows and widowers. In M. S. Stroebe, W. Stroebe & R. O. Hansson (Eds.), *Handbook of bereavement research: Consequences, coping, and care* (pp. 227 - 239). New York, NY: Cambridge University Press.

Violanti, J. M. (1995, February). The mystery within: Understanding police suicide. *FBI Law Enforcement Bulletin*, 19 - 23. Retrieved from http://www.graphlete.com/IACP/Reference% 20Material/Select% 20Publications/Handout-% 20Mystery% 20Within-Police%20Suicide%20-%20FBI%20LEB.PDF.

Walter, C. A. & McCoyd, J. L. M. (2009). *Grief and loss across the lifespan: A biopsychosocial perspective*. New York, NY: Springer.

Washington Post. (2010). Retrieved from http://www. washingtonpost. com/wpdyn/

content/article/2010/07/17/AR2010071702692.html? sid5ST2010071801227.

Wertheimer, A. (2001). *A special scar: The experiences of people bereaved by suicide*. Philadelphia, PA: Taylor & Francis.

Wilson, A. & Marshall, A. (2010). The support needs and experiences of suicidally bereaved family and friends. *Death Studies*, *34*, 625 – 640.

Wolfelt, A. D. (2006). *Companioning the bereaved: A soulful guide for caregivers*. Fort Collins, CO: Companion Press.

Wolfelt, A. D. (2009). *Understanding your suicide grief: Ten essential touchstones for finding hope and healing your heart*. Fort Collins, CO: Companion Press.

Worden, J. W. (2009). *Grief counseling and grief therapy: A handbook for the mental health practitioner* (4th ed.). New York, NY: Springer.

第二十三章　支持长期家庭照顾的压力过程模型

Monica M. Matthieu, Angela B. Swensen

一、简介

在所有医疗、心理和精神病治疗机构中，临床工作者常常会遇到现役军人、退伍军人、军人家属和军人们的照顾者，他们正经历着健康、疾病或是贯穿他们整个生命历程的残疾问题。这些问题造成了极大的心理、生理和经济方面的影响。临床工作者是来自不同学科的各种专业人才，包括医学、护理、心理学、康复、心理咨询、社会工作——他们是专门致力于满足个体及其家庭的各种身体健康、精神健康和心理需求的人群。

服务退伍军人的临床工作者通常会被提供一些直接照顾的指南，现在这些照顾也包括协助照顾者的必要的支持性服务。2010 年，伴随着《照顾者和退伍军人的综合卫生服务法案》(*Caregivers and Veterans Omnibus Health Services Act*, P.L. 111 - 163)的通过，人们开始关注以前经常被忽视但又很重要的照顾者的需求，特别是为服役人员或退伍军人提供长期照顾的家庭成员。这一法案的及时颁布旨在限定服役人员和退伍军人其照顾者的服务范围，特别是将服役人员限定为：为美国服兵役而遭遇了非致命伤害的个人。在此，受伤的服役人员和退伍军人被授予"受伤的勇士"称号。此外，那些为受伤的勇士的家庭照顾者提供服务的临床工作者将发现理论和评估模型的重要性。有了这些基本模型，临床工作者可以扩大他们的能力范围，增加新的实践行为，并以此来提高他们的服务质量。

本章旨在为工作者提供相关的理论方法和模型，因为他们在工作中需要评估受伤军人家属面临的各种挑战。尤其是压力过程模型(Pearlin et al., 1990)，它提供了一个有助于理解压力、评估和处理之间的相互作用的框架。这些问题的产生往往是由于持续的应激性生活事件，如对受伤军人的护理。这个框架的理论概念可以被用在对压力反应的预估、干预和评估中，而应对的过程可以用来减轻照顾者日益增加的负担和压力。掌握压力过程模型后，临床工作者可以理解照顾者压力体验的独特性，及其带来的生理和心理方面的影响，并采取一种更全面的观察视角，即将压力(应激)反应作为生理与心理的相互作用，最终提供适当的临床治疗和干预策略(Everly & Lating，2002)。

二、问题范围

在过去的100年里，由于医疗技术的进步，即使战争空前增多，在服役期间外伤性损伤军人的存活率仍有所提高。随着非致命伤害发生率的增加，越来越多的军人回家之后需要长期护理和康复治疗。在“9·11”事件中，受伤的群体经历了截肢、外伤性脑损伤(TBI)，以及其他和战争相关的压力，我们通常统称为创伤后应激障碍(PTSD)。医学界将一系列生理、心理伤害统称为多发伤(ploytrauma)。大多数多发伤会导致永久性残疾，因此需要长期护理。为了减轻伤害，服役人员和退伍军人需要和美国人常见的问题做斗争，如久坐不动的生活方式、肥胖、糖尿病、高血压、癌症、抑郁症、酗酒和抽烟。

除了身心健康的挑战，受伤军人和他们的家庭还需要应对他们特有的与服役相关的应激性生活事件。尤其现在，军人家属往往需要面对频繁且反复的迁移和调度。此外，受伤军人需要持续的药物治疗，这些处于创伤性外伤急性后期阶段的受伤军人需要长期的医疗照顾，这往往会对家庭生活造成干扰，给家庭关系带来巨大压力，并形成很多地域内对社会支持、专业支持和社区资源需求的增长。同时，军队的创伤性外伤还伴随着独特的哀伤和损失问题。残疾极有可能中断一名军人的军事生涯。这些残疾会影响家庭关系及责任分工，例如，伤残军人的配偶或父母常常需要担任新的照顾者角色。所以，受伤的军人、他们的家庭及其照顾者必须适应退伍军人因残疾带来的生理健康和精神健康方面的问题，这些往往需要一个长期的康复过程，并会给家庭带来极大的经济负担。

因此，临床工作者在服务这些家庭时需要特别谨慎。各种身体的、心理的、职业的、社会的和经济的问题变成了受伤军人及其家人和照顾者日常生活的一部分或是“新常规”。临床工作者需要全方面了解影响受伤退伍军人和他们家庭的问题。除此之外，临床工作者需要明白他们由于作战经历、反复的战争部署和长期高压下的靶场经历所带来的心理问题。这些经历已知会加重创伤后应激障碍的症状，或者在某些情况下，还会引起创伤后应激障碍的共生障碍，如抑郁、一般性的焦虑和药物滥用。此外，更严重的后果如自杀和人际暴力也和作战造成的创伤后应激障碍有关。临床工作者在与受伤军人及其家庭和照顾者工作时，需要熟练地预估风险行为、婚姻家庭冲突、亲密伴侣暴力、性创伤和战争创伤的影响，以及儿童虐待与忽视。临床工作者处于预防和干预的前线，当问题发生时他们承担着干预调停的任务，并且被认为是专门提供必要的资源和支持的群体。

显而易见，受伤军人及其家庭和照顾者需要面临特定的就业调整。受伤军人新的职业生涯经常包括返回学校或接受高等教育。一些受伤的军人因为身体衰弱而职业受限，其中一些可能会无家可归。对于其他人来说，提供长期照顾的照顾者在家庭结构、角色和家庭照顾时间方面的戏剧性变化往往会影响他们外出就业的竞争力。临床工作者对受伤军人及其家庭和照顾者比较了解，也比较清楚职业和经济不稳定给他们带来的影响，因此需要提供资源以帮助他们的案主摆脱财务困境。临床工作者在评估这些显著的需求时首要的一点是要理解照顾者的需要。

三、现在谁是服役人员和退伍军人的照顾者?

1905 年的一项研究表明，在 20 世纪早期，照顾主要是女性的责任。接受照顾的成员包括老人和残疾儿童。在那个时期，女性同时照顾多人的现象很常见，在她们的一生中，她们还会体验很多照顾的领域。20 世纪末，不管家庭以外的就业竞争多大，女性仍然是主要的照顾者(Robison, Moen & Dempster-McClain, 1995)。

然而，女性外出就业对被照顾者的护理产生了实质性的影响，特别是在女性照顾者全职工作的情况下。“与照顾者不外出工作的被照顾者相比，被照顾者从他们全职工作的照顾者处获得大量照顾的可能性降低，他们更可能通过付费的方式得到个人护理，也更可能使用社区服务，但是他们也更可能经历服务问题。和非工作的照顾者相比，有工作的照顾者更可能使用照顾者支持服务。”(Scharlach, Gustavson & Dal Santo, 2007: 752)

照顾者往往是家庭成员，一般来说是配偶。据调查，家庭照顾者如果是被照顾者的妻子，那么她们承担的压力更大。例如，贝克哈姆、莱特尔和费尔德曼(Beckham, Lytle & Feldman, 1996: 1068)发现，患有战争引起的

PTSD 的越战老兵，他们的照顾者配偶显示有“高水平的非特异性压力”，近50%的调查对象认为自己处于“神经崩溃的边缘”。贝克哈姆、莱特尔和费尔德曼(1996：1070)指出，这种情况与那些为慢性疾病病人提供长期照顾的照顾者相似。此外，他们发现为 PTSD 老兵提供照顾的配偶承受着责任负担和经济压力，相当一部分调查对象存在中等程度的心理困扰、烦躁和焦虑问题。

21 世纪早期，为了适应时代的变化，相关政策应运而生。随着婴儿潮时代的到来以及前所未有的大量非致命伤退伍军人(同时具有生理、心理问题)回归家庭，医疗负担成几何级数增加。

家庭在退伍军人的恢复和重新适应中发挥着重要的作用，其中配偶经常承担主要照顾者的角色。因此，确定创伤和其他残疾情况如何影响家庭，尤其是配偶，在减少我们对她们的理解不足方面已经成为很重要的一部分。

此外，如今被视作主要照顾者的妻子和母亲外出做全职工作的可能性增大。这种趋势表明，如果女性承担照顾工作，她们失业的可能性会提高。但是，如果雇主为照顾者提供必要的时间，那么这些照顾者继续工作的可能性就更高(Pavalko & Henderson，2006)。然而，政策和就业福利方面并没有减轻家庭照顾者的负担或经济压力。总之，了解关于照顾提供者的历史和患有 PTSD 的退伍军人配偶所受的影响，为临床工作者提供了一个透镜，以解析照顾者的压力，这是压力过程模型的一个标志。

四、什么是压力过程模型?

本部分的目的是更深入地探讨压力的叠加、评估和干预理论，这些理论包括压力过程模型的建立。

(一) 历史背景

沃尔特·布拉德福德·坎农(Walter Bradford Cannon，1871—1945)是美国生理学家、教授，哈佛医学院生理学系主席。在他的书《痛苦、饥饿、恐惧和愤怒中的身体变化：对情绪激动功能的近期研究的总结》(*Bodily Changes in Pain*，*Hunger*，*Fear and Rage: An Account of Recent Researches into the Function of Emotional Excitement*，1927)中，他创造性地使用“战或逃”(fight or flight)来形容动物在压力之下的反应。

在他辉煌的职业生涯以及他后来出版的一本书《身体的智慧》(*Wisdom*

of the Body, 1932)中，他提出了关于“自我平衡”(homeostasis)概念的四个命题，随之带来了整个研究领域对于人类压力的特征和反应的探究。

(二) 压力理论

西利(Selye, 1956)是现代压力研究之父，通过临床观察和实验室研究拓展了坎农的革命性研究，并得到了一个被普遍接受的压力理论，即一般适应综合征(General Adaptation Syndrome, GAS)，它被假定为与痛苦和机能失调的发作有关。人体的应激反应是从应激源开始的，应激源的定义是任何引发个体应激反应的真实的或想象的事件、情境、状态或刺激(Everly & Lating, 2002)。西利(1956)也指出，人类对这些应激源有非特异性的反应机制。这些反应分为三个阶段：首先是警报，这是对应激源发出的最初的一个反应；其次是抗拒对应激源的持续需求；最后是衰竭。这些反应使个体产生生理和心理的变化，最终导致身心的恶化。

埃弗利和拉丁(Everly & Lating, 2002)将应激源进一步分为两种类型：心理社会的和生物性的。当个体基于情境、事件或条件认为应激源是一种威胁的话，心理社会应激源就会出现。心理社会应激源是个体对从无害到威胁自身安全这个连续统一体的认知解释(Lazarus & Folkman, 1984)。换句话说，一个压力事件会成为一个心理社会应激源，是当个体基于自己的想法做出反应，而这个想法认为该事件会给他们的个人幸福造成负面影响时。应激源也可能是生物性的。在生物性应激反应中，人们不需要对情境或事件进行思考、认识或评估就能产生一个生理应激反应。生物性反应可能出现在压力产生时，身体对外在环境(如房间内温度的变化)，或个体内部环境(如摄入咖啡因等物质)做出反应。虽然对压力的生理反应是应激理论中的一个基础概念(Selye, 1956)，我们却无法确定哪些特定事件会引起心理应激，以及对哪些人起作用和怎样起作用，这一直是研究人员和临床工作者面对的挑战(Lazarus, 1999)。

随着时间的推移，个体在压力情境下对应激源产生的回应，无论是精神的或身体的，都会累积产生危害。心理和生理的应激最终可能会导致疾病的发生(Everly & Lating, 2002)。因此，通过了解过度心理和生理唤起的基础科学，临床工作者可以从身心互动的优势视角来评估案主的现有问题。此外，在对应激过程进行干预时，对以下部分进行干预会发挥最有效的作用：(1) 压力产生的情境；(2) 个体及其对事件的想法；(3) 个体及其身体的生理反应；(4) 个体及其认知或行为处理策略以减轻压力事件。

（三）评估理论

除了应激理论外，压力过程模型的一个基础理论是评估理论。拉扎勒斯和福尔克曼(Lazarus & Folkman, 1984)将评估定义为个体对特定事件或应激源的认知。评估理论指出了个体对环境中出现的压力事件做出认知分析或主观评价的重要性。任何事件，不论其重要性如何，可能会也可能不会被个人看作令人紧张或有害的(Regehr & Bober, 2005)。评估理论提出两种评估类型：初次评估和二次评估(Lazarus & Folkman, 1984)。

初次评估(primary appraisal)是个体对一个事件或情况是否可被当作影响其身心健康的潜在危险的评判。拉扎勒斯和福尔克曼(1984)将初次评估分为三类：(1) 无关的(irrelevant)，即个体与事件和事件的结果之间不存在任何利益纠葛；(2) 积极有益的(benign-positive)，即个体假定情况是积极的，不存在潜在的影响他们身心健康的负面结果；(3) 有压力的(stressful)，即个体只感知消极影响或不利于他们身心健康的情境。为了确定事件或情况的严重性，个体需要关注以下三个方面(Lewis & Roberts, 2001)：

- 伤害或损失：个体对以往经历中遭受的短期性生理或情绪损伤的执念；
- 威胁：对未来伤害或损失的预期；
- 挑战：运用技巧来减轻压力事件或遭遇，以达到积极的个人成长的可能(Lazarus, Folkman, 1984; Lewis, Roberts, 2001)。

二次评估(secondary appraisal)是个体在事件发生前后对自己处理事件能力的评估。这项对个体所有应对技巧的评估与个体对情境的初次评估相关(Lazarus, 1999)。因此，认知评估依赖于对此事件是否对个人构成威胁的理解(初次评估)，以及个体是否认为他们拥有应对此事件的(内部和外部)资源(二次评估)(Regehr & Bober, 2005)。因为二次评估仅仅是一个认知过程，因此在这里并没有建立应对方法。

（四）应对理论

依赖于初次评估的性质，二次评估受情境因素，如需求、限制和机会等的影响。由此产生的评估生成了个体对事件和情境的自我解释，以及个体如何将想法付诸实践的方式(Lazarus, 1999)。当个体将某一事件定义为具有压力时，意义和情绪应运而生。“应对”(coping)这一行为就会随之而来。应对是指对使用哪些行为来处理事件的决定，它是个人内在资源和外在环境要求之间的相互作用(Lazarus & Folkman, 1984)。应对也被定义为持续改变认知和行为以管理特殊需求的过程,这些需求被评估为超出个人资源承受范围的。应对也包括试图减少情境需求和个人资源之间的感知差异。应对与人和环境息息相关,因为评估受到个体、环境或其双重影响(Lazarus, 1993)。

根据应对理论,在压力条件下,个体会使用两种应对策略:问题导向的应对(problem-focused coping)或情感导向的应对(emotion-focused coping)。问题导向的处理包括积极改变个人与环境的关系。它被定义为通过信息收集、决策制定、冲突解决、资源获取(知识、技巧和能力)和针对具体情况或任务的工具性行动来处理痛苦的情境(Folkman & Moskowitz, 2000)。问题导向的应对允许个体聚焦于情境的具体目标,也允许其在为实现具体目标而努力的过程中获得掌握感和控制感。另外,情感导向的应对涉及改变个人的或内在的意义或关系,包括对压力事件积极的重新评估和意义赋予(Lazarus, 1999)。当唤起应对的特定情境发生时,很显然,以积极的方式来认知性地重构困难想法的过程通常会影响到那些已经根深蒂固的价值观(Lazarus, 1999)。总之,应对是一种处理应激源的积极努力,它是通过要么改变情境(问题导向),要么改变个体对情境的感受(情感导向)来实现的。

(五) 压力理论、评估理论和应对理论的整合

压力过程模型提供了一个框架,帮助我们了解受伤战士和他们的家庭照顾者面临的多种挑战。例如,当面对照顾需求以及决定个人是否有解决这些需求的资源时,考虑发生在自己生活中的压力事件对照顾者来说是目前很熟悉的问题。鉴于受伤军人、他们的家庭和照顾者所面对的应激源的范围,这些理论在这个点上取得了共识,即什么时候评估和应对会影响到个体在身心两方面体验到的总体压力反应。临床干预才能最终防止照顾者的疾病。

临床工作者需要理解压力、评估和应对这些相关的理论概念,并把这些知识用在和受伤军人以及他们的家庭长期照顾者一起工作的实践中。这种理解可以帮助工作者为各种服务对象团体提供关于压力和应对的心理教育课程,以提高他们对压力的生理和心理含义的理解。同样,它可以帮助引导临床工作者朝向其他干预措施,如缓解压力(如社会支持)或管理压力(如生物反馈、放松训练、视觉影像和认知行为疗法)。最终,通过运用有效的应对

策略来减轻压力所带来的健康益处包括以下几个方面：提升情绪幸福感，增强日常生活功能，减轻受伤军人和他们的照顾者的疾病级数。在此基础上，本章将在下一部分应用这些概念来评估特别适用于受伤军人的照顾者模型。

五、使用压力过程模型来指导对受伤军人照顾者的预估

压力过程模型把应激理论、评估理论和应对理论中的基本元素组织到了一个从应激源开始到特定的健康问题或疾病出现的时间序列中。近年来，一些学者(例如，Goode et al.，1998；Pearlin et al.，1990)把压力过程模型运用到对照顾者的特定需求和经验的分析中，来研究压力对家庭照顾者的长期生理和心理影响。根据皮尔林等学者(Pearlin et al.，1990)的理论，在压力过程模型中，有四个方面与评估照顾者很相关：(1) 应激的背景和情境；(2) 应激源；(3) 应激的媒介；(4) 应激的结果或具体表现。了解这四个方面的细节有助于临床工作者为向受伤军人提供长期照顾的家庭成员提供一个传统的有关他们健康和幸福的生理、心理与社会评估。

六、应激的背景和情境

照顾者压力过程模型的第一个部分是应激的背景和情境。在任何评估中，这一部分都是至关重要的，因为评估需要全面了解照顾者的经历。虽然对大多数临床工作者来说，了解照顾者的社会人口学特征，如年龄、性别、种族、教育水平、职业，尤其是社会经济地位，似乎是很普通的事情，但这些可以提供关于压力的背景和情境非常丰富的信息。例如，奖励、特权、机会和责任的分配不均会影响人们体验到的应激源的种类和强度，可获得的应对压力的个人资源和社会资源，以及表达压力的方式(Pearlin et al.，1990)。

除了这些个人特征外，照顾的历史还为有关照顾者和退伍军人面临的健康方面的挑战提供了关键的背景信息。在服务受伤军人的实践中，临床工作者应当收集有关健康挑战、疾病或残疾的开始、持续时间和性质的资料，这为临床工作者提供了一个健康挑战的范围简介。临床工作者应该取得一份详细的军队历史，它应该以编年史方式呈现：服役人员进入军队的时间，任何正面或负面的事件，在训练或部署中的受伤状况以及事件引发的伤害、伤口或事故。这个历史记录可以提供一个时间线来决定伤害和照顾

的持续时间。

照顾者与受伤军人的关系，无论这个照顾者是配偶、儿女还是父母——以及这种关系的性质和持续时间——对评估都是重要的。随着家庭结构、角色和职责的转变，一种新常态可能生成，而这几乎会影响所有的家庭关系。现在，一种家庭内夫妻之间更平衡的关系和角色、责任的分工可能是这样的，即受伤军人是丈夫而配偶是照顾者。随着角色的转变，权力差异、家庭成员的时间分配、资源和金钱也发生了变化。而且，任何其他的压力生活事件，如照顾者的健康问题或对其他家庭成员健康照顾的顾虑，以及因为军队生活或关系冲突而导致的分居都应该被探询。最后，照顾活动所花费的时间长度是照顾者经历长期压力最重要的指标之一(Pearlin et al., 1990)，因此，临床工作者在收集背景资料时，需要对此高度关注并进行探索。

另一个相关问题是如何获取和利用资源(Pearlin et al., 1990)。资源可以分为两种类型。第一种类型是网络构成，即家庭和社会网络，它们提供照顾者与其他家庭成员、朋友及照顾关系之外的他人的连接纽带。这些网络的总和、网络的性质以及关系网中成员的接触频率，被视为可以提供给照顾者需要的援助和帮助的有形资源。第二种类型的资源是正式的社区项目。虽然存在很多照顾者项目，但这些项目的地理距离、资格和成本限制可能会阻碍受伤军人照顾者对它们的使用。但是，新的立法正在使得家庭照顾者项目在全国的医疗设施内都能获得，这些项目是为了满足“9·11”事件后受伤军人照顾者的需要，由退伍军人事务部(VA)来实施的。这些新项目开始于2011年，目的是满足受伤军人及他们的照顾者和家庭的需求：他们为案主提供居家的和以社区为基础的服务、喘息服务、照顾者的综合教育和培训、照顾者支持小组以及其他一些服务。

七、应激源

与评估照顾者相关的压力过程模型的第二部分包含了照顾者因为照顾受伤军人所面临的应激源。“这些是对人而言有问题的条件、经验和活动；也就是说，这会威胁他们，挫败他们的努力，使他们疲劳，并击碎他们的梦想。”(Pearlin et al., 1990: 586)在此模型中，应激源可以分为两种类型：原发性应激源和继发性应激源。原发性应激源来源于实际的照顾职责；继发性应激源来源于对逆境的看法或看护需求带来的挑战。

第一类是原发性应激源。为了评估照顾者的关怀和照顾的类型，临床工作者应当聚焦于以下几个主客观指标，包括性质、过程及受伤军人的实际需要(Pearlin et al., 1990)。通过一系列与受伤军人日常生活活动(ADL)和工具性日常生活活动(IADL)有关的、客观的标准测量方法，临床工作者可以评估受伤军人对照顾者功能性的依赖。根据古德等(Goode et al., 1998: 190)的理论，这其中包括"履行对病人的直接照顾，当被照顾者不能独立活动时提供协助，如洗澡和喂食，以及更复杂的工作，如财务管理等"。

在确定照顾者需要履行对受伤军人照顾和监督活动的性质和数量后，使用照顾者精神状态测验来检查照顾者的认知状态是很重要的，这样可以收集和评估认知障碍的信息。这之后，任何有关受伤军人问题行为的计数和描述都是必要的。有研究发现，照顾活动的数量无论是精神上还是生理上对照顾者都是一种负担，因为照顾者需要保持持续关注(管理病人不良的行为)来控制伤害。正如古德等(1998: 190)提出的那样，"病人的行为问题(如愤怒的、危险的或令人尴尬的行为)和记忆障碍(如定向障碍、问重复的问题)是照顾者压力的另一个来源"。此外，对所有原发性应激源评估信息的整合为临床工作者提供了研究以下问题的基础：伤害发生后受伤军人和照顾者的改变情况，及预测照顾者作为长期的家庭照顾者的未来变化。

照顾者原发性应激源的客观指标聚焦于受伤军人的身体健康和精神健康、幸福感和机能，主观指标包括照顾者的情感超负荷和关系剥夺。皮尔林等(1990)将超负荷定义为完成照料活动所需要的精力和时间，并指出，乏力、疲惫、倦怠的感觉是最重要的评估指标。情感超负荷意味着照顾者因为提供照顾的长期性而疲于奔命。但是，关系剥夺可能是照顾者和受伤军人关系中角色和动力的巨大变化所导致的情感距离。换句话说，情感的亲密度和夫妻共享的目标、活动之间的关系平衡已经改变。这种转变了的并需要重组的关系，对照顾者和受伤军人提出了巨大挑战，这种挑战体现在他们需要在重大问题上发展出一个"新常态"的、无论情况好坏都能维持的关系。

第二类是继发性应激源。根据皮尔林等(1990)的理论，继发性应激源包含照顾者的角色紧张和内心紧张。角色压力是外在于为受伤军人提供照顾的需要和要求的角色和活动。在照顾者继发性应激源的评估中，临床工作者需要询问角色紧张问题，它导致了家庭冲突、工作和照顾之间的冲突、经济紧张，以及最后导致照顾者社会生活明显受损的社会压力。在评估家庭冲突时，临床工作者需要对家庭做广义界定，这样家庭冲突就包括了照顾者和任何家庭成员或朋友之间的分歧，而这些家庭成员或朋友表达了对受伤军人病情的危害和严重水平，以及家庭和其他服务提供者提供的服务数量和质量的不同意见。最后，临床医生应询问所有相关的家庭成员和朋友对患者和对照顾者的态度和行动。这些不同的角色紧张占据了照顾者负担的一大部分。

从职业角度来看，虽然家庭之外的系统为照顾者提供了一系列社会、经济和个人的有利条件，照顾者仍需在照顾活动中投入大量的时间与精力。然而，工作和照顾的角色冲突通常会变成无法解决的工作和照顾者的冲突。如果照顾者在家庭之外有工作，那么他们可能会因为对受伤军人持续的担忧，以及中断工作去协调和管理他人在他们缺席时的照顾，从而导致他们的工作质量和满意度被影响。

经济上的压力也很明显。通常情况下，照顾会带来家庭总收入的减少，同时健康照顾、外出以及与各种受伤军人特色护理部门、国防部多发伤医疗设施和退伍军人事务部设施内的护理和治疗相关的住房支出也会增加。通过询问并比较受伤前后的生活标准，临床工作者可以获得这样的信息：随着时间的推移，家庭面临生活方式的转变和经济困难。此外，临床工作者可以深入获得以下相关信息，如家庭成员如何保持收支平衡的具体经济细节，与服役期间受伤相关的军队和 VA 残疾抚恤金的级别。另外，确保受伤军人和他们的照顾者得到及时且准确的照顾计划的服务也是至关重要的。

最后，照顾者还面临着社会压力。这些压力往往导致照顾者的社交、娱乐以及喘息时间受到限制。因此，聚焦于照顾者从前参与的活动及因为照顾责任而消失的活动的评估是至关重要的。随着时间的推移，照顾者与其他家庭成员、朋友及他们职业网络中的其他人的交往会减少，因为照顾的需求限制了他们为外部关系付出时间和精力。

内心紧张是影响照顾者自我意识的继发性应激源。这些紧张特别重要，几乎代表了压力过程模型的最后一步，就在照顾者健康结果或压力显示之前。临床工作者应首先全面评估照顾者的自尊程度，并使用有效的标准化工具，因为这些展示了照顾者在他们的世界里的自我意识，以及他们对生活控制感的客观指标。皮尔林等(1990)概括的其他心理内部评估领域更加具体，包括角色束缚、自我丧失、照顾能力和个人所得。角色束缚(role captivity)是指照顾者感到自己被困在对照顾不断的需求中，使得他们不能有逃脱的幻想。丧失自我(loss of self)是照顾者感到不知道自己是谁或自我意识的重要组成部分缺失了。与此相反，照顾能力(caregiving competence)反映了照顾者对自己能够胜任照顾的积极信念和他们已经成为很好的照顾者的相关信念。个人获得(personal gain)也反映了照顾者积极成长的一个方面，作为照顾活动的结果，它提供了一种对新力量、才能和自信提升的意识。

由原发性应激源和继发性应激源组成的内心紧张和角色紧张理论，几乎涵盖所有早期讨论的压力过程模型的概念和理论。但是，其他与应对理论相关的概念被包含在压力过程模型的第三部分，这部分被称为应激媒介(mediators of stress)。

八、应激媒介

在压力研究中，我们一般将应激媒介定义为：干预或改变个体从消极转向更积极健康的结果的途径。在传统意义上，应对一直是缓解长期压力影响的最重要的概念。在应激过程中，特别针对照顾的应对策略评估与对情境的管理有关。具体来说，情境管理直接指导受伤军人和照顾者的自我教育行为和活动，这些自我教育是关于他们对自身所面临的特定健康挑战的预测、进程和治疗方案选择。接下来，意义管理检查了照顾者用来减少对受伤军人和他们未来的期望的以情绪为中心的认知策略。此外，照顾者还会与其他不幸者进行积极比较，这些不幸者很少从自身经历中获得积极的意义。最后，照顾者开始构建健康挑战的更大意义，例如，有些人可能会为未来祈求力量和决心。同样重要的是对痛苦的管理，这是另一种类似于问题处理的行动导向性的应对策略，在这种情况下，临床工作者应重点评估照顾者可以减轻压力的行为。对于一些照顾者而言，可取的活动可能包括睡一个午觉，而其他照顾者可能利用不良的方式，如通过饮酒以减轻压力。

社会支持是另一种应激媒介。众所周知，社会支持能够缓解压力对个体的影响，从而减轻压力对个人健康的最终影响。社会支持的定义是照顾者从家人和朋友的支持网络中获得有形的或情感上的帮助和支持。在皮尔林等(1990)提出的压力过程模型中，社会支持可以用专为照顾者量身定做的表达性支持量表来评估。还有其他社会支持的标准化测量工具，例如：社会网络列表(Social Network List; Stokes, 1983)；社会支持行为量表(Inventory of Social Supportative Behaviors; Barrera, Sandler & Ramsey, 1981)；社会情境反应量表(Reactions to Social Situations; Sarason, 1986)；人际支持评估表(Interpersonal Support Evaluation List; Cohn, Mermelstein, Kamarck & Hoberman, 1985)；感知的社会支持、朋友和家庭测量(Perceived Social Supports, Friend and Family Measure; Procidano &

Heller, 1983)；社会支持问卷(Social Support Questionnaire; Sarason, Shearin & Pierce, 1987)。利用这些量表，我们可通过照顾者获得的减轻生活压力的社会支持的数量和种类来得到客观性的评估。

九、应激的结果或表现

压力过程模型(Pearlin, 1990)的第四个也是最后的部分是受伤军人照顾者应激的结果及表现。无论结果是积极的还是消极的，这都是原发性应激源和继发性应激源对照顾者的生活造成的影响累积的结果。应激表现包括对照顾者的心理安全、精神健康和身体健康的影响。心理安全的定义是个体对生活有积极的态度，有能力管理自己所处的环境；有自我发展意识，并在个人成长中发挥潜能；在生活中有个人的意义和目标；有对自我的积极态度和自我接纳感。精神健康问题是指照顾者的消极健康后果，包括抑郁和焦虑。此外，照顾者可能会经历各种身体健康状况的恶化、脆弱和伤害。

其他应激的结果包括因为死亡或更换照顾者导致从照顾活动中解脱。在第一种情况下，案主(这种情况指受伤军人)的死亡可以将照顾者永远地解脱出来。更换是指照顾者无视他人是否专业就将照顾角色强加于他人，从而使自己回归日常生活。

大多数研究侧重于研究压力对照顾者生理、心理健康造成的影响。例如，一项有关长期照顾影响的研究指出，“心理社会资源变量(评估、应对反应和社会支持)能预测照顾者精神和生理健康的纵向变化，而随着时间的推移，患者受损程度的客观变化不能预测照顾者的变化”(Goode et al., 1998: 196)。从本质上说，那些积极利用现有的心理社会资源的照顾者比那些亲人状况显著改善的照顾者更大幅度地提高了他们的生活质量。

十、应用压力过程模型来指导对照顾者的评估

表23.1显示，临床工作者通常从照顾者的视角使用生理、心理与社会评估框架，并整合压力过程模型中的概念来评估照顾者的现有问题。在案例“莉安(LeeAnn)和丹(Dan)”中，因为是在现实生活中的临床实践，很多主要的评估部分需要聚焦于照顾者莉安的历史(如家庭、就业、法律、生理/医疗、药物使用、精神状况测试、优势/资源、社会支持、社区资源、改变的障碍和动机)。其他评估部分将侧重于丹，他是一个退伍老兵，因健康问题和限

制需要妻子的照顾。对丹的军队历史和伤势的描述对于理解退伍老兵以及作为照顾者的莉安的需求至关重要。

在对莉安做出任何诊断印象或治疗建议之前，临床工作者需要对原发性和继发性应激源进行深入的评估。通过对实际照料职责历史和现状的评估，临床工作者可以开始确定由于照顾而引起的原发性应激源及问题行为（例如，丹的照顾责任对她缺席工作的影响），照顾者莉安的个人精力和资源已经随时间的推移被负担的压力以及照料透支了。莉安面临着一系列因为角色紧张导致冲突的继发性应激源：在家和家人在一起；她的工作和照顾事宜；经济和社会层面的问题。评估内心紧张的程度也很重要，包括确定照顾对莉安的自我意识和自尊的影响。下一步是应激媒介，即莉安如何处理压力带来的影响以此来保持评估的平衡，从而确保优势、资源和其他积极的应对以减少痛苦。最后，评估照顾对莉安生理和心理的影响也不容小觑；因此，在完成全面的生理、心理与社会评估后，一系列的转介，包括筛查、体检和年检，应该与治疗建议一起给出。

表 23.1　压力过程模型的概念和措施的整合

生理、心理与社会评估框架	压力过程模型的概念														
	认知状况	问题行为	超负荷	关系剥夺	家庭冲突	工作-照顾冲突	经济压力	角色束缚	丧失自我	照顾能力	个人获得	情境管理	意义管理	痛苦管理	表达性支持
现有问题		√													
对退伍军人健康状况和伤势的描述								√							
家庭史					√										
工作史						√	√								
军队历史		√													
法律历史							√								
生理/医疗史	√		√										√		
药物使用史														√	

续 表

生理、心理与社会评估框架	压力过程模型的概念														
	认知状况	问题行为	超负荷	关系剥夺	家庭冲突	工作-照顾冲突	经济压力	角色束缚	丧失自我	照顾能力	个人获得	情境管理	意义管理	痛苦管理	表达性支持
精神状况测试	√								√						
诊断印象															
个人优势和资源			√						√	√	√				
社会支持和资源				√								√		√	√
社区资源												√			
改变的障碍和动机										√	√		√		
治疗建议															

资料来源：改编自 Pearlin et al.，1990。

案例：莉安和丹

莉安，32岁，是在OEF/OIF中受伤的战士丹的主要照顾者及配偶。他们是两个孩子——8岁的迪伦(Dylan)和10岁的布里塔妮(Brittani)的家长。莉安和丹是高中情侣。她记得第一次见到丹的情形，他们是一见钟情。她口中的他是健壮的，但又是一个温柔的硬汉。她回忆说，从他们见面的那刻起，他高大的身躯和沉稳的举止就让她有安全感。她爱他们之间的无话不谈和滔滔不绝。他高中毕业就应征入伍，在他们结婚一个月后，他就去了新兵训练营。

丹最近刚从他的第二次部署中回来，这次他去了阿富汗。他曾担任第20工兵营510道路清障中队的作战工程师，他的工作是清除道路上的简易爆炸装置(Improvised Explosive Devices，IEDs)。14个月前在一次道路清障巡逻(Route Clearance Patrol，RCP)中，他所在的中队受到了攻击，车载简易爆炸装置(Vehicle Borne Improvised

Explosive Devices，VBIEDs)爆炸并炸毁了他所在的悍马车。丹的两条腿受伤，下背部发生了压迫性骨折。他的右手和胳膊受伤以致失去知觉。过去的一年中，他曾经历多次手术来挽救他的腿，他现在双侧膝下截肢，右手恢复了部分功能。他已经经历了12次手术。

目前，他在VA的医疗中心接受治疗，中心离他家一个小时的车程。他的康复和对外伤及中度外伤性脑损伤(TBI)的治疗主要在退伍军人事务部的多发伤治疗网点进行。他也因创伤后应激障碍综合征、易怒、需要服药入睡和情绪调节问题，预约了OEF/OIF创伤后应激障碍临床团队的心理学家和精神病学家。因为残疾，他从军队中因病退伍，在军事生涯后期，他度过了一段非常困难的时期。

因为丹的照顾服务移到了家附近，莉安重新开始了全职工作，现在是当地一个连锁购物中心的主管。过去的一年里，她一直在他身边关心他，协调各种在退伍军人事务部以及之前的国防医疗设施中心的医疗预约。她觉得全家人最终都回到了家中并且团圆就是好事。

在这个学年开始时，他们的儿子迪伦被诊断出有阅读理解力方面的学习障碍，因此需要莉安参加大量的学校会议和个性化教育计划(IEP)。他们的女儿布里塔妮是青年足球队的成员，会频繁地参加周末比赛，并且要参加最近的精英团队的选拔赛。在莉安的工作日程表中，她每天的工作包括孩子们返校、参加活动，以及所有丹的治疗预约，他们的生活是忙碌的。有时，比起妻子和母亲而言，莉安觉得自己更像是一个出租车司机。

莉安一直想用业余时间在商店当收银员来补贴家用，但她一点空闲时间都没有，更没有时间去见好久没见的女性朋友，与她们一起放松一下。因为需要开车带丹去复健，她总是需要加班，所以她似乎从来没有过空余时间。

自从丹退伍后，他和莉安一直在努力还债并保障孩子们的日常活动。一退伍，丹就申请了退伍军人事务部的伤残等级评估和残疾津贴，但却被告知，他需要等数个月至2年的时间才能收到支票。在此期间，许多账单都过期了，在丹的残疾津贴下发之前，莉安需要日复一日地打电话请求债权人宽限时间。

为了能继续其作为家庭供养者的角色，丹被说服组成了一家他自己的小企业，这个企业的目的是确保政府把发包工程保留给残疾退伍军人，然后他再将这项工程给一家大型区域性建筑公司承接，以收取一定费用。最近，一位政府审计人员进行了实地考察，在审计丹的合同时，发现他不是执行这个工程的公司的全职经营者。审计人员建议丹聘请律师以防政府起诉他欺诈。莉安很愤怒，因为丹把自己和他们的家庭置于这样严酷的考验之中。她已经联系了几个律师，但他们无法承担律师费。她不知道如果丹被起诉，自己会变成什么样。

莉安一直负责家里的经济支出，照顾孩子和打扫房子。但是现在，因为经济紧张，丹的情绪似乎开始失控，变得容易愤怒。她知道，他只是因为不能在经济上帮助家庭而感到沮丧，但他的爆发却越来越针对她。他想为这个家做点事，但他很早之前就不记得怎么做了。她列下需要做的事情的清单，但他弄丢了，只能在她工作时一遍又一遍打电话过来问。她甚至试图限制他做家务活，以防他把事情弄得一团糟，因为大多数的事情，她都需要跟在后面重做一遍。她自己做反而更容易。她已经厌倦了一直跟他争论他能做什么、不能做什么。她已经精疲力竭，并越来越感觉到自己被困在一个牢笼里，也越来越感到孤独。

他们在婚姻中一直互相分担，但自从他回家后，亲密行为一直是一个真正的问题。丹患了勃起功能障碍，他的医生曾试图让他吃万艾可调整，但性交成了一种挑战，讨论这件事也很困难。他们之间曾经很要好，但现在莉安只想一个人独处，而丹一直想做爱。他们之间的战争通常以冷战结束。

莉安已经被他们的退伍军人事务部夫妻咨询师转介到 VA 的新照顾者支持计划，下个星期，她将去见照顾者支持调解员。她真正想要的是一天内能有更多时间把事情做完，而不再有其他任务。如果有人开车送丹去复健，生活将变得更容易一点。

十一、结论

评估是临床实践的基石，但它的重要性却常常被忽视。这一章概述了压力过程模型，它是由压力、评估以及应对理论构成的。基于这个理论，临床工作者可以为受伤军人的家庭照顾者提供服务。此外，本章还回顾了服役人员和退伍军人照顾者的历史，近期退伍军人事务部制定了新的政策及方案来倡议支持“9·11”事件后退伍军人的长期家庭照顾者。鉴于照顾者研究使用的评估模型一直在进步，临床工作者可以使用本章来发展他们的评估能力，并最终提高他们的服务技能，为受伤军人和他们的家庭提供更优质的服务。

本章问题讨论

1. 莉安面对的照顾者应激源有哪些？哪些是原发性的？哪些是继发性的？

2. 举例说明莉安为减少痛苦而采取的策略。还有哪些问题或主题能够提供关于莉安是如何积极或消极地对待照顾压力的额外信息？

3. 评估理论和内心压力都表明，照顾者从照顾中获得的认知、思想和意义在生理、心理与社会评估中是至关重要的。比较以下两种结果（或压力表现）：照顾是否被看作提升莉安个人能力和掌控度的一种挑战；与此相反的另一种情形是，照顾是否被看作一种负担。

参考文献

Barrera, M. J., Sandler, I. N. & Ramsey, T. B. (1981). Preliminary development of a scale of social support: Studies of college students. *Journal of Community Psychology*, *9*, 435 - 437.

Beckham, J. C., Lytle, B. L. & Feldman, M. E. (1996). Caregiver burden in partners of Vietnam war veterans with posttraumatic stress disorder. *Journal of Consulting and Clinical Psychology*, *64* (5), 1068 - 1072.

Cannon, W. B. (1927). *Bodily changes in pain, hunger, fear and rage: An account of recent researches into the function of emotional excitement*. New York, NY: Appleton.

Cannon, W. B. (1932). *Wisdom of the body*. New York, NY: Norton.

Cohn, S., Mermelstein, R., Kamarck, T. & Hoberman, H. M. (1985). Measuring the functional components of social support. In I. G. Sarason & B. R. Sarason (Eds.), *Social support: Theory, research and application*. Dordrecht, The Netherlands: Martinus Nijhoff.

Everly, G. S. & Lating, J. M. (2002). *A clinical guide to the treatment of the human stress response* (2nd. ed.). New York, NY: Kluwer/Plenum.

Folkman, S. & Moskowitz, J. T. (2000). Positive affect and the other side of coping. *American Psychologist*, *55* (6), 647 - 654.

Goode, K. T., Haley, W. E., Roth, D. L. & Ford, G. R. (1998). Predicting longitudinal changes in caregiver physical and mental health: A stress process model. *Health Psychology*, *17*, 190 - 198.

Lazarus, R. S. (1993). Why we should think of stress as a subset of emotion? In L. Goldberger & S. Breznitz (Eds.), *Handbook of stress: Theoretical and empirical aspects* (2nd ed., pp. 21 - 39). New York, NY: Free Press.

Lazarus, R. S. (1999). *Stress and emotion: A new synthesis*. New York, NY: Springer.

Lazarus, R. S. & Folkman, S. (1984). *Stress, appraisal, and coping*. New York, NY: Springer.

Lewis, S. J. & Roberts, A. R. (2001). Crisis assessment tools: The good, the bad, the available. *Brief Treatment and Crisis Intervention*, *1* (1), 17 - 28.

Pavalko, E. K. & Henderson, K. A. (2006). Combining care work and paid work do workplace policies make a difference? *Research on Aging*, *28* (3), 359 - 374. doi: 10.1177/0164027505285848.

Pearlin, L. I., Mullan, J. T., Semple, S. J. & Skaff, M. M. (1990). Caregiving and the stress process: An overview of concepts and their measures. *Gerontologist*, *30* (5), 583 - 594.

Procidano, M. E. & Heller, K. (1983). Measures of perceived social support from friends and from family: Three validation studies. *American Journal of Community Psychology*, 11, 1 - 24.

Regehr, C. & Bober, T. (2005). *In the line of fire: Trauma in the emergency services*. New York, NY: Oxford University Press.

Robison, J., Moen, P. & Dempster-McClain, D. (1995). Women's caregiving: Changing profiles. *Journals of Gerontology*, *50B* (6), S362 - S373. doi: 10.1093/geronb/50B.6.S362.

Sarason, B. R. (1986). Social behavior and cognitive processes. R. Schwarrer (Ed.), *Self-related cognitions in anxiety and motivation* (pp. 77 - 86). Hillsdale, NJ: Erlbaum.

Sarason, I. G., Sarason, B. R., Shearin, E. N. & Pierce, G. R. (1987). A brief measurement of social support: Practical and theoretical implications. *Journal of Social and Personal Relationships*, *4*, 497 - 510.

Scharlach, A. E., Gustavson, K. & Dal Santo, T. S. (2007). Assistance received by employed caregivers and their care recipients: Who helps care recipients when caregivers work full time? *Gerontologist*, *47* (6), 752 - 762.

Selye, H. (1956). *The stress of life*. New York, NY: McGraw-Hill. Stokes, J. P. (1983). Predicting satisfaction with social support from social network structure. *American Journal of Community Psychology*, *11*, 141 - 152.

第二十四章 以家庭为中心的计划及对军人家庭儿童和青少年的干预

Gregory A. Leskin, Ediza Garcia, Julie D'Amico,
Catherine E. Mogil, and Patricia E. Lester

一、背景及概况

军人的子女与他们的服役人员父母以及照顾者类似，表现出巨大的韧性和弹性，因为他们要与成长在一个军人家庭所固有的不可避免的挑战进行抗争。虽然许多军人子女都能茁壮成长，但是最近的研究表明，在过去的十年中，在伊拉克和阿富汗持续的部署周期中的服役人员，已经对其家庭成员造成一定的伤害。为了增加对这些孩子及其家庭的支持，军队、大学和社区机构已经制定了行为健康方案和干预措施，并提供支持军人家庭的资源，以及更加专门的侧重于对受服役影响的儿童的支持。本章描述军队生活经验对一个孩子的情绪性成长和发展性成长不仅可以起到积极塑造的作用，也可能起到消极的影响。首先，我们将概述一下目前军队家庭的人口统计。我们将研究军队生活的典型方面，如频繁的搬迁和长时间的分离，这可能会影响军人家庭和儿童的生活，因为他们需要适应不断变化的社会环境和物理环境。其次，我们将探讨超出服役人员承受力的与军事部署有关的应激源是如何影响儿童的情绪功能及行为功能、学习成绩、人际关系和身体健康的。最后，我们强调利用以家庭为中心的方法的重要性，并描述了几个方案、干预措施和资源，它们为在军队和民用系统内的家庭提供有针对性的援助。

二、军队中的家庭构成

自 2001 年以来，包括国民警卫队在内超过 160 万的现役和预备役武装力量，作为“伊拉克自由行动”（OIF）、“持久自由行动”（OEF）和“新黎明行动”（OND）的一部分，已经被部署了作战任务。根据国防部人力中心于 2009 年（Office of the Deputy Under Secretary of Defense, 2009）提供的统计数据，本节描述了美国军方目前的人口统计，美军现役以及国民警卫队和预备役部队的组成情况，同时还提供了家庭和儿童数量的真实数据。这些数字表明，庞大的家庭成员人口涵盖了现役部队的组成人员。

（一）现役

2009 年，美国现役部队和预备役总人数为 360 万人，其中现役成员是最大的组成部分。国防部现役军人最多的分支是陆军，接下来是空军、海军和海军陆战队。妇女占现役部队总数的 14.3%。现役部队的平均年龄为 28.4 岁（现役军官的平均年龄是 34.7 岁，而服役人员的平均年龄是 27.2 岁）。超过一半的现役军人是已婚的（55.8%）。与服役人员（53.1%）相比，大量军官（70.1%）是已婚的。更进一步，约 6.6%结婚人士来自双军人家庭（双方在相同或不同的军队分支）。超过三分之一（38.4%）的现役军人家庭已结婚生子，并且有 5.3%是带有孩子的单亲家庭。军队现役军人的孩子有 1175055 名。各年龄段占比最多的是在刚出生至 5 岁之间（43%），其次是 6 至 11 岁（32%），最后是 12 至 18 岁（24%）。

（二）预备役和国民警卫队

选定预备役和国民警卫队成员的平均年龄为 32.2 岁（预备役和国民警卫队军官的平均年龄为 40.2 岁，而服役人员的平均年龄为 30.9 岁）。妇女占选定预备役军人总人数的 17.8%。超过三分之一（33.7%）已结婚生子，其中有 9%是单亲家庭。来自预备役家庭的军人子女有 650 549 名。预备役军人的孩子，年龄段占比最大的是在 12 至 18 岁（35%），其次是 6 至 11 岁（34%），最后是从出生到 5 岁之间的（31%）比较年幼的孩子。

三、军队文化对家庭的影响

如前所述，有大量的服役人员带着配偶和子女，让他们陪伴自己到军队服役。这些家庭的儿童往往在军队文化背景下出生并成长。本节将提供讲述军人家庭生活经历的内容。

(一) 军队文化

军队文化被定义为一套传统、价值观、信仰和世界观的核心系列，它结构性地决定了成员间如何进行沟通、互动，以及理解他们的经历(Coll, Weiss & Yarvis, 2011; Weiss & Coll, 2011)。尽管大量的军事单位设计了更为具体的军事目的、物理位置和历史视角，但是，所有的军队分支和指挥部都有一个共同的主线或脉络。这些共性包括等级秩序、指挥体系，以及司法和法律规范的存在。此外，每个服役人员都被期待培训并执行多种任务和工作，以及遵守由军队指挥部发布的命令。虽然没有穿军装，军队中的家庭成员的经历往往与那些服役人员相似。例如，人们会期望军人配偶通过支持军人和更大的军队共同体来持续为军事使命做出贡献(Knox & Price, 1995)。同样，军人子女在军队分支的各种氛围下也会被灌输军队文化，包括爱国主义和为父母所承担的责任感到自豪。但是遵从这些纪律行为也可能会感到有压力。

(二) 地理流动性

军旅生活影响家庭和儿童的另一个共同特征是由于频繁的物理搬迁而导致的更为动荡的生活方式(从一个永久性的军事基地移动到另一个军事基地或是一个海外工作地点)。平均每2至3年，军人家属就要变更居住地(U.S. Department of Defense, 1998)。军队地理流动的影响研究表明这对于孩子的心理功能可能会产生潜在的负面影响。例如，布雷特(Brett, 1982)发现，经历频繁迁移的军人的孩子在建立和保持持久的友谊和社交网络上有困难。还有一些人发现地理流动性与学习成绩下降有关(Temple & Reynolds, 1999)，且使得孩子在情绪/行为的调适方面也有困难(Simpson & Fowler, 1993)。此外，军人父母的成年子女报告说，地理流动性是在军队文化中成长所面临的一个最有压力的方面(Ender, 2000)。

四、与父母分离和部署

军旅生活的另一个共性是孩子要有一段时间与服役人员分离。下面我们将描述与家庭分离的一般影响，然后集中描述战时部署对在家照料的父母和孩子的影响。我们也将说明不同发展阶段和不同性别的孩子对军事部署的反应。这一部分以回顾军人父母的重返社会结尾。

(一) 与父母分离

对于大部分军人子女来说，与父母频繁地分离也是生活的事实。在和平和战争时期，除了正规的部署，一位军人家长还可能由于各种原因在物理上与他们的配偶和子女分开：延长的无人陪伴的活动（如长达 12 个月的海外任务）、临时的任务分配（TDY）、实地训练、认证或教育。与一个家庭经历分离有关的具体细节是不一样的，这取决于军人所在的军种和地位。例如，特种部队或精锐部队和安保人员的家庭成员可能经历更加频繁但简短的分离。即使在和平时期，相较于没有被部署的家庭的儿童，这些与军人父母分离的孩子的焦虑和抑郁程度会有所增加（Jensen et al.，1989）。其他的研究发现，父母分离对于在家照料的那一方父母以及有抑郁、孤独症状和角色、职责转变困难的儿童来说是有压力的（Coolbaugh & Rosenthal，1992）。

(二) 父母的部署

虽然在和平时期与父母分离也可能是困难的，但是战时部署可能代表了军人家庭面临的最有压力的经历之一。战时部署通常需要家庭不仅能够适应伴随分离而来的困难，还要设法解决由于军人伤病、疲劳、压力甚至死亡所带来的潜在损失，以及导致的额外的恐惧和担忧。在许多情况下，家庭经历的应激源经过了一个循环周期（White et al.，2011）。部署的各个阶段包括部署前、部署中、部署后、重返社会和重新部署（Lagrone，1978；Pincus et al.，2005）。

1. 对没有参与部署的父母的影响

在家照料的父母可能会遇到临床上的高度焦虑和其他精神健康的挑战（Lester et al.，2010；Mansfield et al.，2011）。这些心理症状的产生可能是由于照料者被当作一个单亲家长而被期待完全处理好所有家务事，同时还要为伴侣的安全而担忧。此外，远离故乡的家庭可能会感到被孤立，并且可能很少有或几乎没有社会支持系统。不断增加的焦虑和担心相结合，再加上减弱的支持系统可能会导致部分在家照料孩子的家长虐待孩子的风险上升（Gibbs et al.，2007；Rentz et al.，2007）。与普通民众类似，照料者在军人家庭中所起的作用对于预测儿童的适应能力是有影响的，因为为了获取安全和保障，孩子一般会把目光投向他们的父母（Cox & Paley，1997；Lester et al.，2012）。

2. 部署对儿童的影响

军人子女可能会经历很多与各阶段的部署相关的压力。例如，部署前的阶段，军人子女可能会表现出一系列前期焦虑，或疏远参与部署活动的父母，以此作为应对面临战争分离和恐惧的手段（Burrell et al., 2006; Huebner et al., 2007; Kelley et al., 2001; Orthner & Rose, 2005）。

当父母被部署任务时，孩子的角色可能会改变，年龄较大的儿童在照顾年幼的儿童方面扮演更为积极的角色（Bowling & Sherman, 2008）。此外，儿童对于父母参与部署任务最常见的反应之一就是焦虑感的增加（Lester et al., 2010）。被部署家长的孩子可能担心父母的安全，也会表达对照料者（未参与部署的一方家长）健康的关注。焦虑感增加的一个潜在原因是媒体对于战争的高曝光度，以及暴露于孩子们眼前的在电视上和电台广播中描述的战场上的死亡或不可避免的危险。军队社区是具有凝聚力的单位，它们为彼此提供重要的支持。当在社区内发生伤亡的时候，儿童通常知道这个信息，并有可能加剧他们的恐惧。除了增加焦虑感之外，随着精神健康诊断和门诊就诊人数的显著增加，军人子女还表现出沮丧感的增加以及不确定性的上升（Gorman, Eide & Hisle-Gorman, 2010; Mansield et al., 2011; Williams et al., 2004）。

尽管焦虑可见于各个年龄段的儿童，它是部署活动的一个显著的后果，但是儿童在应对部署活动上有其他显著的发展性差异。正如前面提到的，美国军人子女约有 75%在 11 岁以下（Office of the Deputy Under Secretary of Defense, 2009）。这一阶段有广泛的发展多样性；因此，关注或观察儿童不同发育阶段的独特行为是非常重要的。

婴儿可能通过更频繁的啼哭来表达他们的感受或拒绝与他们的照顾者分离（Williams, in press）。幼儿可能显示出发脾气次数的增多或倒退的行为。例如，一个已经学会上厕所的 2 岁儿童可能会开始定期尿床，以此来传达他或她对于消失的父母的矛盾感受。这些孩子也可以通过他们在饮食和睡眠习惯上的变化来表达不满。3 至 5 岁的年幼儿童则通过混乱且具有破坏性的行为，和他们以前已经掌握的行为来对家庭角色的转变做出回应。和军人父母通过照片、录音、录像，以及诸如玩偶之类的其他个人物品保持联系是非常重要的，并且往往起着安慰孩子的作用（Williams, in press）。

6 至 11 岁的孩子对时间和父母分离的影响有更好的理解。但是，关于父母不在家的原因，他们仍然需要被正确地引导。如果没有解释，有些学龄儿童会发展出他们自己对情况的解释，可能感觉自己要对父母的离开负责。

这些孩子们也表现出身体不适，如胃痛，或表达出孤独和悲伤的感情(Johnson et al., 2007)。此外，他们可能有更频繁地寻求关注的行为，从而增加与在家的父母一起度过的时间。除了这些反应之外，孩子们也表现出对他们父母的事业和在军队服役上的自豪感，他们也可能开始发展一种要为他们的社区服务的责任感。

在部署期间，青少年可能会处于高风险的境地。青少年可能会有广泛的行为及情绪问题，包括宣泄行为以及抑郁和焦虑(Chandra et al., 2010)。青少年经常承担照料的责任，并在他们的家庭里承担领导者的角色，特别是家里如果有年幼的弟弟妹妹。随着他们的认知发展，青少年已经能普遍认识到在作战部署时期，军人父母可能会遇到的危险。和家庭相比较，青春期的青少年往往有兴趣在他们的同龄人身上花更多的时间。这可能是一种保护机制，因为这通常有助于他们与其他军人家庭的青少年交往，而那些青少年与他们的独特生活体验是有联系的。

除了发展方面的差异，研究表明青少年在应对部署的各个阶段上有一定的性别差异，比如男性比女性表现出更多适应不良的行为(Reed, Bell & Edwards, 2011)。在他们父母部署任务期间，男生也可能表现出更高水平的急性应激、行为问题、抑郁症和适应障碍(Mansfield et al., 2011)。然而，钱德拉等(2010)指出，部署之后，在家庭重返社会的阶段，女孩会出现更大的问题。有些解释已经被用来支持这一发现，包括女孩在部署期间可能在家庭中承担的角色。具体而言，当军人被部署的时候，女孩可能会承担附加的照料功能。服役人员回归家庭后，女孩通常被期待放弃她们在家庭里被强化了的角色，这可能会导致青少年和军人父母之间的紧张关系。此外，由于与军人父母建立情感连接存在困难，青少年可能会产生问题，尤其是在女孩之中(Chandra et al., 2010)。制订和实施有效的干预措施时，性别差异具有重要的临床意义；然而，我们还需要进一步的研究来理解军队青少年中性别差异的确切性质，以此作为对军事部署的回应(White et al., 2011)。

3. 部署后重返社会的挑战

对于一个军人家庭来说，挑战并不会随着部署活动的结束而消失。一旦军人返回家中，家庭成员可能为了重新协商家庭角色和责任而进行调整。此外，军人将重新调整家庭生活，并且可能要处理生理或精神健康的伤害和压力。当父母从部署中回来，孩子们通常既安心又兴奋，但同时离开的父母又重新融入家庭也会带来挑战和冲突。更复杂的是，家庭重返社会的任务是潜在地为未来其他作战部署的出现而做准备。全美军人家庭协会

(National Military Families Association，2005：14)描述了重返社会的挑战，还增加了对这个过程中未来部署的担忧，因为部署不是一个周期的循环，而是一种“螺旋式的”上升，在多重部署的各个阶段，家庭中会发生很多变化。

重建有效的共同抚养可能会是一个重要的任务，尤其是在重返社会阶段。例如，共同抚养关系上的问题已经与儿童的行为问题、不安全的依恋关系和情感失调以及消极的亲子互动联系起来(Bonds & Gondoli，2007；Feinberg，2002；Feinberg & Kan，2008；Schoppe-Sullivan et al.，2009)。多重和长期的部署会以显著的方式来挑战共同的抚养关系。例如，承担全部照料责任的父母一方可能习惯于以一个特定的方式来执行任务，并且因此，当军人回来的时候，让他们放弃一些他或她的照料责任时可能存在困难。另外，在他或她准备好之前，军人可能会感觉是被逼着回归到照料的角色之中，尤其是如果照料者急于恢复共同承担照料的责任。重逢之际，父母可能发现难以还原彼此在家庭中的角色。在军人带着生理或精神健康的创伤返回到家庭中时，这一挑战更是如此。

五、以家庭为中心的方法

对整个家庭所面临的困难和挑战的认识导致了以家庭为中心的方法的发展，这种方法在整个部署阶段提供行为健康支持。几个随机对照研究已经展示了复原力提升家庭计划，即提供特定的父母和家庭技能训练为基础的干预措施来大范围地改善孩子的心理后果，包括减少抑郁、焦虑和宣泄行为(Beardslee et al.，2007；Layne et al.，2008；Rotheram-Borus et al.，2006)。

许多以家庭为中心的计划的主要目标是加强复原力，以及在压力事件之后，增加产生积极结果的机会(Cicchetti & Hinshaw，2002；Luthar，2006)。正如萨尔茨曼等(Saltzman et al.，2011)描述的那样，提出以家庭为中心的、增强复原力的干预方法是为了支撑积极的家庭支持过程。此外，作为以家庭为中心的干预措施的一部分，萨尔茨曼等(2011)描述了关于加强军人家庭复原力的几个主要机制，包括：

- 为家庭成员及子女提供关于父母的部署和困境影响的心理教育和发展指导；
- 发展一个让每一个家庭成员分享部署期间体验的家庭叙事活动；
- 提高家庭意识和对彼此体验的理解；
- 提高家庭同理心和沟通能力，并强调家庭的优势和输入希望。

以家庭为中心的方案的好处之一是,它们被构造得比较具有灵活性,并且能够在各种不同的情境中执行。此外,“家庭友好”的服务理念提倡在令家庭和孩子自然而然地感到更舒适的环境中提供服务,这也便于忙碌的家庭成员获得这些服务。当目标人群是军人家属的时候,这是特别有利的,因为人们对传统的精神健康服务设施一直有一些挥之不去的污名;对于这些忙碌的家庭来说,精神健康机构的服务也可能是很难获得的,即使它们的污名已被抹去。在为军人家属提供服务时,三种环境(学校、医疗和远程医疗)是需要被考虑的。

(一) 学校环境

有军人子女的军队学校和以社区为基础的学校是可以对军人子女进行干预且尤为重要的环境(Fitzsimons & Krause-Parello, 2009)。布拉德肖等(Bradshaw et al., 2010)认为,当家长被部署的时候,有些孩子会面临他们学习成绩上的挑战。此外,大多数儿童和青少年在学校环境中度过大部分的时间,这使学校成为提供服务的实际场所。

(二) 医疗环境

在父母被部署期间,许多军人家庭获得了医疗保健(Eide, Gorman & Hisle-Gorman, 2010),这使得医疗机构成为照顾孩子的一个重要地点。精神健康临床医生可以与医疗专业人员合作,以评估心理功能并为孩子提供工具以建立他们的技能。在医疗环境中对儿童和家庭进行干预的挑战是,孩子们会对有刺激性和吸引力的环境产生反应,而这种环境往往是在医疗机构中难以达到的。理想情况是抛开精神健康治疗的目的,辟出一间办公室,这里应该有吸引儿童的玩具和游戏,并应很少或几乎没有医疗设备。依据儿童的年龄和兴趣,这里还应该有在地上画画和玩耍的空间。在下午迟一些时候或晚上较早时候的促进会议也是一个关键的考虑因素,以尽量减少他们离开学校的时间。

(三) 远程医疗

利用互联网和数字远程技术将家庭成员和健康服务连接起来,这样一种精神卫生服务的独特类型被称为远程医疗(telemedicine)。美国远程医疗协会(American Telemedicine Association, 2011)将远程医疗定义为“利用电信技术递送任何医疗服务或传输健康信息”。军队中的远程医疗在军队的各个分支中都在被实施，以此用来治疗心理和生理障碍，如创伤后应激障碍、抑郁症、外伤性脑损伤、自杀风险和糖尿病。此外，军人家属的地域性分散表明在提供医疗保健服务上使用技术的重要性。为了更好地理解远程医疗，请参阅国家远程卫生和技术中心（National Center for Telehealth and Technology）的指南，它为使用这种技术的军队相关人士提供具体参考意见（Kramer et al.，2011）。

六、方案、干预和资源

帮助军人家庭的方案在整个美军历史上已经经历了很多次兴衰。由于美国战争的早年历史，军队曾经努力为军人家庭至少提供某些援助，并努力提高服务以让家庭更好地适应军队生活和战争压力（Bowen，1989）。然而随着时间的推移，对面临越来越多挑战的家庭而言，更多项目的支持变得越来越必要。现代美国军队提供了许多高品质的、循证的家庭方案，这些方案在广大范围的与部署相关的问题上支持儿童和青少年的健康行为（Weinick et al.，2011）。方案的数量和质量部分反映了来自军队和政治领导层的评估，即一个适应良好的军人家庭会带来更高水平的军人重新征用率、更令人满意的人员，以及更大的军事社区的整体凝聚力（Bourg & Segal，1999）。在另一种意义上，方案的数量反映了军队服役对军人及其家属而言，代表了对国家所做的勇敢奉献，它往往伴随着挑战、风险和压力。但是，不是所有的家庭都会被告知或充分了解这些被设计用来提供服务、信息和教育的方案、干预措施及资源。社会工作者可能更了解这些资源，并能够推荐给需要的家庭。而基于网络的举措可能特别适用于住在农村或人口较少地区的军人家庭。此外，基于网络的方案为家庭提供了更低成本的服务，家庭能够按需随时获得服务，这对于家庭而言是很方便的。这种服务输送的方式，通过提供信息和增加家庭亲密度，也将彼此之间距离较远的家庭成员联系起来（Ritterb et al.，2003）。

这里值得关注的一种方法是以家庭为基础的复原力提升模式（Family-Based Resilience Enhancing Model），或者是家庭克服压力干预项目（Families OverComing Under Stress，FOCUS）。FOCUS干预是以证据为本的干预，它把减轻家庭的压力作为首要目标的概念框架，同时提高心理复原力和家庭支持（Beardslee et al.，2011；Lester et al.，2010）。通过积极参与学习和练习沟通、情绪管理、目标设定、问题解决，以及管理与部署和损失有关的提示物，来提升家庭的复原力。技能培训计划可以通过复原力培训师(Resiliency Trainer，RT)输送给个别家庭(所谓的个别家庭复原力培训)，或开展技能培训小组、工作坊，或对个别家庭成员的咨询。几项对项目结果的研究(Beardslee et al.，2011；Lester et al.，2012)证实了FOCUS方案在降低儿童和家长的痛苦、提高凝聚力和支持军人家属方面的有效性。

此外，军人家庭可以通过不同的物理环境(如诊所和学校)获得FOCUS服务，也可以通过远程医疗和互联网课程获得服务。在接下来的部分，几个虚构的案例说明了如何实施"以家庭为中心的方法"。并且，这些案例还教授了FOCUS的核心技能，以及在部署带来的挑战和压力面前，把这些核心技能作为增强复原力的途径。

查理(Charlie)的案例解释了通过FOCUS方法建立孩子技能的主要考虑因素。

案例：查理

查理，7岁，他的父亲在2个月前参与了部署活动。自从查理出生，大约有3年半的时间，他的父亲一直在家。查理在一年级时表现还不错，但他升小学二年级后自我适应一直是一个问题。他的老师报告说，查理在维持注意力、待在自己的座位上和上交布置的作业方面有困难。此外，查理还会表现出对同伴的攻击行为，同时也伴随频繁的哭泣。这些特别的行为导致了他和同伴的交往受限，并且有社会隔离情况。

干预查理的过程将涉及对他的情绪意识的建立。面谈从建立感受词汇表开始，以帮助查理用合适的词汇来表达他的体验。然后，临床医生辅助查理将他的感受和他的肢体语言连接起来。发展情绪和一个人身体反应之间的连接可以给孩子提供一个有关不适感受的信号。他还学会了一些新的应对工具来帮助自己在情绪上来时放松。与查理的老师分享查理之前学到的技术有助于将这些技能用到教室环境中。例如，当查理变得心烦意乱时，他能告诉他的老师他现在的感觉是怎么样的。这种告知使得查理的老师能够帮助他实现他的应对策略并冷静下来。

父母参与部署的孩子充满了复杂情绪，把它们全部厘清是具有挑战性的，尤其是对于年龄偏小的孩子来说。情绪调节是一种重要的工具，它帮助孩子及时理解他们正在经历的事情，以及让他们说出他们的体验。在查理这一案例中，他的感受正在影响他在学业和社会两方面的学校表现。情绪意识技能对支持他的学业成功是至关重要的。在利用FOCUS模型为青少年开展工作的时候，索菲娅(Sophia)这一案例突显了其重要的考虑因素。

案例：索菲娅

索菲娅，一名15岁的女孩，由于不服从用药，被她的儿科医生转介给其他科室的精神健康医生。几年前她被诊断患有糖尿病。在她母亲的部署期间，索菲娅的父亲注意到她的行为发生了变化。例如，她似乎不太关注她吃的食物，经常吃一些她自己也知道不应该吃的食物，而且她会忘记服用胰岛素。在索菲娅的儿科医生定期为她做检查期间，她对没有按时服药的影响很不以为然，并且说，她既然能够负责照顾年幼的弟弟，那么她也可以照顾自己。

在服务索菲娅的时候，临床医生对她想要独立于家庭的追求进行了合理化，也对她想和同龄人一样的愿望进行了正常化。这些都是在青春期可以观察到的典型行为。由于她的疾病，索菲娅觉得自己和她的朋友是不一样的。关于糖尿病的心理教育帮助索菲娅了解她的情况的严重性，但是，她还在犹豫是否要做出承诺，会按照严格的剂量限制来使用胰岛素。

临床医生使用FOCUS模式，它包括一个按时间线叙事的活动，让索菲娅参与到讲述她重大生活事件的过程中。索菲娅讲述了许多积极的经验，如组建篮球队和一次家庭旅行。她的时间线还包括医疗预约，获取诊断以及她的不按时用药。当谈论事件的时候，索菲娅分享了许多有关她健康状况的记忆，而她的妈妈也在她的记忆中，并充当了支持和培育的角色。她也说到想念她的妈妈并希望妈妈能帮助提醒她服药。叙事活动帮助索菲娅认识到，她的行为部分是因为希望她的妈妈能够在她的身边照顾她。临床医生提供了关于部署的心理教育，并帮助索菲娅制定有效的应对策略。同样重要的是，索菲娅创造了一些方法，把她对母亲的想法合并到她日常工作的方法中，从而保持与母亲的联系。

创伤儿童和家庭的治疗

针对儿童的创伤后应激障碍和创伤性哀伤，目前的军队社会工作已经发展出了几种干预措施。例如，创伤焦点认知行为治疗（trauma-focused cognitive behavioral therapy，TF-CBT；Cohen & Mannarino，2011）是对已经有创伤经历并且可能正在经历应激反应的儿童的治疗。一种相关适应，即创伤性哀伤认知行为治疗（traumatic grief-cognitive behavioral therapy，TG－CBT），对于丧亲的军人子女来说可能是合适的，因为作为家庭破裂的结果，他们可能会遇到与创伤症状相关的创伤性哀伤。TF－CBT 是一种循证治疗方法，非常适合用于对军人子女和他们的父母或照顾者开展工作。治疗包括关于哀伤过程和从创伤应激中恢复的心理教育，学习有效的沟通和放松技巧，情绪调节和认知应对。通过 TF－CBT，儿童学会了成长，也学会了与其他家庭成员分享他们的创伤叙事。

另一种适用于治疗军人家庭面临的特殊议题的干预措施是亲子互动疗法（Parent-Child Interaction Therapy，PCIT；Hembree-Kigin & McNeil，1995）。PCIT 是专门为倾向于使用更多身体管教方式的父母开发的（Chaffin et al.，2004），现在已经被使用在军队设施中为年幼的孩子和他们的父母服务。在 PCIT 中，一位军人家长会被教授适当的沟通技巧，从而改善他们与自己孩子的关系。PCIT 的目标是改善儿童的行为，并通过有效的养育和沟通技巧的练习来减轻父母的压力。

七、结论

由于与父母的分离、频繁的搬迁、与战斗相关的部署活动，以及父母受伤甚至死亡的影响，军人家庭面临独特的和潜在的复杂挑战。为了支持军人家庭成员特别是其中的儿童，军队和社区组织通过各种设施和互联网平台创设了很多方案、干预措施和资源。这些方案的目标是为父母和儿童提供支持、教育、治疗和预防，以适应和应对部署和军队生活的周期性特征。大多数军人子女用复原力和优势来应对军队生活的压力，而其他的孩子可能需要其他援助来应付困难和挑战。所有的儿童和家庭都可以利用这些有益的支持计划来预测和规划伴随着与父母分离而产生的特殊问题。

本章问题讨论

1. 描述军人子女在部署周期内会有什么样的不同反应。依据不同的年龄组，这些反应会有何不一样？从性别方面来看，他们又会有怎样的不同？

2. 描述以家庭为中心的干预方法是以哪些理论为基础发展起来的。以家庭为中心的方法怎样专门处理影响军人家属和子女的问题（如儿童的与部署相关的应激反应）？

3. 本章如何定义军队文化？比较和对比现役部队、国民警卫队和美国海岸警卫队的独特的军队文化。这些特质是如何影响军人家庭和孩子的？

4. 讨论帮助军人家庭的网络干预措施的各种不同方式。网络干预措施如何帮助经常需要改变生活安排的家庭？那些有一位家长被部署到战区的家庭又是怎样的呢？

参考文献

American Telemedicine Association. (2011). Retrieved from http://www.atmeda.org/i4a/pages.

Beardslee, W., Lester, P., Klosinski, L., Saltzman, W., Woodward, K., Nash, W., ... Leskin, G. A. (2011). Family-centered preventive intervention for military families: Implications for implementation science. *Prevention Science*, *12*, 339 - 348.

Beardslee, W. R., Wright, E. J., Gladstone, T. R. G. & Forbes, P. (2007). Long-term effects from a randomized trial of two public health preventive interventions for parental depression. *Journal of Family Psychology*, *21* (4), 703 - 713.

Bonds, D. D. & Gondoli, D. M. (2007). Examining the process by which marital adjustment affects maternal warmth: The role of co-parenting support as a mediator. *Journal of Family Psychology*, *21*, 288 - 296.

Bourg, C. & Segal, M. W. (1999). The impact of family supportive policies on organizational commitment to the Army. *Armed Forces & Society*, *25*, 633 - 652.

Bowen, G. L. (1989). Satisfaction with family life in the military. *Armed Forces & Society*, *15*, 571 - 592.

Bowling, U. B. & Sherman, M. D. (2008). Welcoming them home: Supporting service members and their families in navigating the tasks of reintegration. *Professional Psychology: Research and Practice*, *39*, 451 - 458.

Bradshaw, C., Sudhinaraset, M., Mmari, K. & Blum, R. (2010). School transitions among military adolescents: A qualitative study of stress and coping. *School Psychology Review*, *39*(*1*), 84 - 105.

Brett, J. (1982). Job transfer and well-being. *Journal of Applied Psychology*, *67*, 450 - 463.

Burrell, L. M., Adams, G. A., Durand, D. B. & Castro, C. A. (2006). The impact of military lifestyle demands on well-being, Army, and family outcomes. *Armed Forces & Society*, *33*, 43 - 58.

Chaffin, M. Silovsky, J. F., Funderburk, B., Valle, L. A., Brestan, E. V. Balchova, T., ... Bonner, B. L. (2004). Parent - child interaction therapy with physically abusive parents: Efficacy for reducing future abuse reports. *Journal of Consulting and Clinical Psychology*, *72*, 500 - 510.

Chandra, A., Lara-Cinisomo, S., Jaycox, L. H., Tanielian, T., Burns, R. M., Ruder, T. & Han, B. (2010). Children on the homefront: The experience of children from military families. *Pediatrics*, *125*, 16 - 25.

Cicchetti, D. & Hinshaw, S. (2002). Development and psychopathology: Editorial: Prevention and intervention science: Contributions to developmental theory. *Development and Psychopathology*, *14*, 667 - 671.

Cohen, J. A. & Mannarion, A. P. (2011). Trauma-focused CBT for traumatic grief in military children. *Journal of Contemporary Psychotherapy*, *41*, 219 - 227.

Coll, J. E., Weiss, E. L. & Yarvis, J. S. (2011). No one leaves unchanged: Insights for civilian mental health care professionals into the military experience and culture. *Social Work in Health Care*, *50*, 487 - 500.

Coolbaugh, K. W. & Rosenthal, A. (1992). *Family Separations in the Army*. Research Triangle Park, NC: Research Triangle Institute.

Cox, M. J. & Paley, B. (1997). Families as systems. *Annual Review of Psychology*, *48*, 243 - 67.

Eide, M., Gorman, G. & Hisle-Gorman, E., (2010). Effects of parental military deployment on ediatric outpatient and well-child visit rates. *Pediatrics*, *126*, 22 - 27.

Ender, M. G. (2000). The experiences of adult children of military parents. In M. J. Rosen & L. Sporacino (Eds.), *The military family: A practice guide for human service providers* (pp. 241 - 255). Westport, CT: Praeger.

Feinberg, M. E. (2002). Coparenting and the transition to parenthood: A framework for prevention. *Clinical Child and Family Psychology Review*, *5*, 173 - 195.

Feinberg, M. E. & Kan, M. L. (2008). Establishing family foundations: Intervention effects on coparenting, parent/infant well-being, and parent-child relations. *Journal of Family Psychology*, *22*, 253 - 263.

Fitzsimons, V. M. & Krause-Parello, C. A. (2009). Military children: When parents are deployed overseas. *Journal of School Nursing*, *25* (1), 40 - 47.

Gibbs, D. A., Martin, S. L., Kupper, L. L. & Johnson, R. E. (2007). Child maltreatment in enlisted soldiers' families during combat-related deployments. *Journal of the American Medical Association*, *298*, 528 - 535.

Gorman, G. H., Eide, M. & Hisle-Gorman, E. (2010). Wartime military deployment and increased pediatric mental and behavioral health complaints. *Pediatrics*, *126*, 1058 - 1066.

Hembree-Kigin, T. L. & McNeil, C. B. (1995). *Parent - child interaction therapy*. New York, NY: Plenum Press.

Huebner, A. J., Mancini, J. A., Wilcox, R. M., Grass, S. R. & Grass, G. A. (2007). Parental deployment and youth in military families: Exploring uncertainty and ambiguous loss. *Family Relations*, *56*, 112 - 122.

Jensen, P. S., Grogan, D., Xenakis, S. N. & Bain, M. W. (1989). Father absence: Effects on child and maternal psychopathology. *Journal of the American Academy of Child & Adolescent Psychiatry*, *28*, 171 - 175.

Johnson S. J., Sherman M. D., Hoffman J. S., James, L. C., Johnson, P. L., Lochman, J. E., ... Riggs, D. (2007). *The psychological needs of US military service members and their families: A preliminary report*. Washington, DC: American Psychological Association.

Kelley, M. L., Hock, E., Smith, K. M., Jarvis, M. S., Bonney, J. F. & Gaffney, M. A., (2001). Internalizing and externalizing behavior of children with enlisted navy mothers experiencing military-induced separation. *Journal of the American Academy of Child & Adolescent Psychiatry*, *40*, 464 - 471.

Knox, J. & Price, D. H. (1995). The changing American military family: Opportunities for social work. *Social Service Review*, *69*, 479 - 497.

Kramer, G., Ayers, T., Mishkind, M. & Norem, A. (2011). *DoD telemental health guidebook: Version 1*. Retrieved from http://t2health.org/sites/default/files/cth/guidebook/tmhguidebook_06 - 11.pdf.

LaGrone, D. M. (1978). The military family syndrome. *American Journal of Psychiatry*, *135*, 1040 - 1043.

Layne, C. M., Saltzman, W. R., Poppleton, L., Burlingame, G. M., Pasali'c, A. & Durakovi'c-Belko, E. (2008). Effectiveness of a school-based group psychotherapy program for war-exposed adolescents: A randomized controlled trial. *Journal of the American Academy of Child and Adolescent Psychiatry*, *47*, 1048 - 1062.

Lester, P., Peterson, K., Reeves, J., Knauss, L., Glover, D., Mogil, C., ... Beardslee, M. (2010). The long war and parental combat deployment: Effects on military children and at-home spouses. *Journal of the American Academy of Child and Adolescent Psychiatry*, *49*, 310 - 320.

Lester, P., Saltzman, W. R., Woodward, K., Glover, D., Leskin, G., Bursch, B., ... Beardslee, W. (2012). Evaluation of a family-centered prevention intervention for military children and families facing wartime deployments. *American Journal of Public Health*, *102* (S1), S48 - S54.

Luthar, S. S. (2006). Resilience in development: A synthesis of research across five decades. In D. Cicchetti & D. J. Cohen (Eds.), *Developmental psychopathology: Vol.*

3. Risk, disorder, and adaptation (2nd ed., pp. 739 - 795). Hoboken, NJ: Wiley.

Mansfield, A. J., Kaufman, J. S., Engel, C. C. & Gaynes, B. N. (2011). Deployment and mental health diagnoses among children of U. S. Army personnel. *Archives of Pediatrics and Adolescent Medicine*, *165*, 999 - 1005.

National Military Families Association. (2005). *Report on the cycles of deployment*. Washington, DC: Author.

Office of the Deputy Under Secretary of Defense. (2009). *Demographics profile of the military community*. Washington, DC: Author.

Orthner, D. K. & Rose, R. (2005). *Adjustment among army children to deployment separations*. Washington, DC: Army Research Institute for the Behavioral and Social Sciences.

Pincus, S. H., House, R., Christensen, J. & Adler, L. E. (2005). The emotional cycle of deployment: A military family perspective. *Journal of the Army Medical Department*, 615 - 623.

Reed, S. C., Bell, J. F. & Edwards, T., C. (2011). Adolescent well-being in Washington state military families. *American Journal of Public Health*, *101*, 1676 - 1682.

Rentz E. D., Marshall S. W., Loomis D., Casteel C., Martin S. L. & Gibbs D. A. (2007). Effects of deployment on the occurrence of child maltreatment in military and nonmilitary families. *American Journal of Epidemiology*, *165*, 1199 - 1206.

Ritterband, L. M., Cox, D. J., Walker, L. S., Kovatchev, B., McKnight, L., Patel, K., ... Sutphen, J. (2003) An internet intervention as adjunctive therapy for pediatric encopresis. *Journal of Consulting and Clinical Psychology*, *71*, 910 - 917.

Rotheram-Borus, M. J., Lester, P., Song, J., Lin, Y., Leonard, N. R., Beckwith, L., ... Lord, L. (2006). Intergenerational benefits of family-based HIV interventions. *Journal of Consulting and Clinical Psychology*, *74*, 622 - 627.

Saltzman, W., Lester, P., Beardslee, W., Layne, C., Woodward, K. & Nash, W. (2011). Mechanisms of risk and resilience in military families: Theoretical and empirical basis of a family-focused resilience enhancement program. *Clinical Child and Family Psychology Review*, *14*, 213 - 230.

Schoppe-Sullivan, S. J., Weldon, A. H., Claire Cook, J., Davis, E. F. & Buckley, C. K. (2009). Coparenting behavior moderates longitudinal relations between effortful control and preschool children's externalizing behavior. *Journal of Child Psychology and Psychiatry*, *50*, 698 - 706.

Simpson, G. & Fowler, M. (1993). Geographic mobility and children's emotional/behavioral adjustment and school functioning. *Pediatrics*, *37*, 303 - 309.

Temple, J. A. & Reynolds, A. J. (1999). School mobility and achievement: Longitudinal findings from an urban cohort. *Journal of School Psychology*, *37*, 355 - 377.

U. S. Department of Defense. (1998). *Selected manpower statistics*, *MO1* (*the directorate for information, operations, and reports*). Washington, DC: U. S.

Government Printing Office.

Weinick, R. M., Beckjord, E. B., Farmer, C. M., Martin, L. T., Gillen, E. M., Acosta, J., Fisher, M. P., ... Scharf, D. M. (2011). *Programs addressing psychological health and traumatic brain injury among U. S. military service members and their families*. Santa Monica, CA: RAND.

Weiss, E. L. & Coll, J. E. (2011). The influence of military culture and veteran worldviews on mental health treatment: Practice implications for combat veteran help-seeking and wellness. *International Journal of Health, Wellness and Society*, *1*, 75-86.

White, C. J., de Burgh, H. T., Fear, N. T. & Iversen, A. C. (2011). The impact of deployment to Iraq or Afghanistan on military children: A review of the literature. *International Review of Psychiatry*, *23*, 210-217.

Williams, D. S. (in press). Research and resilience: Young children and military combat deployments. *Zero to Three*.

Williams, T. V., Schone, E. M., Archibald, N. D. & Thompson, J. W. (2004). A national assessment of children with special health care needs: Prevalence of special needs and use of health care services among children in the military health system. *Pediatrics*, *114* (2), 384-393.

第二十五章　对重新部署军人及退伍军人夫妇的夫妻治疗

Kathryn Bashan

一、简介

军人夫妇在他们的军队生活中会面临一些独特的挑战，包括常规的迁移、夫妻分离和重聚，此外还有复杂的部署或多次部署，这些都对他们的家庭造成了叠加的压力。因为 2011 年年底从伊拉克归来的服役人员以及即将在几个月内从阿富汗归来的服役人员人数众多，临床医生必须针对他们的需求做好充分的准备。我们需要支持这些服役人员及其伴侣，帮助他们更新彼此的、与孩子们的和与其他家庭成员的依恋关系，重新构筑他们的家庭角色。

每个人都必须认识到这样一个现实，即由于受到长时间的分开和部署的影响，每个家庭成员都发生了改变。可以理解，要想恢复以前的状态是不现实的，相反，变化才是主流。性别和多元性议题在服役人员和他们的家庭在部署后面临的心理社会过渡中仍然常常被忽视。不言而喻的是，它们在塑造对作战任务和部署压力的不同反应中，以及在寻找对生理、精神健康方面问题的帮助中起着重要作用。它们也影响对当代循证精神健康干预治疗，包括心理治疗和恢复模型所采取的策略——是接近、接受还是回避。这一章将会提及各种多元主题之间的交叉，重点突出与服役人员及其伴侣如何适应部署后挑战相关的性别角色。本章介绍了一种阶段导向创伤知情婚姻治疗模式，它被用来处理部署后重聚过程中复杂的个体和人际互动问题。在呈现研究数据以及依恋理论和创伤理论的基础以便为该焦点提供一个基本原理之后，本章将总结婚姻治疗中的关键原则和干预手法，特别关注性别角色这一方面。最后，这些过程将用一个综合性的临床案例来解释，即陆军上士玛丽亚·桑切斯(Maria Sanchez)和她的丈夫卡洛斯·桑切斯(Carlos Sanchez)的案例(病人的信息已经做了相应的处理)。

二、基本原理

战争是残酷的。服役人员经常需要以正常反应去应对异常事件。服役人员及其家属即使有着强大且良好的复原力，许多人仍然面临着大幅度的调整和转变。“伊拉克自由行动”“持久自由行动”“新黎明行动”的参战军队正呈现出一系列由战争造成的典型创伤。从我们目前的军队来看，研究数据显示一系列并发症具有较高的发病率，这些并发症包括创伤后应激障碍、抑郁、自杀、外伤性脑损伤、虐待和家庭暴力[Institute of Medicine (IOM), 2010；Mental Health Advisory Team 7 (MHAT VII), 2011；Tanielian & Jaycox, 2008]。理论实践和研究文献所支持的知识基础为本章提供了学术支撑。因为回归的服役人员和他们的伴侣、孩子、家庭对精神健康和心理社会服务的需求不断增长，临床医生需要提高自身的知识基础以及与最有效的服务方法有关的临床技能，以帮助这些夫妇(IOM, 2010；Weinick et al., 2011)。污名化仍然对高危服役人员及其伴侣寻求并参与必要的服务起到巨大的阻碍作用。性别角色对于理解和处理各种部署周期中的压力是极为重要的。

三、临床社会工作实践的关键原则

一个明显的问题出现了：作为临床社会工作者，我们如何为处在转变中的这些夫妻提供最有效的帮助？在我们的工作中，什么价值观、知识以及临床技能是重要的？几年来，我提炼出了一些核心原则和指导我的临床社会工作实践的工作箴言。理想化地说，我旨在提供“以关系为基础的、能回应文化的、有研究根据的、有理论扎根的”实践。作为临床医生，你可以同意或者不同意这些实践原则。但是，作为临床社会工作者，我们有义务去遵守我们的伦理规范，并在一个有序的、无偏见的环境中与服役人员接触，从理论和研究中获取知识，同时也要重视对文化的回应。

以关系为基础

许多临床医生意识到以关系为基础的治疗模型的重要性，尤其是因为部署过程中产生的创伤压力而造成的依恋中断。与军人及退伍军人夫妻建立有效的关系，要求临床医生对夫妻的复原力表示敬佩，并对赋权概念加以重视。大多数服役人员和退伍军人表达了他们的愿望，希望治疗方案是量身定制的，而不是一套不变的惯用手法。通用型的治疗方法经常因为强化对人的客体化和强化派遣和分离，导致对回归军人的疏离。不论一个临床医生是军人还是普通人，都需要认识到每一位服役人员是如何对他或她的军队经历和身份认同赋予意义的。

四、理论模型的综合体

因为现在大多数针对回归军人及其家属的心理治疗模型都基于认知行为模式，而针对部署压力是如何影响亲密伴侣关系和其他家庭关系的治疗模型比较少(Basham，2008；Weinick et al.，2011)。我建议制定一种灵活的、合作的、整合的夫妻治疗方法，它是利用社会的和心理的基本理论模型建立的一种治疗方法。虽然这个临床社会工作模型的理论来源甚广，但本章的主要内容则集中在依恋理论和创伤理论的作用。我特别想说明，这个模型的关键结构主要与上述两种理论有关，并且希望你们注意依恋理论在服务军人夫妇的实践中的作用。

(一) 依恋理论

在部署期间，军人夫妇及其家庭面临的关系和依恋的挑战不仅仅是因为不可避免的物理分离，它们也受到部署期间角色转换的影响。为了理解这些挑战的复杂性，依恋理论提供了一个有用的心理学理论来解释掌握依恋关系中这些转换的最有效的方法。"安全的依恋基础"这一核心概念，以及依恋的不安全或安全工作模型可以引导我们的理解(Ainsworth，1989；Basham，2008；Bowlby，1982；Clulow，2001；Fisher & Crandall，2001；Hazan，Gur-Yaish & Campa，2004；Schore，2003)。

当代的依恋理论也承认依恋具有不同的功能(比如：照顾或提供安全的港湾；寻求照顾或寻求亲近；探索或带着好奇心去冒险)。安全圈的概念(Marvin et al.，2002)认为依恋对象能提供一个支持的安全基础和悲伤时的安慰，以及帮助孩子去探索一个更大的世界。这种依恋的工作模型也为成人处理生活中的关系设置了各种方法的基础。同样，在遇到悲伤时，成人经常向他们的主要依恋对象寻求安慰。在部署期间和部署之后，这种可预见的对他人(如伴侣)支持的信赖变得更加困难，需要更努力地重新协商新的可联系的方式。

在部署中所经历的创伤性事件被唤醒时，伴随着早年生活的不安全体验或未解决的依恋工作模式被再次激活，一个回归的服役人员可能会经历依恋关系的瓦解。情绪失调通常会发生，其特点是情绪的不稳定和平衡情绪的困难。心智化（mentalization）能力的概念最初由福纳吉等学者（Fonagy et al.，2002）提出，指的是自我反思能力和对情感的控制。心智化的另一个方面类似于同理心，是预测另一个人情感和行为的能力。这种能力为安全自主型依恋提供了一个基础。参加治疗的军人夫妇需要评估他们相互之间的，以及对孩子和其他主要家庭成员的依恋特征。

(二) 创伤理论

在转入创伤理论的时刻，二次创伤的作用引起了关注。这个概念最初被理解为照顾者和急救员的一个典型症状，因为他们会接触到有创伤的人（Bride & Figley，2009）。虽然很多服役人员与他们的伴侣在一个和谐的氛围中重聚，享受彼此的陪伴，但其他人在重聚时会高度焦虑、恐慌、愤怒，这给二次创伤制造了条件。PTSD 患者也会有类似的体验过程，如高度警觉、回避、麻木，这可能会影响其他家庭成员。另一个需要关注的相关概念是最初由社会心理学家斯托布（Staub，1989）提出的“受害者-加害者-旁观者”动态模型，他在对亲属创伤的影响的开创性研究中，探索了与暴力和罪恶的根源相关的旁观者的概念。

要解释这个概念，首先要描述一下其中的过程。有些遭受过外伤性虐待的孩子能从经验上理解被一个加害者加害是什么样的。他们可能体验到了缺少保护或冷眼旁观这样的虐待。孩子们不仅在他们的外在生活里经受了创伤性事件，他们还会内化这种关系模板。当一个受过伤害的孩子长大的时候，他可能会开始从“受害者-加害者-旁观者”的视角来感知、互动、体验这个世界。如果这个概念对于回归的军人也是成立的，那么问题通常就会产生。当一名军人与敌人交战乃至杀死敌人时，他或她可能会认同自己是一个受害者、加害者或旁观者。有些人会有疑问，杀人和追捕作为准备战斗和战时道德伦理的一部分已经被社会所认可，为什么还会有这个认同的过程发生？矛盾的是，对这些新的令人不安的战斗体验的内化可能会破坏早先提供的安全关系模板。当一名军人带着一个预存的安全或不安全的内在的依恋工作模式进入战斗时，战争的异常行为可以改变这些预存的依恋模式，特别是当他感觉到被指挥官或战友背叛（关系的创伤）的时候。事实上，军人可能会把家人当作受害者、加害者以及旁观者来对待他们，这是一个会导致权力和控制方面的不和、极端化和冲突的现象。这种模式在我们理解有创伤经历的夫妇及其家庭问题的复杂性时尤其重要，因为他们之间的依恋关系已经发生了转移和变化。

就如之前所提及的，这种临床工作对与二次创伤有关的临床医生来说可能是心理学上的一个挑战，同时也被可能的“受害者-加害者-旁观者”关系情景所刺激。所以，我们要留心不要成为一个过度热心的救助者或者一个冷漠的旁观者。要么屈服于一种消极无用的受害者立场，要么采用一种侵略性的谴责案主的方式都可能会给临床医生带来风险（Basham & Miehls, 2004）。

（三）文化响应性

使用术语“文化响应”而不是“文化能力”的基本原理是什么？哪一个是我们专业实践指导原则所要求的清楚指令？从定义上看，文化响应性比文化能力意义更加深远。它是服役人员和临床医生之间的一种动态交换，可以探索与民族、种族和性别有关的意义和意义创造的过程。与依赖建立知识、价值观和技能的静态能力模型不同，文化响应性这一模式认为，一个人会将自己定义为与民族、种族、宗教、性认同、社会经济地位、能力、性别和母语有关的复杂的意义交集。当临床社会工作者早期接触案主时，他们既需要学习被定义为文化能力的知识、价值观和技能，也要探索对这些文化主题是如何塑造案主在世界上的一方天地的共同理解。我们应该努力去避免有关社会文化影响的刻板印象。

侧重于部署后军人夫妻之间的性别角色来说，文化响应性在多元性中的作用是什么？为了给军人夫妻提供有效的服务，理解军队的价值观、风俗、常规和等级制度是重要的。责任、义务、勇气、自我牺牲、忠诚和团队精神这些价值观指引着这些夫妇的生活。他们记住了一系列的规则，对他人的幸福和安全负责。军队特别强调这些价值观的普遍性，为了培养同质性的世界观，“统一”尤其被推崇——这是异质性或多元性的对立面。因为军人们团结一致并强调他们的共同目标，他们经常体验到支持性的和安慰的手足情谊，对大多数人而言，还有对祖国的忠贞。这种部队凝聚力也对一个人在战场上的效力有着强大的积极影响。在外出执行任务期间，这不是一个适合放大差异的时候，因为一致感和目标的共同性对安全和效力来说是必要的。但一旦一天的任务结束，军人们吃完饭回到自己睡觉的营房的时候又会发生什么呢？相同程度的“相同性”还会起作用吗？通常，在一个普遍性视角下，服役人员个人的独特性经常被最小化或忽视。

(四) 以研究为基础和根据

对服役人员个人的基本治疗模型经常以缓解症状为重点，以随机对照试验提供的证据为基础（这被认为是功效评估的黄金标准）。当我们转向婚姻和家庭治疗模式，很少有方法已经用随机对照试验进行评估过。所以，我们需要把焦点转移到新出现的证据中，这些证据显示服务军人家庭的大量新模式正在涌现。目前，一个帮助服役人员及其伴侣学习关于 PTSD 知识，并找到方法重新协商彼此的角色和功能的认知行为模式被命名为认知行为联合治疗（Cognitive-Behavioral Conjoint Therapy; Fredman, Monson & Adair, 2011）。虽然治疗的参与者报告说他们的知识增加了，症状减轻了，但是关系转变是否发生了还是不清楚的。这个模式的一个限制是，它不适合很多有轻微脑部创伤的服役人员，因为他们的脑部创伤影响了他们的认知能力和集中注意力的能力。几个以依恋理论为基础的模型已经被提出，它们把焦点放在修复受伤的依恋关系上，但它们用在军队夫妇身上的效果还没被评估（Johnson, 2002; Sneath & Rheem, 2010）。虽然新的证据说明建立新的联系是有用的，但不是所有案主都能从充满感情的工作中获益（如果他们缺乏充分的情感控制的话）。

五、性别角色

为了从事文化响应治疗，临床医生需要意识到与性别在世界观塑造、性别刻板印象，以及家庭职能（包括照顾、对压力的反应、身心健康状况、治疗参与）中的角色有关的复杂问题。虽然包含女性的部队在训练及作战准备中已经有了很大的改变，但许多服役人员仍然报告称军队中具有“男性化的”文化，这种文化推崇自负、情绪控制，生理和心理优势（MHAT, 2011）。这些价值观对完成任务非常重要，但只要还有空间和时间，军人也需要表达情感，并在需要的时候依赖他人提供支持、安慰和帮助。

女性在武装部队中只占了少数，所以我们将从一个对人口统计资料的简要回顾开始。

(一) 人口统计资料

在现役部队中，女性所占的比例超过 14%，其中 17%在国民警卫队和预备役，20%是新兵（IOM, 2010）。2008 年，美国女性退伍军人人数达到了

180万人，占到美国退伍军人总数的7.7%（Yano et al.，2010）。平均来说，与男性退伍军人相比，较年轻的女性退伍军人（48岁与61岁相比）较少在VA机构寻求健康照顾（15% vs 22%）（Washington et al.，2007）。有趣的是，在退伍军人事务部登记的伊拉克战争、阿富汗战争的退伍军人达到了全国水平的两倍。尽管参与率发生了这种转变，但大多数当代女性退伍军人在退伍军人事务部之外获得了大量的医疗照顾（IOM，2010；Murdoch et al.，2006）。她们的精神健康问题和慢性疾病与男性VA用户是相似的，包括创伤后应激障碍、高血压、抑郁症、高脂血症和慢性的下背部疼痛等。为了解决女性服役人员不愿意寻求必要的治疗的现状，研究在关注男性服役人员的同时，也需要关注女性的需求（Gilliss et al.，2001）。

虽然女性在技术上被禁止服务于作战专业，如装甲或步兵，但是越来越多的且数量史无前例的女兵被部署到有生命危险的战斗领域。这是一个相对较新的现象（Hoge，Auchterlonie & Milliken，2006；IOM，2010）。她们服务于一系列支持性的岗位（如飞行员、情报机构特工、运输专家、机械师），包括到军事基地外活动，与战火直接接触，和作战军人一起工作。

（二）精神健康和身体健康问题

所有被部署的服役人员都经受了极高的工作场所压力，但是军队中的女性通常还要面对一些可能影响她们身心健康的特殊压力。总体上来看，比起遭受同等水平创伤的男性，女性退伍军人在医疗疾病上有更高的负担、更糟的生活质量和更早的心理发病率（IOM，2010；Kimerling et al.，2010；Tolin & Foa，2006）。女性在军队中遭受性骚扰和性攻击的比例也高于普通的人口，这令人感到不安（Gradus et al.，2008；Suris et al.，2004）。基默林等（Kimerling et al.，2010）对陆军预备役部队进行的一项研究显示，女性军人中有60%遭遇过性骚扰，男性军人中这一比例为27%；女性军人中有23%遭遇过身体或性的攻击，男性军人中这一比例为3%。军队中的性攻击呈现出一些独有的特征。受害者通常认识犯罪者，而且犯罪者经常是受害者需要依靠的人。受害者的危险经常包括持续性地受到伤害。军队中推崇的自我牺牲、忠诚、团队精神等价值观有时会妨碍一个受害者对于所遭受的攻击进行报告。

总的来说，被攻击过的女性患创伤后应激障碍、抑郁症、药物滥用的比例比没被攻击过的女性高（IOM，2010）。希梅尔法布、亚格尔和明茨（Himmelfarb，Yarger & Mintz，2006）调查分析了军队中的性创伤和非军队中的性创伤(服役之前和之后)之间的关系，以及女性退伍军人患创伤后应激障碍的情况。他们发现，军队中的性创伤与创伤后应激障碍之间的联系更为密切。男性和女性在服役前的创伤比率(如儿童性虐待、身体虐待、情绪虐待)高于一般人群；但是，女性退伍军人比男性退伍军人在服役前更可能经历过人际的创伤。例如，罗森和马丁(Rosen & Martin, 1996)报告称，35%的现役陆军士兵和58%的现役女兵报告称自己在童年遭受过虐待。总体上来说，女性更有可能经历长期创伤。虽然之前存在的童年期创伤被认为是精神健康问题的一个风险因素，但是耶胡达等(Yehuda et al., 2006)进行的一项有趣的研究显示，那些成功消除了创伤症状，以及与他们的童年经验有关的依恋问题和关系问题的服役人员，因为没有受到消极的精神健康问题的困扰，反而在战斗中状态更好。

目前对女性和创伤后应激障碍的研究还有很多不足之处，正如之前所提及的，在被部署的女性中PTSD的发病率和军队中的性攻击之间似乎有着一种直接的联系(IOM, 2010)。即使有专门处理军队中性侵害的新项目，我们仍然需要关注并扩大这种服务，并处理药物滥用、抑郁症、外伤性脑损伤以及亲密伴侣之间的暴力等共变情况。

(三) 健康照顾需求

战时情况给军人的身体健康和幸福感都造成了独特的挑战。女性服役人员也经常有一系列的身体健康问题(例如，下后背疼痛、头疼、骨盆疼痛、胃肠道问题/症状、性功能障碍、妇科病和长期疲劳)。虽然大多数女性服役人员处于生育年龄，但是几份研究指出，女性服役人员在获得适当的妇产科治疗和产前保健上仍然存在障碍。

女性服役人员还面对一些其他的问题，包括对创伤的性别差异性回应，部署前亲密伴侣间暴力行为的增多，以及作为主要照顾者的角色问题(MacDermid & Riggs, 2010)。

(四) 对创伤的性别回应

虽然早前的研究支持对压力的性别回应具有普遍性的观点，这种回应也包括创伤应激，但泰勒等(Taylor et al., 2006)在加州大学洛杉矶分校进行的一项研究显示，女性的应激反应往往伴随着催产素的分泌，催产素被认为会引起对联系、温和以及亲社会行为的渴望。这个过程与联系纽带有关，并且伴随着信任感的提升以及害怕和焦虑的减少。作为一种影响大脑功能的神经调节物质，催产素也减少了皮质醇，这与雌激素的增长有关。与当代很多神经生物学研究者详尽说明的对创伤事件唯一可以选择的回应是“逃跑-战斗-沉默”不同(Schore, 2003; Siegel, 2007; van der Kolk, 2003)，泰勒等的研究提出还有一种选择是“照顾和帮助”。另一项有关种族角色对压力反应的影响研究也得出了相似的结论。例如，将自己和家庭、社区紧密联结起来的文化风俗与独立的自我，与个人主义的自我是不同的(“我们”中的自我区别于“我”的自我)(Mattei, 2011)。在集体主义“我们-自我”文化中长大的人经常以“照顾和帮助”或者“暂停和集合”的模式来应对压力。所以，他们在被威胁或逼迫时倾向于为他人提供照料和联系，包括在战时。

(五) 亲密伴侣间暴力

最近对从“伊拉克自由行动”“持久自由行动”和“新黎明行动”中回来的服役人员，以及从这些行动和其他冲突地区回来的退伍军人的研究表明，亲密伴侣间的暴力发生率很高(Fonagy, 1999; Jakupcak et al., 2007; Taft et al., 2007; West & Tinney, 2011)。一项大规模的研究通过一个具有代表性的美国空军样本揭示出亲密伴侣间暴力的盛行，而对照组平民样本则反映出普通人犯罪和施害的风险更低(Foran, Slep, Heyman & United States Air Force Family Advocacy Research Program, 2011)。几种解释被提出来解释这种情况。PTSD的诊断特征是情感失调，交替性麻木和高亢，偶尔爆发愤怒。一个生理型创伤应激反应可能被与储存在记忆中的最初的创伤性事件相联系的刺激所触发(Schore, 2003)。当闪回的生物性决定因素与服役人员及其家庭成员大规模的强烈情绪相交时，一个煽动性的环境就会被激活。害怕、抛弃的威胁、焦虑、愤怒和伤害强烈地爆发。结果，所有的家庭成员很难假装平静并且继续一起承担家庭生活的任务。

(六) 照顾者

军队中的女性可能会因为她们作为军人、母亲、配偶、年迈父母的照顾者等多重身份面临一些独特的压力。据统计，军队中55%的人已婚，至少有100万人的父母一方是军人(IOM, 2010)。一项关于被部署服役人员的研究指出，50%的军人认为部署对他们的伴侣和孩子产生了消极影响(Patten & Parker, 2011)。事实上，几个研究项目均表明儿童被父母的部署所影响，他们在行为和情感方面的困难增加了(Chandra et al., 2011;

Chandra et al., 2010; Rentz et al., 2007)。65%的服役人员有照顾孩子或父母的直接责任。虽然很多男性也承担着看护者的角色，但更多的家庭仍然是女性承担家务，并作为孩子和老人的看护者(Wain & Gabriel, 2007)。当我们的有些受伤军人回家后，年轻的受伤退伍军人的父母会过来承担主要照顾者的角色，并且可能从广泛的全方位支持中获益，给他们成年的孩子提供最佳照顾。

部署经常意味着军人与孩子以及其他家人的分离每次都要长达几个月，把孩子丢给配偶或其他照顾者。许多单身母亲由于部署时和部署后缺少其他支持而感受到更多压力。部署对男兵和女兵的婚姻稳定性的影响是不同的。几份研究报告证明了军队中女性而非男性的离婚率达到了统计学意义上的显著增长(IOM, 2010; Sayers et al., 2009)。与军人的丈夫(男性娶了女军人)相比，基地中的军人的妻子能从她们的社区中得到更多的支持，而军人的丈夫则很少能获得资源，尤其是国民警卫队和预备役成员的丈夫。至于男同性恋、双性恋和女同性恋服役人员，他们回到伴侣身边时对心理社会支持和精神健康支持的需求还有待探索。

六、军人夫妇和退伍军人夫妇的分段式夫妻治疗

我支持一种灵活、合作、创伤知情、分段式的夫妻治疗模式(Basham, 2008; Basham & Miehls, 2004)。关系、文化响应性、扎根理论，以及以研究为基础的原则为这个方法提供了基石。在开始定义目标和干预措施之前，我们首先需要完成一个全面的生理心理社会预估(见表 25.1)。为了指导夫妻治疗计划，我们需要考虑以下主题。与那些聚焦在环境中的人的评估模型相似，这个方法从三个方面检视了案主目前的问题：制度/社会文化的；互动的；个体/个人内心的。临床医生需要评估每个领域的优势及不足，并且在评估过程的最后完成一份完整的报告。

制度/社会文化领域包括以下六个主题：(1) 社会支持(例如，家庭、社区、信仰组织、军事单位、司令部)；(2) 军队或 VA 背景(例如，军队分支、军衔、地位、服役的年代和服务管理系统)；(3) 服务输送背景(例如，社会政策、经济形势和政治环境)；(4) 之前和现在的健康状况和精神健康治疗；(5) 交叉的多元因素(例如，种族、民族、年龄、宗教信仰、社会经济状况、能力、性取向和性别)；(6) 临床医生的态度、反应和世界观(例如，文化的反移情作用和二次创伤)。

表 25.1　军人夫妇的分段式治疗：生理、心理与社会精神评估

Ⅰ　制度/社会文化的(基于社会建构理论、女权主义理论和批判种族理论)
1. 临床医生的态度和反应(例如,反移情和二次创伤)
2. 社会支持(例如,家庭、社区、信仰组织、军事单位和司令部)
3. 军队和 VA 背景(例如,军队分支、军衔、地位、服役的年代和服务管理系统)
4. 服务输送背景(例如,社会政策、经济形势和政治环境)
5. 之前和现在的健康状况以及精神健康治疗
6. 交叉的多元因素(例如,民族、种族、年龄、宗教信仰、社会经济状况、能力、性取向和性别)

Ⅱ　互动的(基于代际理论和叙事家庭理论)
1. 关系模式(包括“受害者-施害者-旁观者”模式)
2. 权力和控制的竞争
3. 疏远和不信任
4. 性行为和身体接触
5. 界限
6. 沟通
7. 缺乏固定仪式
8. 代际关系模式

Ⅲ　个体/个人内心的
1. 个体的、认知的、情感的、行为功能的(基于创伤理论和认知行为理论)
- 复原力的指标
- 复杂的创伤后应激障碍征候学和“FEARS”(Goodwin, 1990: 62)
  Fears: 恐惧(噩梦、闪回、侵入性想法)
  Ego fragmentation: 自我分裂(分裂、同一性扭曲)
  Affective changes: 情感变化(过度觉醒/麻木,强迫的/上瘾的/反社会行为)
  Reenactment: 再扮演
  Suicidality/somatization: 自杀/躯体化(失眠、过度警觉、惊吓反应、身体疾病)

2. 内心的/心灵内部的(基于依恋理论、客体关系理论和关系理论)
- 依恋的工作模式、情感管理和心智化的能力
- 整体能力、部分能力或合并客体关系的能力
- 投射认同的作用
- 内化的“受害者-施害者-旁观者”模式

资料来源：改编自《治愈创伤：童年创伤幸存者的夫妻治疗》(K. Basham & D. Miehls, 2004)。

互动领域中探索了以下八个主题：(1) 关系模式(包括“受害者-施害者-旁观者”模式)；(2) 权力和控制问题；(3) 疏远/亲密；(4) 性行为和身体接触；(5) 沟通技巧；(6) 界限；(7) 有无固定的治疗程序；(8) 代际关系模式。

最后，个体/个人内心领域包括每对夫妻个人的身体健康和精神健康，包括可能的创伤后应激症状、各种障碍和内在关系模式。后者探索了依恋的内在工作模式、情感管理的能力和心智化的能力，以及影响一个伴侣从内在出发看待他或她的世界的其他内在关系模板。对每方面优势和不足的总结为相关治疗计划设置了阶段，这个计划贴合了案主的需求和意义创造。但是，这一评估的深层特征也导致一些问题，因为它存在着一种不切实际的期待，即渴望通过一两次会面达到一个全面彻底的差别化的评估。

夫妻治疗的阶段

生理、心理与社会精神评估完成后，会有一个治疗计划被精心设计出来，具体目标和干预措施会被确定下来(见表 25.2)。在接下来对阶段的简要概述中，我强调了几个主要议题，在后面的临床案例中也会更加充分地详细描述。

表 25.2　军人和退伍军人夫妻的阶段导向婚姻疗法

阶段Ⅰ　安全、自我照顾、稳定化和建立一个改变的环境

1. 评估和建立安全感
2. 加强自我照顾
   - 身体健康
   - 精神健康
   - 睡眠、营养和健康
   - 物质使用、虐待、药物治疗
   - 沟通技巧
   - 减少压力/情感管理的生物行为策略
   - 部署引起的应激源的相关知识
3. 探索相关社会文化的影响(例如，军队文化、性别、种族、宗教信仰、民族、性取向、社会经济状况、能力、年龄和母语)
4. 加强支持系统(例如，家庭、社区、宗教/灵性)
5. 决定伙伴关系状态(例如，继续？停止？解散？)

阶段Ⅱ　对创伤叙事和哀伤的反思

1. 对创伤经验的意义的探索和反思
2. 多重损失和丧亲的哀伤
3. 探索“受害者-施害者-旁观者”模式的代际传承
4. 发展共享的同理心
5. 发展心智化
6. 创造丧亲仪式和疗愈过程

续　表

阶段Ⅲ　巩固新的视角、态度、行为和社会辩护 1. 治疗现有问题和症状 2. 重建联系（例如，家庭、信仰团体） 3. 加强两性关系 4. 强化父母共同抚养 5. 发展复杂的社会认同（例如，性别、军队、民族） 6. 提供社会辩护的机会

资料来源：改编自《治愈创伤：童年创伤幸存者的夫妻治疗》(K. Basham & D. Miehls，2004)。

夫妻治疗模式的第一阶段聚焦于夫妻的安全感、自我照顾以及稳定性。夫妻开始接受治疗的时候，都以各自长期存在的安全或不安全的依恋模式进入工作。接触战斗的经验经常动摇服役人员的依恋工作模式，所以进入治疗可能是有压力的。临床工作者在传递知识、文化响应性和良好的权威时，也锻造了一个与军人或退伍军人夫妇可行的治疗联盟。这个阶段的主要焦点之一在于基本安全和情感管理，它们经常在部署后的过渡期中被夫妻中的一方或双方中断。文化相关性（特别是军队和性别主题）在这里必须被考虑，因为不同文化的世界观塑造了对压力的不同回应方法。对社会支持的全面广泛的探索，对评估和加强家庭与社区内的复原力的来源是至关重要的。

一个坚固的基础重建好之后，夫妻治疗模式的第二阶段会重点处理由夫妻一方或双方早期经历的创伤事件导致的长期影响和关系瓦解。对“受害者-施害者-旁观者”模式的探索也要持续进行，因为它在夫妻彼此之间，与孩子、朋友和其他家庭成员的日常关系中起了重要作用。例如，互相不信任，对权力和控制的持续争斗，以及过度觉醒的振荡模式和疏远陪伴可能会对夫妻造成伤害。多重损失和丧亲的哀伤也经常在这一阶段发生。对创伤事件的叙述和反思允许每个伴侣表达出自己对这些创伤事件以及受损的依恋关系和丧亲的感受。每个人都会从中受益，发展被强化的同理心，以及加深对彼此经历的共同理解。

从依恋理论的视角出发，鲍尔比（Bowlby，1982）预测了哀伤的几个阶段，包括间歇性抗议、绝望、分离以及在依恋关系断裂之后的重组。对受损的依恋关系的处理促进了“安全圈”再度出现（Basham，2008；Marvin et al.，2002）。

夫妻治疗模式的第三阶段涉及的重点任务是巩固新的观点、态度和行为。用依恋理论的语言来说，这是“探索”的领域。伴侣双方体验到对对方更多的同理心和心智化能力的提升，他们报告说感到更加快乐，连接更加紧密，性的互动也更多了(Basham，2008)。当进入第三阶段中的巩固治疗收获阶段，很多夫妻会利用这个机会来讨论他们的价值观和世界观，并且重塑他们复杂的社会认同(例如，性别和民族)。同时他们也会讨论重新与社区建立连接的新方法，并转向探索社会辩护。

现在，本章的研究和概念基础已经明确地表达出来，在对阶段导向创伤知情夫妻治疗模式进行简要回顾之后，我将介绍一个由真实案例改编的临床病例：上士玛丽亚·桑切斯。这个案例说明了影响部署后夫妻的生理、心理和社会问题交织的复杂性，并对于在治疗过程中看得见或看不见的性别、种族和民族问题也给予了特别的关注。

案例：上士玛丽亚·桑切斯——背景和评估

上士玛丽亚·桑切斯是一名36岁的陆军预备役人员，波多黎各血统，IOF的退伍军人。她与卡洛斯·桑切斯结婚14年了。11个月前，她结束了在伊拉克历时12个月的服役。一次突发的简易爆炸装置爆炸，导致她的右臂二度到三度烫伤、骨盆骨折，也导致她的两名士兵死亡。在战区，她担任通信专家(MOS)，负责提醒运输队潜在的危险。由于创伤后应激障碍以及身体受伤，她收到了因病退伍的通知。在家乡，她的全职平民职业是在一家当地医院担任纠纷调解技术员，监督病历卡记录系统。从部署地返回美国后，她和她的物理治疗师丈夫团聚，还有她的三个小孩：13岁的安东尼奥(Antonio)、8岁的迪莉娅(Delia)和2岁的安娜(Ana)。在部署期间，她的婆婆搬进家中照顾自己的孙子和儿子。夫妇两人都是会双语的人，他们依靠他们的天主教精神团体获得希望、疗愈和社会支持。在新英格兰的一个小城市，这个家庭维持着中等收入的社会经济地位。

1. 目前面临的问题

虽然最初的重聚给这个家庭带来了巨大的安慰和骄傲，但是在6周内，上士桑切斯开始感觉到频繁的焦虑、失眠、噩梦、精力不集中、注意力差、大范围的身体疼痛、持续的头痛和皮肤移植后右手臂的刺痛。她害怕去她之前工作的医院办公室，感觉自己害怕日光灯的光和长长的走廊。

虽然以前上士桑切斯非常爱好阅读，但现在却无法静坐着阅读或集中注意力超过几分钟。大多数时候，她间歇性地感到"紧张、恶心、烦躁、易怒、愤怒和麻木"。她很难入睡，整晚醒着，遭受噩梦的困扰，清晨却混混沌沌。当她的丈夫碰她的时候，她没有任何性欲。她开始在晚上孩子们入睡后喝几杯酒来"麻木自己，抹掉痛苦"。

上士桑切斯也与因爆炸杀死了她的士兵而她存活了下来的愧疚的强迫性思维做斗争。她说自己曾听到一些关于因为她是女性的带有性别歧视性质的话，以及她的指挥官针对她的带有文化偏见的话（例如，"为什么你不从哪儿来回哪里去？""你的英语听起来很奇怪"）。四个月前，当桑切斯走近她女儿安娜想给她一个吻时，安娜哭得歇斯底里。蹒跚学步的安娜避开她，直到桑切斯流着泪离开了房间。她背着女儿哭了，这是最后一次。之后桑切斯再也没有哭过。

上士桑切斯报告说自己有可怕的战斗记忆闪回现象，如橡胶燃烧的气味，男性和女性裹在厚重的好几层衣服里，汽车的声音和海滩上沙子漫天飞扬的场景。这类事件刺激了强烈的创伤性应激反应，激活了交替的过度觉醒和随后的反应麻木和冷漠，这与创伤后应激反应一致。当她和丈夫、孩子在一个大型连锁商店里买日用品的时候，她记忆中的一个场景发生了。她焦急地推着购物车穿过走廊，试图很快找到农产品和罐头并装进购物车，因为她对人群和耀眼的顶灯感到越来越紧张。突然，她听到从停车场传来停车的声音，她马上抓住蹒跚学步的安娜，趴到地上，试图在展示桌下爬行。她颤抖着，歇斯底里。她的丈夫冲过来告诉她，她的奇怪行为让他和孩子们很难堪。他冲她喊了起来："住手！"

上士桑切斯感到很羞愧，连连道歉，然后离开了她的丈夫、孩子和瞠目结舌的顾客。没有人明白，这种闪回被巨大的像爆炸一样的声音所触发，炫目的灯光让人想起伊拉克强烈的阳光。他们也不明白，这些视觉和听觉的刺激会让她想起伊拉克的创伤记忆中爆炸时刺耳的声音和刺眼的光线，正是这次爆炸杀死了她的士兵。桑切斯先生担心他的妻子会“崩溃”，也对她回家之后不履行母亲职责感到愤怒。这似乎与他们的共识——她的主要角色是一个照顾孩子的妈妈是相反的。尽管桑切斯先生想要保住婚姻，但是他还是威胁玛丽亚，如果她没有“变好”的话就会跟她离婚。

在玛丽亚的一次闪回之后，桑切斯先生体验到愤怒和困惑，他批评她“疯了”。相比之下，孩子们既害怕又焦虑，撤退到房子里离得较远的安全的房间。这对夫妇之间的打斗开始了，伴随着桑切斯先生的叫喊并以谴责的话语来批评他的妻子，最后桑切斯先生离开了。

上士桑切斯再也无法回到正常工作中去，她觉得自己很没用，无论作为一个员工，一个母亲，还是一个婚姻伴侣。用她的话说，她觉得自己对周围事物毫无感受、没有价值。相反，她的丈夫仍然继续在他的基本角色——工薪阶级上努力打拼。然而上士桑切斯表示她参与陆军预备役和她的非传统职业选择在技术上挑战了传统的性别观念。当她回到家想重新承担起她作为全职母亲和她在职场已经做过的全职工作时，她觉得她的位置在她被部署的 11 个月期间已经被她婆婆取代了。孩子们崇拜他们的祖母，还对母亲的缺席、回来的不确定性感到间歇性的愤怒和困惑。虽然在家庭内给女性保留母亲基本角色是波多黎各的民族文化，但是婆婆强势的取代还是让上士桑切斯觉得是毁灭性的。有一次，当这对夫妇的长子安东尼奥通过网络与他在伊拉克的母亲交流时，他从屏幕上听到了一声巨大的爆炸声，他母亲的影像在屏幕上消失了。4 小时的失联之后，上士桑切斯才能够回电话联系家人，让他们知道她虽然受伤了，但是已经安全。安东尼奥歇斯底里地哭了，他一直强烈地渴望母亲安全。虽然上士桑切斯努力地维持她与儿子和女儿的关系，但是恐怖的战争仍然继续妨碍上士桑切斯照顾她儿子的能力，以及在她被部署的时候让她的儿子有一种安全的连接感。上士桑切斯回来之后，她有一段时间在和她的家庭维持情感联系上存在困难。

2. 发展因素和家庭因素

上士桑切斯在波多黎各圣胡安一个贫穷的社区正常长大。她的父亲经常打她，因为她在 2 岁到 8 岁之间一直有“淘气”行为。她在学校的学习成绩和社交情况都很好，直到 8 岁时她的母亲死于突然的败血性感染。她的爸爸再婚后，全家搬到了纽约。上士桑切斯承担着保护她的两个弟弟妹妹的责任。虽然天生就很聪明，但她发展出了一个不安全与无组织的依恋的内部工作模型，这与她遭受爸爸的虐待和母亲的过早离世有关。

她的丈夫在波多黎各第二大城市的一个中等收入家庭中长大，他们家重视学校教育和经济成就。他在一家重点康复中心做物理治疗师。伴侣和孩子都会说两种语言，在家里，西班牙语和英语可以任意转换。父母和孩子依靠他们的天主教精神团体来获得希望、疗愈和社会支持。从本质上讲，桑切斯先生的童年经历了爱与保护，导致出现依恋的安全内部工作模型。在他们早年的婚姻期间，上士桑切斯受益于他们的可预测的、安全的、关怀的婚姻和家庭环境，用依恋理论的语言来说，“获得了安全”。尽管她最初的工作模型在遭受痛苦时是混乱的，安全依恋的更大能力仍然对她起作用。

3. 过程中的评估

为了完成一份完整的生理、心理与社会精神评估，一个临床医生需要在评估指导时识别制度/社会文化的、互动的、个体/个人内心的优势和不足(见表 25.1)。以下是这些不同领域的优势和不足的初步总结。

在制度/社会文化方面，上士桑切斯和丈夫显示出不同的复原力(例如：对家庭强烈的共同责任；双语教育；成功的职业生涯；坚实的经济基础；大学教育；早先对他们信仰团体的承诺)。这对夫妇的不足包括他们原生家庭的社会经济差异，扩大家庭与精神团体的冲突，遭遇的种族和文化创伤。

在互动层面上，这对夫妇经历了口角，让人想起“受害者-加害者-旁观者”模式；他们缺乏沟通，缺乏身体和性的亲密；他们之间存在对决策控制权的争夺，以及父母共同教养的冲突。虽然在部署前家庭环境的特征是稳定的、相互分享的和陪伴的，但是目前的家庭环境被每个人的普遍焦虑所影响，充满了恐惧、不确定性和疏离。

在个体/个人内心方面，上士桑切斯经历了一系列的生理和精神健康问题。她努力克服失去她的战友的创伤和多个社会/职业身份的丧失，悲伤淹没了她。她被内疚感和深刻的失落感所折磨，这些将她早年因母亲感染而早逝导致的未解决的哀伤重新激活。用她的话说，她感到“极度伤心，像死掉一样的空虚”。她的症状不仅表现出创伤后应激障碍的特征，也表现出抑郁症的综合征候和强烈的婚姻、家庭冲突。可能的外伤性脑损伤和药物滥用也需要被评估和排除。显然，出现的差异评估导致了一种严重精神健康问题、身体伤害和心理社会应激源之间的复杂关系。桑切斯先生抱怨压力大和胃肠道不适。他表达了对“失去记忆中的妻子”的深深的悲伤。

案例问题讨论

1. 文化的哪些方面(军队、性别和种族)造成了上士桑切斯和她的家人在她从部署中回来之后的反应?

2. 上士桑切斯和她的丈夫在照顾孩子上的性别期待分别是什么?

3. 在部署期间和部署后，他们通过什么方式解决性别角色的转换?

案例：上士玛丽亚·桑切斯的第一个治疗计划

当上士桑切斯同意会见她的家庭医生后，她被指导用药物帮助治疗她的噩梦，并被转介给社区里有执照的精神健康医生。尽管她对她的婚姻和孩子们表示出深切的担心，临床医生还是邀请她进行个别会谈。随之而来的是一个简短的评估和运用延长暴露疗法来修复战争导致的创伤后应激障碍(PTSD)症状的建议。治疗目标包括减少噩梦和幻觉，增加在当地连锁商店购物和开车的能力。这位医生还建议她每周进行认知行为疗法，涉及记日记和进行情绪跟踪。当上士桑切斯无法专注于她的书面作业，为她的无能深感羞愧时，她试图对自己使用暴露疗法，但她体验到了洪水一般的情绪。在感到不知所措并想要自杀后，她终止了治疗。

案例问题讨论

1. 上士桑切斯是一个失败的人吗? 或者在缺乏全面的生理、心理与社会精神评估和差异诊断的基础上是否存在无意识的医源性影响?

2. 民间临床医生对桑切斯夫妇进行的全面的生物、心理与社会精神评估是否存在失败的地方？

3. 忽视文化响应性的同时，这名临床医生是否也忽视了与桑切斯夫妇的精神健康问题相关的社会文化意义和污名？

4. 临床医生在进行风险评估时，需要做什么来确定在家中是否安全？

5. 是否存在某些可能的亲密伴侣间暴力的迹象是临床医生应该考虑的？

6. 依据高度的不安全感，桑切斯的孩子们是否表现出了二次创伤的症状？

上士桑切斯及其家人的治疗程序显示出五个问题，包括：(1) 一个不完整的生理、心理与社会精神评估；(2) 没有关注安全风险；(3) 缺乏与扩大家庭的重要作用和信仰团体提供的社会支持这些社会文化因素的协调；(4) 缺乏对部署期间家庭角色的变化以及现在回家后出现的混乱的关注；(5) 没有关注上士桑切斯的失落感和哀伤，这些都与她对士兵、孩子、丈夫、同事和家人的照顾有关。

在一次过量服用处方药自杀未遂后，上士桑切斯决定再次寻求治疗，这一次治疗与三个孩子所在学校校长所表达的问题有关。每个孩子在班级中的言语表达和行为都反映出他们内心的焦虑和担忧。此时，上士桑切斯和她的丈夫被邀请参加一个由一位新临床医生进行的扩展生理、心理与社会精神评估。对每个家庭成员、夫妻关系、孩子的优势和不足的评估都在制订治疗计划之前被记录下来。当时，一个分段式的复合治疗计划在与其他服务人员的合作下开始联合实行。

案例：桑切斯夫妇的夫妻治疗

最初，在第一阶段的治疗中，桑切斯夫妇谈论了安全的问题，他们处理冲突的方法，以及他们对潜在虐待的协调。每个人都被实施自我照顾计划来寻找调节情感管理的方法（如神经放松、减压、基础练习、瑜伽）。为上士桑切斯推荐的扩展评估被用于评估外伤性脑损伤、药物滥用和精神药理学干预措施。在夫妻治疗中，他们讨论了回家后的调整，讨论家庭角色，试图找到理解有关创伤后应激障碍的症状和模式的方法。他们谈论了共同抚养孩子以及与孩子们所在学校的校长和辅导员合作的新方法。他们还回顾了在他们的扩大家庭、工作场所和教堂这些社交网络中的优势和不足。

第一阶段的夫妻治疗包括十个目标：(1) 证明识别和平衡情绪的能力；(2) 确保夫妇和孩子们的安全；(3) 应用减压、愤怒管理和扎根的技术；(4) 展示有效的沟通和冲突解决技巧；(5) 识别与创伤性应激反应相关的触发器和反应；(6) 认识酒精在应对困难和家庭生活中的影响；(7) 让夫妻双方重新建立关系并恢复稳定的依恋关系；(8) 协商性别权力和家庭角色，重建安全圈；(9) 发展计划来进行延伸的转介评估，以排除外伤性脑损伤和药物滥用；(10) 识别和扩大家庭、教会、工作和社区团体的社会支持。

在建立了安全性、充分的自我照顾、支持和稳定性的基础的基本标准后，上士桑切斯夫妇可以进入第二阶段以达到四个目标：(1) 哀悼多重损失(例如，上士桑切斯的战友的牺牲，军人身份的丧失，以及工作者、母亲、妻子、家庭成员和健全的公民身份的丧失，而桑切斯先生则因部署而失去了他心爱的妻子和和谐的家庭)；(2) 改变破坏性的创伤引起的关系模式("受害者-加害者-旁观者")；(3) 证明逛大型商店和购物中心不再产生幻觉的能力(通过延长暴露疗法)；(4) 对战争引起的创伤性事件的叙述和反思(基于依恋理论的实践和认知过程治疗)。

当她对这些主要的损失感到哀伤时，上士桑切斯意识到她认出了她的儿子安东尼奥，和她部队中那些死去的士兵。她未解决的哀伤阻止她与儿子重新全面地建立连接，直到她深刻的悲伤和内疚减弱。每个伴侣为他或她各自的损失而伤心，同时也为家庭创造出新的疗愈方法，这样他们就能够继续进行他们的心理治疗。

最后，第三阶段包含五个目标：(1) 巩固家庭性别角色的改变，加强家庭和社会支持；(2) 显示加强的情感和性亲密；(3) 与父母和祖母探索子女共同教养的创造性解决方案；(4) 显示新的重塑过的各种社会身份之间的关系(如性别、种族、民族、能力、宗教)；(5) 显示社会辩护的途径。

案例问题讨论

1. 这个夫妻治疗案例用什么方法来处理在前两个片段中被忽略的和可能的问题?

2. 在这个案例中,是否存在伦理困境? 如果有,它们是什么? 你将如何解决它们?

七、结论

这一章中的临床案例生动地揭示了上士桑切斯和她的丈夫、孩子以及扩大家庭所遭受的痛苦,以及使他们恢复健康,更加积极和富有成效地生活在一起的显著的复原力。这样的进步是值得注意的,这可以作为许多其他军人、退伍老兵和他们的家庭的一个范例,因为他们也需要并应该有一个相似的、循证的、被研究证明有效的精神和行为健康治疗方法。虽然第一个治疗计划忽略了上士桑切斯夫妇存在问题的重要方面,但是第二个综合疗程是成功的。这两名医生是欧美裔、非医学的女性平民医生,所以跨文化实践的挑战出现在这两种情况中。尽管性别和种族异同问题在第一次忽视文化的治疗中没有被看到,但在第二次治疗中,临床医生和案主夫妇公开探讨了性别、军队文化、种族和民族问题的意义,这些探讨所依据的现象是,这些问题是如何出现在他们的日常生活中,以及与他们的世界观一起出现在他们的历史和治疗联盟中。一个渐进的治疗计划强调六个核心特征:(1) 和谐的治疗联盟;(2) 文化回应性;(3) 基于研究证据和循证实践模型的知识和技术;(4) 持续关注全面的生理、心理与社会精神评估;(5) 合作和咨询;(6) 评估和治疗一个复杂的、多维的情况和挑战的灵活性。为了在实践中与服役人员以及他们的家庭促进类似的积极成果,每一位临床医生需要从一个公认的学术机构获得令人满意的教育。此外,实际的准备应该包括监督与各种军人案主和他们的家庭一起工作的被督导的临床经验的证明材料,以及学历认证、执业许可和对实务范围的明确定义。鉴于不成功的治疗的严重负面后果,我们应该在我们的工作中更加警惕,以提供最有效的、具有文化响应性的行为健康和心理社会服务。

本章问题讨论

1. 性别和种族这两个社会文化因素如何塑造对创伤压力的不同回应？

2. 文化习俗如何影响教养的性别角色、工作和家庭生活？

3. 种族和文化如何影响士兵身份的丧失？如何影响暂时有劳动能力的公民、母亲、工人、妻子和媳妇？

4. 哪些精神健康后果是服役人员希望在回应部署和作战压力时体验到的？

5. 在完成一个对军人夫妻的生理、心理与社会精神评估时，哪些是关键性特征？

6. 在精心策划一个确保安全、节奏合适并集成了循证治疗模型的分段式合作性的夫妻治疗计划时，它的中心指导原则是什么？

参考文献

Ainsworth, M. (1989). Attachments beyond infancy. *American Psychologist*, *44*, 709 - 716.

Basham, K. (2008). Homecoming as safe haven or the new front: Attachments and detachment in military couples. *Clinical Social Work Journal*, *36* (1), 83 - 96.

Basham, K. (2009). Commentary on keynote lecture presented by Dr. Jonathan Shay 6/27/09. The trials of war: Odysseus returning from Afghanistan and reflections. *Smith College Studies in Social Work*, *3/4*, 283 - 286.

Basham, K. & Miehls, D. (2004). *Transforming the legacy: Couple therapy with survivors of childhood trauma*. New York, NY: Columbia University Press.

Bowlby, J. (1969/1982). *Attachment and loss: Vol. 1. Attachment* (2nd ed.). New York, NY: Basic Books.

Bride, B. & Figley, C. R. (2009). Secondary trauma and military veteran caregivers. *Smith College Studies in Social Work*, *79* (3/4), 314 - 329.

Caulfield, M., Wolfe, J., Turner, K., Newton, T. C., Melia, K., Martin, J. & Goldieri, J. (2005). Gender and trauma as predictors of military attrition: A study of Marine Corps recruits. *Military Medicine*, *170* (12), 1037 - 1043.

Chandra, A., Hawkins, S. A., Martin, L. T. & Richardson, A. (2010). The impact of parental deployment on child social and emotional functioning: Perspectives of school staff, *Journal of Adolescent Health*, *46* (3), 218 - 223.

Chandra, A., Lara-Cinisomo, S., Jaycox, L. H., Tanilien, T., Han, B., Burns, R. M. & Ruder, T. (2011). *Views from the homefront: The experiences of youth and spouses from military families*. Santa Monica, CA: RAND, TR-913-NMFA.

Clulow, C. (Ed.). (2001). *Adult attachment and couple psychotherapy: The "secure base" in practice and research*. Philadelphia, PA: Taylor & Francis.

Fisher, J. V. & Crandell, L. E. (2001). Patterns of relating in the couple. In C. Clulow (Ed.), *Adult attachment and couple psychotherapy: The secure base in practice and research* (pp. 15 - 27). Philadelphia, PA: Taylor & Francis.

Fonagy, P. (1999). Male perpetrators of violence against women: An attachment theory perspective. *Journal of Applied Psychoanalytic Studies*, *1* (1), 7 - 27.

Fonagy, P., Gergely, G., Jurist, E. & Target, M. (2002). *Affect regulation, mentalization, and the development of the self*. New York, NY: Other Press.

Foran, H. M., Slep, A. M., Heyman, R., E. & United States Air Force Advocacy Research Program. (2011). Prevalences of intimate partner violence in a representative Air Force sample. *Journal of Consulting and Clinical Psychology*, *79* (3), 391 - 397.

Fredman, S. J., Monson, C. & Adair, K. C. (2011). Implementing cognitive-behavioral conjoint therapy with the recent generation of veterans and their partners. *Journal of Clinical Psychology*, *18* (1), 120 - 135.

Gilliss, C. L., Lee, K. A. & Gutierrez, Y., Taylor, D., Beyene, Y., Neuhaus, J. & Murrell, N. (2001). Recruitment and retention of healthy minority women into community-based longitudinal research. *Journal Womens Health Gender Based Medicine*, *10* (1), 77 - 85.

Goodwin, J. M. (1990). Applying to adult incest victims what we have learned from victimized children. In R. Kluft (Ed.), *Incest-related syndromes of adult psychopathology* (pp. 55 - 74). Arlington, VA: American Psychiatric.

Gradus., J. L., Street, A. E., Kelly, K. & Stafford, J. (2008). Sexual harassment experiences and harmful alcohol use in a military sample: Differences in gender and mediating role of depression. *Journal of Study of Alcohol and Drugs*, *69* (3), 348 - 351.

Hazan, C., Gur-Yaish, N. & Campa, M. (2004). What does it mean to be attached? In S. Rhodes & J. Simpson (Eds.), *Adult attachment: Theory, research and clinical implications* (pp. 55 - 85). New York, NY: Guilford Press.

Himmelfarb, N., Yarger, D. & Mintz, J. (2006). PTSD in female veterans with military and civilian sexual trauma. *Journal of Traumatic Stress*, *19* (6), 837 - 846.

Hoge, C. W., Auchterlonie, J. L. & Milliken, C. J. (2006). Mental health problems, use of mental health services and attrition from military service after returning from deployment from Iraq or Afghanistan. *New England Journal of Medicine*, *295* (9), 1023 - 1032.

IOM (Institute of Medicine). (2010). *Preliminary assessment of readjustment needs of veterans, service members and their families*. Washington, DC: National Academies

Press.

Jakupcak, M., Coneybeare, D., Phelps, L, Hunt, S., Holmes, H. A., Felker, B., ... McFall, M. (2007). Anger, hostility, and aggression among Iraq and Afghanistan war veterans reporting PTSD and subthreshold PTSD. *Journal of Traumatic Stress*, *20*, 945 - 954. doi: 10.1002/jts.20258.

Johnson, S. M. (2002). *Emotionally focused couple therapy with trauma survivors: Strengthening attachment bonds*. New York, NY: Guilford Press.

Kimerling, R., Street, A., Pavaro, J., Smith, M. W., Cronkite, R. C., Holmes, T. H. & Froyne, S. M. (2010). Military-related sexual trauma among veteran health administration patients returning from Iraq and Afghanistan. *American Journal of Public Health*, *100* (8), 1409 - 1412.

MacDermid, S. M. & Riggs, D. (Eds.). (2010). *Risk and resilience in military families*. New York, NY: Springer.

Marvin, R., Cooper, G., Hoffman, K. & Powell, B. (2002). The circle of security project: Attachment-based intervention with care pre-school child dyads. *Attachment & Human Development*, *4*, 107 - 124.

Mattei, L. (2011). Coloring development: Race and culture in psychodynamic theory. In J. Berzoff, L. M. Flanagan & P. Hertz (Eds.), *Inside out and outside in: Psychodynamic clinical theory and psychopathology* (pp. 258 - 283). Lanham, MD: Rowman & Littlefi eld.

Mental Health Advisory Team 7 (MHAT). (2011). *Mental Health Advisory Team (MHAT) Iraqi freedom*. Washington, DC: Office of the Surgeon Multinational Force - Iraq, Office of the Surgeon General United States Army Medical Command, Mental Health Advisory Team.

Merrill, L. L., Newell, C. E., Thomsen, C. J., Gold, S. R., Milner, J. S., Koss, M. P. & Rosswork, S. G. (1999). Childhood abuse and sexual re-victimization in a female Navy recruit sample. *Journal of Traumatic Stress*, *12* (2), 211 - 225.

Murdoch, M., Bradley, A., Mather, S. H., Klein, R. E., Turner, C. L. & Yano, E. M. (2006). Women and war: What physicians should know. *Journal General Internal Medicine*, *22* (3), 5 - 10.

Patten, E. & Parker, K. (2011). *Women in the U. S. military: Growing share; distinctive profile*. Washington, DC: Pew Research Center.

Rentz, D. E., Marshall, S. W., Loomis, D., Casteel, C., Martin, S. L. & Gibbs, D. A. (2007). Effect of deployment on the occurrence of child maltreatment in military and non-military families. *American Journal of Epidemiology*, *16*, 1199 - 1206. doi: 0.1093/aje/kwm008.

Rosen, L. M. & Martin, L. (1996). The measurement of childhood trauma among male and female soldiers in the U.S. Army. *Military Medicine*, *161* (6), 342 - 345.

Sayers, S. L., Farrow, V. A., Ross, J. & Oslin, D. W. (2009). Family problems among recently returned military Veterans referred for a mental health evaluation. *Journal of Clinical Psychiatry*, *2*, 163 - 170.

Schore, A. N. (2003). Early relational trauma, disorganized attachment, and the development of a predisposition to violence. In M. F. Solomon & D. J. Siegel (Eds.), *Healing trauma: Attachment, mind, body and brain* (pp. 107 - 167). New York, NY: Norton.

Siegel, D. (2007). *Mindful brain: Regulation and attunement in the cultivation of well-being*. New York, NY: Norton.

Sneath, L. & Rheem, K. (2010). Use of emotionally focused couple therapy with military couples and families. In R. Blair Everson & C. R. Figley (Eds.), *Families under fire: Systemic therapy with military families*. New York, NY: Taylor & Francis.

Staub, E. (1989). *The roots of evil: The origins of genocide and other group violence*. New York, NY: Cambridge University Press.

Suris, A., Lind, L., Kashner, M., Borman, P. D. & Petty, F. (2004). Sexual assault in women veterans: An examination of PTSD risk, health care utilization and cost care. *Psychosomatic Medicine*, *66*, 749 - 756.

Taft, C. T., Vogt, D. S., Marshall, A. D., Panuzio, J. & Niles, B. L. (2007). Aggression among combat veterans: Relationships with combat exposure and symptoms of posttraumatic stress disorder, dysphoria, and anxiety. *Journal of Traumatic Stress*, *20*, 135 - 145.

Tanielian, T. & Jaycox, L. H. (2008). (Eds.). *Invisible wounds of war: Psychological and cognitive injuries, their consequences, and services to assist recovery*. Santa Monica, CA: RAND, MG - 720 - CCF. http://www.rand.org/pubs/monographs/MG721.html.

Taylor, S. F. (2006). Tend and befriend: Biobehavioral bases of affiliation under stress. *Current Directions in Psychological Science*, *15* (6), 273 - 277.

Tolin, D. C. & Foa, E. R. (2006). Sex differences in trauma and PTSD diagnosis: A quantitative review of 25 years of research. *Psychological Bulletin*, *132* (6), 959 - 992.

Van der Kolk, B. (2003). Posttraumatic stress disorder and the nature of trauma. In M. F. Solomon & D. J. Siegel (Eds.), *Healing trauma: Attachment, mind, body and brain* (pp. 168 - 195). New York, NY: Norton.

Wain, H. J. & Gabriel, G. M. (2007). Psychodynamic concepts inherent in a biopsychosocial model of care of traumatic injuries. *Journal of the American Academy and of Psychoanalysis Dynamic Psychiatry*, *35* (4), 555 - 573.

Washington, D. L., Kleimann, S., Michelini, A. N. & Canning, M. Women veterans' perceptions and decision-making about VA health care. *Military Medicine*, *172* (8), 812 - 817.

Weinick, R., Beckjord, E. B., Farmer, C. M., Martin, L. T., Gillen, E. M., Acosta, J. D., ... Scharf, D. M. (2011). *Programs addressing psychological health and traumatic brain injury among U.S. military service members and their families*. Santa Monica, CA: RAND.

West, K. M. & Tinney, G. (2011). *Safety on the homefront: Adequately addressing violence in families impacted by military service*. Los Angeles, CA: USC Center for Innovation and Research on Veterans and Military Families.

Yano, E. M., Hayes, P., Wright, S., Schnurr, P. P., Lipson, L., Bean-Mayberry, B. & Washington, D. L. (2010). Integration of women veterans into VA quality improvement research efforts: What researchers need to know. *Journal General Internal Medicine*, *25* (1), 55－61.

Yehuda, R., Flory, J. D., Southwick, S. & Charney, D. (2006). Developing an agenda for translational studies of resilience vulnerability following trauma exposure. *Annals of New York Academy of Science*, *1071*, 379－396.

第二十六章　军人夫妻与军人家庭理论与实务

Eugenia L. Weiss, Tara Debraber,
Allison Santoyo & Todd Greager

一、简介

军人家庭体验到他们有相当大的需求，这些需求对军队生活方式而言是独特的。本章将回顾许多在军人家庭的经验中固有的挑战和优势，并把重点放在美国军队在全球反恐战争(GWOT)中的参与上。本章从概括应激源和理论模型开始，这些理论模型为我们理解和干预压力下的家庭提供了基础。之后本章将把焦点转移到对受"典型创伤"(如创伤后应激障碍、外伤性脑损伤)影响的家庭和从 GWOT 回来的退伍军人的评估和干预策略上。

二、应激源

正如在整本书的各章中所讨论的，与服役人员相关的应激源包括长期的分离，部署周期(包括重新部署)期间家庭成员角色的改变，以及频繁的地理迁移(Laster & Stephens, 2011; Savisky, Illingsworth & DuLaney, 2009)。家庭必须经常应对服役人员的创伤和提供照顾。家庭成员可能体验到因服役人员患有 PTSD 而给他们带来的二次创伤，或者也可能因为服役人员的死亡而体验到创伤性的哀伤(Johnson & Williams, 1988; Rosenheck & Fontana, 1999; Savisky et al., 2009)。

哈德韦(Hardaway, 2004)认为，尽管军人家庭的生活可能是许多家庭的"扩大"体验，治疗师仍然需要了解与军人家庭生活相关的应激源的性质和严重程度。哈德韦(2004: 260)对军队压力的分类如下：

- 常规的应激源(例如，地理迁移、分离)；

- 急性或严重的应激源（例如，战时部署、服役人员的受伤或死亡）；
- 慢性的、复发的、严重的应激源（例如，在敌对地区执行海外任务、恐怖主义的威胁）；
- 综合性因素（例如，精神健康问题、发育迟缓、家庭成员的健康问题）。

我们还要补充一点，服役人员需要长期家庭护理的严重受伤、残疾或慢性疾病也属于慢性的、复发的和严重的应激源维度。哈德韦（2004）的“综合性因素”概念表明，当一个受供养的家庭成员是残疾人或有特殊需要的人，这会对服役人员和军队社会工作者提出一系列独特的挑战。通常这种情况（如照顾残疾儿童和为军队工作）可能意味着对服役人员的矛盾竞争的要求。例如，一名服役人员的军事生命周期和优先事项（如工作成功、重新分配、部署）可能与家庭生命周期的需求和事件（如结婚、生孩子、进入学校、青少年焦虑）一致，也可能冲突。如果有任何“轨道”（trajectory）事件（意外的应激源或非常困难的家庭情况，如家庭成员生病或残疾）发生，那么这种冲突可能会加剧。

哈德韦（2004）指出，军人家庭生活的各种应激源会影响生活质量，并且常常被以下一些因素（风险因素或保护因素）所调整，这些因素需要临床医生的评估：

- 服役人员的军事专业（MOS）；
- 家庭的收入水平；
- 工作地点；
- 孩子进入的学校（包括学校数量）；
- 民用和军队支持系统的水平；
- 地理政治的时代与环境；
- 家庭成员的弹性程度；
- 原有的医疗、精神健康或其他家庭问题；
- 服役人员与他们的家庭分开的时间长度和次数（含分离的类型，即战斗部署与非战斗部署）；
- 在家的那位家长如何管理家庭；
- 这个家庭是否住在军事设施内；
- 个体的人格因素和对新情况的反应；
- 宗教的作用。

我们也将在此列表上增加双职工军人家庭（父母都在部队）、单亲家庭和存在几个服役的成年子女的家庭。最后，国民警卫队和预备役人员的家庭也应被考虑在内，他们会因居住在美国的农村地区、境外或远离军事设施的地方而不能随时获得军队的支持系统。

这些"公民士兵"或"周末战士"，可能作为全球反恐战争中的总军力的一部分而被激活。然而，他们最终在没有过渡津贴或没有军事基地所提供的生活支持系统的情况下回归平民的工作和社区（第十九章提供了关于此主题的更多信息）。

鉴于上述压力，对家庭的支持（无论是通过各种军队的和社区的支持系统，或通过专业的行为健康服务），在以下三个领域是关键因素：

(1) 帮助家庭管理上述与军队服役和建立复原力相关的需求。家庭的复原力，根据沃尔什（Walsh，2006：15）所说，是"家庭作为一个功能单位应对和适应（困难）的过程"。

(2) 通过再次从军（和服役期间的成功表现）协助服役人员在军中留职（Bourg & Segal，1999）。

(3) 确保服役人员能够从"回到家"过渡到"回归他或她的家庭"，最终从军队中分离，并成功地重新融入平民生活（Riggs，2000；Sherman，Zanotti & Jones，2005）。

各种涉及理解与干预压力下的家庭的理论模型已经被开发。这些模型为本章后面的部分奠定了基础，并从家庭系统的角度进行了研究。

三、理论模型

在下面的小节中，我们会描绘各种理解和干预家庭的模型。

（一）家庭系统方法

里格斯（Riggs，2000）发现，家庭系统方法适合于解决家庭中的任何困扰。在这种情况下使用的术语"家庭系统"，指的是把家庭作为一个由很多内含部分组成的综合范畴，它被用来处理需求和与军队生活相关的应激源，而不是一种干预的特殊模型。家庭系统的概念出自一般社会系统理论，该理论侧重于环境因素，强调社会作为一个整体，并分析子系统之间如何互动（Zastrow & Kirst-Ashman，2010）。家庭系统还提出了相互关联的元素和家庭结构，其中的每个成员都是该系统的一个"元素"，每个元素都具有独有的特征以及相互依存的特性。各元素之间相互关系的总和创建出一个有边界的结构，它对外部系统可以是开放的或封闭的，并且包含着很多子系统，各子系统也有它自己的规则、边界和独有的特点(Morgaine, 2001)。系统性视角在解决军人家庭问题时被认为是特别有用的,因为这两个系统(军队和家庭)是相互交织在一起的,并创建了一个更大的系统,即"相互影响且跨越文化背景界限的"系统(Everson & Camp, 2011: 4)。

家庭对军队的附属关系需要从军队的角度来理解,军队是一种社会制度,它要求军人坚持军队的价值观和文化(Everson & Camp, 2011)。然而,在互惠方式下,军人家庭在历史上也会对军队的计划和政策的发展产生影响。军队作为一个组织,认识到家庭在任务成功中扮演的重要角色,因此,在家庭需要、国家安全问题和每个美国人的时代精神的推动下,不同的军队-家庭友好计划已经发展成熟。国防部(DOD)为服役人员和他们的家庭设计了一个"社会契约"。该契约于 2002 年在美国国防部、服役人员和他们的家庭间合作展开,即对于那些承诺支持该国军事防御的个人,军队反过来也承诺会提高服役人员和军人家庭的生活质量(Schwerin, 2006)(第十七章提供了一个对军人家庭和军队项目的社会政治发展回顾)。

(二) 应对和复原力模型

压力下的应对是军人家庭经常被研究的另一个方面。有几个值得注意的基本模型,它们主张提升家庭在压力或危机下的应对和复原力。这些模型为许多理论和干预模式提供了框架,它们现在被用于军人家庭。举例来说,希尔(Hill, 1949)的 ABC-X 模型,被用来说明家庭压力和复原力在第二次世界大战的军人家庭中的互动力量:提出一个生活事件或过渡性应激源(A)与家庭内部或社区的支持资源相互作用的程度(B),从而影响家庭如何感知应激源(C),然后这种感知又会影响危机的程度(X)和家庭是否能保持平衡或稳定态势。

后来,麦卡宾和帕特森(McCubbin & Patterson, 1983)根据越南战争军人家庭提出了双重 ABC-X 模型,介绍了需求的"累积"和适应的概念,无论在正向积极的方向上还是在负向消极的方向上(Lavee, McCubbin & Olson, 1987; McCubbin & Patterson, 1983)。该模型提出,累积的应激源与现有资源互动以影响家庭对应激源的认识,这将影响家庭迈向新的平衡或适应不良。

环状模型(Circumplex Model)(Olson, Russell & Sprenkle, 1989)虽然不是专门针对军人家庭提出的,但是因为它提出了研究驱动的家庭原型,所以较有影响。在此模型中,家庭的平衡被概念化为一个有三个维度的连续统一体：

(1) 适应性(或与压力相关的角色关系、家规和权力结构的弹性)；

(2) 凝聚力(家庭成员间如何分开和连接彼此)；

(3) 家庭成员间的沟通。

(三) 沟通与技能培训

最近，根据戈特曼(Gottman)和其同事的研究结果，沟通和社交技巧培训被大力倡导。戈特曼、戈特曼和阿特金斯(Gottman, Gottman & Atkins, 2011)指出，沟通是任何夫妻或家庭治疗的重要组成部分，而军人家庭的特殊作战经历可能使简单的沟通被扭曲和紧张。他们还制定了陆军士兵全面健康计划(Army's Comprehensive Soldier Fitness Program)中的家庭部分，即最近推出的正在陆军中试行的复原力建设模式。该计划的家庭方面是以戈特曼和西尔弗(Gottman & Silver, 1999)的书《经营婚姻的七项原则》(*The Seven Principles for Making Marriage Work*)为基础的。

社区能力模型

对于那些现役军人，服役人员的单位往往是对军人家庭的一线支持力量，它可以帮助家庭与军队和社会资源建立积极的联系。鲍恩等学者(Bowen et al., 2001)制定了社区能力模型(Community Capacity Model)，作为美国空军家庭预防家庭暴力计划的一部分。该模型背后的原理是，军队和社区内正式和非正式的支持网络合作为军人家庭提供了一个“支持的环境”。

> 该模型侧重于正式和非正式网络中社会资本的生产，以及社会资本和社会结果之间的关系。它将重点放在军队领导者和军事社区内的服务机构，两者都属于正式网络，能通过独立工作和集体合作来加强作为家庭生活支持性背景的社区内的非正式网络。
>
> (Bowen et al., 2001: 2)

四、退伍军人的创伤和对家庭的影响之简介

2010年1月，美国国防部(DOD)报告称，有超过42 000名陆军、水兵、海军陆战队队员和空军士兵在“伊拉克自由行动”和“持久自由行动”中受伤(U.S. Department of Defense, 2010)。有受伤或生病服役人员的家庭面临

着更显著的挑战，可能需要更密集的个人或家庭治疗（Laser & Stephans，2011）。这些家庭的相关经验很不相同，这取决于损伤的特定类型和严重程度以及家庭的组成（例如，发育年龄的孩子，先前家庭中的父母，子女和家庭的特征）（Cozza & Guimond，2011）。科扎和吉蒙德（Cozza & Guimond，2011）提出对作战受伤家庭的干预应该注重减少痛苦，支持孩子的健康成长和亲职功能，并鼓励与家庭进行对伤害的建设性沟通。因为家长维持有效养育的能力主要依赖于他或她的应付能力。至关重要的是，治疗性干预的重点在于帮助受伤和未受伤的这两个家长学习积极应对的技能。当父母学习了这些技能后，他们也能为他们的孩子塑造榜样，这对孩子有着积极的影响，因为孩子们通常会对父母的压力做出消极反应（Cozza & Guimond，2011）。

五、家庭干预的基本原则

为那些正在处理受伤退伍军人的家庭提供家庭治疗有几个基本原则。一个原则是认识到家庭成员可以成为受伤军人重要的社会支持来源（Riggs，2000）。当作战的退伍老兵回家时，他们可能会带着一些问题回来，因此他们的家庭功能可能会受到很大的影响，这些问题包括创伤后应激障碍（PTSD）或创伤后应激症状（PTSS）、外伤性脑损伤（TBI）、多发性创伤（例如，伤害到全身多个系统）和药物使用障碍（SUD）。这些问题可能动摇整个家庭系统，并影响它成为服役人员和家庭成员彼此的支持来源的能力（Makin-Byrd et al.，2011）。研究表明，那些试图应对压力事件的家庭往往倾向于聚在一起相互安慰和相互帮助；然而，在极端的压力情况下，家庭成员则倾向于分离，避免彼此互动（McKenry & Price，2000）。另一个提供给家庭治疗服务的原则是基于鲍林、德曼和舍曼（Bowling，Doerman & Sherman，2011）的断言，将家庭成员纳入治疗是十分有用的，因为退伍军人重新融入家庭生活是退伍军人和他们的家庭在部署后所面临的一个主要挑战，甚至在战斗部署期间也是。

因此，本章这部分的目的是揭示家庭应作为治疗受伤退伍军人，特别是那些因战斗而患上 PTSD 和 TBI 的军人的综合模式中的一个组成部分。我们将从分析退伍军人 TBI 和 PTSD 对家庭的影响着手。接着，我们将提供关于家庭评估的部分，包括对该群体使用家谱图和生态图的设置。在本章的其余部分，我们侧重于为读者提供一些特别针对作战导致的 PTSD 和 TBI 的夫妻治疗和家庭治疗。这些被强调的模式大多来自循证文献资料，这些文献都着重于心理教育和认知行为治疗的视角。我们还将提供一个军人家庭的案例和相关的问题讨论。

（一）外伤性脑损伤对家庭的影响

外伤性脑损伤幸存者和他们的家庭成员必须经常面对并学会应对因外伤性脑损伤给家庭生活带来的持久改变(Perlick et al., 2011)。很多照顾伤员的责任在他们恢复过程中就落在了家庭成员身上。即使有正规的适当的康复服务，家庭通常要持续参与，并在恢复过程中承担起重要的责任(Oddy & Harbert, 2003)。

与外伤性脑损伤相关的攻击、易怒、情绪不稳等这些症状，会频繁导致家庭混乱(Savitsky et al., 2009)。外伤性脑损伤常常会导致夫妻间性欲减退，并且它还会影响夫妻间的亲密关系和性功能(Cameron et al., 2011; Melby, 2008; Pensford, 2003)。此外，与外伤性脑损伤相关的物理损伤(如痉挛、平衡能力差、共济失调、言语困难、过低或过高的敏感性)和认知障碍(如粗心、注意力不集中、记忆力下降、缺乏计划性，以及解决问题能力下降)也会影响个人和家庭的功能(Cameron et al., 2011)。

当服役人员存在外伤性脑损伤(以及其他共生多发性损伤)时，家庭不仅从与损伤相关的挑战中体验到压力，同时也从被推到众多医院和康复机构中体验到压力。毕晓普、德格纳夫和马斯特(Bishop, Degeneffe & Mast, 2006)发现，理解家庭成员的需要，并且知道如何帮助家庭满足他们的需要，是提供有效家庭支持服务中非常重要的部分。事实上，萨维茨基等(Savitsky et al., 2009)也发现，家庭的不稳定甚至也会给服役人员的恢复造成干扰。

有研究表明，家庭在处理与 TBI 相关的挑战时的应对能力可能对脑部受伤的人有直接的影响(Oddy & Harbert, 2003)。外伤性脑损伤患者出院/康复后回家，亲人往往承担着照顾者的角色(Kreutzer et al., 2009)。家庭成员担任照顾者时经常面临着多重责任，这些责任(参照 TBI 的严重程度)包括帮助管理患者的日常生活活动、医疗预约跟进、监督药物治疗、安排社会化活动和娱乐活动，并作为患者个人和其他家庭成员的情感支持来源(Kreutzer et al., 2009)。

干预患有 TBI 或其他多发性损伤患者的家庭成员，需要对康复过程中的各个阶段进行细致的考虑。科扎和吉蒙德(2011)提出一个伤势恢复轨迹模型，其中退伍军人的恢复过程被分为四个阶段。首先是急性期，随后是医疗稳定阶段，过渡到门诊治疗阶段和最后的长期康复与恢复阶段。科扎和吉蒙德(2011)建议，恢复轨迹并不总是线性的，因为它可能会有医疗稳定与不稳定的交替情况出现，这取决于损伤的类型和严重程度。因此，家庭成员可能需要持续地重新适应不同阶段的需求。然而，无论处在哪个阶段，奥迪和哈伯特(Oddy & Harbert, 2003)建议，家庭成员随时了解并给予受损害个人持续的关心是决策过程的一部分。

(二) 创伤后应激障碍对家庭的影响

当个体目睹实际的死亡、生命受到威胁、严重受伤，或自己与他人的人身安全受到威胁时，PTSD 就会出现。个体的反应涉及强烈的恐惧、无助或恐怖(American Psychiatric Association, 2000)。由于服役人员的战争创伤，家庭可能因老兵的症状受到多方面的影响(Galovski & Lyons, 2003)。例如，与 PTSD 有关的回避/麻木的症状会导致关系不和谐和亲密关系出现问题，体现在情绪和性两方面(Matsakis, 2007; Monson, Guthrie & Stevens, 2003)。有几个方面的性问题与退伍军人的战争创伤体验有关，包括性冷淡、性表现有问题、性持久能力、情感和浪漫与性行为分离、保持对性的控制力，以及各种形式的性幻想(Brown & Hall, 2009; Cameron et al., 2011; Garte, 1989; Matsakis, 2007)。

有证据表明，男性退伍军人的生理和心理的攻击性与高度觉醒症状有关联(Monson et al., 2003)。受创伤的作战退伍军人有时会过度敏感，他们的配偶及家庭成员可能会因情绪而撒手不管，或者通过口头的或身体的攻击来应对(Dekel & Monson, 2010)。约翰逊和威廉姆斯-基勒(Johnson & Williams-Keeler, 1998)指出，即使是最积极的关系也可能会被战争创伤的后果所吞没，一旦创伤受害者的婚姻变得有压力，这些夫妻往往进入一个自我维持的循环，即相互疏远、防卫和不信任。此外，这种婚姻的痛苦通常会唤起和加剧创伤症状。麦克德里特-墨菲(McDeritt-Murphy, 2011)提出，尽管社会支持往往可以作为能成功应对创伤后应激障碍的必要组成部分，但许多创伤后应激障碍症状也消极地影响人际关系和降低对最初创伤个体的社会支持。

(三) 二次创伤及其家庭

有研究表明，当关系一方经历过创伤后，关系另一方被创伤化的可能性要比没有任何一方经历过创伤的夫妻更高(Monson et al., 2003)。德克尔和戈德布拉特(Dekel & Goldblatt, 2008)指出,创伤性事件的后果往往会影响个体的家庭、朋友和照顾者。事实上,二次创伤或替代创伤往往来自创伤受害者强烈的情感连接(Monson et al., 2003)。纳尔逊和赖特(Nelson & Wright, 1996)所定义的二次创伤是这样一种情况,即那些与创伤受害者亲密互动的人会体验到相似的症状。在亲子关系中,父母的创伤可以通过几种方式传输给孩子,包括:孩子可能直接由父母的行为遭受创伤;当孩子对父母产生认同时,传输可能就会发生;或者父母创伤对孩子的影响可能是作为家庭系统内非特定功能失调情况的一个后果而间接发生的(Rosenheck & Fontana, 1999)。

蒙森、格思里和史蒂文斯(Monson, Guthrie & Stevers, 2003)指出,创伤个体的伴侣可能在他们的亲密关系建立之前,或亲密关系期间都经历过早期的创伤。军人夫妻和家庭治疗师在工作时有必要考虑到在家庭系统中的多个成员以往有可能经历过创伤。

六、评估

作为综合评估的一部分,临床医生需要考虑到上述所有的问题(如退伍军人受伤对家庭的影响,支持系统的使用,以及家庭成员之前的创伤)。如前所述,根据希尔(1949)原来对第二次世界大战中的家庭压力和复原力的研究,麦卡宾和帕特森(1983)在服务越战时代的军人家庭时发现,有三个最重要的影响严重残疾时适应性和复原力的因素:家庭的社会支持网络;家庭的残疾等级鉴定;家庭应对和解决问题的策略。

麦卡宾(1987)设计的军人恢复适应家庭指数(Family Index of Regenerativity-Adaptation-Military, FIRA-M),可成为临床医师用于评估军人家庭的压力、复原力和适应性的工具。最近,科扎等(2009; Cozza & Guimond, 2011)发现,受伤退伍军人和他们的家庭倾向于参与一些风险行为。虽然这些行为大多数都能在退伍军人中被观察到,但其他家庭成员也有可能出现风险行为。在他们的研究中指出的高风险行为包括过量饮酒、滥用处方药、鲁莽驾驶和强迫性消费。过量饮酒和药物使用在一定程度上会增加家庭暴力、攻击行为和自杀等风险。因此,服务这一人群时,需要对所有风险因素进行评估。托马斯·奥赖利(Thomas O'Reilly)的案例说明了一些上面讨论到的风险因素、保护因素和评估的问题,它还提供了两个已经讨论过的重要的评估工具:家庭系谱图和家庭生态图。

案例：奥赖利家庭

托马斯·奥赖利，32岁，是一名来自纽约市的爱尔兰天主教徒。他是家族的第三代军人，他的祖父于1919年至1921年服役于爱尔兰共和军，并在战争中遭受创伤；他的父亲在越南战斗过，托马斯目前在美国陆军就职。托马斯的父亲在他出生时被部署到越南，他从小和母亲一起在纽约生活。托马斯与两个弟弟分开有2年了。他最小的弟弟目前是海军，他二弟在监狱里监管与毒品有关的罪犯。托马斯住在家里，他目睹了父母间的家庭暴力。他的父亲过量饮酒，把自己从家庭中孤立出去，并很容易受到未经处理的创伤后应激障碍的影响从而产生惊吓反应。托马斯高中毕业和高中恋人休(Sue)结婚后就应征加入了美国陆军。

托马斯是陆军中一个营的军士长(E-8)。他参与了三次战斗部署，第二次是“伊拉克自由行动”(OIF)，其他的时间他都在阿富汗参与“持久自由行动”(OEF)。在最后一次部署中，他因一个简易爆炸装置(IED)失去了他的战友，他也因此受了轻微的外伤性脑损伤。托马斯目前有做噩梦、记忆混乱、睡眠困难、短期记忆丧失等症状。他也疏远了自己的家人，沉迷于酗酒和滥用处方止痛药。托马斯还被检查出患有性功能障碍，这影响了他与妻子的关系。下班后，托马斯花费大量的时间上网或玩视频游戏。

休，托马斯的妻子，31岁，菲律宾人后代。她的祖父曾在1941年至1943年间参加过第二次世界大战，并在战斗中遭受创伤。除了托马斯，休与军队没有任何其他联系。休的家人在他们还生活在菲律宾时，常遭受自然灾害的迫害。她的祖母在1911年经历过火山喷发。休的父母在1976年经历过大地震。休还是一个7岁的孩子时，她的父母离婚了。父母离婚后，休和她的母亲以及外祖父母一起生活在纽约市。休称，她在五六岁时曾被她的伯父骚扰。她在高中的时候遇到了托马斯，之后怀孕并嫁给了托马斯。她想成为一名护士，但她目前是一个家庭主妇。休报告称她目前感到情绪很低落，很有压力。休认为托马斯有外遇，因为他们已经超过8个月没有性生活了。当她与托马斯以及他们的孩子们住在得克萨斯州的一个军事基地时，她经常对孩子们感到愤怒，自己也感到孤独。虽然她认为军队和她的陆军邻居们都非常热情，但她还是想念她的扩大家庭，而他们现在生活在纽约州北部，离她比较远。休说对自己没上过大学感到很沮丧。3年前，休在他们最后的工作地点参加了一个配偶支持小组，并认为这是有帮助的。她说她喜欢烹饪和学习新的东西。

托马斯和休有3个孩子：11岁的黛西(Daisy)，9岁的莉莉(Lily)和7岁的罗丝(Rose)。黛西是一个优秀的学生，学业经常获得A等。她的老师都很喜欢她，她会帮助妈妈照顾妹妹莉莉和罗丝。当黛西不上学时，她会花很多时间在邻居家里，也会待在自己房里。黛西喜欢上歌唱课，她和妈妈关系更亲密。

莉莉最近在学校遇到一些麻烦。她喜欢美术。课间和午餐时候，她会找老师，把自己从同龄人中孤立出来。莉莉会与那些取笑她的孩子打架。

罗丝在2岁时就已经被成功训练好了自己上厕所，但最近还是会尿床。罗丝偶尔在晚上梦游。她两次在半夜遇到了她的父亲，他正在房子里转悠，手里拿着一把刀，并谈到了“敌人”。这两次，母亲都醒过来制止了。罗丝在家经常发脾气，很容易哭鼻子。但在学校她会和其他孩子玩得很好，友善地对待他们。

托马斯目前正在与休寻求婚姻治疗，因为如果他不参加辅导，休就威胁要离开他。托马斯和休也关心孩子们的行为。

(一) 家庭系谱图

评估家庭的一种实用工具就是家庭系谱图(McGoldrick & Gerson，1985)。该系谱图是一种广泛使用的全面系统的评估工具，它在用相对简明和有时效的方式来收集大量信息方面很有用，案主和治疗师都可以查看这张与家庭系统有关的“大图”(图表形式)(Jordan，2004)。

系谱图可以帮助评估互动结构和代际结构，家庭的功能和关系模式以及家庭资源、历史和家庭问题诱因。韦斯等(Weiss et al.，2010)提出了一个军人专用的系谱图作为评估工具。在这种类型的系谱图中，军人家庭的代际模式、优势和障碍因素在寻解取向的视角下被检验。此外，通过描述与战争有关的创伤以及军队文化的各个方面，治疗师可以进行文化知情评估。军人专用的系谱图可以分辨家庭风险因素和保护因素，这可能可以减轻痛苦，甚至降低家庭内部的二次创伤（Weiss，2010）。图 26.1 以奥赖利一家为例提供了军人专用系谱图的基本说明。如果读者想获得使用军人专用系谱图的进一步的指导，以获得更多相关内容包括寻解取向治疗，可以参考韦斯等的研究（2010）。

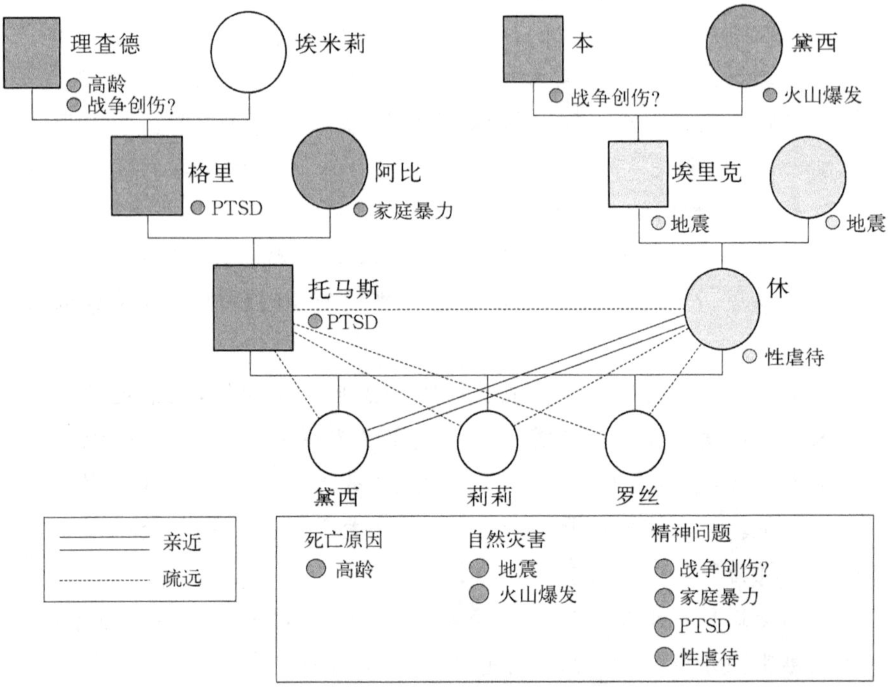

图 26.1　奥赖利一家创伤系谱图

资料来源：改编自 McGoldrick & Gerson，1985；Weiss et al.，2010。

（二）家庭生态图

最后，军人家庭生态图已经被埃弗森和埃普（Everson & Camp，2011）推荐作为一个处理大的环境网络中的家庭背景的附加工具。就像系谱图一样，生态图是一个象征性的图解，它表示家庭在工作、学校、社区、公民社会和宗教组织以及军队生活中的参与（或缺乏参与）。生态图在协助家庭在地理搬迁后重新创建他们的支持网络中是一个特别有用的工具。这包括有受伤者的家庭，他们必须为受伤的退伍军人搬迁到另一个城市或州去接受服务。生态图往往把确定的个人或他/她的家人放在圆心，用线条连接外围的圆圈，它们代表着这个个体与之互动的其他个人、社区或者组织。实线表示强的、积极的关系，而虚线则代表一个弱的关系（Hartman，1995）。生态图提供有关家庭的规模、多样性、稳定性、可利用资源的信息，以及帮助家庭和临床医生评估社会环境的优势和挑战，并识别哪里可能需要额外的支持。图 26.2 提供了奥赖利一家的生态图。

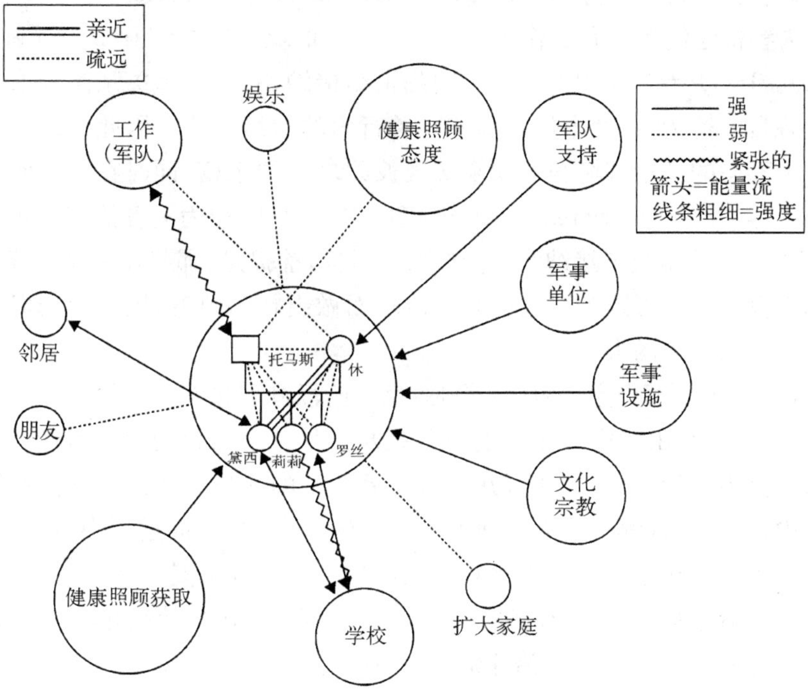

图 26.2 奥赖利一家生态图

七、经验为证的治疗（Empirically Informed Therapies）

经过评估后，临床医生可以进行干预措施和相关治疗方案的设计。本章剩下的部分将致力于描述几个用于夫妻和家庭的经验主义治疗模型，这些治疗方式目前被应用于服役人员、退伍军人和他们的家庭。这里将总共描述五种模型。前三种强调在军人夫妻和家庭的背景下干预处理 PTSD，包括综合行为夫妻治疗（Integrative Behavioral Couples Therapy）、认知行为夫妻和家庭治疗（Cognitive Behavioral Couples and Family Therapy）和心理教育模式（Psychoeducational Models，即 SAFE 项目和家庭持久行动）。另外两种模型强调对有 TBI 退伍军人的家庭的干预，即针对 TBI 的多户家庭团体治疗（The Multifamily Group Treatment for TBI）和脑部受伤家庭干预（Brain Injury Family Intervention）。

（一）综合行为夫妻治疗

综合行为夫妻治疗（Integrative Behavioral Couples Therapy，IBCT）旨在帮助夫妻将他们的问题当作工具，以建立更加亲密的关系（Jacobson et al.，2000）。IBCT 专注于提升夫妻之间的情绪接纳，并且认为关系问题取决于夫妻各自的行为，以及个体对那些相关行为的情绪反应。因此，IBCT 试图改变夫妻间的情绪情境和互动来实现彼此之间的亲密，同时在目标问题上实现具体的改变（Christensen et al.，2006）。此外，作为夫妻治疗的积极结果，IBCT 成功整合了接纳和改变这两个目标，前提是，那些在治疗中获得成功的夫妻是那些可以为适应彼此的需求而做出行为改变，同时展现对彼此更大程度的接纳的夫妻。

IBCT 包含两个主要阶段：评估/反馈阶段和积极治疗阶段。在评估阶段，第一部分是由治疗师和案主夫妻双方召开一个联合会议。治疗师了解这对夫妻为了什么进入治疗，并获得夫妻关系的简史。在第二部分和第三部分中，夫妻双方都有和治疗师单独会面的机会，在会面过程中，治疗师会和每一个案主建立关系并了解其个人历史。第四部分是反馈阶段，案主夫妻可以从治疗师那里获取反馈。这对夫妻的问题被确切地阐述，他们之间斗争的主题和原因被概念化，治疗师会与他们讨论怎样治疗才是有益的。夫妻二人积极参与此次反馈，并且私下讨论他们是否愿意继续此项治疗。如果他们同意参与治疗，随后的几部分会被认为是积极治疗阶段。治疗会对夫妻联合进行，聚焦于反映主要问题的近期发生的关系性事件。治疗师帮助夫妻之间的沟通更加公开、直接和清晰，同时也帮助他们找出他们的斗争模式，探索可以替代的互动方式（Integrative Behavioral Couple Therapy，2010）。

埃尔贝斯和他的同事们（Erbes et al.，2008）认为，在服务患有 PTSD 的退伍军人以及他们的伴侣时，IBCT 尤其有用。IBCT 能够减少服役人员和他们伴侣之间的冲突，同时通过培养接纳能力、忍受能力和情绪表达来提升他们之间的亲密程度，这些功能往往在服役人员患上 PTSD 后会急剧退化。此外，IBCT 对亲密关系和增加积极活动的强调有助于培养情感关系，这也可以鼓励服役人员直面曾经在伴侣面前避免的情况、情感和对话（Erbes et al.，2008）。这些作者提出军人群体对 IBCT 的适应性，在部队里，亲密关系可以通过接纳和技能建设的策略来发展。埃尔贝斯和他的同事们

(2008)提出假设，IBCT 所强调的接纳和改变策略之间的平衡，可以作为一个理想的平台，当这些夫妻中有一方患有 PTSD 时，IBCT 致力于同时解决夫妻间的关系问题和个人问题。

在 IBCT 的改编版本中，临床医生着眼于以下关系方面的评估：痛苦的程度；关系承诺的水平；冲突的类型和导致冲突成为问题的原因；保持夫妻在一起的个人和关系方面的优势；与部署相关的问题；与 PTSD 相关的问题。作为治疗的一部分，治疗师运用了与 PTSD 症状相关的基础教育，同时，促进夫妻之间对与 PTSD 有关行为的接纳和改变(Erbes et al., 2008)。此外，埃尔贝斯和他的同事们认为，对退伍军人以及他们的伴侣进行治疗时应遵循以下几点：缩短治疗周期(出于治疗放弃率和连续性部署的考虑)；使用动机性访谈(Miller & Rollnick, 2002)；使用价值澄清(Hayes, Strosahl & Wilson, 1999)。他们的治疗方法包括对创伤和创伤反应的教育，强调行为交流和活动安排来增加对共享活动和个人活动的参与度，同时确定方法来阻止体现在夫妻互动中的经验回避(Erbes et al., 2008)。

(二) 认知行为夫妻治疗

认知行为夫妻治疗(Cognitive Behavioral Couples Therapy, CBCT)既强调认知干预，也强调行为改变。治疗师在对夫妻进行治疗时必须同等重视每个案主对他们关系性质的期望，并使用果敢训练、行为交换程序、沟通训练以及解决问题技巧等对行为进行干预(Dattilio, 1993)。这一治疗类型在用于夫妻治疗时的主要原则包括：修正对关系不切实际的期望；修正关系互动中错误的归因；以及使用自我指导程序来减少破坏性的互动。认知行为夫妻治疗(CBCT)的应用被发现对促进夫妻关系有多种积极的作用，包括关系满意度的提升、亲密关系中的攻击性行为下降和治疗过程中的摩擦率降低(Monson et al., 2003)。

CBCT 的一个重要特征是对自动化思维的认知重建。自动化思维是个体脑海中不由自主地出现的有关生活环境和其他事物的想法。重建这些想法就是案主考虑对自身消极想法的其他解释，采用这些可选择的替代性解释作为他们日常生活的一部分(Dattilio, 1993)。认知扭曲可能在个体的自动化思维中比较明显，同时认知扭曲被认为是从错误的信息处理中发展而来的。重建过程的关键是，夫妻中的每个人都承担起关系中的痛苦的责任，这就要求他们对认识到的关系问题的起因和归因进行讨论和评估(Dattilio, 1993)。

达迪里奥和爱泼斯坦(Dattilio & Epstein, 2003)提到，采用 CBCT 治疗框架的治疗师需要首先进行初步的联合会谈。在会谈期间，治疗师应询问他们寻求帮助的原因，同时收集关于夫妻双方各自关注问题的信息，以及了解什么因素可以促使他们继续共同生活并达到更高的生活满意度。治疗师也应当询问夫妇的家庭史、个人的原生家庭史以及家庭的资源和优势。在整个会谈过程中，治疗师收集有关这对夫妻认知、情绪反应和互动行为的信息(Dattilio & Epstein, 2003)。

治疗师也应当与夫妻双方分别进行单独会谈，以收集有关现在和过去生活状态的信息，包括生活压力、精神病理学、整体健康状况以及应对策略等信息。达迪里奥和爱泼斯坦(2003)建议，通过访谈、问卷调查和行为观察收集信息后，治疗师应当与夫妻会面并提供一份摘要，主要包括以下方面：

- 已经出现的关系模式；
- 个体和夫妻的优势；
- 主要呈现的问题；
- 造成适应问题的生活需求或应激源；
- 影响他们呈现问题的互动中的建设性和破坏性的行为模式。

接下来，治疗师和夫妻应当明确这对夫妻应予以最优先考虑的改变任务，以及检验可能减轻他们问题的可能的干预措施(Dattilio & Epstein, 2003)。

为了提高个人对自动化思维的识别技巧，案主一般会被要求准备一个会谈记录，将他们对关系感到苦恼或者出现冲突的情形简要地记录在上面。通过这项任务，治疗师向夫妻演示了自动化思维是怎样与情绪反应和行为反应相关联的，并帮助他们理解扰乱他们关系的主要问题。这也增加了个体的理解，即他们指向彼此的消极的情绪反应和行为反应是可以控制的(Dattilio, 2005; Dattilio & Epstein, 2003)。

(三) CBCT 和创伤后压力

认知行为夫妻治疗在一些学者看来是对那些经历过战时军事部署、面临重返社会任务的夫妻的有效治疗框架。该框架包括：夫妻理解彼此在服役期间的经历；重新思考自身的配偶或者父母角色；重建亲密关系；发展或调整家庭习惯和常规(Sayers, 2011)。一些研究指出，CBCT 适用于双方或者一方患有 PTSD 的夫妻(Glynn et al., 1999; Monson et al., 2003; Monson, Fredman & Adair, 2008; Monson et al., 2004)。对创伤后压力进行干预的 CBCT，强调联合治疗的必要性，联合治疗针对 PTSD 和关系困境，它共存的两方面目标包括缓解 PTSD 症状和改善亲密关系(Fredman, Monson & Adair, 2011; Monson et al., 2008)。此外,蒙森等(2004)假定,通过 CBCT,一对夫妻可以认识到他们的行为和信念系统如何互相影响,以及这对夫妻如何相互作用维持关系失调和 PTSD 症状。PTSD 被认为导致了夫妻痛苦,而这些痛苦又加剧了 PTSD 症状(Monson, Fredman & Adair, 2008)。在参加这一类型治疗时,案主夫妇会被鼓励去探索被诊断为患有 PTSD 的那一方如何理解创伤对他或她自身以及双方关系的影响。他们还会检察 PTSD 症状如何导致他们的情绪和行为,以及案主和他们的伴侣在创伤后如何彼此联系(Monson, Fredman & Adair, 2008)。

在针对创伤后应激的 CBCT 中,早期和整个治疗期间都把解决与这种疾病相关的逃避症状当成目标,因为这些症状被认为是导致 PTSD 长期存在和亲密关系问题的主要行为机制(Cozza & Guimond, 2011; Monson, Guthrie & Stevens, 2003)。冲突管理技能也被治疗师引入,用于改善对愤怒和易怒的处理,这两者都与 PTSD 的过度觉醒症状相关(Monson, Guthrie & Stevens, 2003)。案主夫妇也被鼓励探索和轻微挑战或支持他们有关沟通技巧的想法和信念,这些沟通技巧被夫妻双方以一种非评判的方式使用在双方的关系中(Monson, Guthrie & Stevens, 2003)。伴侣们也被期待表达他们在丧失过去的常规和模式后的消极感受,同样也被期待合作找到适合目前情况的新途径(Sayers, 2011)。

蒙森和他的同事们(2004)提议,这种形式的治疗通常由 3 个治疗阶段 15 节会谈构成。这 3 个阶段是:(1) 治疗导引,关于 PTSD 及与之相关的亲密关系问题的心理教育,建立安全感;(2) 行为沟通和技巧训练;(3) 认知干预。蒙森和他的同事们(2008)提供了这种治疗的修订版本,此版本在每个阶段的重点稍有不同。修订后的阶段可以用缩写的"RESUME"来生动记忆,其目的是传递一个朝向恢复的和充满希望的理念。蒙森等(2008: 962)将这个缩写如下:

R——治疗原理(Rationale for treatment)(阶段 1);

E——有关 PTSD 和关系问题的教育(Education about PTSD and relationship issues)(阶段 1);

S——满意度提升(Satisfaction enhancement)(阶段 2);

U——避免逃避(Undermining avoidance)(阶段 2);

M——从创伤中寻找意义(Making meaning out of the trauma)(阶段 3);

E——结束治疗(End of therapy)(阶段 3)。

这三个阶段之所以这样排序，是因为首先提供心理教育和冲突管理策略可以提升案主夫妇在治疗方面的承诺，同时确保联合治疗的会谈成为一个身体上和情绪上都感觉“安全的地方”。弗雷德曼、蒙森和阿代尔(Fredman，Monson & Adair，2011)指出，安全感应当在进行进一步治疗前被确保。塞耶斯(Sayers，2011)补充道，心理教育方法结合行为主义夫妻治疗可以作为一个框架，来帮助识别退伍军人的行为为什么在作战中是适应性的，但在家庭生活中却可能是适应不良的。

弗雷德曼等学者(2011：122)提出建议，当采用 CBCT 治疗来处理创伤后应激时，治疗师应教给夫妻一个处理方式，让他们可以共同用来挑战那些导致 PTSD 症状和关系问题继续的认知。这个措施被缩写为“UNSTUCK”：

U——统一(Unified)的和新奇的是一对，因为在经验里它们是结合在一起的；

N——注意(Notice)并分享想法和感受；

S——用头脑风暴(Storm)法找出替代性的想法或解释，即使它们看起来令人难以置信；

T——检测(Test)想法(考虑每个备选思想的证据)；

U——用(Use)最平衡的想法；

C——在新想法产生后，改变(Changes)情绪和行为；

K——保持(Keep)练习。

蒙森等学者(2003)指出，在使用 CBCT 对遭受创伤的夫妇进行治疗时，任何一方都不必披露有关他或她的创伤的具体信息。事实上，对创伤的明确再现应当被避免(Fredman，Monson & Adair，2011)。如果夫妇中的一方希望讲述他或她的伴侣过去的创伤，治疗师应当鼓励创伤披露是与这对夫妇当下的想法和感受相关的，而不是深入复述他或她的个人经历(Monson，Guthrie & Stevens，2003)。

尽管案主可能不会分享他们个人创伤经历的细节，但与他们的创伤有关的心理和情绪有可能被触发。这些时刻将提供机会给这对夫妇，令他们有机会参与到认知和情感处理过程中，并且提升他们对相关情绪的掌握和容忍程度(Monson，Guthrie & Stevens，2003)。CBCT 策略可以有效地促进夫妇改变对创伤及其后果的想法，同时降低案主中任何一方因为详细复述另一方的创伤而产生情绪困扰的可能性(Fredman，Monson & Adair，2011)。

(四) 对家庭的 CBT 治疗

认知行为疗法可以通过使用很多也在认知行为夫妻治疗中用到的相同措施来治疗家庭;然而,这些措施必须被扩充以处理家庭问题(家庭成员对彼此的信念)(Dattilio, 1993)。此外,治疗师必须把重点放在鼓励家庭成员成为认真负责的观察者上,观察他们自己对家庭实务的理解和评估。达迪里奥(1993)描述这种方法有两个焦点。第一个焦点是解释家庭成员对彼此的期望,以及在这个家庭环境内部,互动是如何通过这些期望受到影响的。第二个焦点是考虑成员的期望和互动是如何影响这个家庭应对危机、改变和其他意外生活事件的能力的。

在与家庭一起工作时,识别认知扭曲的类型也很重要,因为这涉及个体的自动化思维。这是通过识别出扭曲的想法并且寻找替代方式来查看关系事件实现的,这些事件会导致对家庭其他成员的不同的情绪和行为反应。因为家庭成员识别出了他们的自动化思维,他们就能够更好地修正有关他们自己或他人的扭曲或者极端的认知(Dattilio & Epstein, 2003)。同样重要的是探索家庭治疗的潜在障碍,比如家庭成员害怕改变,他们预期这些改变对他们而言会是有压力的和困难的。因此,治疗师要与家人一起解决问题,采取措施以减轻他们的压力(Dattilio & Epstein, 2003)。

(五) 心理教育

心理教育已经被证明对很多治疗方法有帮助(Fisher, 2008),心理教育的元素几乎存在于每种治疗形式中(Wessely et al., 2008)。事实上,本章讨论的所有干预方式都引入了心理教育。克罗伊策(Kreutzer, 2002)建议说,教授夫妻和家庭成员康复课程和方法以促进康复是任何干预方法的关键要素。埃尔贝斯和他的同事们(2008)建议在 IBCT 中提供关于各种症状的教育来提高夫妻对信息的记忆和理解,同时也促进接纳和改变的行为。蒙森等学者(2004)认为 PTSD 和相关关系问题的心理教育应该在 CBT 治疗的开始阶段被讨论。

心理教育同样也可以用于家庭。家庭心理教育包括教育家庭成员有关家庭成员所拥有的疾病或损伤(Fisher, 2008),并描述应对这一疾病或损伤的新方法(Rabin & Nardi, 1991)。舍曼和他的同事们(Sherman et al., 2009)指出,家庭渴望获得对某一成员被诊断的疾病的信息是一个普遍性的需要。事实上,如果家庭成员缺乏对损伤或疾病的足够信息,婚姻或家庭冲突可能会恶化。这一冲突会对受伤的家庭成员（如退伍军人）及他或她的家庭造成心理痛苦和社会隔离，以及导致最不理想的疾病处理（Perlick et al., 2011）。当心理教育被用于治疗一对夫妻或一个家庭，而这对夫妻或这个家庭中的一个或多个成员被诊断患有 PTSD 的时候，心理教育可以特别有用，因为很多家庭成员并没有完全理解与这个诊断相关的问题，以及这个诊断对家庭的影响。

此外，里格斯（2000）指出，教育并支持创伤幸存者的家庭成员可以帮助他们向幸存者提供更有用的支持，从而促进其恢复。韦塞利和他的同事们（Wessely et al., 2008）认为，如果人们被提供有关创伤症状的信息，他们对这些症状的不安体验可能会更少，这可能会促进一种赋权感。

（六）对军人家庭的心理教育：SAFE 计划和家庭持久操作

支持和家庭教育（The Support and Family Education, SAFE）计划——家庭精神健康事实——是一个心理课程，由美国退伍军人事务部的米歇尔·D. 舍曼（Michelle D. Sherman）创建。它不专门针对任何一种精神病诊断，且大多数的会谈处理的是一般精神疾病（Sherman, 2003）。多户家庭团体辅导围绕精神健康处理大量相关问题，包括精神疾病的原因，创伤后应激障碍及其对家庭的影响，家庭成员的问题解决技能（包括处理愤怒和暴力成员的问题解决策略），对压力管理的技巧，对遭受精神疾病的个体增权，以及处理围绕精神疾病的耻辱感（Sherman, 2008）。

基于 SAFE 计划，持久家庭行动是一个 5 个步骤的家庭教育和支持项目，此项目支持刚退役的军人和他们的家庭（Bowling et al., 2011）。持久家庭行动试图整合并欢迎家庭成员进入 VA 系统，并为他们提供有用的资源以支持他们的军队家庭成员。持久家庭行动计划的目标包括：

- 向退伍军人和他们的家庭成员提供同样从战争中退役的退伍军人的共同经验的信息，并且帮助他们将其经验正常化；
- 提供资源和应对工具给部署之后需要重新适应生活的退伍军人以及他们的家庭；
- 协助在融入平民社会的过程中出现共同挑战的退伍军人和家庭；
- 提供一种退伍军人及其家人可以彼此支持和鼓励的氛围；
- 为退伍军人及其家庭链接 VA 和社区的支持资源。

（七）对外伤性脑损伤的多户家庭团体治疗

麦克法兰（MacFarlane）所描述的对外伤性脑损伤的多户家庭团体治疗

(Multifamily Group Treatment for TBI，MFG－TBI)强调一种教育和问题解决的方法，它改编自一种循证家庭治疗模式，该模式用于对家中有精神分裂症患者的家庭成员的支持(Perlick et al.，2011)。佩尔利克和他的同事们(2011)认为，外伤性脑损伤的退伍军人和他们的家庭有很多的需求，可以用类似的解决问题的方法加以解决。在外伤性脑损伤的多户家庭团体治疗中，临床医生会花费几节会谈的时间首次会见每个家庭以确定需要处理的问题。然后临床医生会提供一个教育工作坊给每个家庭，为他们提供关于外伤性脑损伤的有关信息和多户家庭团体治疗模型的形式。然后临床医生会在 12 个月里每两周与所有家庭进行一次团体会面。在整个治疗过程中，这些家庭和临床医生通过互动性和结构化的方法一起工作，并聚焦于解决日常问题。外伤性脑损伤的多户家庭团体治疗目前正在美国两个 VA 的医疗中心实施和评估(Perlick et al.，2011)。

佩尔利克和他的同事们(2011)观察到在与患有外伤性脑损伤的退伍军人及其家庭一起工作时面临的一些挑战。挑战之一是当这些家庭处理紧急的心理社会困境，如失去住房或面对法律纠纷时，往往不堪重负而去寻求精神健康照顾。此外，外伤性脑损伤常常损害退伍军人的组织能力和记忆，使得他们的治疗出勤率大打折扣。由于这些问题还产生一个事实，即参与精神健康照顾服务可能会被污名化，佩尔利克和他的同事们(2011)针对这一人群提出了进一步修改外伤性脑损伤的多户家庭团体治疗模型的想法。被推荐的改编包括使用动机性访谈(MI)(Miller & Rollnick，2002)以解决污名问题和引起“改变的谈话”(change talk)。使用动机性访谈可能有助于强调外伤性脑损伤的多户家庭团体治疗是一个问题解决型干预方法，而不是聚焦创伤的治疗，这样可以减少退伍军人所面临的焦虑。佩尔利克和他的同事们(2011)也建议，提出的问题可以被归纳为三方面：家庭和关系问题；与认知障碍或精神障碍相关的退伍军人问题；退伍军人自我认同和社区互动问题。他们还指出，有些团体成员在多户家庭团体之外可能需要额外的支持，这可能以个人会谈或夫妻会谈的形式进行。

(八) 脑损伤家庭干预

作为一项结构化的治疗，克罗伊策和他的同事们(2009)所描述的脑损伤家庭干预(Brain Injury Family Intervention，BIFI)专门满足那些外伤性脑损伤幸存者和家庭成员的最共性需求。虽然它不专门针对作战退伍军人，但它能提高外伤性脑损伤幸存者的心理健康，并且通过使用家庭系统理论和技术来增强家庭功能。脑损伤家庭干预在很大程度上依赖于治疗师使用同理心回应、确认、重构和对共同问题的正常化等技术。脑损伤家庭干预的主要原则是家庭是相互联系的系统，每个家庭成员的行为、沟通和感受会影响其他家庭成员，这反过来又影响了整个家庭系统（Kreutzer et al., 2009）。

BIFI 采用合作自查的方法，以促进每个家庭成员分享他们对事件的理解，以及他们如何理解彼此的行为和家庭成员间的互动（Kreutzer & Taylor, 2004）。这些方法为每个人去了解他人如何看待他们的行为提供了机会。脑损伤家庭干预还鼓励观点讨论、自我监督和增强意识，同时家庭成员也被鼓励承认并停止使用那些无效的方法。认知行为治疗技术可以被纳入脑损伤家庭干预，以改善认知、情绪和行为功能。此外，心理教育可以被用来告知参与者关于损伤的常见后遗症以及康复情况，而技巧训练的方法技术则被用于提高问题解决能力、沟通能力和情绪控制能力等方面（Kreutzer et al., 2009）。脑损伤家庭干预涵盖的主题包括：

- 理解脑损伤的典型后果；
- 识别矛盾的感受和发展积极的应对策略；
- 认识到脑损伤发生在整个家庭；
- 识别内疚感的不利影响和个人的自我照顾需求；
- 理解康复的自然限制和帮助扩大改善程度以超出前 6 个月的水平；
- 避免给人不一致或矛盾的建议；
- 了解身体恢复和情绪恢复之间的差异；
- 更有效地处理压力；
- 学习有效的方法来判断成功。

八、结论

能够识别军人个人和他们家庭痛苦的迹象，以及精通与军队服役相关的常见应激源对社会工作者来说是十分重要的。支持军人家庭的努力对每个家庭成员和家庭整体都有着直接的影响，并最终促进军队的成功。恰当的夫妻和家庭干预，正如本章中所描述的，可以提高家庭的复原力，增加创造积极且持久变化的可能性，同时也能够降低 PTSD 症状的负面影响（Sherman et al., 2009），支持退伍军人和他/她的家庭的健康功能的发挥（Cozza & Guimond, 2011）。

照顾障碍的解决及社会工作角色

服务对象及其家庭不接受服务的原因有很多。其中一个原因与污名和害怕对现役工作产生消极后果有关(Bowling et al., 2011)。另一个原因是治疗师缺乏对这一人群的知识(Coll et al., 2012)。治疗师能够了解军队的文化,识别军人个体和家庭中的痛苦的信号,熟悉当家庭中有一个或不止一个成员服役时常见的应激源是十分重要的。这些知识将帮助他们建立和维持一个与服务对象的治疗联盟关系,并提供最佳干预措施(Exum, Coll & Weiss, 2011)。

对军人家庭做社区外展工作时也存在着障碍,原因有对军队自给自足的假设,对战争的意识形态矛盾,或者是缺乏有关军队文化的知识(Hoshmand & Hoshmand, 2007)。国防部(DOD)和退伍军人事务部(VA)联合州和社区伙伴组织(学校、宗教组织、基层卫生组织)正试图提供外展服务来减少污名和提供适当的转介服务(Kudler & Straits-Troster, 2009)。因此,他们应该牢记最好的办法是通过本章前面所提到的社区能力模型来进行干预。

军队人员、退伍军人和他们的家庭将在当地社区接受照顾(Chapin, 2011)。因此,平民社会工作者和其他的精神健康工作者及家庭医生需要精通与这一人群相关的多个领域,包括教育、儿童福利、家庭暴力、精神健康、卫生保健和药物滥用等(Savitsky et al., 2009)。

本章问题讨论:基于奥赖利的家庭案例

1. 这个家庭的风险因素是什么?
2. 需要哪些其他信息?
3. 个人和家庭的优势是什么?
4. 你会运用哪些评估工具,为什么?
5. 在系谱图中的家庭模式和生态图的系统性连接优势中你注意到了什么?
6. 需要关注的主要干预问题是什么?
7. 你认为哪种治疗方法对这对夫妻和家庭最有效?(提供一个根据)
8. 家庭动力是什么?(也要考虑创伤的代际传播)
9. 你会运用或推荐哪些别的资源以利于这一案例的解决?

参考文献

American Psychiatric Association. (2000). *Diagnostic and statistical manual of mental disorders* (4th ed., text rev.). Washington, DC: Author.

Bishop, M., Degeneffe, C. E. & Mast, M. (2006). Family needs after traumatic brain injury: Implications for rehabilitation counseling. *Australian Journal of Rehabilitation Counseling*, *12* (2), 73 - 87.

Bourg, C. & Segal, M. W. (1999). The impact of family supportive policies and practices on organizational commitment to the army. *Armed Forces and Society*, *25* (4), 633 - 652. doi: 10.1177/0095327X9902500406.

Bowen, G. L., Martin, J. A., Mancini, J. A. & Nelson, J. P. (2001). Civic engagement and sense of community in the military. *Journal of Community Practice*, *9*, 71 - 93.

Bowling, U., Doerman, A. & Sherman, M. (2011). *Operation enduring families: Information and support for Iraq and Afghanistan veterans and their families*. Oklahoma City, OK: Oklahoma City VA Medical Center. Retrieved from http://www.ouhsc.edu/oef/pdf/OEFManual122107.pdf.

Brown, J. & Hall, B. (2009). Exploring intimate partner communication in military couples: Implications for counselors. In G. R. Walz, J. C. Bleuer & R. K. Yep (Eds.), *Compelling counseling interventions: VISTAS 2009* (pp. 55 - 65). Alexandria, VA: American Counseling Association.

Cameron, R. P., Syme, M. L., Fraley, S. S., Chen, S. S., Welsh, E., Mona, L. R., ... Lemos, L. (2011). Sexuality among wounded veterans of operation enduring freedom (OEF), operation Iraqi freedom (OIF), and operation new dawn (OND): Implications for rehabilitation psychologists. *Rehabilitation Psychology*, *56* (4), 289 - 301.

Chapin, M. (2011). Family resilience and the fortunes of war. *Social Work in Health Care*, *50*, 527 - 542.

Christensen, A., Atkins, D. C., Yi, J., Baucom, D. H. & George, W. H. (2006). Couple and individual adjustment for 2 years following a randomized clinical trial comparing traditional versus integrative behavioral couple therapy. *Journal of Consulting and Clinical Psychology*, *74* (6), 1180 - 1191.

Coll, J. E., Weiss, E. L., Draves, P. & Dyer, D. (2012). The impact of military cultural awareness, experience, attitudes, and education on clinician self-efficacy in the treatment of veterans. *Professional Development: The International Journal of Continuing Social Work Education*, *15* (1), 39 - 48.

Cozza, S. J. & Guimond, J. M. (2011). Working with combat-injured families through the recovery trajectory. In S. MacDermid Wadsworth & D. Riggs (Eds.), *Risk and resilience in U.S. military families* (pp. 259 - 277). New York, NY: Springer.

Dattilio, F. M. (1993). Cognitive techniques with couples and families. *Family Journal*,

1 (1), 51 - 65.

Dattilio, F. M. (2005). Cognitive-behavioral couple therapy. In G. Gabbard, J. Beck & J. Holmes (Eds.), *Concise Oxford textbook of psychotherapy* (pp. 21 - 33). Oxford, UK: Oxford University Press.

Dattilio, F. M. & Epstein, N. B. (2003). Cognitive-behavioral couple and family therapy. In T. L. Sexton, G. R. Weekes & M. S. Robbins (Eds.), *The family therapy handbook* (pp. 147 - 175). New York, NY: Routledge.

Dekel, R. & Goldblatt, H. (2008). Is there intergenerational transmission of trauma? The case of combat veteran's children. *American Journal of Orthopsychiatry*, *78* (3), 281 - 289.

Dekel, R. & Monson, C. M. (2010). Military-related post-traumatic stress disorder and family relations: Current knowledge and future directions. *Aggression and Violent Behavior*, *15*, 303 - 309.

Erbes, C. R., Polusny, M. A., Macdermid, S. & Compton, J. S. (2008). Couple therapy with combat veterans and their partners. *Journal of Clinical Psychology*, *64* (8), 972 - 983.

Everson, R. B. & Camp, T. C. (2011). Seeing systems: An introduction to systemic approaches with military families. In R. Blaine Everson & C. Figley (Eds.), *Families under fire: Systemic therapy with military families* (pp. 4 - 29). New York, NY: Routledge.

Exum, H. A., Coll, J. E. & Weiss, E. L. (2011). *A civilian counselor's primer for counseling veterans* (2nd ed.). Deer Park, NY: Linus.

Fisher, M. E. (2008). *The use of psychoeducation in the treatment of PTSD with military personnel and their family members: An exploratory study from a clinician's perspective* (unpublished master's thesis). Smith College, Northampton, MA.

Fredman, S. J., Monson, C. M. & Adair, K. C. (2011). Implementing cognitive-behavioral conjoint therapy for PTSD with the newest generation of veterans and their partners. *Cognitive and Behavioral Practice*, *18* (1), 120 - 130.

Galovski, T. & Lyons, J. A. (2003). Psychological sequelae of combat violence: A review of the impact of PTSD on the veteran's family and possible interventions. *Aggression and Violent Behavior*, *9* (5), 477 - 501. doi: 10.1016/S1359 - 1789(03) 00045 - 4.

Garte, S. H. (1989). Sexuality and intimacy in Vietnam veterans with post traumatic stress disorder (PTSD). *Psychotherapy in Private Practice*, *7* (2), 103 - 109.

Glynn, S. M., Eth, S., Randolph, E. T., Foy, D. W., Urbaitis, M., Boxer, L., ... Crothers, J. (1999). A test of behavioral family therapy to augment exposure for combat-related posttraumatic stress disorder. *Journal of Consulting and Clinical Psychology*, *67* (2), 243 - 251.

Gottman, J. M., Gottman, J. S. & Atkins, C. L. (2011). The comprehensive soldier fitness program: Family skills component. *American Psychologist*, *66* (1), 52 - 57.

doi: 10.1037/a0021706.

Gottman, J. M. & Silver, N. (1999). *The seven principles for making marriage work: A practical guide from the country's foremost relationship expert*. New York, NY: Three Rivers Press.

Hardaway, T. (2004). Treatment of psychological trauma in children of military families. In N. Webb (Ed.), *Mass trauma and violence: Helping families and children cope* (pp. 259 - 282). New York, NY: Guilford Press.

Hartman, A. (1995). Diagrammatic assessment of family relationships. *Families in Society*, *76* (2), 111.

Hayes, S. C., Strosahl, K. & Wilson, K. (1999). *Acceptance and commitment therapy: Understanding and treating human suffering*. New York, NY: Guilford Press.

Hill, R. (1949). *Families, under stress: Adjustment to the crises of war separation and reunion*. New York, NY: Harper.

Hoshmand, L. T. & Hoshmand, A. L. (2007). Support for military families and communities. *Journal of Community Psychology*, *35* (2), 171 - 180. doi: 10.1002/jcop.20141.

Integrative Behavioral Couple Therapy. (2010). *What is IBCT?* Retrieved from http://ibct.psych.ucla.edu.

Jacobson, N. S., Christensen, A., Prince, S. E., Cordova, J. & Eldridge, K. (2000). Integrative behavioral couple therapy: An acceptance-based, promising new treatment for couple discord. *Journal of Consulting and Clinical Psychology*, *68* (2), 351 - 355.

Johnson, S. M. & Williams-Keeler, L. (1998). Creating healing relationships for couples dealing with trauma: The use of emotionally-focused marital therapy. *Journal of Marital and Family Therapy*, *24* (1), 25 - 40.

Jordan, K. (2004). The color-coded timeline trauma genogram. *Brief Treatment and Crisis Intervention*, *4* (1), 57 - 70.

Kreutzer, J. S. (2002). A structured approach to family intervention after brain injury: A quantitative analysis. *Journal of Head Trauma Rehabilitation*, *9* (3), 104 - 115.

Kreutzer, J. S., Stejskal, T. M., Ketchum, J. M., Marwitz, J. H., Taylor, L. A. & Menzel, J. C. (2009). A preliminary investigation of the brain injury family intervention: Impact on family members. *Brain Injury*, *23* (6), 535 - 547.

Kreutzer, J. S. & Taylor, L. A. (2004). *Brain injury family intervention manual*. Richmond, VA: National Resource Center for Traumatic Brain Injury.

Kudler, H. & Straits-Troster, K. (2009). Partnering in support of war zone veterans and their families. *Psychiatric Annals*, *39* (2), 64 - 70.

Laser, J. A. & Stephens, P. M. (2011). Working with military families through deployment and beyond. *Clinical Social Work Journal*, *39* (1), 28 - 38.

Lavee, Y., McCubbin, H. I. & Olson, D. H. (1987). The effect of stressful life events and transitions on family functioning and well-being. *Journal of Marriage and*

Family, *49* (4), 857 - 873.

Makin-Byrd, K., Gifford, E., McCutcheon, S. & Glynn, S. (2011). Family and couples treatment for newly returning veterans. *Professional Psychology: Research and Practice*, *42* (1), 56 - 62.

Matsakis, A. (2007). *Back from the front*. Baltimore, MD: Sidran Institute Press.

McCubbin, H. I. (1987). Family index of regenerativity and adaptation-military (FIRA-M). In H. I. McCubbin, A. I. Thompson & M. A. McCubbin. *Family assessment: Resiliency, coping and adaptation—Inventories for research and practice* (pp. 843 - 864). Madison: University of Wisconsin Press.

McCubbin, H. I. & Patterson, J. M (1983). The family stress process: The double ABCX model of adjustment and adaptation. *Marriage and Family Review*, *6* (7), 7 - 37.

McDevitt-Murphy, M. E. (2011). Significant other enhanced cognitive-behavioral therapy for PTSD and alcohol misuse in OEF/OIF veterans. *Professional Psychology: Research and Practice*, *42* (1), 40 - 46.

McGoldrick, M. & Gerson, R. (1985). *Genograms in family assessment*. New York, NY: Norton.

McKenry, P. C. & Price, S. J. (2000). Families coping with problems and change: A conceptual overview. In P. McKenry & S. Price (Eds.), *Families and change: Coping with stressful events and transitions* (pp. 1 - 17). Thousand Oaks, CA: Sage.

Melby, T. (2008). Regaining intimacy after war. *Contemporary Sexuality*, *42* (10), 1.

Miller, W. R. & Rollnick, S. (2002). *Motivational interviewing: Preparing people for change*. (2nd ed.). New York, NY: Guilford Press.

Monson, C. M., Fredman, S. J. & Adair, K. C. (2008). Cognitive-behavioral conjoint therapy for posttraumatic stress disorder: Application to operation enduring and Iraqi Freedom veterans. *Journal of Clinical Psychology*, *64* (8), 958 - 971.

Monson, C. M., Guthrie, K. A. & Stevens, S. P. (2003). Cognitive-behavioral couples treatment for posttraumatic stress disorder. *Behavior Therapist*, *26* (8), 393 - 402.

Monson, C. M., Schnurr, P. P., Stevens, S. P. & Guthrie, K. A. (2004). Cognitive-behavioral couples treatment for posttraumatic stress disorder: Initial findings. *Journal of Traumatic Stress*, *17* (4), 341 - 364.

Morgaine, C. (2001). *Family systems theory*. Retrieved from http://web.pdx.edu/~cbcm/CFS410U/FamilySystemsTheory.pdf.

Nelson, B. S. & Wright, D. W. (1996). Understanding and treating post-traumatic stress disorder in female partners of veterans with PTSD. *Journal of Marital and Family Therapy*, *22* (4), 455 - 467.

Oddy, M. & Herbert, C. (2003). Intervention with families following brain injury: Evidencebased practice. *Neuropsychological Rehabilitation*, *13* (1/2), 258 - 273.

Olson, D. H., Russell, C. S. & Sprenkle, D. H. (1989). *Circumplex model: Systemic assessment and treatment of families*. Binghamton, NY: Haworth Press.

Pensford, J. (2003). Sexual changes associated with traumatic brain injury.

Neuropsychological Rehabilitation, *13* (1/2), 275 - 289.

Perlick, D. A., Straits-Troster, K., Dyck, D. G., Norell, D. M., Strauss, J. L., Henderson, C. & Cristinan, A.(2011). Multifamily group treatment for veterans with traumatic brain injury. *Professional Psychology: Research and Practice*, *42* (1), 70 - 78.

Rabin, C. & Nardi, C. (1991). Treating post traumatic stress disorder couples: A psychoeducational program. *Community Mental Health Journal*, *27* (3), 209 - 224.

Riggs, D. S. (2000). Marital and family therapy. In E. B. Foa, T. M. Keane & M. J. Freidman (Eds.), *Effective treatments for PTSD: Practice guidelines from the traumatic stress studies* (pp. 280 - 301). New York, NY: Guilford Press.

Rosenheck, R. & Fontana, A. (1999). Changing patterns of care for war-related post traumatic stress disorder at department of veterans affairs medical centers: The use of performance data to guide program development. *Military Medicine*, *164* (11), 795 - 802.

Savitsky, L., Illingsworth, M. & DuLaney, M. (2009). Civilian social work: Serving the military and veteran population. *Social Work*, *54* (4), 327 - 339.

Sayers, S. L. (2011). Family reintegration difficulties and couples therapy for military veterans and their spouses. *Cognitive and Behavioral Practice*, *18* (1), 108 - 119.

Schwerin, M. J. (2006). Quality of life and subjective wellbeing among military personnel: An organizational response to the challenges of military life. In T. W. Britt, A. B. Adler & C. A. Andrew (Eds.), *Military life: The psychology of serving in peace and combat* (pp. 145 - 179). Westport, CT: Praeger.

Sherman, M. D. (2003). The safe program: A family psychoeducational curriculum developed in a veterans affairs medical center. *Professional Psychology: Research and Practice*, *34* (1), 42 - 48. doi: 10.1037/0735 - 7028.34.1.42.

Sherman, M. D., Zanotti, D. K. & Jones, D. E. (2005). Key elements in couples therapy with veterans with combat-related posttraumatic stress disorder. *Professional Psychology: Research and Practice*, *36* (6), 626 - 633. doi: 10.1037/0735 - 7028.36.6.626.

Sherman, M. D. (2008). *SAFE program: Mental health facts for families* (3rd ed.). Retrieved from http://www.ouhsc.edu/safeprogram.

Sherman, M. D., Fischer, E., Bowling, U. B., Dixon, L., Ridener, L. & Harrison, D. (2009). A new engagement strategy in a VA-based family psychoeducation program. *Psychiatric Service*, *60* (2), 254 - 257.

Stratton, P. (2005). *Report on the evidence base of systemic family therapy*. Clovis, CA: Association for Family Therapy.

Substance Abuse and Mental Health Services Administration. (2006). *Psychoeducational multifamily groups*. Washington, DC: Author. Retrieved from http://nrepp.samhsa.gov/ViewIntervention.aspx? id5120.

U.S. Department of Defense. (2010). *Military casualty information*. Retrieved from http://siadapp.dmdc.osd.mil/personnel/CASUALTY/castop.htm.

Walsh, F. (2006). *Strengthening family resilience* (2nd ed.). New York, NY: Guilford Press.

Weiss, E. L., Coll, J. E., Gebauer, J., Smiley, K. & Carrillo, E. (2010). The military genogram: A solution-focused approach for resiliency building in service members and their families. *Family Journal*, *18*, 395 - 406.

Wessely, S., Bryant, R. A., Greenberg, N., Earnshaw, M., Sharpley, J. & Hacker Hughes, J. (2008). Does psychoeducation help prevent post traumatic psychological distress? *Psychiatry*, *71* (4), 287 - 307.

Zastrow, C. H. & Kirst-Ashman, K. K. (2010). *Understanding human behavior and the social environment* (8th ed.). Belmont, CA: Thomson Learning.

学术关键词索引[①]

ABC worksheet, 107
ABC-X model, 470
Acceptance and Commitment Therapy (ACT), 276
Adolescents, 319, 431–432. *See also* Children
Adult Day Health Care Centers (ADHC), 283
Afghanistan. *See* Operation Enduring Freedom (OEF); Operation New Dawn (OND)
African American personnel, 28–29
Aging veterans, 32–33. *See also* Veterans
Air Force:
  Child Advocacy Program, 12, 306
  Children Have a Potential program (CHAP), 306
  components of, 25
  Comprehensive Airman Fitness program, 235
  Exceptional Family Member Program (EFMP), 306
  Family Advocacy Program (FAP), 306
  and role of families, 313–314
  social work roots in, 7
  Special Needs Identification and Coordination (SNIAC), 362–363
  substance abuse programs, 13, 15, 193
  suicide management recommendations, 237
  Wingman, 233–234
  Wounded Warrior Program, 285
Air Force Aid Society, 303
Alcohol abuse/alcoholism, 152, 192. *See also* Substance abuse programs; Substance use disorders (SUD)
Alcohol and Drug Abuse Prevention and Control (ADAPT) program, 15
Alcohol Use Disorders Identification Test (AUDIT), 15
Alien Land Law Act of 1910, 30
Alteration of consciousness (AOC), 170
American Congress of Rehabilitative Medicine (ACRM), 170
American Council on Education (ACE), 288–289
American Red Cross. *See* Red Cross
Americans with Disabilities Act of 1990, 359
Amitriptyline, 143
Amygdala, effects of PTSD on, 101
Antidepressants. *See also name of drug*
  with bipolar disorder, 151–152
  considerations with pregnancy, 154
  first-line, 143–144
  MAOIs (monoamine oxidase inhibitors), 143, 144
  off-label use, 144
  second-line, 144–145
  TCAs (tricyclic antidepressants), 143, 144
Antipsychotics, 147–148
Appraisal theory, 413–414, 415
Aripiprazole, 147
Armed Services YMCA (ASYMCA), 12
Army:
  alcohol use increases in, 192
  Battle Buddy, 233–234
  components of, 25
  Comprehensive Soldier Fitness program, 235
  Family Action Plan, 307
  social work roots in, 6–7
  substance use disorder prevention programs, 13, 193
  Warrior Transition Unit, 284–285
Army Community Service (ACS), 9–10, 306
Army Emergency Relief program, 306
Army Family Readiness Handbook, 309
Army Relief Society, 303
Army Social Work, 305
Army Stockade screening program, 8
Asian and Pacific Islander (API) personnel, 29–31
Assertive Community Treatment (ACT), 250–251, 252

① 为方便读者查阅，本书按原版复制学术关键词索引。——编者注

Assessment of family caregivers. *See* Stress Process Model
Attachment theory, 445–446
AUDIT-C, 216
Avoidant behaviors, 106
Ayer, Beatrice Banning, 10

Barriers for care, 487
Barton, Clara, 4
Basic Maintenance, 304
Battle Buddy program (Army), 233–234
Beck Depression Inventory (BDI), 121
Behavioral fitness, 233
Behavioral Health Optimization Program (Air Force), 231
Benefit programs for veterans. *See* Veteran benefit programs
Benzodiazepines, 143, 146–157, 150
Bereavement. *See* Suicide bereavement
Biogenic stressors, 413
Biopsychosocial-spiritual assessment, 452–455
Bipolar disorder, 146, 151–152
Bodily Changes in Pain, Hunger, Fear and Rage (Cannon), 412
Brain injury. *See* Traumatic brain injury (TBI)
Brain Injury Family Intervention (BIFI), 485–486
Branches of military, 25
Breastfeeding, 42–43
Breathing retraining, 124
Buprenorphrine, 218
Bupropion, 145, 152, 153
Burnout, defined, 69
Burnout prevention, 263–264
Buspirone, 145, 152

CAGE questions, 194
Camp Followers, 302–303
Cannon, Walter Bradford, 412
Career and educational counseling, 277, 288–289, 495–496
Caregivers, family. *See* Family caregiver support
Caregivers and Veterans Omnibus Health Services Act, 409
Caregiving competence, 419
Casualty officer, 392
Center for Prisoner of War Studies, 10
Challenging questions worksheet, 107
Chaplains, 205–206
Chiarelli, Peter, 17
Child abuse and prevention, 306, 326–329. *See also* Child advocacy programs
Child Abuse Prevention Treatment Act, 11
Child advocacy programs, 9–10, 11, 12, 306
Child care, 43, 364–365
Children:
  adolescents, 319, 431–432
  coping with suicide, 393
  with disabilities (*see* Special needs children)
  effect of deployment cycles on
    adolescents, 319, 431–432
    children, 325–326, 430–432
  effects of separation from parents, 429–432
  of National Guard and Reserve Component Forces, 344–348
  reintegration challenges, 432
  resources for, 493–494
  support programs, 427–437
  treatment for PTSD and traumatic grief, 435–437
Children Have a Potential program (CHAP), 306
Chronic pain management, 150–151
Circumplex model, 470
Citalopram, 144
Citizen soldiers. *See* National Guard and Reserve Component Forces (RC)
Civilian life transitioning, 281–296
  case example, 294–295
  connecting to community, 291–292
  Disabled Transition Assistance Program (DTAP), 282, 283–284
  employment, 292–293
  female veterans, 293
  to higher education, 288–291
  Reintegration Skills Training, 293–294
  separation considerations
    health care, 286
    housing, 287
    job security, 286–287
    support systems availablity, 287–288
    travel opportunities, 287
  Transition Assistance Program (TAP), 282
  wounded service members, 284–285
    Safe Harbor program (Navy), 285
    Warrior Transition Unit (Army), 284–285
    Wounded Warrior Program (Air Force), 285
    Wounded Warrior Regiment (Marines), 285
Civilian Parent Training and Information Center (PTIs), 371

Civil War, 4, 28, 302–303
Client-therapist privilege, 54–56
Clinician Administered PTSD Scale (CAPS), 71
Clonazepam, 150
Coast Guard, role of, 25
Cognitive-Behavioral Conjoint Therapy, 448
Cognitive Behavioral Couples Therapy (CBCT), 480–483
Cognitive behavioral therapy (CBT), 44–45, 46, 104
  with prolonged exposure (PE), 115–116
  Seeking Safety (Seeking Strength), 197
  for substance use disorders (SUDs), 197, 218
  trauma-focused, 436
Cognitive processing therapy (CPT), 103–108, 276
Columbia University, 4
Combat Operational Control (COSC), 236–237
Combat Operational Stress Continuum for Marines, 315–316
Combat readiness, 26–27
Combat stress, 39–40, 314–316
Combat veterans. *See also* Veterans
  benefit programs for, 272–273
  PTSD in, 83–84
Communication and skills training, 470–471
Community-based Warrior Transition Unit (CBWTU), 284
Community Capacity model for substance abuse prevention, 193
Comorbid disorders, 210–213. *See also* Posttraumatic stress disorder (PTSD)
Companioning the Bereaved (Wolfelt), 402
Compassion fatigue, 69, 70, 72, 263, 264. *See also* Secondary trauma
Compassion Fatigue Self-Test (CFST) for Psychotherapists, 72
Compassion satisfaction, 74, 75
Comprehensive Airman Fitness (Air Force), 235
Comprehensive Soldier Fitness (Army), 235
Comprehensive Transition Plan (CTP), 284
Concussion, 170–172. *See also* Traumatic brain injury (TBI)
Confidentiality and privacy dilemmas, 54–56
Congress, Elaine, 58–59
Continuing education, 288–291
Co-occuring disorders, 210–213
Coping theory, 414–415
Correctional Training Facility (CTF), 9
Counseling:
  career and educational, 277, 288–289
  validation of need for, 22
Couple therapy, 443–461
  attachment theory, 445–446
  caregivers, 451
  case example, 455–460
  Cognitive-Behavioral Conjoint Therapy, 448
  Cognitive Behavioral Couples Therapy (CBCT), 480–483
  cultural responsiveness in, 447
  demographics, 448
  gender issues, 448–451
  Integrative Behavioral Couples Therapy (IBCT), 478–480
  intimate partner violence, 450–451
  mental health and health issues, 449
  phase-oriented, 451–460
  relationship-based, 444–445
  research-based vs. research-informed, 447–448
  trauma responses, 450
  trauma theory, 446–447
CT (computerized tomography), 166
Cultural competence and counseling, 22–23

DACOWITS (Defense Department Advisory Committee on Women in the Service), 307–308
Dalymple, Irene Grant, 5
Defense and Veteran's Brain Injury Center (DVBIC), 83
Defense Centers of Excellence (DCOE), 349
Defense Department Advisory Committee on Women in the Service (DACOWITS), 307–308
Defense Equal Opportunity Management Institute, 32
Department of Housing and Urban Development (HUD), 257
Department of Labor (DOL), 257
Department of the Army Regulation, 303
Department of Veterans Affairs, 18
Deployment cycles, 313–331
  case examples, 329–330
  combat stress, 314–316
  deployment stressors, 317–318
  deployment/sustainment, 318–321
  emotional cycle of deployment, 345–348
  family impact, 322–330
    adolescents, 319, 431–432

Deployment cycles (*Continued*)
children, 325–326, 430–432
in National Guard and Reserve Component Forces, 344–348
spouses and marital relationships, 323–325
in National Guard and Reserve Component Forces, 344–348
phases of deployment, 321
predeployment, 318
programs for deployment preparation, 318
redeployment/postdeployment, 321–322
support programs, 318, 319–321, 322
Deployment Health Assessment Model, 195–196
Depression. *See also* Posttraumatic stress disorder (PTSD); Suicide; Traumatic brain injury (TBI)
Beck Depression Inventory (BDI), 121
with comorbid PTSD, 152
Detoxification treatment, 218
Dialectical Behavior Therapy (DBT), 276
Directive 1332.14, 32
Disabilities:
children with (*see* Special needs children)
PTSD (*see* Posttraumatic stress disorder (PTSD))
traumatic brain injury (TBI) (*see* Traumatic brain injury (TBI))
Disabled Transition Assistance Program (DTAP), 277, 282, 283–284
Discrimination, gender, 38–39
Disulfiram, 152
Diversity:
African American personnel, 28–29
aging veterans, 32–33
Asian and Pacific Islander (API) personnel, 29–31
Hispanic/Latino personnel, 28
Native American personnel, 29
sexual minorities, 31–32
Domestic violence, 12, 306, 324–330
Domiciliary Care for Homeless Veterans (DCHV), 255
Don't Ask, Don't Tell (DADT) policy, 17, 25, 32, 43
Don't Ask, Don't Tell, Don't Pursue policy, 32
Double ABC-X model, 470
Drug rehabilitation centers, 11
Drug use, illegal, 15. *See also* Substance use disorders (SUD)
Dual Diagnosis programs, 213
Dual-role dilemmas, 51–54
Duloxetine, 144
Dwell time, 322
dysarthria, 187

Early Intervention (EI) services, 363
EAT model, 73
Education and employment:
counseling, 277, 288–289
resources on, 495–496
Education for All Handicapped Children's Act, 306
Education post-military, 288–291
Eligibility, 25–26
EMDR (eye-movement desensitization and reprocessing), 150
Emergency Maternal and Infant Care program (EMIC), 305
Emotional memory, 102
Emotional outlook, 318
Emotion-focused coping, 414–415
Empirically informed therapies, 478–486
Brain Injury Family Intervention (BIFI), 485–486
Cognitive Behavioral Couples Therapy (CBCT), 480–483
cognitive behavioral therapy (CBT), 483 (*see also* cognitive behavioral therapy (CBT))
Integrative Behavioral Couples Therapy (IBCT), 478–480
Multifamily Group treatment for TBI (MFG-TBI), 485
psychoeducation, 483–485
Employee assitance program, 3
Employer tips for engaging military employees, 292–293
Employment post-military, 292–293
Environmental fitness, 231
Environmental triggers, 211
Episodic memory, 102
Escitalopram, 144
Ethical decision-making models:
case examples, 62–63
the ETHIC model, 58–59
Gottlieb's decision-making model, 60–61
Johnson, Grasso, and Maslowski's strategies for managing legal conflicts, 61–62
Lowenberg and Dolgoff's ethical decision-

making questions and ethical principles screen (EPS), 59–60
PSPIDD Model, 63–64
Ethical dilemmas, 51–66
confidentiality and privacy issues, 54–56
dual loyalty issues, 51–54
hierarchy and power issues, 56–57
legal and moral contexts for, 57–58
models for ethical decision-making, 58–63
triad model of, 57
Ethical Principles Screen (EPS), 60
ETHIC model, 58–59
Ethnic identity, 23
Event vs. memory, 126
Exceptional Family Member Program (EFMP), 306, 361–367
advocacy services, 377
case example, 377–379
case management services, 376–377
child care, 364–365
civilian services, 367–372
family support services, 372–373
housing, 364
medical services (Tricare), 365–366
personnel and services, 363–364
personnel assignment, 366–367
qualification and enrollment, 362–363
respite care, 366
service member support, 375
service provider training, 375–376
Structural Accessibility, 363, 364
youth services, 365
Exposure:
conducting, 129, 131, 132, 133, 134
instructions for, 128–129
vs. intrusive thought, 125–126
processing, 129–130, 131, 132, 133, 134
rationale for, 125–126, 127
Exposure therapies. *See* Prolonged exposure therapy (PET); Virtual reality exposure (VRE)
Extended Care Health Option (ECHO), 366

Families. *See* Military families
Families Overcoming Under Stress (FOCUS), 238, 329, 435–436
Family Action Plan, 307
Family Advocacy Program (FAP), 11–13, 306, 325, 327–328
Korean and Vietnam wars, 9–10
Persian Gulf War until 9/11, 14–15
Post-Vietnam to end of Cold War, 11–13
Family-Based Resilience Enhancing Model. *See* FOCUS (Families Overcoming Under Stress)
Family caregiver support, 409–426, 451
case example, 423–424
restructuring relationships, 418
scope of issues for caregivers, 410–411
strains for caregiver, 418–419
Stress Process Model, 412–424 (*see also* Stress Process Model)
who are the caregivers?, 411–412
Family Care Plan, 308
Family ecomaps, 477–478
Family genograms, 476
Family Member Relocation Clearance (FMRC), 363
Family Resource Centers, 371
Family Support 360 for Military Families, 372
Family support groups (FSG), 308
Family systems approach, 469–470
Family Voices, 371
Father absence, 325–326
Female veterans, 16, 248, 277–279
case example, 278–279
civilian life transitioning, 293
resources for, 508–509
Fluoxetine, 144
Fluphenazine, 148
Fluvoxamine, 144
FOCUS (Families OverComing Under Stress), 238, 329, 435–436

GCS (Glasgow Coma Scale), 164–166
Gender. *See also* Women in the military
issues in couple therapy, 448–451
issues with psychopharmacology, 153–154
stereotypes, 38–39
General Adaptation Syndrome (GAS) model, 88, 413
General Medical Services (GMS), 363
GI Bill, 289–291
Glasgow Coma Scale (GCS), 164–166
Glass ceiling effect, 38–39
Global Assessment Tool, 235
Global War on Terrorism (GWOT), 16–17. *See also* Operation Enduring Freedom (OEF); Operation Iraqi Freedom (OIF); Operation New Dawn (OND)

Global War on Terrorism (GWOT) (*Continued*)
  deployment impact on families, 322–323
  distinctions from previous conflicts, 337–338
  family impacts of, 309–310, 345–348
  injuries from and their impact, 471
  and Reserve Component Forces (RC), 336–337, 337–340, 345–348, 352
  signature injuries, 444
Gottlieb's decision-making model, 60–61
Governor's Developmental Disabilities Planning Council (DD Council), 372
GPD (Grant Per Diem) programs, 255
Grief. *See* Bereavement

Handbook for Companioning the Mourner (Wolfelt), 402
Headaches, 151
Head injury. *See* Traumatic brain injury (TBI)
Health Care for Homeless Veterans (HCHV), 254–255
Health Care for Reentry Veterans (HCRV), 257, 275
Health care resources, 498–499
Hierarchy and power dilemmas, 56–57
Higher education, 288–291
Hippocampus, and PTSD, 101–103
Hispanic/Latino personnel, 28
HIV prevention, 260
Homeless Outreach Team (HOT), 261
Homeless veterans, 247–266
  building trust with, 260, 262
  case example, 250, 253–254
  causes and prevalence of, 247–251
  client assessment, 262
  Domiciliary Care for Homeless Veterans (DCHV), 255
  ending homelessness, 258–259
  expectations of, 262
  Health Care for Homeless Veterans (HCHV) program, 254–255
  HIV prevention, 260
  HUD-VASH Housing First program, 251
  hypervigilance in, 259
  intervention cost benefits, 265
  intervention models and techniques
    Assertive Community Treatment (ACT), 250–251
    Housing First model, 251
    motivational interviewing, 249–250
  issues for social workers working with, 261
  medication compliance in, 258–259
  outreach considerations, 259–261
  prevention programs, 257–258
  PTSD in, 259
  resources, 499
  Stand Down program, 258
  top 10 highest unmet needs, 256
Homeless Veterans Reintegration Programs (HVRP), 255–256
Homeless Veterans Stand Down, 258
Home Service Office, 304
Homosexuality, 31–32
Hot spots, 131–132, 133
Housing and Urban Development VA Supportive Housing programs. *See* HUD-VASH Housing First program
Housing First model, 251, 253–254
HUD (Department of Housing and Urban Development), 257
HUD-VASH Housing First program, 251, 252–254
Hypervigilance, 259
Hysteria, 84–85

Identity, military, 22
Immigrant status, 28
Impact Statement, 106
Individualized Education Plan (IEP), 363
Individualized Family Service Plan (IFSP), 363
Integrative Behavioral Couples Therapy (IBCT), 478–480
Intervention models:
  community capacity model, 471
  coping and resilience models, 470
  family systems approach, 469–470
Intimate partner violence, 450–451
Intrapsychic strains, 419
Iraq. *See* Operation Enduring Freedom (OEF)

Japanese Americans, 30
Johnson, Grasso, and Maslowski's strategies for managing legal conflicts, 61–62
Johnson, Henry Lincoln, 29
Joint Family Resource Centers, 343
Junger, Sebastian, 52
Justifications for war, 26

Kempe, C. Henry, 306
Korean War:
  family impacts of, 305
  increase in social services, 8–10
  PTSD studies, 86–87

LANDNAV, 26–27
Latino/Hispanic personnel, 28
Leadership Education in Neurodevelopmental Disorders (LEND), 372
Limited Privilege Communication Program, 15
Line of duty determination, 396–397
Loss. *See* Bereavement
Loss of consciousness (LOC), 164–166
Lowenberg and Dolgoff's ethical decision-making questions and ethical principles screen (EPS), 59–60

Manifestations of stress, 420–421
Mantram Repetition, 264
MAOIs (monoamine oxidase inhibitors), 142, 143, 144
Marine Operational Stress Training (MOST), 236–237
Marines:
  alcohol use increases in, 192
  Combat Operational Stress Continuum for Marines, 315–316
  components of, 25
  social services role in, 11
  suicide prevention programs, 236
  Wounded Warrior Regiment (Marines), 285
Markers, symptom, 73
Mediators of stress, 419–420
Medical fitness, 231
Medications, 148–150. *See also* Psychopharmacology
Memory:
  consolidation and reconsolidation, 102–103
  effects of PTSD on, 100–103
  emotional vs. episodic, 102
  extinction of, 103–104
  issues in TBI case management, 187–188
  posttraumatic amnesia, 164–166
Menninger, William C., 8
Menses management, 41–42
Mental Hygiene Consultation service, 5
Mental hygiene units, 8
Mental illness help-seeking, 397–398
Methadone, 218
Mexican-American War, 28
Military Assessment Retention Review (MAR2), 284
Military culture:
  African American personnel, 28–29
  aging veterans, 32–33
  Asian and Pacific Islander (API) personnel, 29–31
  characteristics of, 24
  combat readiness, 26–27
  contrast with civilian society, 27–28
  defined, 21
  Hispanic/Latino personnel, 28
  impact on families, 428–429
  military as organization, 24–25
  Native American personnel, 29
  overidentification with, 23
  resources on, 495
  sacrifice and, 24
  sexual orientation and, 31–32
  transition back to civilian life, 24, 26 (*see also* Transitioning to civilian life)
  values and beliefs, 23–24
Military Demand-Resource Model, 232
Military eligibility, 25–26
Military families, 301–310. *See also* Deployment cycles
  Camp Followers, 302–303
  case examples, 329–330
  childcare and education, 307
  children and youth
    effects of separation from parents, 429–432
    reintegration challenges, 432
  demographics of, 428
  domestic violence, 324–325
  effects of deployment on, 430–432 (*see also* Deployment cycles)
  employment assistance, 306–307
  family assistance, 303
  family-centered support programs, 432–437
  father absence, 325–326
  geographic mobility, 429
  and Global War on Terrorism (GWOT), 309–310
  impact of military culture on, 428–429
  Korean War era, 305
  National Guard and Reserve families, 308, 309
  Persian Gulf War, 308–309

Military families (*Continued*)
  resources for, 496–497
  Revolutionary and Civil War eras, 302–303
  support for children and youth, 427–437 (*see also* Children)
  support programs, interventions, and resources, 432–437
  theory and practice with (*see* Theory and practice with military families)
  types of stressors for, 452–455
  Vietnam era, 305–308
  World War I era, 303–304
  World War II era, 304–305
Military Family Fitness Model (MFFM), 235
military family life consultants (MFLC), 329
Military Family Resource Center (MFRC), 12
Military Homefront, 373–374
Military Occupational Specialty (MOS), 284
MilitaryOneSource Center, 349
Military operational stress, 72
Military recommendations for secondary trauma prevention, 75
Military sexual trauma (MST), 16, 39–41, 449
  case example, 45–46
  defined, 275
  of lesbian and bisexual personnel, 43
  resources about, 501
  sexual assault of men, 17
  Sexual Assault Prevention and Response Office (SAPRO), 17
  veteran benefits program for, 275–276
Minnesota Multiphasic Personality Inventory (MMPI), 86
Minorities. *See* Diversity
Mirtazapine, 142, 145, 152
The Mission Continues, 291
monoamine oxidase inhibitors (MAOIs), 142
Montgomery GI Bill, 290
Moral actions vs. legal actions, 57–58
Motivational interviewing (MI), 198–204, 214, 216–217, 249–250, 252
MRI (magnetic resonance imaging), 166, 167
Multifamily Group treatment for TBI (MFG-TBI), 485

Naltrexone, 152
National Call Center for Homeless Veterans, 257
National Center on Child Abuse and Neglect (NCCAN), 12
National Defense Authorization Act of 2008, 272
National Guard and Reserve Component Forces (RC), 308, 309
  deployment cycles, 344–349
    effects on children, 348–349
    effects on families, 336–337
    mitigating family impact of, 349–352
  distinction from active components, 340–343
  family life and challenges, 335–352
    case example, 350–352
    demographics, 344, 428
    deployment impact overview, 345
    emotional cycle of deployment, 345–348
    reintegration and family roles, 348–349
    support issues, 341–343
  health care, 340–341
  increasing reliance on, 338
  Joint Family Resource Centers, 343
  stressors for, 468–469
  unique challenges for
    deployment, 340–343
    reintegration, 338–340, 342–343
  Yellow Ribbon Reintegration Program, 343
Native American personnel, 29
Navy:
  components of, 25
  Navy Family Support Program, 306
  and role of families, 314
  Safe Harbor program, 285
  social services expansion, 14
  social services role in, 7, 10–11
  substance abuse programs, 13
  Tailhook scandal, 16
Navy Family Support Program, 306
Navy-Marine Corps Relief Society, 303
Navy Relief Society, 7
Nefazodone, 142, 145
Neuroimaging, 166
Neuroleptic malignant syndrome, 148
Neurometabolic cascade, 171
Neuropathic pain, 151
New Parent Support Program, 14, 328
Nicotine replacement, 152–153
9/11 survivors, and virtual reality exposure (VRE) treatment, 117
Nutritional fitness, 232–233

OARS strategy, 198–201
Office of Civilian Defense, 304
Office of Community War Services, 304
Office of Health, Welfare, and Related Defense Activities, 304
Officer Candidate School (OCS) officers, 56
O'Keefe, Daniel E., 6
Olanzapine, 147
Open-label trials, 144
Operational Stress Control and Readiness (OSCAR), 236–237
Operation Desert Shield/Desert Storm. *See* Persian Gulf War
Operation Enduring Families, 484–485
Operation Enduring Freedom (OEF), 16. *See also* Global War on Terrorism (GWOT)
  family impacts of, 309–310
  female veterans of, 278
  Hispanic/Latino personnel, 28
  statistical data from, 113–114
  use of virtual reality exposure (VRE) in veterans of, 117–135 (*see also* Virtual Iraq/Afghanistan)
  veteran benefits, 274
  veteran substance use disorders, 209–210
Operation Iraqi Freedom (OIF), 16. *See also* Global War on Terrorism (GWOT)
  family impacts of, 309–310
  female veterans of, 278
  statistical data from, 113–114
  use of virtual reality exposure in veterans of, 117–135 (*see also* Virtual Iraq/Afghanistan)
  veteran benefits, 274
  veteran substance use disorders, 209–210
Operation New Dawn (OND). *See also* Global War on Terrorism (GWOT)
  family impacts of, 309–310
  veteran benefits, 274
Operation Noble Eagle (ONE), 336, 337
Operations Stress Control (OSC) (Navy), 236
Outcomes of stress, 420–421
Outreach, for homeless veterans, 258–259

Pain from overuse injuries, 151
Pain management, 150–151
Parent-Child Interaction Therapy (PCIT), 437
Parent to Parent Support, 374–375
Paroxetine, 142, 144, 150
Pathways to Housing, 251
PCS (postconcussion syndrome), 171
Persian Gulf War, 14–16, 308–309
Personal strategies for secondary trauma prevention, 75
Persons, W. Frank, 303–304
Phase-oriented therapy, 451–460
Phenelzine, 143
Physical fitness, 234
Physioneurosis, 88
Polytrauma, 410
Post-9/11 GI Bill, 286, 290
Postconcussion syndrome (PCS), 171
Postdeployment, 321–322
Posttraumatic amnesia (PTA), 164–166
Posttraumatic stress disorder (PTSD), 81–97
  and aging veterans, 33
  case example, 90–92, 105–108
  in children, 435–437
  chronologic history of, 85
  Clinician Administered PTSD Scale (CAPS), 71
  Cognitive Behavioral Couples Therapy (CBCT) and, 481–483
  cognitive behavioral therapy (CBT) and, 44–45, 104
  cognitive processing therapy (CPT), 103–108
  in combat veterans, 83–84
  with comorbid bipolar disorder, 151
  with comorbid major depression, 152
  with comorbid substance abuse, 152
  contemporary theory evolution, 84–87
  defined, 113
  diathesis stress model, 89–90
  DSM criteria, 82–83
  effects on amygdala and prefrontal cortex, 100–102
  effects on family, 473–474
  family impacts of, 315–316
  genetics and, 89–90
  and Global War on Terrorism, 338 (*see also* Virtual Iraq/Afghanistan)
  history of, 84, 85
  in homeless veterans, 259
  impact on intimate relationships, 323–324
  long-term disability from, 410–411
  and memory consolidation/reconsolidation, 102–103
  and memory function, 100–103
  neurobiology of, 100
  overlapping symptoms with TBI, 173–174

Posttraumatic stress disorder (*Continued*)
overview of, 99
prolonged exposure therapy (PET), 103–104
psychopharmacology for (*see* Psychopharmacology)
psychosocial models of posttraumatic stress, 87–92
behavioral model, 90
biological model, 88–89
cognitive model, 90
transactional model, 89
recognition as diagnosis, 14, 84
reintegration and, 91
resources on, 500
and secondary trauma, 71–72
smoking cessation with, 152–153
symptoms, 82
traditional psychodynamic models and treatment, 87–88
virtual reality exposure (VRE) for (*see* Virtual reality exposure (VRE))
in women, 449
Post-Vietnam Veterans Educational Assistance Program (VEAP), 290
Power dilemmas, 56–57
Prazosin, 142
Predeployment substance use screening, 194–195
Prefrontal cortex, effects of PTSD on, 101–102
Pregnancy and childbirth, 41–43, 153
Prisoners of War (POWs):
PTSD studies of, 87
resources for, 500
Privacy and confidentiality dilemmas, 54–56
Problem-focused coping, 414–415
Professional Quality of Life Scale (ProQOL), 72
Project CHALENG (Community Homelessness Assessment, Local Education and Networking Groups), 256–257
Prolonged exposure therapy (PET), 103–104, 116, 150, 276
PSPIDD Model, 63–64
Psychoeducation, 483–485
Psychological fitness, 231–232
Psychopharmacology, 141–161
antidepressants, 143–146
antipsychotics, 147–148
benzodiazepines, 146–157
case examples, 154–156
combining with psychotherapy, 150
in co-occurring disorders, 213
gender issues, 153–154
managing comorbid medical and psychiatric issues, 150–153
medication adherence, 148–149
medication costs, 149
negative beliefs about medications, 149
overview of use in PTSD, 141–143
side effects, 149
Psychosocial stressors, 413
Psychotherapy, combining with medications, 150
Public health model for substance abuse prevention, 193

Quetiapine, 147

Randomized clinical trials (RTCs), 144, 145
Rank structure, 24–25
Rape. *See* Military sexual trauma (MST)
Readjustment counseling, 275
Red Cross, 4–5, 10, 303–304
Redeployment/postdeployment, 321–322
Red Ribbon Week, 193
Reintegration, 91, 321–322, 338–340, 432. *See also* Transitioning to civilian life
Reintegration Skills Training, 293–294
Related Services (RS), 363
Relationship-based therapy, 444–445
Rennix, Dorothy, 10
Reserve Forces, 308, 309. *See* National Guard and Reserve Component Forces (RC)
Resilience:
defined, 229
increasing in military families, 432–434
Individual Family Resiliency Training (IFRT), 435
in suicide prevention, 228–238
Resources:
armed forces treatment programs, 493
books, 509–512
for children, 494
child trauma, 493–494
crisis hotlines, 494–495
education/employment and transition, 495–496
family, 496–497
gateway sites, 497–498
health, 498–499
homeless veterans, 499

legal services for veterans, 500
military culture, 495
military terminology, 502
prisoners of war, 500
PTSD, 500
sexual assault, 501
substance abuse, 501
suicide prevention, 501–502
for TBI clients, 186
trauma, children, 493–494
traumatic brain injury (TBI), 502–503
veteran legal services, 500
veterans, homeless, 499
veterans, in general, 503–505
veterans, women, 508–509
veterans organizations, 505–508
videos, 512–515
Respect-Mil, 231
Respite care, 366
Retention, 313–314
Reunion. *See* Redeployment/postdeployment
Revolutionary War, 302–303, 320
Richmond, Mary, 304
Risperidone, 142, 147
Role captivity, 419
Role strains, 418
Ross, Elizabeth H., 6, 7
ROTC (Reserve Officer Training Corps) officers, 56

Safe Harbor program (Navy), 285
SAMI (Substance Abuse and Mental Illness) program, 213
Screening for substance use disorders, 194–195
Secondary trauma, 67–78, 474
assessing, 71–72
defined, 69–70
measuring PTSD in, 71
preventing, 74–76
treating, 72–74
Secondary Trauma Questionnaire (STQ), 72
Secondary traumatic stress (STS), 69, 324
Secondary Traumatic Stress Scale (STSS), 72
Seeking Safety (Seeking Strength), 197, 202, 204, 205, 217, 218, 219
Selah-Israel Crisis Management Center, 76
Selective Service, 307
Self-care, 73–74
Self-confrontation, 73
Self-soothing, 73
Separation from military. *See* Civilian life transitioning
Serotonin-norepinephrine reuptake inhibitor (SNRI), 142, 144
Serotonin syndrome, 146
Sertraline, 142, 144, 146
Sexual Assault Prevention and Response Office (SAPRO), 17, 41
Sexual orientation, 25, 31–32
Sexual trauma. *See* Military sexual trauma (MST)
Seyle, Hans, 88, 89
Shinseki, Eric, 251
Side effects of medications, 149
Smoking cessation, 152–153
SNRIs (serotonin-norepinephrine reuptake inhibitor), 142, 146, 152, 157
Social Actions program, 13
Social fitness/support, 233–234
Social strains, 419
Social support, defined, 420
Social work education, 4
Social workers:
requirements for military work, 18
roles in military, 3
safety and self care, 261–264
Social work history, 309–310. *See also* Red Cross
Civil War, 4
current day, 18
establishment in different military branches, 6–7
Global War on Terrorism (GWOT), 16–17, 309–310
Korean War era, 8–10, 305
Persian Gulf War era, 14–16, 308–309
Post-Vietnam to end of Cold War, 10–14
roots of profession in military, 3–4
Vietnam War era, 8–10, 305–308
World War I era, 4–5, 303–304
World War II era, 5–7, 304–305
Socratic dialogue, 107, 130
Solution- Focused Brief Therapy Model, 206
Spanish American War, 4
Special Educational Services, 363
Specialized Training of Military Parents (STOMP), 374
Special needs children, 359–381
accommodations and modifications, 369
advocacy services, 377

Special needs children (*Continued*)
- case example, 377–378
- case management services, 376–377
- child care, 364–365
- developmental disabilities support, 371–372
- disability culture and military culture differences, 360–361
- due process, 369–370
- Exceptional Family Member Program (EFMP), 306, 361–367 (*see also* Exceptional Family Member Program (EFMP))
- family-centered care (FCC), 368
- family support services, 372–375
- housing, 364
- inclusion, 368–369
- legal protections, 370–371
- medical services (Tricare), 365–366
- personnel assignment, 366–367
- respite care, 366
- service provider training, 375–376
- state and other civilian services for, 371–372
- youth services, 365

Special Needs Coordinator (SNC), 363
Special Needs Evaluation and Review Team (SNERT), 364–365, 377–379
Special Needs Identification and Coordination (SNIAC), 362–363
Spiritual fitness, 234
Spouse abuse prevention. *See* Domestic violence; Family Advocacy Program (FAP)
SSRIs (serotonin-specific reuptake inhibitors), 142, 143–144, 146, 152, 157
Stages of treatment readiness, 249–250
Stand Down, 258
Stockades, 8–9
Stop, Slow Down, Think & Act (SSTA) method, 293–294
Stress, response-based theories on, 88
Stressors for military families, 452–455, 467–469
Stress Process Model, 412–422
- appraisal theory, 413–414
- coping theory, 414–415
- historical background, 412–413
- stress theory, 412–413, 415
- use in caregiver assessment
  - background and context of stress, 416–417
  - mediators of stress, 419–420
  - model application, 421–422
  - outcomes of manifestations of stress, 420–421
  - primary and secondary stressors, 417–419

Stress theory, 412–413, 415
Stuck Point Log, 106
Studies in Hysteria (Freud and Breuer), 84
Substance abuse. *See* Substance use disorders (SUD)
Substance abuse programs:
- Alcohol and Drug Abuse Prevention and Control (ADAPT) program, 15
- Persian Gulf War until 9/11, 15
- Post-Vietnam to end of Cold War, 13

Substance use disorders (SUD):
- in active duty personnel/military settings, 191–207, 233
  - armed forces treatment programs, 196
  - assessment, 194–196
  - case example, 202–205
  - history of, 191–192
  - outpatient treatment, 196–201
  - prescription drug abuse, 210
  - prevention, 192–194, 214–215
  - role of chaplain, 205–206
  - systems-ecological approach, 202–205
  - transition to veteran status, 215
- Alcohol Use Disorders Identification Test (AUDIT), 15
- comorbidity with other disorders, 152, 202, 210–213
- resources on, 501
- in veterans, 209–222
  - case example, 220–222
  - continuing care, 220
  - co-occurring disorders, 210–213
  - Dual Diagnosis programs, 213
  - Iraq and Afghanistan veterans, 209–210
  - outpatient treatment, 218–219
  - prescription drug abuse, 210
  - prevention and treatment programs, 213–214
  - prevention within the VA, 215–217
  - residential treatment programs, 219–220
  - transition to veteran status, 215
  - treatment at the VA, 218–220

SUDs scale, 126–127
Suicide, 225–244
- case example, 238–240
- prevention, 17, 276–277

Air Force suicide management recommendations, 237
bolstering protective factors, 239
Combat Operational Control (COSC), 236–237
FOCUS (Families OverComing Under Stress), 238, 329, 435–436
identifying risk factors, 238–239
Marine Operational Stress Training (MOST), 236
Operational Stress Control and Readiness (OSCAR), 236–237
Operations Stress Control (OSC) (Navy), 236
resources for, 501–502
Total Force Fitness (TFF), 229–238, 239–240 (*see also* Total Force Fitness (TFF))
U.S. Air Force Guide for Managing Suicidal Behaviors: Strategies, Resources, and Tools, 236
prevention gaps
leadership focus, 227
program access and quality of care focus, 228
resilience and skill-building focus, 228
surveillance and research focus, 228
risk and protective factors, 226–227
statistics about, 225–226
Suicide bereavement, 383–404
blame and anger, 387, 398
bodily remains, 390
case example, 398–402
casualty officer, 392
circumstances of death, 390
clinician challenges and resources, 403
complexities in military suicides, 389
complicating issues in grieving process, 385–389
death investigation, 393, 396–397
death notification, 392
feelings of relief, 387–388
geographic issues for survivors, 390–391
immediate impact, 391–392
line of duty (LOD) determination, 396–397
media attention, 395–396
memorials and recognitions, 396
mental illness and help-seeking, 397–398
military peer survivors, 394
pension/insurance/entitlements, 397
religious stigma surrounding suicide, 387
secondary losses with, 393
service commitment of deceased, 391
shame and stigma in, 388
survivor age issues, 391
survivor guilt, 386–387
survivor trauma, 389
when viewed as dishonorable death, 394–395, 396
witnessing death or finding body, 395
Support and Family Education (SAFE) Program, 484–485
Supportive Services for Veteran Families (SSVF) Program, 258
Support programs, 469
for children and youth, 427–437
family-centered, 432–437
for EFMP families, 372
medical settings, 433–434
for National Guard and Reserve Component Force families, 349–352
school settings, 433
telemedicine, 434
web-based, 434
Survivor guilt, 264
Symptom markers, 73

Tailhook scandal, 16
Tardive dyskinesia, 148
TCAs (tricyclic antidepressants), 142, 143, 144, 151
Telemedicine, 434
Theory and practice with military families, 467–492
addressing barriers for care, 487
assessment, 474–475
case example, 475–476
family ecomaps, 477–478
family genograms, 476
case example, 475–476
empirically informed therapies, 478–486
Brain Injury Family Intervention (BIFI), 485–486
Cognitive Behavioral Couples Therapy (CBCT), 480–483
cognitive behavioral therapy (CBT), 483
Integrative Behavioral Couples Therapy (IBCT), 478–480
Multifamily Group treatment for TBI (MFG-TBI), 485
psychoeducation, 483–485

Theory and practice with military families (*Continued*)
PTSD, 473–474
stressors, 467–469
theoretical models
community capacity model, 471
coping and reslience models, 470
family systems approach, 469–470
traumatic brain injuries, 472–473
Thioridazine, 147
Tobacco use. *See* Smoking cessation
Topiramate, 151
Total Force Fitness (TFF), 229–240
behavioral fitness, 233, 240
case example, 239–240
environmental fitness, 231
family fitness, 235
medical fitness, 230–231, 239
nutritional fitness, 232–233
physical fitness, 234
psychological fitness, 231–232, 239–240
social fitness, 233–234, 240
spiritual fitness, 234
Transitional housing, 255
Transition Assistance Program (TAP), 277, 282–283
Transitioning to civilian life. *See* Civilian life transitioning
Transition Patient Advocates (TPA), 274
Transition to veteran status, 215
Transmigrants, 340
Trauma:
gender-related responses to, 43 (*see also* Military sexual trauma (MST))
secondary (*see* Secondary trauma)
Trauma Account, 107
Trauma theory, 446–447
Traumatic brain injury (TBI), 17, 83–84, 163–178, 338
ACRM guidelines for mild traumatic brain injury (mTBI), 170
assessment of, 183–184
case examples, 168–169, 172, 174–175, 188–189
client treatment goals, 184–186
co-occurring recovery considerations, 173–175
diagnostic considerations and severity, 164–166
effects on family, 472–473
interaction tips for clients with cognitive or behavioral/emotional issues, 181–182
medical terminology for, 181
mild (mTBI), 170–172
moderate to severe, 166–169
Multifamily Group treatment for, 485
overview, 163–164
phases of intervention, 179–189
case example, 188–189
case planning, 184–186
contact phase, 180–182
evaluation, 188
intervention, 187–188
problem identification, data collection, and assessment, 182–184
termination, 188
resource list for clients, 186
resources on, 502–503
Traumatic countertransferance, 69
Traumatic war neurosis, 86, 87
Treatment goals, with TBI clients, 184–186
Treatment readiness stages, 249–250
Tribal experience, 24
Tricare health plan, 288, 365–366
Tricyclic antidepressants (TCAs), 142
Triggers, environmental, 211
Tsemberis, Sam, 251
TSI Belief Scale (TSI-BLS), 72
Tyding-McDuffie Act of 1934, 30

Uniform Code of Military Justice (UCMJ), 32, 58
University Centers for Excellence in DD Research, Education, and Service, 372
U.S. Air Force Guide for Managing Suicidal Behaviors: Strategies, Resources, and Tools, 236

VA Caregiver Assistance Program, 283
Venlafaxine, 142, 144, 146
Veteran benefit programs, 271–280
basic eligibility and enrollment, 271–272
Health Care for Reentry Veterans (HCRV), 275
military sexual trauma (MST), 275–276
OEF/OIF/OND veterans, 274
priority groups, 272, 273
service-connected disabilities and compensation, 274
suicide prevention, 276–277
transition assistance, 277
vet centers, 275

women's programs, 277–279
Veterans. *See also* Combat veterans
benefits available to, 282–283 (*see also* Veteran benefit programs)
family-based interventions and assessment, 472–475
homelessness among (*see* Homeless veterans)
incarcerated or "justice involved", 257
injury to, and impact on family, 471
legal services resources, 500
PTSD in, 81–97 (*see also* Posttraumatic stress disorder [PTSD])
resources for, 503–508
support for caregivers of (*see* Family caregiver support)
transitioning into civilian life (*see* Civilian life transitioning)
women (*see* Female veterans)
Veterans, female. *See* Female veterans
Veterans Administration (VA). *See also* Homeless veterans
benefit programs (*see* Veteran benefit programs)
caregiver assistance, 284
employee safety and burnout prevention, 263–264
family services, 309–310
and female veterans, 16
Health Care for Reentry Veterans (HCRV), 257, 275
Persian Gulf War until 9/11, 15–16
Post-Vietnam to end of Cold War, 14
Project CHALENG (Community Homelessness Assessment, Local Education and Networking Groups), 256–257
substance use disorders (SUDS) prevention within, 215–217
substance use disorders (SUDS) treatment at, 218–220
VA Caregiver Assistance Program, 283
Veterans Homelessness Prevention Demonstration Project (VHPD), 257
Veterans Bureau, 5
Veterans Crisis Line, 17, 277
Veterans Health Care Act of 1992, 16
Veterans Homelessness Prevention Demonstration Project (VHPD), 257
Veterans Justice Outreach (VJO), 257
Veterans Readjustment Assistance Act, 289
Veterans Readjustment Benefits Act of 1966, 290
Vicarious trauma, 69, 263. *See also* Secondary trauma
Vietnam War:
deployment impact on families, 322
family impacts of, 305–308
Hispanic/Latino personnel, 28
increase in social services, 8–10
Native American personnel, 29
PTSD studies, 87
substance abuse, 13
Virtual Iraq/Afghanistan, 117–135
breathing retraining, 124
case example, 135
exposure (*see* Exposure)
homework in treatment, 124–125, 127
hot spots, 131–132
information gathering, 123–124
normalizing/validating symptoms, 125
overview of sessions, 121–134
standard treatment protocols, 120–121
SUDS scale, 126–127
treatment overview, 122–123
Virtual reality (VR) technology, 114–115. *See also* Virtual reality exposure (VRE)
Virtual reality exposure (VRE), 115–136
use for 9/11 survivors, 117
use in Iraq/Afghanistan personnel and veterans (*see* Virtual Iraq/Afghanistan)
use in Vietnam veterans, 116–117
Vocational Rehabilitation and Employment (VR&E) program, 277

War (Junger), 52
War on Terror. *See* Global War on Terrorism (GWOT)
War Relocation Act of 1942, 30
Warrior Transition Unit (Army), 284–285
War Service Office of the American Association of Psychiatric Social Workers, 6
Wartime Committee on Personnel of the American Association of Social Workers, 6
Wertsch, Mary Edwards, 21
White Paper: The Army Family, 307
"Wingman" (Air Force), 233–234
Women in the military, 37–46
breastfeeding and childbirth, 42–43
childcare, 43
combat restrictions, 37

Women in the military (*Continued*)
DACOWITS (Defense Department Advisory Committee on Women in the Service), 307–308
gender stereotypes, 38–39
lesbian and bisexual personnel, 43
marital status, 41
menses and pregnancy, 41–42
mental health and health issues, 449–450
military sexual trauma (MST), 39–41, 45–46, 449
National Guard and Reserve families, 309
PTSD in, 449
Women Veterans Program Manager (WVPM), 278
World War I, 4–5
African American personnel, 28–29
Asian and Pacific Islander (API) personnel, 30
family impacts of, 303–304
Hispanic/Latino personnel, 28
World War II, 5–7
African American personnel, 29
Asian and Pacific Islander (API) personnel, 30
family impacts of, 304–305
Hispanic/Latino personnel, 28
interment of Japanese and Japanese Americans, 30
PTSD studies, 86–87
Wounded Warrior Program (Air Force), 285
Wounded Warrior Regiment (Marines), 285

Yellow Ribbon Program, 286, 290–291, 343
Youth. *See* Adolescents; Children

译后记

非常荣幸能有机会翻译这本美国军队社会工作领域的优秀著作。虽然这本书在美国的军队社会工作实务中被运用得非常广泛，但是，迄今为止它还没有被翻译成其他语言介绍给世界上的其他国家。本中文译本是它的第一个翻译版本。中文作为世界上除英语之外使用人数最多的语种，为这本书带来的潜在读者量是非常令人期待的。本书原著作者听说他们的书将被翻译成中文，也同样非常激动，他们希望自己的作品能受到更大范围的认可，能影响并帮助更多的人。

翻译此书时，我常常会感到一份深切的使命感。国防是一国之大事，是全国人民共同的事业。为了保障军队具有强大的战斗力，必须服务好军人和他们的家庭。虽然国内的优抚安置工作历史悠久，也积累了相当多的本土经验，但是严格意义上的专业的军队社会工作才刚刚起步。他山之石，可以攻玉。了解军队社会工作发展较早、更成熟的美国的经验，会为我们更好地理解军队特殊的文化和伦理价值，了解军人及其家属因军事调派、分居等与军队有关的经历所遭遇的生理、心理、家庭生活、社会生活等方方面面的问题提供参考，也有助于我们发展并提供更多符合他们所需要的服务项目。

本书适用于高校社会工作专业的教师和学生，军队的政工干部，民政部门、街道、社区从事优抚安置工作的工作者，或者服务机构中面向军人及其家庭提供服务的社会工作者，甚至关心自身或其家人的军人或军人家属等。

本书的翻译历时一年多，南京理工大学社会学系的二十多名硕士研究生参与了翻译初稿的工作。但是，即便有了这些基础，进行第二、第三稿的修改、审校和统稿工作仍然花费了我很多的时间和精力，我经常需要挑灯夜战，这个过程真可以用呕心沥血来形容。但是，翻译本书也让我获益良多，从翻译前对美国军队社会工作的一知半解，到翻译后对它有了一个比较系统全面的了解，还有因文化震惊而反思我国军队社会工作所激发的思想火花。希望读到这本书的您也能有所收获。

本书能够顺利出版，我首先要感谢我在美国南加州大学做访问学者时的导师 Anthony Hassan 教授，他听说我对军队社会工作领域感兴趣，就非常爽快地向我推荐了这本书，并在我回国前把他手上的原版著作作为临别赠礼送给了我。

其次，我要感谢我的领导兼同事，现任南京理工大学社会学系主任的张曙教授。我与张老师此前也有过一次合作，我们一起翻译了一本社会工作行政方面的教材。她扎实的专业素养和精准的语言能力令我非常钦佩。但更让我佩服的是她的专业敏锐度，正是她在翻看此书原版时第一眼就决定要把它翻译成中文，介绍到中国，并在之后的翻译工作中给予了我很多宝贵意见和建议。我也要感谢华东理工大学出版社的刘军老师和上海师范大学的沈黎老师，在翻译、出版本书的过程中他们不断激励我，并给予我各种细节上的帮助和很多专业方面的建议。

最后，我还要感谢所有参与本书初稿翻译的本系学生。我自己完成了序言、前言的初稿翻译，后面的章节是由以下各位学生分章完成的，他们是杨雪洁（第一章）、王常宇（第二章）、曹亚男（第三章）、耿远席（第四章）、顾晓红（第五章）、王露（第六章）、陈颖（第七章）、赵娅薇（第八章）、卢沁（第九章）、张晓妍（第十章）、袁嘉荫（第十一章）、周灵彤（第十二章）、孙靓（第十三章）、徐伟（第十四章）、裴爽（第十五章）、于晓菡（第十六章）、王棋炜（第十七章）、于晓菡（第十八章）、周雪（第十九章）、朱嘉星（第二十章）、孙梦雅（第二十一章）、葛盈君（第二十二章）、肖桐（第二十三章）、周露晶（第二十四章）、方星（第二十五章）、袁丽丽（第二十六章）。有了他们做的基础性工作，我才能顺利、高效地改出第二、第三稿，并完成最后的审校和统稿工作。

虽然我为翻译本书做出了最大努力，但是我在行为健康领域的知识储备不足，有些生物医学、精神病学、脑神经科学类的专业术语仍可能有把握不当之处，还望各位读者宽宥并给予批评指正。

王宇红

内 容 提 要

本书是美国军队社会工作领域的一本权威著作，内容基础而全面。第三部分介绍退伍军人和对其的照顾系统，包括退伍军人中的无家可归者、照顾系统导引、帮助退伍军人适应市民生活；第四部分介绍军队服役对家庭的冲击，这部分内容更为丰富，既介绍了美国军人家庭的历史和社会工作者的角色、军人及其家属的就业问题、家庭福利等基础性内容，也介绍了军人家庭的一些特殊议题，如帮助有特殊需求的军人孩子，军人家庭的哀伤、丧亲和灾难等问题，以及目前美国对军人家庭的服务项目。